명리학사
命理學史

명리학의 시작과 변화 그리고 현재와 미래

명리학사 命理學史

김기승 · 나혁진 지음

| 命理學史를 펴내며 |

　인류가 지구라는 별에서 생존을 시작한 지 7만 년 정도 되었고, 인류가 문자를 사용해 기록을 남기기 시작한 지 5천 년 정도의 시간이 흘렀다. 통상적으로 우리가 역사라고 부르는 것은 문자의 기록 시간을 거슬러 올라가는 것이므로 지구 인류 역사의 기간은 5천 년 정도 되는 셈이다.
　서양의 역사기록은 이집트 문자와 수메르 문자를 그 출발로 보고 동양의 역사기록은 중국의 갑골 문자를 그 출발로 본다. 이 고대문자를 사용한 기록들에는 당시의 정치, 경제, 문화, 수학, 연대기 등이 있는데 이것이 역사의 시작이다. 그런데 이 고대문자의 기록 중에 빠지지 않는 것이 천문과 점복의 기록인 것이다. 특히 중국의 갑골 문자는 그 주요 내용이 점을 치는 일에 사용되었다고 해서 복사卜辭, 갑골복사甲骨卜辭라고 불릴 정도였다. 그럼에도 불구하고 현대 인본주의 사회의 역사책에는 천문과 점복의 기록은 몇 줄 적혀 있지도 않은 것이 현실이다.
　인류의 조상들이 천문을 살피고 점복을 통해 삶의 방향을 찾았던 행동방식이 부끄럽기 때문일까? 아니면 고대인들의 천상天象을 살피고 점복占卜을 살피는 시스템이 비과학적이 때문에 쓸모없는 것이라고 여겼기 때문일까?
　역사의 기록은 그 기록을 남기는 세대의 시각으로 과거를 흔적을 살피는 작업이다. 우리나라에서 친일역사가들의 기록이 그러했고, 민족주의 역사가들의 기록이 그러했고, 최근의 국정 교과서 논쟁이 그러했다.

　동서양의 르네상스 시대와 근대의 역사가들은 인본주의 시각을 가지고 역사를 써내려갔다. 인간이 정치, 경제, 문화의 중심이어야 한다는 시각과 인간의 노력으로 지구의 인류가 미래 사회를 개척해 갈 수 있다는 생각이다. 그리고 과학이 바로 그 노력의 산물이다. 하지만 우리 인간의 삶의 행태가 과학의 잣대로 모두 규명되어 왔는지, 또 현재 과학의 기술로 인간의 삶이 모두 측정될 수 있는지 자문해 본다.

　나는 가을이 되거나 金의 파장이 커지는 달이 오면 몸이 더 피곤하고 매년 어딘가 통증을 느끼고 넘어가곤 한다. 병원에 가서 과학의 힘을 빌려 진료를 받고 진통제를 받아 그 통증을 슬기롭게 잘 참아 넘긴다. 의학과 좋은 진통제가 있는 이 시대에 살아가는 것을 감사하며 과학의 힘에 경의를 표한다. 하지만 올해 가을도 여지없이 힘들고 통증을 겪는다. 시간이 흘러 과학이 지구에 흐르는 모든 氣의 파장을 읽어내고 신체 에너지의 변화를 모두 스캔하는 시대가 오기를 희망한다. 하지만 그 전까지는 우리의 조상들이 사용하던 명리命理의 방법으로 그 해답을 찾아보고 그 시기를 미리 대비해 넘기는 슬기를 발휘하며 살아간다.

　인류의 조상들이 천문을 살피고 점복을 살피던 시절에는 과학기술이 부족하였기에 천문과 점복의 해답 찾기가 그 기능을 더 많이 하였을 것이나, 현대에는 그 역할이 인간의 노력의 산물인 과학으로 많은 부분이 대체되어 가고 있는 것도 사실이다. 하지만 인류 삶의 패턴이 변화한 것뿐, 지구에 흐르는 일월성신의 기운이 5천 년의 시간이 흐르는 동안 더 줄어든 것은 아니다.

　우리는 명리학이 인류의 5천 년 역사 내내 소멸되지 않고 명맥을 유지하여 내려오고 발전되어 왔다는 것을 주지하여야 한다. 단지 인본주의 역사관과 대치된다고 하여 그 존재를 기록조차 하지 않고 넘어가는 것은 문제가 있다. 앞으로 인류가 더욱 발전시켜 나가야 할 과학기술과 지구에서의 인류의 삶의 질 향상을 희망한다는 목표를 위해서는 명리의 역사는 기록으로 남아야 하고 그 일은 21세기를 살아가는 명리학자들의 소명이라고 생각하며 명리학사를 쓰기 시작하였다.

　현대 명리학과 유사한 이론적 체계가 역사적으로 나타나기 시작한 것은 지금으로부터 1,000년 전 쯤 중국 오대십국 시대에 살았던 '서자평'에 의해 명리학 이론이 정리되면서부터이다. 그는 『명통부』를 남겼다. 그 이후 송말宋末 서승의 『연해자평』과 원말元末 유기의 『적천수』를 통해 발전해 나간다. 명·청 시대에는 수많은 명리학자들에 의해 명리학이 연구되고 발전되었는데 명나라 때에는 만민영의 『삼명통회』, 장남의 『명리정종』, 작자미상의 『난강망』이 나왔고, 청나라 때에는 진소암의 『명리약언』, 심효첨의 『자평진전』, 임철초의 『적천수천미』가 나왔다. 이런 흐름으로 현재 우리가 사용하고 있는 명리학 이론의 틀이 완성되었다. 짧게 명리학사를 정리하면 이게 전부인 듯 보이기도 한다.

하지만 명리학의 역사는 이렇게 간단하지 않다. 그 이전 4,000년의 세월 동안, 아니 명리학의 역사는 우리 인류의 삶의 시작부터 시작하여 현재 21세기까지 계속되고 있기 때문이다. 천지가 창조되는 순간 음양의 구분과 오행의 분화가 명리의 시작이었으며 춘추전국시대 제자백가라고 하면 우리는 유가儒家와 도가道家만 떠올리지만 엄연히 '음양가陰陽家'라는 지성 집단들이 활동하였는데 그들이 명리학의 시조가 되었다. 현대의 명리학과는 이론의 형태가 조금 다르지만 '하도와 낙서' 그리고 '선천팔괘와 후천팔괘' 도 우주와 지구의 자연을 살피고 인간의 삶에 천문이 주는 영향을 살폈던 것은 같은 맥락에 위치하고 있는 것이다.

　근래 명리학사의 선행연구 중에서 중국과 한국에서 가장 핵심적인 연구들을 살펴보면, 먼저 중국에서는 장신지가 1991년 박사논문으로 「자평학지 이론연구」를 발표하며 명리학사를 주제로 연구하였고, 이후 육치극이 2007년 『중국명리학사론』을 펴냈다. 한국에서는 심규철이 2003년 박사논문으로 「명리학의 연원과 이론체계에 관한 연구」를 발표하였고, 이후 구중회가 2010년 『한국명리학의 역사적 연구』에서 한국 명리학을 중심으로 그 역사를 정리하였다.
　이 책에서는 명리학의 시원을 인류의 역사의 시작으로부터 찾아가는 작업을 하였고 음양오행, 천문학, 점성학, 주역, 고대명리학, 서양점성학, 자평명리학까지 역사적 흐름을 가지고 오직 서적을 중심으로 명리학사를 기술하였다. 동양과 서양의 비교, 중국의 영향을 받아 발전해 나갔던 한국명리학, 동아시아 한중일 3국의 명리학, 마지막으로 현대 한국 명리학자들을 살피는 부분까지 독자들이 명리학의 역사를 한 권의 책으로 읽어내려 갈 수 있도록 서술하였다. 하지만 명리학 분야의 역사적 사료가 많이 남아있지 않은 점과 명리학사에 대한 선행연구가 많지 않은 까닭에 아직 미흡한 부분이 많다고 생각한다. 미흡한 점은 추후 보충하기로 하며 독자들이 넓은 아량으로 이해해 주기를 바란다.

　끝으로 명리학이 대학에 정규학과로 개설된 지가 약 20여 년이 되었고, 과거에 비하여 일반화되어 있기에 '명리학사'의 출간은 명리학계의 과제라는 생각과 필자에게는 무거운 숙제였는데 이렇게 세상에 내어놓게 되어 기쁘다. 누구나 본 '명리학사'를 읽고 학문의 근간과 전통성을 이해할 수 있기를 바란다.

2017년 12월(丁酉·壬子)

김기승·나혁진

차례

Part1 우주의 탄생과 천문의 시작 — 15

1장 천지창조와 음양오행 — 19
[빛이 있으라 하시니 빛이 있었다]

01 성경의 〈창세기〉를 통해 보는 천지창조 … 19
02 기후의 메시지 – 규칙과 현상 … 32
03 氣와 에너지의 이분법 – 陰陽 … 38
04 자연과 시공의 변화 – 五行 … 44

2장 동서양 천문학과 점성학 — 53
[동양과 서양 각각 인류가 하늘을 보다]

01 바빌로니아의 바벨탑은 인류 최초의 천문대 … 53
02 그리스, 로마의 점성학을 통한 수학, 기하학의 발달 … 60
03 천문天文이 인간에게 준 시간의 도구 – 역법 … 66
04 고대 점성학은 정치적 군사적 의사결정 도구 … 78
05 천인감응사상을 담고 있던 동양 천문학 … 83

3장 중국 역사의 태동과 천간지지 — 91
[공자도 주역을 열심히 공부하였다]

01 삼황오제 시대의 천간지지 기원설 … 91
02 복희의 하도 그리고 선천팔괘 … 97
03 대우의 낙서와 주역으로의 발전 … 105
04 공자가 위편삼절하며 이룬 주역의 완성 … 114

차례

Part2 명리학 시대의 시작과 변화 ········· 121

4장 중국 고대 명리학사 ——————— 125
[삼명의 철학에 납음과 신살을 더하다]

01 戰國時代 – 귀곡자의 『귀곡자유문』 [이허중 註 『이허중명서』] ··· 127
02 戰國時代 – 낙록자의 『낙록자부』 [석담영, 왕정광, 이동 註 『낙록자부주』] ··· 132
03 東晉 – 곽박의 『옥조신응진경』 [서자평 註 『옥조신응진경주』] ··· 137
04 고법 명리학에 나타나는 납음오행과 신살이론 ··· 143
05 고법 명리학(삼명학)의 사주 실례 ··· 153

5장 서양 점성학의 자평학 영향 ——————— 159
[서양의 점성학(Astrology) 동양과 만나다]

01 唐代 – 삼명학의 전개와 당사주 ··· 159
02 唐代 – 원천강의 『원천강오성삼명지남』 ··· 167
03 인도의 불교 전래와 서양 점성학의 유입 ··· 172
04 서양 점성학이 동양 자평학에 끼친 영향 – 칠정사여 ··· 180
05 중국의 르네상스 – 송대의 신유학과 명리학 ··· 186

차례

Part 3 본격적인 명리학 시대의 전개 ············ 193

6장 중국 중세·근대 명리학사 ············ 197
[중국의 명리학 새로이 전개되다]

01 五代十國·宋·元 – 명리학의 재전개 [명통부, 연해자평, 적천수] ··· 197
02 明代 – 명리학의 심화과정 [삼명통회, 명리정종, 난강망] ··· 221
03 淸代 – 명리학의 완성과정 [명리약언, 자평진전, 적천수천미] ··· 236
04 中華民國 – 명리학의 근대화 [명리탐원, 자평수언, 명학강의] ··· 253

7장 한국 명리학사 ············ 265
[중국과 함께 한국 명리학 역시 발전하다]

01 삼국시대와 남북국시대 – 천문학과 명리학의 시작 ··· 265
02 고려시대 – 원나라를 통한 자평명리학의 유입 ··· 270
03 조선시대 – 『서운관지』를 통해 보는 명과학과 과거시험 ··· 278
04 한국 고유의 사주명리서 『오행총괄』과 『협길통의』 ··· 287

차례

Part4 현대 명리학의 발전과 미래상 · 299

8장 현대 명리학사 — 303
[동아시아 현대 명리학을 살펴보다]

01 현대 한국 명리학계의 저명인물 ··· 303
02 현대 중국·대만 명리학계의 저명인물 ··· 324
03 현대 일본 명리학계의 저명인물 ··· 334

9장 현대 한국 명리학계의 현황 — 341
[지식의 요람, 대학에 명리학전공이 개설되다]

01 해방 이후 〈한국역술인협회〉의 연구성과 ··· 341
02 1960년~1980년대의 한국 명리학계 ··· 346
03 1990년~2000년대의 한국 명리학계 ··· 353
04 명리학 교육현황 및 제도권 진입 ··· 369

10장 미래사회를 위한 명리학의 진화 — 379
[21세기 온고지신, 실사구시를 담아내다]

01 명리학의 학문융합과 집단지성 ··· 379
02 상담학 및 검사도구로서의 명리학 ··· 390
03 4차 산업혁명과 명리학 ··· 405

■ 참고문헌 · 422

■ 찾아보기 · 426

Part 1

우주의 탄생과 천문의 시작

1장 천지창조와 음양오행
2장 동서양 천문학과 점성학
3장 중국 역사의 태동과 천간지지

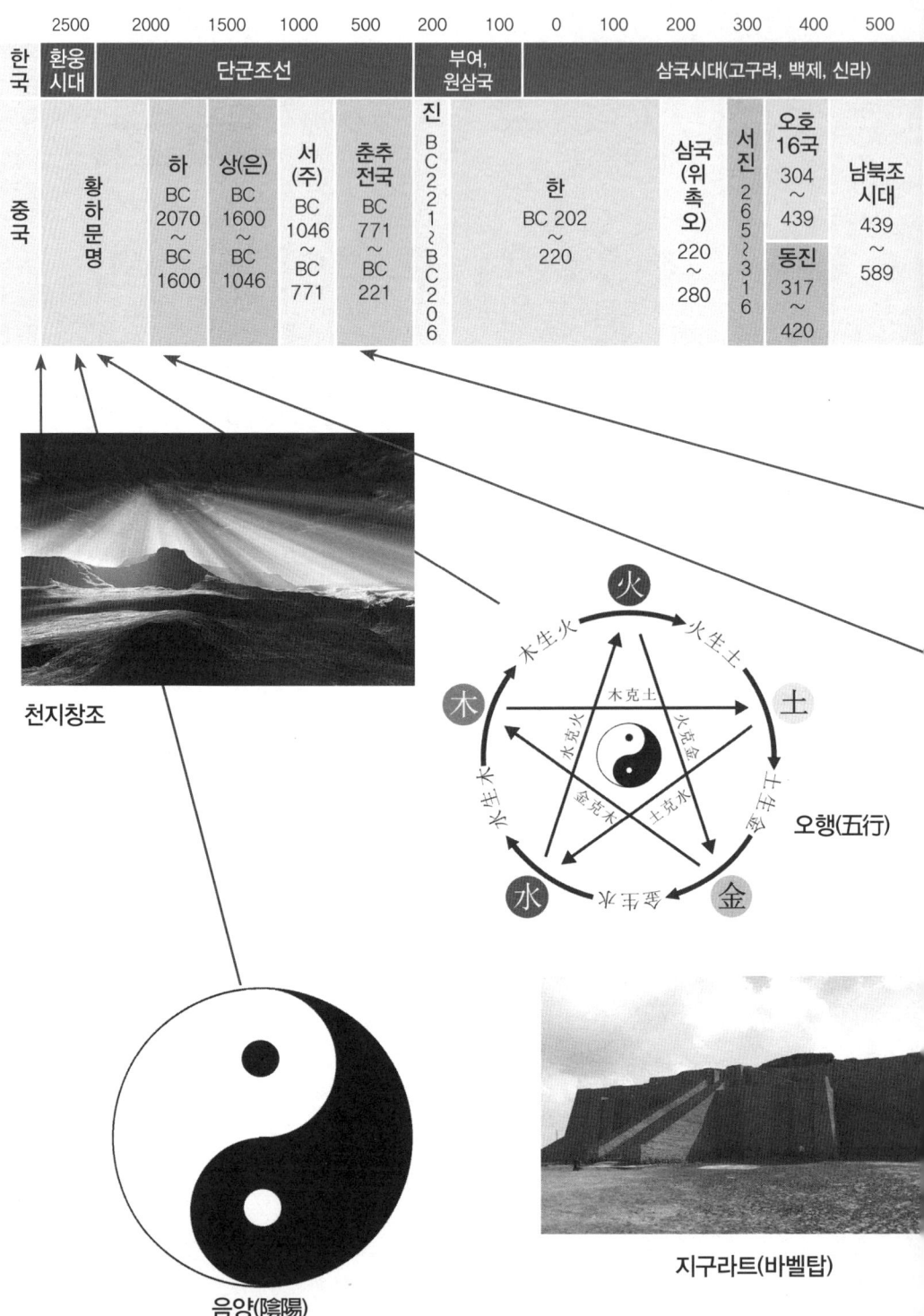

한국	환웅시대	단군조선				부여, 원삼국		삼국시대(고구려, 백제, 신라)			
		하 BC 2070~ BC 1600	상(은) BC 1600~ BC 1046	서(주) BC 1046~ BC 771	춘추전국 BC 771~ BC 221	진 BC 221~BC 206	한 BC 202~ 220	삼국(위촉오) 220~ 280	서진 265~316	오호16국 304~ 439 / 동진 317~ 420	남북조시대 439~ 589
중국	황하문명										

천지창조

오행(五行)

음양(陰陽)

지구라트(바벨탑)

800	900	1000	1100	1200	1300	1400	1500	1600	1700	1800	1900	2000
남북국시대			고려시대				조선시대				일제	대한민국
당 618~907	오대십국 907~960	북송 960~1127	금 1115~1234	원 1271~1368		명 1368~1644		청 1616~1912			중화민국 1912~1949	중화인민공화국 1949~
			남송 1127~1279									대만

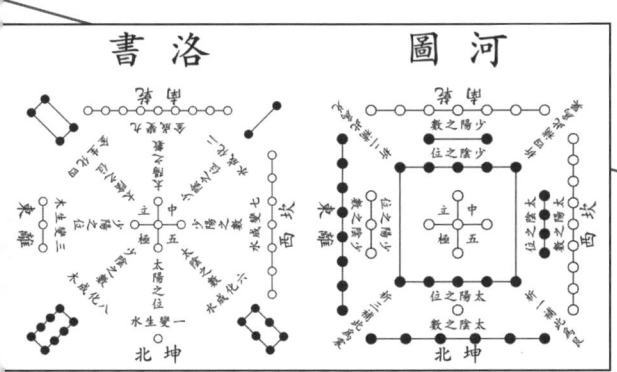

공자(孔子)

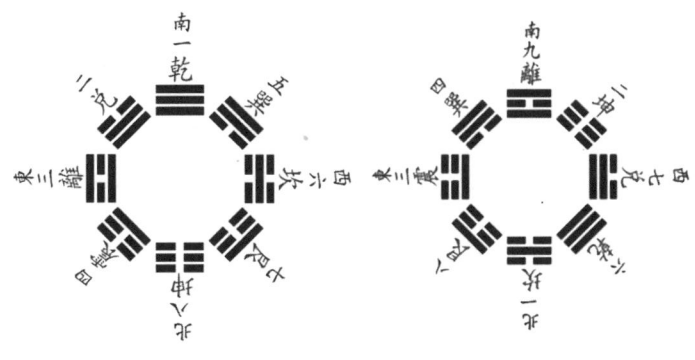

선천팔괘(先天八卦)   후천팔괘(後天八卦)

Part 1 1장 천지창조와 음양오행
[빛이 있으라 하시니 빛이 있었다]

01 성경의 〈창세기〉를 통해 보는 천지창조

명리학의 역사를 살펴보는 일은 명리학의 기록을 담고 있는 책의 기록을 따라가는 작업이다. 하지만 인간이 태어난 출생 연월일시의 사주를 살피는 명리학의 기본 시스템이 구축되기 이전의 시대에는 명리학과 관련된 아무런 흔적이 없는 것일까? 명리학을 구성하고 있는 음양오행, 천간지지를 고대의 기록들 속에서 살펴보도록 하자.

인류의 가장 오래된 기록은 누가 뭐라고 해도 성경, 그중에서도 창세기일 것이다. 활자화된 시기를 논하자는 것은 아니며 기록된 내용의 시기상 창세기 1장의 내용보다 앞선 책은 있을 수 없다. 명리의 세계관을 우주와 맞닿아 있는 이성과 통찰이라고 볼 때 우주 탄생의 기록인 창세기 1장을 명리학적 관점으로 살펴보는 것은 매우 흥미로운 일이다.

[창세기 1장 1절]

1. 태초에 하나님이 천지를 창조하시니라

창세기 1장을 창조기사創造記事라고 부르는데 그렇게 불리는 이유는 이 기록이 고대 시가나 신화가 아니라 창조의 과정을 신적 영감에 의해 후대 기록자가 기록하였다는 의미에서이다. 이 내용이 종교적, 역사적, 과학적 논쟁을 피할 수 없었던 것은 어찌 보면 당연하다. 그러나 현대과학이 밝혀낸 우주의 역사와 비교해 보면 간단한 진술로 구성되어 있지만 창조과정의 중요한 사건들을 정확하게 순서대로 기록하고 있음을 알 수 있다.

1장 1절은 천지창조를 선언하는 기사로서 과학자들의 표현을 빌리자면 우주대폭발, 빅뱅의 발생을 한 줄로 기술한 내용임을 알 수 있다. 빅뱅의 시작은 무無였다고 가정하는데 여기서 없음은 시간의 없음, 공간의 없음을 통칭하는 것이고 창세기 1장 1절 '태초'는 시간의 없음에서 시간의 시작을 의미하며 '천지의 창조' 또한 공간의 없음에서 공간의 생성을 의미하는 창조기사 첫 줄이다. 여기서 천지는 하늘과 땅을 의미하는 것이 아니며 우주와 공간을 만들었다는 의미로 보아야 한다.

동양의 대표적 우주탄생론인 '태극도太極圖'에서는 우주의 탄생을 무극이태극無極而太極이라는 말로 표현하는데 이것은 "무극이 태극의 근저요, 태극이 무극의 근저임을 나타내며, 무극이면서 동시에 태극이요 태극이면서 동시에 무극임을 언표한 것으로 무극과 태극은 선후가 있음이 아니요 동시에 공존함을 의미한 것이다."라고 설명하는 기록이 있다. 이는 동양의 우주탄생론이 창세기 1장 1절의 창조기사와 의미론적으로 상통하고 있음을 알 수 있는 내용이다.

[창세기 1장 2절]
2. 땅이 혼돈하고 공허하며 흑암이 깊음 위에 있고 하나님의 영은 수면 위에 운행하시니라

빅뱅 초기의 우주에는 수소와 헬륨의 두 종류 원소 외에는 없었다고 한다. 그런데 지구와 태양계에는 90여 종류의 원소가 존재하므로 신이 태양계와 지구를 만들 때는 우주의 역사가 상당히 진행되어 다양한 원소들이 생성되어 우주에 흩어져 있던 때였음을 알 수 있다. 신神이 우주의 각각 다른 장소와 다른 시기에 90여 종류의 원소들을 만들고, 태양계를 만들 원소들을 먼지와 가스구름의 형태로 한데 모아 놓았다고 가정해 보자. 그 성운星雲은 어둡고 공허하고 무질서한 상태로 있었을 것이며, 그곳에는 다량의 물도 있었을 것이다. 신의 영靈이 그 물 위에 있었다고 기록되어 있다. 이것이 바로 창세기 1장 2절의 기사記事인 것이다.

창세기 1장 2절의 혼돈과 공허와 흑암에 잠긴 땅은 창세기 1장 1절의 신의 우주창조가 있었기 때문에 발생할 수 있는 일이다. 천지창조가 없었더라면 우주라는 공간이 존재하지도 않았을 것이므로, 신이 앞서 행한 일은 그 다음에 할 일의 전제조건이거나 준비라고 보면서 창세기를 읽어 보도록 하자. 창세기 1장 2절의 '혼돈'과 '공허'와 '흑암'에 잠긴 거대한 분자分子들의 구름은 이후 이어지는 창조를 위한 준비단계인 것이다.

창세기 1장 1절과 2절 사이에 얼마나 긴 시간이 흘렀는지에 관한 궁금증은 성경 해석상의 문제라기보다는 천체 과학자들에게 연구과제로 남겨둘

문제이다. 명리학사를 설명하는 이 자리에선 우주가 출발한 지 얼마나 지난 후에 태양계가 형성되었는가 하는 문제는 그렇게 긴요한 주제는 아닐 것 같다. 구태여 언급하자면 현대과학은 이 우주의 나이가 137억 년이 되었다고 하며, 그 출발은 빅뱅(우주대폭발)을 전제로 계산해 보는 것이라고 하는데, 양자물리학을 연구하는 과학자들 중에는 빅뱅은 하나가 아니라 그 과정에 여럿일 수도 있다고 하니 그 나이를 산정하는 것은 쉽지는 않아 보인다. 우리 태양의 나이는 50억 년 정도 되었고, 지구의 나이는 45억6천만 년 정도 되었다고 한다.

[창세기 1장 3~5절]
3. 하나님이 이르시되 빛이 있으라 하시니 빛이 있었고
4. 빛이 하나님이 보시기에 좋았더라 하나님이 빛과 어둠을 나누사
5. 하나님이 빛을 낮이라 부르시고 어둠을 밤이라 부르시니라 저녁이 되고 아침이 되니 이는 첫째 날이니라

신이 빛이 있으라 하시니 빛이 생겨났다고 기록되어 있다. 이 빛은 장차 태양계의 중심이 될 원시태양을 말할 것이다. 거대한 성운이 회전하면서 그 중심에 태양의 초기 모습이 형성되었다. 초기의 태양은 그 중력으로 점점 더 많은 물질들을 끌어들여 태양계 전체 질량의 99%를 차지하게 되고, 나머지 1%의 질량이 수성, 금성, 지구, 화성, 목성, 토성 등으로 나뉘어져 태양의 주위를 돌고 있었다. 지구와 태양의 질량을 비교한다면, 태양은 지구의 33만 배의 질량을 갖는다고 하며, 크기는 지구 100만 개 이상이 태양에 들어갈 수 있을 정도라고 하니 그 크기를 가늠하기조차 어렵다. 태양계의 출발

초기에는 수많은 소행성들이 태양의 주위를 돌았다고 하는데, 이 행성들이 서로 부딪쳐 깨지기도 하고 합쳐지기도 하면서 태양계 지구와 오행성으로 정리가 되었다고 설명한다. 지구의 위성인 달도 이 시기에 형성되어 지구를 돌기 시작했는데, 달이 있음으로 해서 지구의 기울기와 궤도와 기후가 안정되었고 결과적으로 지구에 생명이 살 수 있게 되었다고 한다.

명리학적 관점에서 창세기 1장 3절~5절의 내용은 음양의 탄생을 기술한 것임은 직설적으로 알 수 있다. 천지창조 이후 빛과 어둠에 대하여 언급하고 있는 구절이다. 빛이 양이고 어둠이 음이라고 볼 때, 빛과 어둠은 눈으로 볼 수 있는 것이지만 그 형체가 없으며, 비로소 어둠이 있어야 빛이 있고 빛이 있어야 어둠이 있을 수 있는 것이다. 빛과 어둠 모두 상대성이론으로 증명되는 것이며 음양은 무형과 유형으로 끊임없는 변화를 주관하고 우주를 존재시키고 있는 근본이다. 이로서 음양의 등장과 함께 오행 중 첫 번째 화火의 등장을 이 부분에서 볼 수 있다.

그런데 정말 빛이란 무엇일까? 빛은 원자에서 발생하는 에너지의 파동으로서 전자기파이며 동시에 입자(粒子, 혹은 光子)이다. 이를 빛의 이중성duality이라고 하는데, 아인슈타인이 노벨상을 받은 것(1921년)은 상대성이론 때문이 아니고 빛의 광전효과光電效果 즉, 파동이면서 입자인 빛의 이중성duality을 밝혀냈기 때문이라고 한다. 사람이 볼 수 있는 빛(가시광선)은 파동이 대략 400~700nm(나노미터) 사이에 있는 빛이며, 파장이 짧거나(자외선, X선, 감마선 등) 긴(적외선, 전파 등) 빛은 볼 수 없다. 현대과학은 여러 가지 방법으로 인간이 원하는 특정한 파장의 빛을 생산하고, 첨단과학의 연구와 공업과 의학과 예술에 이용하고 있다. 하지만 빛의 성질이나 본질에 관한 연구는 아직도 현재 진행형이며 밝혀진 것보다 밝혀내야 할 것이 훨씬 많은 실정이다.

음양의 근본적 본질인 빛의 탄생에 대하여 과학적으로 밝혀진 것이 많지 않은 현재까지는 빛의 탄생에 대하여 신의 영역으로 두어야 할 것이다.

[창세기 1장 6~8절]
6. 하나님이 이르시되 물 가운데에 궁창이 있어 물과 물로 나뉘라 하시고
7. 하나님이 궁창을 만드사 궁창 아래의 물과 궁창 위의 물로 나뉘게 하시니 그대로 되니라
8. 하나님이 궁창을 하늘이라 부르시니라 저녁이 되고 아침이 되니 이는 둘째 날이니라

음양을 탄생시킨 신은 두 번째 스텝으로 궁창을 만들고 물을 궁창 위의 물과 궁창 아래의 물로 나누었다. 이 부분을 이해하는 것은 현대에는 그렇게 어려운 일은 아니다. 궁창은 지구를 의미한다. 지구에 생명이 넘치는 것은 지구의 여러 조건이 생명이 살기에 알맞기 때문인데 그 중요한 조건 중의 하나가 지구에 풍부한 물이 있기 때문이다. 오늘날 과학자들은 지금으로부터 39억 년 전 물을 품은 유성들이 무수히 그리고 2천만 년 동안이나 계속 지구에 떨어졌다고 추정하고 있다. 그래서 지구 탄생 후 대략 7억 년이 지난 지구에는 전체가 물로 뒤덮였을 것이라고 한다.

궁창(하늘)이 물을 갈라놓음으로 궁창 아래의 물과 궁창 위의 물로 나뉘었다는 표현을 통해서 지구에도 많은 물이 있고 대기권을 벗어나 지구 바깥 우주에도 많은 물이 있음을 말하고 있다. 현대과학은 태양에서 1광년 이상 떨어진 여러 곳(Kuiper belt & Oort cloud)에 수많은 얼음 천체들이 있음을 보고하고 있으니 궁창 위의 물을 설명할 수 있다. 화火에 이어 음양오행 중 두

번째 스텝으로 세상에 등장하는 것은 수水이다.

[창세기 1장 9~13절]
9. 하나님이 이르시되 천하의 물이 한 곳으로 모이고 뭍이 드러나라 하시니 그대로 되니라
10. 하나님이 뭍을 땅이라 부르시고 모인 물을 바다라 부르시니 하나님이 보시기에 좋았더라
11. 하나님이 이르시되 땅은 풀과 씨 맺는 채소와 각기 종류대로 씨 가진 열매 맺는 나무를 내라 하시니 그대로 되어
12. 땅이 풀과 각기 종류대로 씨 맺는 채소와 각기 종류대로 씨 가진 열매 맺는 나무를 내니 하나님이 보시기에 좋았더라
13. 저녁이 되고 아침이 되니 이는 셋째 날이니라

빛과 물을 만든 신은 세 번째 스텝으로 물이 뒤덮고 있던 지구에 육지가 드러나게 하였다. 그리고 육지에 여러 다양한 식물이 나게 하였다. 이 단계에 이르면 우리는 오행 중 토土와 목木이 탄생하는 창조기사를 보게 된다. 육지에 식물이 등장하기 위해서는 햇빛과 산소와 수분과 적당한 기후 그리고 세포를 파괴하는 태양 자외선으로부터 지상의 생명체를 지켜줄 오존층이 필요하다. 육지가 드러난 후 지구에는 초기 생명체로 박테리아와 이끼류 등이 등장하고 이를 통해 산소로 대기권을 채워나갔을 것이다. 지구에 토土와 목木이 등장하는 시기의 모습을 조금 더 그려나가 보자.

지구의 바다와 대기에 산소가 많아지면서, 태양 자외선의 영향을 별로 받지 않는 바다에는 다양한 생물들이 먼저 번성하였을 것이다. 육지에도 산

소는 많이 늘어났으나 태양의 강렬한 자외선 때문에 약간의 이끼류 외에 다른 식물은 살 수 없었을 것이라고 한다. 그 후 지금으로부터 약 4억 년 전 대기에 산소가 점점 더 많아지면서 햇빛이 대기 중의 산소와 반응하여 성층권에 오존층이 생겼고, 이후부터 육지에 식물들이 번성하게 된다.

창세기 기록으로 다시 돌아가서 물로 넘치는 지구에 육지를 만들고 그 육지에 각종 식물이 나게 하는 데까지 하루가 소요되었다고 기록되어 있다. 하지만 과학자들에 따르면 지구 전체가 물에 뒤덮여 있을 때(약 38억 년 전)부터, 물에서 육지가 솟아오르고 그 육지에 나무라 불릴 만한 식물이 자라난 때(약 4억 년 전)까지 지구는 기나긴 세월을 흘려보냈고 수많은 자연변화의 시간이 소요된 것이다. 이는 신학과 과학의 기간에 대한 논쟁이 있지만 이를 논쟁으로만 둘 문제는 아니며 하나의 세상을 서로 바라보는 방식이 다르다는 생각을 함이 옳을 것이다. 어떤 방식으로 바라보든 우리가 살고 있는 우주와 지구의 생명체가 규칙과 순서에 따라 생성되고 영위되어 가고 있다는 것에는 변함이 없다.

[창세기 1장 14~19절]

14. 하나님이 이르시되 하늘의 궁창에 광명체들이 있어 낮과 밤을 나뉘게 하고 그것들로 징조와 계절과 날과 해를 이루게 하라

15. 또 광명체들이 하늘의 궁창에 있어 땅을 비추라 하시니 그대로 되니라

16. 하나님이 두 큰 광명체를 만드사 큰 광명체로 낮을 주관하게 하시고 작은 광명체로 밤을 주관하게 하시며 또 별들을 만드시고

17. 하나님이 그것들을 하늘의 궁창에 두어 땅을 비추게 하시며

18. 낮과 밤을 주관하게 하시고 빛과 어둠을 나뉘게 하시니 하나님이 보시기에

좋았더라

19. 저녁이 되고 아침이 되니 이는 넷째 날이니라

　　창조기사 시간으로 넷째 날, 신은 지구의 자전과 공전 그리고 달의 자전과 공전 주기를 오늘날과 같이 확정한다. 더불어 지구의 자전축 기울기도 23.5도로 만듦으로 지구에 4계절이 생기고 기후도 안정되고, 지구는 생명이 번성할 수 있는 환경이 되었다.

　　지구의 위성인 달에 대하여 현대과학이 알려주는 바에 따르면 태양계 초기 수많은 크고 작은 행성들이 원시 태양을 돌 때에, 장차 지구가 될 행성에 화성 크기의 다른 행성이 가까이 왔다가 서로의 인력에 끌려 충돌했다고 한다. 두 행성은 총알 속도의 20배나 되는 초속 15km의 속도로 부딪치며 깨져서 그 잔해가 주위에 흩어졌다가 다시 지구의 인력에 끌려 뭉쳐지고, 일부는 그대로 원반 형태를 이루며 지구 주위를 돌다가 점차 하나로 뭉쳐져 달이 되었다고 한다. 학자들은 원시지구와 충돌한 그 화성 크기의 행성을 '테이야'라 부른다.

　　대략 45억 년 전 지구와 달이 처음으로 형성되었을 때, 지구의 자전주기는 6시간이었고 지구와 달의 거리는 2만2천km이었다고 한다. 지금은 지구와 달의 거리가 4만km이며 지구의 자전주기는 23,934시간으로 거의 24시간이다. 지구의 자전과 공전 주기 그리고 지구의 자전축 기울기와 4계절과 기후 등 이 모든 것이 일련의 생성과정을 거쳐 오늘날과 같은 주기와 궤도를 갖게 되는 것이 신의 계획이라 하지 않고, 그 이후에 일어나는 모든 일까지 우연의 일치라 말하기에는 아직 설명하지 못하는 것들이 너무 많다.

　　천동설 시대와 지동설 시대에 칠성(태양, 달, 수성, 금성, 화성, 목성, 토성)을 어떻게 살폈는가, 그리고 동양 천문학에서 칠성을 어찌 살폈는가는 인간의 사고의 발달과 과학기술의 발달에 대한 시대적 차이겠지만 칠성이 지구의 기후와 자연환경, 그리고 인간의 삶에 끼친 영향은 시대와 동서양이 다르지 않았음은 확연한 진실이다.

[창세기 1장 20~23절]

20. 하나님이 이르시되 물들은 생물을 번성하게 하라 땅 위 하늘의 궁창에는 새가 날으라 하시고

21. 하나님이 큰 바다 짐승들과 물에서 번성하여 움직이는 모든 생물을 그 종류대로, 날개 있는 모든 새를 그 종류대로 창조하시니 하나님이 보시기에 좋았더라

22. 하나님이 그들에게 복을 주시며 이르시되 생육하고 번성하여 여러 바닷물에 충만하라 새들도 땅에 번성하라 하시니라

23. 저녁이 되고 아침이 되니 이는 다섯째 날이니라

창세기 1장 20절~23절의 내용은 큰 바다 짐승들, 물고기와 날개 있는 모든 새가 탄생하는 스토리를 담고 있다. 지구가 탄생하고 수십억 년이 지나서 지구는 물고기와 새들이 살아갈 수 있는 환경이 되었다. 그런데 창세기 1장 창조 순서와 현대과학의 가설과 증명을 통한 시대 순서와 차이를 보이는 부분이 바로 이 부분이다. 화석의 증거에 따르면, 새들이 하늘을 날아다니기 전에 공룡을 비롯한 여러 짐승들이 땅에 살았다는 것이다. 공룡은 2억3천만 년 전부터 6천5백만 년 전까지 무려 1억6천만 년 이상 번성했다. 그리고 오늘날의 쥐만 한 크기의 포유류 몇 종도 당시에 공룡들과 함께 살았다

고 한다.

성경의 기록이 지구에서 일어났던 과거의 모든 중요 사건들을 100% 진술하고 있는 것은 아니며 언급되지 않은 것들도 무수히 많은 것이 사실이다. 창세기에 새보다 앞서 공룡을 탄생시킨 기록이 없는 것처럼 말이다. 지구의 역사나 지구의 생물들이 지나온 발자취에 대하여 성경이 좀 더 자세한 정보를 주었다면 좋겠지만 그렇지 않다고 하여 성경의 가치가 달라지는 것은 아닐 것이다. 이제 세상에는 음양陰陽과 음양에서 1차적으로 유래한 수水와 화火가 나타났고, 대지가 드러나 토土와 목木이 물상론적으로 나타난 상태에서 세상에 움직이는 생명(물고기, 새, 가축, 짐승, 최종적으로 인간)이 만들어지는 과정을 거치고 있다.

[창세기 1장 24~31절]

24. 하나님이 이르시되 땅은 생물을 그 종류대로 내되 가축과 기는 것과 땅의 짐승을 종류대로 내라 하시니 그대로 되니라

25. 하나님이 땅의 짐승을 그 종류대로, 가축을 그 종류대로, 땅에 기는 모든 것을 그 종류대로 만드시니 하나님이 보시기에 좋았더라

26. 하나님이 이르시되 우리의 형상을 따라 우리의 모양대로 우리가 사람을 만들고 그들로 바다의 물고기와 하늘의 새와 가축과 온 땅과 땅에 기는 모든 것을 다스리게 하자 하시고

27. 하나님이 자기 형상 곧 하나님의 형상대로 사람을 창조하시되 남자와 여자를 창조하시고

28. 하나님이 그들에게 복을 주시며 하나님이 그들에게 이르시되 생육하고 번성하여 땅에 충만하라, 땅을 정복하라, 바다의 물고기와 하늘의 새와 땅에

움직이는 모든 생물을 다스리라 하시니라

29. 하나님이 이르시되 내가 온 지면의 씨 맺는 모든 채소와 씨 가진 열매 맺는 모든 나무를 너희에게 주노니 너희의 먹을 거리가 되리라
30. 또 땅의 모든 짐승과 하늘의 모든 새와 생명이 있어 땅에 기는 모든 것에게는 내가 모든 푸른 풀을 먹을 거리로 주노라 하시니 그대로 되니라
31. 하나님이 지으신 그 모든 것을 보시니 보시기에 심히 좋았더라 저녁이 되고 아침이 되니 이는 여섯째 날이니라

　창조의 마지막 단계는 땅에 사는 동물들을 만들고 사람을 만드는 일로 기록되어 있다. 창세기 1장 마지막 파트에서 많이 언급 되는 부분 중 하나는 26절 "…우리의 형상을 따라 우리의 모양대로 우리가 사람을 만들고…"이다. 이를 통해 신의 형상과 모양을 이해하고 설명하려고 하는 논쟁이 많은데 쉬운 일은 아니다. 단지 동물에게는 없으나 사람에게만 있는 특징을 살펴보면 그것이 이 부분을 이해하는 데 도움이 되지 않을까 싶다. 사람의 창의성, 윤리성, 자유의지, 영혼의 존재, 언어의 사용 등은 분명히 동물의 세계에서는 찾아보기 힘든 사람만이 가진 특성들이라고 생각된다. 이러한 특징들이 신이 그의 형상을 따라, 모양을 따라 사람에게 부여한 것이며 사람이 부여받은 지위라고 보면 될 것이다.

　사람은 창조의 마지막 작품으로서 다른 피조물들과는 전혀 다른 지위와 권세를 부여받는다. 창세기 1장 28절 "…땅에 충만하라, 땅을 정복하라, 바다의 물고기와 하늘의 새와 땅에 움직이는 모든 생물을 다스리라 하시니라." 이는 신이 인간에게 부여한 축복이자 명命이었다. 앞선 창조기사에서 보았듯이 모든 과정은 전제조건과 준비과정을 가지고 있다. 인간이 땅을 정

복하고 모든 생물을 다스리기 위해 사용한 것은 자신의 신체로서는 뇌腦였으며, 외적 물상으로는 금金이었다. 오행의 마지막 요소 금金이 바로 인간에게 부여된 지위와 권세였음을 이해하는 것이 창세기 1장 마지막 24절~31절까지의 내용이다.

  우주의 탄생과 빛을 만듦으로써 반대급부로 어둠이 나타나며 형성된 음양陰陽의 세계관, 인간의 세계를 만들어 주기 위한 전제조건과 준비과정에서 창조된 火, 水, 土, 木 그리고 마지막 인간에게 부여한 지위와 권세로서의 金의 물상론적 존재까지 창세기 1장을 통해 살펴보았다. 한편 과학적 해석들을 함께 살펴봄으로써 원시태양으로 시작되는 칠정(해, 달, 수성, 금성, 화성, 목성, 토성)의 창조과정을 유추해 보았다. 지구를 포함한 별들의 자전과 공전주기, 그리고 자전축의 기울기 하나까지 모두 우연의 일치가 아닌 우주의 규칙과 신의 계획적 연출이었음은 분명한 진실이다. 그 우주의 규칙에 따른 결과물로서의 자연현상과 기후현상 그리고 그 속에 살고 있는 사람의 라이프 스타일이 이러한 에너지의 인과관계 속에서 시작되었고 현재도 그 규칙을 벗어나지 못하고 살아가고 있다. 이는 어떤 논리와 과학적 사고를 통해서도 벗어던질 수 없는 진실이다.

02 기후의 메시지 – 규칙과 현상

인류의 고대문명이 발달한 대표적인 4대 지역은 메소포타미아, 이집트, 인더스, 황하지역이다. 이 지역에서 고대문명이 발달한 이유는 크게 두 가지이다. 첫째는 큰 강이 흐르는 지역이었다는 것이고, 둘째는 기후가 생존하기 적합하였다는 점이다. 고대에 강한 권력을 가졌던 권력자들은 날씨를 예측하고 좋은 날씨를 위해 하늘과 소통하는 능력을 가진 사람들이었다. 많은 사람들은 농사를 짓기 위한 좋은 날씨를 염원했고 한 시대의 흥망성쇠를 결정하는 데 기후가 매우 중요한 역할을 했다. 고대문명들이 쇠락하고 삶의 터전을 다른 지역으로 이동한 것도 모두 기후변화에 따른 강의 범람과 환경의 변화 때문이라고 하니 인류의 삶은 지구의 기후변화에 구속되어 있다고 보아야 한다.

지구의 기후변화는 왜 생기는 것인가? 기후의 영어명은 경사 또는 기울기라는 뜻의 그리스어 'klima'에서 유래하였다. 이것을 지구의 태양에 대한 경사라고 볼 때, 지구상의 위도 및 지형에 따르는 지리적 차이와 시각에 따르는 시간적 차이에 의한 것을 포함한다. 그 지리적 차이는 지후祗候라 칭하고 시간적 차이는 시후時候라고 한다. 기후는 서양적인 의미로는 지후, 동양적인 의미로는 24절기, 72후候 등 시후의 뜻이 강하다. 현재 우리들이 사용하고 있는 기후라는 말 속에는 양자가 다 포함되어 있다.

따라서 기후란 지구상의 특정한 장소에서 매년 순서에 따라 반복되는 대기의 종합상태 또는 대기현상의 누적 결과라고 할 수 있다. 따라서 기후는 장소에 따라 달라지지만 같은 장소에서는 일정한 것이 보통이다. 그러나 기후도 자세히 살펴보면 일정한 것이 아니고 수십 년 또는 수백 년이라는 긴 주기를 가지고 변화되어 간다.

이와 같은 기후변화의 원인을 들어보면, 태양에너지 자체의 변화에 의한 것, 태양 거리에 관련된 변화, 행성에 의한 것, 지구상의 조석현상으로서의 변화, 위성 간衛星 間 공간의 변화에 의한 것, 지구자전의 변화에 기인하는 것, 인위적인 변화 등 7가지가 있다.[1)]

이러한 기후변화를 미리 예측하는 것은 고대 인류에게는 대단한 과학이었으며 지배계층의 최대의 숙제이기도 하였다. 고대 사람들은 별을 유심히 관찰함으로써 시간과 날짜, 계절을 판단하는 근거로 삼았다. 현대인들은 여름이 되니 전갈자리가 보인다고 생각하지만, 고대인들은 전갈자리가 보이는 걸 보니 곧 여름이 오겠구나 생각하고, 이집트에서 시리우스는 여름에 잘 관측되는데 이집트는 여름에 비가 잦았으므로, 시리우스가 뜨면 나일강에 홍수가 난다고 기록하고 있다. 즉, 현대인의 관점에서는 기후가 인간의 삶에 영향을 끼치는 것이라는 사고가 정법이지만, 인류의 시원에는 태양과 달, 그리고 五星이 인간의 삶에 영향을 끼치고 있다는 것이 논리적으로 잘못된 사유思惟가 아닌 정확한 사고思考였다. 단지 과학의 발달과 사유체계가 복잡해지는 과정에서 수치화되고 직접적 상관성을 보이는 개념만을 인간이 도입하고 사용하니 그 이면의 원리는 잊혀져 가는 오류를 많이 범하곤 한다.

인류는 태양과 달, 그리고 五星들이 지구에 미치는 절대적인 영향력 아

---

1) 두산백과사전 – 기후[climate, 氣候]

래 살고 있다. 지구에는 기후가 존재하며 사계절이라는 규칙으로 표상되어 인식된다. 하지만 기후와 사계절이라는 규칙은 규칙이라기보다는 지구의 자연현상이다. 우주행성들의 규칙성으로 지구에 나타나는 현상이 사계절이다. 현상phenomenon은 규칙rule 자체가 아니기에 사계절의 온도나 강수량 등이 일정할 수가 없으며, 지구상 위도에 따라 태양의 각도가 다르므로 지역에 따라 다른 기후현상으로 나타난다. 즉, 칠정(태양과 달과 오행성)의 존재와 에너지가 지구의 존재를 유지하고 있으며, 그 칠정의 에너지 파장이 지구의 표면에 닿아 형성된 기운이 바로 우리가 살아가는 지구환경인 기후이다.[2]

지구 내에 존재하는 모든 생명체들이 기후의 영향을 받으며 적응하고 살아간다는 것은 곧 생명체들이 칠정 에너지의 규칙 아래 살고 있다고 사고할 수 있다. 별의 운행규칙을 살펴 기후현상을 예측하고 국가의 흥망성쇠를 점치던 고대 점성학이 인간 개인의 삶의 현상을 살피는 방법으로 사용된 것은 당연한 수순이었다. 사계절이라는 현상은 규칙 자체가 아니므로 일정한 기온과 강수량을 유지할 수 없듯이 인간 개인의 삶이라는 현상도 일정하지는 않고 기후와 지역의 환경 아래 수없이 다양한 모습을 그리며 살아가고 있다.

난조暖燥한 기후는 양성적이며 한습寒濕한 기후는 음성적이다. 봄과 여름은 따뜻하고 화기火氣가 성盛하니 난조暖燥하고, 가을과 겨울은 서늘하고 기온이 냉冷하니 한습寒濕하다. 한난과 조습의 구분은 기후구분을 기온과 강수량으로 구분하는 것과 동일한 원리에서 비롯된다.

추운 지역에 살아가는 사람들은 햇빛이 약하고 낮은 기온의 영향으로 정

---

2) 김기승(2016), 『과학명리』, 다산글방, 101쪽 참조.

적이고 이론적이며 과묵하고 인내심이 많고 사색적이며 근면하고 부지런한 경향이 있다. 추운 북방인들의 사고 체계는 사색적, 분석적, 내밀성이 기조를 이루게 된다. 또한 자연의 혜택을 상대적으로 덜 받아 부족한 식량문제를 해결해야 하므로 자연스럽게 강인하고 정복자적인 기질을 가지고 있다. 반면 더운 지역에 살아가는 사람들은 햇빛에 강하고 밝고 기온이 높기 때문에 성격도 밝고 율동적이며 명랑하지만 식량이 풍족하여 별다른 노력을 기울이지 않아도 되므로 게으른 성격이 형성되는 경향이 있다.

더운 지방에 사는 사람은 화火의 특성이 나타나고, 추운 지방에 사는 사람은 수水의 특성이 나타난다. 두한족열頭寒足熱이라는 말에서 보듯이 두뇌활동은 기후와 관련이 있음을 알 수 있는 것으로 기온이 냉량할 때 두뇌활동이 적절하다는 것을 가리키는 말이다. 오행으로 보아도 상체 부위는 목화木火에 해당해 열을 식힐 필요가 있고, 하체는 금수金水가 필요한 것과 일치하는 말이다.[3]

또한 인간은 소우주로서 밤낮, 계절기후, 풍토지리 등 자연의 모든 변화가 우리의 생리병리生理病理에 직접 또는 간접적으로 영향을 미친다. 자연의 변화원리에 순응하고 또한 이를 활용해야 한다고 보는 관점인 천인상응관天人相應觀은 한자에서 보듯이 우주자연과 사람은 서로 상응한다는 것이다. 천인상응관에 대한 옛 문헌을 살펴보면 명나라의 의학자 장경악은 달과 해조海潮의 관계와 달과 인체의 관계를 살피며 "월사란 달에 의하여 생기는 여자들의 경수(월경)를 의미하며 달이 차고 기우는데 따라 인체의 음이 영향을 받는데 기인한다."[4]라고 하였고, 이시진은 『본초강목』에서 "여자는 음에 속

---

3) 김기승(2016), 앞의 책, 113~114쪽 참조.
4) 月事者 女子經水按月而至 其盈虛消長應於月象 經以應月者 陰之所生也

하며 혈이 주가 되고 혈은 위에서는 태음에 응하고 아래에서는 해조에 응한다. 달은 찼다가 기울고 바닷물은 조수와 석수가 있으며 월사는 한 달에 한 번 있는데 서로 관계가 있다. 그래서 월수, 월신, 월경이라는 이름을 얻었다."5)라고 하였다.

지구의 모든 생명체 및 인류는 태양이 없으면 생존이 불가능하다. 만약 매일 아침에 뜨던 태양이 어느 날 갑자기 사라진다면 무슨 일이 생길까? 중력이 사라져 지구는 공전을 하지 못하고 어느 한 방향으로만 날아가게 될 것이다. 공전에 의해 우리는 계절을 경험하게 되는데 공전이 사라진다면 계절도 사라지게 된다. 태양이 사라지고 1년 쯤 지나면 지구는 영하 75도까지 떨어지게 되고 10년 뒤에는 대기가 축축해져 눈이 내리고 얼음 세상으로 변할 것이라 한다. 세상은 암흑일 것이고, 광합성을 하는 초록색 식물들은 모두 대지에서 사라질 것이다.

이처럼 인간은 태양계를 벗어나서는 존재 자체가 불가능한 객체이다. 우리는 이렇듯 태양은 물론이고 태양계에서 지구(地球, Earth)와 비교적 가까운 수성(水星, Mercury), 금성(金星, Venus), 화성(火星, Mars), 목성(木星, Jupiter), 토성(土星, Saturn)의 오행성들이 지구에 미치는 영향력 아래 살고 있다. 사주명리학에서 가장 기본이 되는 개념인 음양오행이 바로 일월오성日月五星의 다른 이름인 것이다.

사주명리학을 사계절 학문이라고 칭하게 된 데에는 『난강망欄江網』이라는 책의 영향이 크지만 지구의 기후가 일월오성의 천문학적 규칙에 의한 지구 내의 자연현상임을 이해한다면, 사주명리학에서의 기후학과 천문학의

---

5) 女子 陰類也 以血爲主 其血上應太陰 下應海潮 月事盈虧 海有潮夕 月事一行 與之相符 故謂之月水 月信 月經

상관관계를 쉽게 깨우칠 수 있을 것이다. 십간십이지의 환경이 되는 월령을 중심으로 한난조습의 조후용신을 적용하여 사주를 기후학적으로 추명하는 방법이 명리학의 발전에 크게 기여하였으나 사주를 보다 정확하게 해석하기 위해서는 기후와 더불어 기후현상을 만들어 내는 일월오성의 변화에 따른 사주명리학적 이론이 필요하다.

    자평명리학에서 계절과 기후에 따라 개인의 사주를 논하는 월령의 계절에 따른 격국법 및 난강망의 계절 조후에 따른 사주의 구분법의 이론 발달이 우주에너지에 따른 인간형의 다양성이라는 규칙을 기후라는 현상에 빗대어 고찰하여 내려왔음으로 이해해야 한다. 지구에서 사는 사람이 잉태하고, 출생할 당시에 7개의 별들이 어떠한 위치에 있었으며, 그로 인하여 어떠한 별의 에너지를 강하게 받았는가를 연구하여 출생 연월일시로 풀어보는 것이 사주명리학인 것이다.

03 氣와 에너지의 이분법 – 陰陽

음양론은 우주나 인간 사회의 모든 현상과 생성 소멸을 음양이 쇠하고 사라지고 성하여 자라나며 유지되는 상대적 평형 상태라고 보는 소장평형消長平衡과 양과 음이 한 번씩 변하면서 서로 전환되며 운동한다고 보는 상호전화相互轉化로 설명하려는 이론이다. 중국 후한 시대에 허신이 편찬한 자전字典인 『설문해자說問解字』에 나오는 음양陰陽의 개념을 살펴보면, 음陰과 양陽의 원시적原始的 의미로 태양의 빛을 받은 상태를 양陽, 태양의 빛을 받지 못하는 상태를 음陰으로 표현했다.

음陰은 어둡다는 뜻으로 운雲부에 "운雲은 구름이 해를 덮은 것이다. 운雲을 따라 만들어졌고 금성今聲이다. 음陰에서 β변을 뺀 우변은 고문 운雲의 생략형이다."라고 하였다. 양陽은 물勿부에 "역易은 열림의 의미이며, '日' 자, '一' 자 그리고 '勿' 자를 합하여 만들어졌다. 비양(飛揚 : 날린다)이라 하기도 하고 장(長 : 길다)이라 하기도 하며 강(疆 : 굳세다)한 것이 많은 모양이라 하기도 한다."라고 하였다.

이와 같이 원시적 의미의 음양陰陽은 자연현상인 햇빛과 밀접하게 관련된 용어로 사용되어 왔음을 알 수 있다. 즉, 음양陰陽은 언덕 위로 해가 떠오르며 생기는 응달과 양달을 의미하는 것으로서 그 특성은 다음과 같다. 첫째, 음과 양은 태어나는 순간부터 함께 하는 특성, 즉 양이 생길 때 동시에 음이 생기는 특성을 가리켜 '음양의 상대성'이라 하고, 둘째, 음과 양의 나뉘짐과 관계없이 음양이 실현되는 점은 태극이라는 하나에서 비롯된다 하여 '음양의 일원성', 셋째, 음양이란 항상 고정되어 있지 않고 시간의 개입에 따라 음과 양의 세력 변화가 일어나고 살아 움직이는 특성, 즉 '음양의 역동성'이라는 특성을 갖는다.

음양이라는 단어가 지금과 같은 의미를 갖고서 언제부터 사용되었는지 정확히 알 수는 없으며 다만 음양 관념의 전개로 보았을 때는 '주역' 자체의 괘사나 효사에는 음양이라는 단어가 나오지 않으나, 주역 자체가 양의 부호인 양효(—)와 음의 부호인 음효(— —)의 두 부호를 가지고 음양의 이론을 설명하려는 구조로 되어 있다는 점에서 관념적으로는 음양의 기원이 복희씨 시대의 하도河圖와 하 왕조의 낙서洛書까지 올라갈 수 있을 것으로 보인다.

> 역易에 태극太極이 있으니 이것이 양의兩儀를 낳고, 양의는 사상四象을 낳고, 사상은 팔괘八卦를 낳는다.[6]

그러나 음양이라는 단어가 처음 나타나는 문헌은 춘추시대에 편찬된 『시경詩經』[7]과 『서경書經』[8]으로 보고 있다. 하지만 여기에는 날씨의 맑고 흐림이나 따뜻한 방향 등 자연의 모습에 대한 소박한 개념이나 표현, 즉 양달과

---

6) 『주역(周易)』「계사전(繫辭傳)」: 易有太極, 是生兩儀, 兩儀生四象, 四象生八卦.
7) 주초(周初)부터 춘추(春秋) 초기까지의 민요를 중심으로 하여 공자가 편찬한 중국에서 가장 오래된 시집.
8) 유가(儒家)의 오경(五經) 중 하나로 『상서(尙書)』라고도 한다. 우서(虞書)·하서(夏書)·상서(商書)·주서(周書) 등 당우(唐虞) 3대에 걸친 중국 고대의 기록이다. 상서는 상고(上古)의 책으로 숭상해야 한다는 뜻이다. 이제 삼왕(二帝三王)의 정권의 수수(授受), 정교(政敎) 등의 기록으로, 고대의 역사적 사실이나 사상을 아는 데 중요한 책이다. 당시의 사관(史官)·사신(史臣)이 기록한 것을 공자가 편찬했다고 한다.

맑음은 양기로서 응달과 흐림은 음기로서 사용되었지 철학적이고 우주론적인 의미를 부여하기는 힘들다.

음과 양이라는 말에 철학적이고 우주론적인 개념이 나타나기 시작한 것은 『춘추좌씨전春秋左氏傳』9)과 같은 춘추시대의 기록에서인데, 『좌전』「소공昭公」에서 "하늘에는 여섯 가지 기氣가 있으니, 내려오면 다섯 가지 맛을 낳고, 드러나면 다섯 가지 색이 되며, 모이면 다섯 가지 소리가 되고 어지럽히면 여섯 가지 병病이 된다. 여섯 가지 기氣는 음陰·양陽·풍風·우雨·회晦·명明이다."라고 하였는데 여섯 가지의 기氣 중에 음과 양이 속해 있다. 이후에 전국시대로 접어들면서 천지만물의 원리로 음양을 이해하는 구절들이 『노자老子』와 『장자莊子』 그리고 『주역』의 해설서인 『역전易傳』10) 등에서 나타난다.

다른 하나는 명리학에서 유용하게 적용하는 설로서 하늘의 별들로부터 음양이 유래되었다고 보는 '천체기원설'이 있다. 『한서漢書』「예문지藝文志」에 따르면 전국시대에 활동하던 제자백가諸子百家 중의 한 유파로서 고대에 역상曆象을 관장하는 관직에 있던 희씨羲氏·화씨和氏에서 비롯된 음양가陰陽家들은 하늘의 태양을 중심으로 태양계의 별들과 28숙二十八宿의 별들, 그리

---

9) 『좌전(左傳)』 혹은 『좌씨전(左氏傳)』이라고도 함. 『춘추』는 중국 노(魯)나라의 역사책. 노나라 은공(隱公) 원년부터 애공(哀公) 14년에 이르는 12공(公) 242년간의 춘추시대 열국(列國)의 역사가 편년체(編年體)로 기술되어 있다. 책의 제목인 '춘추'는 한 해 한 해의 기록이라는 뜻에서 일 년 사계절 가운데 봄과 가을 두 계절을 따서 지어졌고 역사서라는 의미로 오랫동안 사용되었다.

10) 『주역』은 본래 주나라 초기에 점치는 관리들이 편집한 점술서다. 춘추전국시대에 이르러 주역점의 유행과 제자백가의 출현 및 『주역』의 의리를 중시한 풍조는 전국 후기에 드디어 『역전』의 출현으로 이어지게 된다. 『역전』은 춘추전국시대의 『주역』 발전의 총결서이다. 공자(孔子)가 지은 것이라고도 하고 전국시대로부터 한(漢)나라 초에 유학자들에 의하여 저작된 것이라고도 한다. 역전의 '역(易)'은 주역을 가리키고, '전(傳)'은 해설서라는 뜻이다. 『역전』은 모두 7종 10편으로 구성되어 있으며, 한나라 때에 『십익(十翼)』이라는 명칭이 생겼는데, 『주역』은 『십익』의 성립으로 경전으로서의 지위를 확립하였다. 주나라 초기에 본래의 『주역』은 단순히 점치는 책이었지만, 『역전』은 점술서인 『주역』에 자연과 인간을 결부시켜 점의 영역에서 철학의 영역으로 그 면모를 일신하게 되었다.

고 천문에서 음양陰陽이 유래했다고 말한다.

중국 당唐나라의 풍수 · 명리학자인 원천강袁天綱은 그의 저서『원천강오성삼명지남袁天綱五星三命指南』에서 태양과 달과 다섯 행성, 그 밖의 태양계 별들은 지구에 살고 있는 인간과 생물, 무생물의 생태에 결정적인 영향을 준다고 하여 음양오행을 태양계의 별들과 연결시키고 있다.

[추연鄒衍의 초상[11]]

이러한 음양의 관념은 전국시대 음양가陰陽家의 시조始祖로 불리는 추연鄒衍에 이르러 음양설과 오행설을 통합하여 체계적인 음양오행설이 성립되었는데 그는 음양의 기氣와 오행에서 발생하는 덕德의 소식消息이론으로 사물의 변화를 설명하였다. 추연鄒衍은 본래 제齊나라 출신으로서 젊었을 때는 양梁나라에서 활동하다가 나중에는 다시 제나라로 선왕宣王을 위하여 일

---

11) 추연(騶衍)이라고도 한다. 맹자보다 약간 늦게 등장하여 음양오행설(陰陽五行說)을 제창하였다. 전국시대 제나라 사람으로 현재 산동성에 속하는 제남장구(濟南章丘) 지역에 그의 무덤이 있다. 제나라의 노중련(魯仲連)과 동시대 인물이며 사상이 심오하고 현묘하며 말솜씨가 탁월하여 제나라 사람들은 그를 담천연(談天衍)이라 불렀다. [그림출처] https://kknews.cc/culture/684e6m.html

한 사람이다. 대체로 그는 기원전 336년 전후에 활동을 시작하였고, 기원전 332년을 전후하여 제齊나라로 돌아와 선왕의 직하대부稷下大夫가 되어 12년간 머물렀다. 10여 만자字로 이루어진 '음양종시陰陽終始'는 바로 이때에 만들어진 것으로 보인다. 추연鄒衍은 맹자孟子보다 약간 늦게 등장하여 음양오행설陰陽五行說을 제창하였다. 그는 이 세상의 모든 사상事象은 土·木·金·火·水의 오행상승五行相勝의 원리에 의하여 일어난다고 하였고, 이로써 역사의 추이推移나 미래에 대해 예견豫見하였다. 이것은 오행상생설五行相生說과 더불어 중국 전통의 음양오행사상陰陽五行思想의 기초가 되었다. 추연의 저서로는, 『추자鄒子』49편, 『추자시종鄒子始終』56편 등이 있었다고 알려져 있지만, 실제로 전해지지는 않는다. 그러나 사마천이 쓴 『사기열전史記列傳』가운데 「맹순열전孟荀列傳」에는 대략 다음과 같이 기록되어 있다.

> 추연鄒衍은 유묵儒墨의 학술, 특히 유가 사상으로써 당시의 정치문제를 해결하려고 하였으며, 陰陽이론으로 재이災異를 설명함으로써 당시 통치자들의 행위를 견제하려 하였고, 오덕종시五德終始라고 하는 역사 순환론을 해석해 냄으로써 전통적인 천명사상天命思想에 새로운 내용을 부여함과 아울러 이를 구체화하였다.

이후 그의 음양이론은 『여씨춘추呂氏春秋』12) 「십이기十二紀」에 영향을 주어서 「십이기」에서는 음양이 생장하고 소멸해가는 변화의 과정에 의해 사계

---

12) 『여씨춘추(呂氏春秋)』는 진나라의 정치가인 여불위(呂不韋)가 빈객(賓客) 3,000명을 모아서 편찬한 책이다. 『사고전서(四庫全書)』「자부(子部)」에 수록되어 있는 이 책의 주요사상은 도가(道家)사상이지만, 그밖에도 유가(儒家)·병가(兵家)·농가(農家) 등의 설(說)도 포함하고 있다. 또한 춘추전국 시대의 시사(時事)에 관한 것도 수록되어 있어 그 시대를 알 수 있는 중요한 사서로 평가된다.

절의 변화를 설명하고 있다. 더 나아가 자연과 인간을 연관지어 설명하면서 나라의 정치적인 사상으로까지 발전하게 되고 천天과 연관지어 설명하는 단계로까지 넘어가게 된다. 이렇게 발전하여 전한시대前漢時代의 동중서董仲舒에 이르러 그는 음양오행설과 유교정치사상을 결합하여 천인감응天人感應사상을 완성하였다.

동중서董仲舒의 『춘추번로春秋繁露』「음양의陰陽義」에서 "천지는 항상 한 번 음陰하고 한 번 양陽하는 것이다."라고 하여 천지는 음과 양의 변화로 이루어진다고 말하고 있다. 즉, 음양은 둘이면서 하나이고 하나이면서 둘로서 서로 협력의 관계, 대립의 관계, 보완의 관계, 상호작용에 의한 순환의 관계라고 설명하고 있다. "천지의 기氣는 합하여 하나가 되고, 구별하여 음양陰陽이 되며, 나뉘어 4계절四季節이 되고, 배열하여 오행五行이 된다."라고 하여 천기와 음양과 자연의 관계가 서로 연결되어 있음을 설명하고 있다.

『춘추번로』「동류상동同類相動」에서는 "하늘에는 음양陰陽이 있고 사람에게도 음양陰陽이 있다. 천지의 음기가 일어나면 사람의 음기도 그에 응하여 일어난다. 사람의 음기가 일어나면 천지의 음기도 역시 마땅히 그것에 감응하여 일어난다. 그것은 하나의 도道이다."라고 하여 음양을 통하여 하늘과 사람이 서로 감응한다는 천인감응天人感應사상을 이야기하고 있다. 이러한 천인감응사상은 인간과 자연의 일반적인 문제들뿐만이 아니라 자연에 대한 관찰을 바탕으로 인간에 대한 문제들까지 접근하게 되었고, 자연현상과 인사人事, 특히 군주의 정사政事가 대응관계에 있음을 강조하고, 따라서 군주의 통치는 천天에 순응하는 것이어야 한다고 하여 음양의 문제에서 시작한 논의가 오행으로 이어지고 결국 정치적인 문제와 치국의 문제를 해결하는 방법으로까지 발전해 간다.

04 자연과 시공의 변화 – 五行

오행론五行論은 만물의 생성·변화·소멸을 오행의 변전變轉으로서 설명하려는 이론으로서 중국 고대 문헌을 살펴보면 처음 오행 관념은 음양 관념만큼 크게 영향을 미쳤던 것은 아니었으나 뒤에 상생, 상극이라는 관념이 부가되면서 오행 관념이 온전한 사상 형태를 갖추게 되어간다.

오행五行의 오五는 목木·화火·토土·금金·수水의 다섯 가지 기氣를 가리키며, 행行은 '순환循環'이란 의미를 나타낸다. 이 오행에 의해서 자연현상이나 인사현상의 일체를 해석해서 설명하려는 사상을 오행론五行論이라고 하는데, 처음에 오행이라는 용어가 누구에 의해 사용되었으며 누구에 의해 이론이 형성되었는지 명확히 밝히기 쉬운 일은 아니다.

다만 고대 중국 문헌 가운데 『백호통의白虎通義』[13])에서는 오행을 복희伏羲가 만든 것으로 보았으며, 『좌전左傳』[14]) 「소공昭公」 29년의 역사를 보면 소호昭昊시대에 오행과 관련된 것을 담당하는 관직을 설치했다고 기록되어 있으나, 다섯 가지의 오행을 다 갖추어 오행관념을 보여 주고 있는 가장 오래된 내용은 은殷나라의 기자箕子가 주周의 무왕武王에게 전해 준 『상서尚書』 「홍

---

13) 중국 후한(東漢) 시대 반고(班固) 등이 편찬한 책으로 봉건사회의 정치제도와 도덕관념을 광범위하게 설명하여 당시 통치 계급의 중요한 법전 역할을 하였다.

14) 『춘추좌씨전(春秋左氏傳)』, 곧 『좌전(左傳)』은 『춘추(春秋)』를 해석하여 지은 것으로, 작자에 대하여 많은 의견들이 있으나 노나라의 좌구명(左丘明)으로 알려져 있다. 『좌전(左傳)』은 모두 30권의 약 20만 자로, 노의 은공(隱公) 원년(기원전 722)으로부터 노의 애공(哀公) 27년(기원전 468)에 이르는 254년 동안의 춘추열국(春秋列國)의 역사를 기록하고 있다.

범洪範」15)으로 볼 수 있다. 여기서는 오행을 하夏나라 때 우왕禹王이 홍수를 다스리기 위해서 하늘에서 받은 것이라 하고 그것들을 수水・화火・목木・금金・토土라 지칭하며 그 각각의 성질 및 맛을 자세히 열거하고 있다.

> 수水・화火・목木・금金・토土를 지칭한다. 물은 물체를 적시고 아래로 흘러가는 성질을 가지고 있고, 불은 물체를 태우고 위로 올라가는 성질이 있으며, 나무는 구부러지고 곧게 자라는 성질이 있고, 쇠는 조작에 의해 자유롭게 변형하는 성질이 있으며, 흙은 곡식을 길러 거두게 하는 성질이 있다. 물체를 적시고 아래로 흘러가는 성질은 짠맛을, 물체를 태우고 위로 올라가는 성질은 쓴맛을, 구부러지고 곧게 자라는 성질은 신맛을, 조작에 의해 자유롭게 변하는 성질은 매운맛을, 곡식을 길러 거두게 하는 성질은 단맛을 내게 한다.

위의 내용으로 보면 은나라 때의 오행은 자연물로서의 의미가 크지만 자연물 자체의 속성에다 미약하나마 그 물질들을 통한 사상 내지는 경험의 지식이 일부 들어 있었다고 볼 수 있다. 즉 중국인들에게 있어서 초기의 오행에 대한 관념은 그들이 살고 있는 지형을 중심으로 다섯 가지의 자연의 물질을 오행의 원시적인 관념으로 보다가 은殷, 주周의 청동기시대에 접어들면서 오행에 사상적 의미가 미약하나마 들어가기 시작했음을 알 수 있다.

그 후 춘추시대를 거쳐 전국시대에 추연鄒衍은 종래부터 전해 내려오던

---

15) 중국 유교의 5대 경전 중 하나인 『서경(書經)』의 1편으로 유가(儒家)의 천하적 세계관에 의거한 정치철학을 말한 글이다. 『상서』와 『서경』은 같은 책을 말한다.

오행설을 종합, 정리하여 우주 사이의 모든 변화는 오행의 덕성德性, 즉 이것의 운행에 의한 것이라고 하는 이른바 '오덕종시설五德終始說'을 제기하였다. 오덕五德이란 오행에서 발생한 5종류의 작용을 말하는 것으로, 오덕종시설에 따르면 천지가 나누어진 이래 오덕의 전이轉移에는 일정한 기운이 있고, 거기에 적응한 정체政體가 존재한다는 것이다. 따라서 한 왕조의 제왕은 누구나 이 오행의 덕 가운데 하나를 갖추어 제왕이 되며, 모든 왕조는 오덕의 순서에 따라 흥망하게 된다. 그리고 오행의 상호관계는 "목木은 토土를 이기고, 금金은 목木을 이기고, 화火는 금金을 이기고, 수水는 화火를 이기고, 토土는 수水를 이긴다."는 상승相勝과 순환循環의 법칙, 즉 상극설相剋說의 입장을 취하였다.

이 원칙은 4계절의 추이, 방위 그리고 왕조의 흥망 등 모든 현상의 변화에 적용된다고 하였다. 가령 하夏 왕조王朝는 목덕木德이지만 하 왕조를 대신하여 일어난 은殷 왕조王朝는 금덕金德이며, 그 은 왕조를 대신하여 일어난 주周 왕조王朝는 화덕火德이라고 하였다.

추연은 음양의 변화는 어디까지나 천도天道의 운행법칙이고, 오덕종시五德終始는 역사의 변천법칙變遷法則이라 하였다. 즉, 사시四時의 음양변화를 자신의 학설에서 강조하여 활용한 것은 궁극적으로 왕이 어진 것과 의로움을 실천하고, 절약하고 검소하게 함으로써 당시의 정치적 문제를 해결하기 위한 것이었다.

사실 전국시대 말기에 추연과 같은 음양가陰陽家들이 등장해서 이전의 음양오행설을 정교하게 다듬은 것은 시대적인 추이에 따른 것이었다. 춘추시대부터 치열해진 패권전쟁에서 시급한 것은 실질적인 부국강병책이었기 때문에 음양가들은 무대의 전면에서 점차 사라진다. 그러나 전국시대 말기에 천하통일의 대권이 몇 나라로 압축되자 부국강병책 외에 각국의 왕들에게는 자신이 패권을 갖는다는 명분이 필요했다.

이런 시대적 흐름에 편승해 역사의 전면에 등장하는 것이 추연과 같은 음양가들의 학설인데 그 시기에 음양오행에 대한 설명이 정교한 체계를 갖춰갔던 것도 사실이지만, 그 시대 이전에 이미 음양오행설이 다양하게 응용되었다고 볼 수 있다.

그 후 진·한의 교체기를 거쳐 전한前漢의 정치적 안정기가 오면서 이러한 음양오행설이 유가와 도가를 포함한 모든 사상에 공통적인 세계관으로 받아들여지게 됨으로써 하나의 보편적인 사상으로 성행하였으며, 특히 동중서董仲舒[16]에 의해 오행상생相生·상승相勝의 이론이 완성되었다.

오행상생설五行相生說은 목木이 화火를 생生하고 화火는 토土를 생하며 토土가 금金을 생하고 금金이 수水를 생하게 된다. 다시 이 수水가 목木을 생하게 되는 자연순환론이 기본이다. 오행을 춘하추동의 사시四時 순환에 배열함으로써 만물이 태어나서 성장하고 쇠약해지고 거두고 다시 만들어져 태어나는 끝없는 순환을 하게 되는 이론이다.

오행의 이론은 여기서 끝나지 않고, 천체와 별들을 해석하려는 것으로까지 발전하게 된다. 그리고 천인감응天人感應사상을 바탕으로 하여 천문에서의 오행은 다시 인사人事에 반영하게 된다.

---

16) 중국 전한 중기의 대표적 유학자이다. 현재의 허베이성(河北省)에 속하는 신도국(信都國) 광천현(廣川縣)출신이다. 한나라 초기의 사상계가 제자백가의 설로 혼란하고 유교가 쇠퇴하였을 때, 도가의 설을 물리치고 유교 독립의 터전을 굳혔다.

[동중서董仲舒의 초상[17]]

특히 동중서董仲舒가 음양오행설과 유교 정치사상을 결합하여 완성한 천인감응天人感應과 휴상재이休祥災異의 사상은 그 후의 유교사상에 커다란 영향을 미쳤다.

그리고 진·한대의 음양오행설은 『여씨춘추呂氏春秋』「십이기十二紀」와 『예기禮記』[18] 「월령月令」에 보이는 시령설時令說로 발전되었다. 시령설時令說은 사계절의 변화와 인간의 정사를 오행상생의 순환원리에 의해 설명하고, 다양한 인간사의 현상과 4시四時, 12월十二月의 자연현상을 각각 오행에 배

---

17) [그림출처] http://www.zwbk.org/MyLemmaShow.aspx?zh=zh-tw&lid=88113
18) 『예기(禮記)』는 유교 경전 중 오경(五經)의 하나다. 주(周)나라 말기에서 진한(秦漢) 시대까지의 예(禮)에 관한 학설을 집록한 것으로, 『주례(周禮)』, 『의례(儀禮)』와 함께 '삼례(三禮)'라고 한다. 예경(禮經)이라 하지 않고 『예기』라고 한 것은, 예에 대한 기록 또는 예에 관한 경전을 보완(補完)·주석(註釋)했다는 뜻이다. 공자는 삼대(三代 : 夏·殷·周) 이래의 문물 제도와 의례(儀禮)·예절 등을 집대성하고 체계화하는 것을 스스로의 책무로 삼았고, 제자들을 가르침에 있어서도 예를 익히고 실천하는 데에 역점을 두었다. 공자 사후 각 국으로 흩어져 공자의 가르침을 전파한 제자들에 의해 예에 대한 기록이 쌓여가기 시작하였다. 그들은 생전의 스승에게서 들은 이야기, 학설, 스승과 나눈 대화 등을 문자로 정착시켰고, 다시 그들의 제자들에게 전해주기도 하였다. 세월의 흐름에 따라 제자의 제자, 또는 그 문류(門流) 후학들에 의해 기록된 예설(禮說)들이 늘어나서 한(漢)나라에 이르러서는 200여 편이나 되었다.

당하였다. 따라서 자연과 인간이 음양오행의 순환운동에 따르면 그 화평상태가 유지될 수 있으며, 거기에서 벗어나면 자연과 사회의 화평이 깨어진다고 했다. 또한 인간의 행위 가운데서는 특히 천자의 통치가 음양오행의 순환운동을 제대로 따름으로써 사회의 안녕과 질서가 유지될 수 있다고 하였다.

동중서는 음양오행설에 의해 자연현상과 인사人事, 특히 군주의 정사政事가 대응관계에 있음을 강조하였고, 따라서 군주의 통치는 천天에 순종하는 것이어야 한다고 했다. 만약 군주의 통치가 민생을 해치는 경우에는 음양오행의 부조화를 초래하게 되어 가뭄과 장마 등의 자연재해를 통한 '천天'의 견책이 있게 되며, 혜성이나 지진의 발생 등의 괴이怪異를 통한 경고가 내려진다. 그럼에도 불구하고 군주가 반성하지 않을 때는 천명을 바꾸어 그 국가를 멸망시킨다고 했다. 그러나 군주의 통치가 민생을 보호할 때는 보랏빛 구름이나 진기한 짐승이 출현하는 등의 상서祥瑞가 나타나게 된다고 했다.

그는 또 오행설을 응용하여 군주에게 외모, 언어, 보는 것, 듣는 것, 생각하는 것의 5사五事에 근신할 것을 요구했다. 이와 같이 동중서의 '재이설災異說'은 절대 군주의 권위를 천天의 권위에 의해 뒷받침하면서 절대군주의 올바른 통치를 촉구하는 정치사상이었다. 그러나 그 후 유교가 국교화되어 가면서 '재이설'은 점차 신비스러운 참위설讖緯說[19]로 바뀌어 갔다. 과거 군주의 실정에 대한 견책으로 설명되던 '재이설'이 참위설로 바뀌면서 장래 발생할 사태의 예언, 특히 역성혁명에 의한 정권교체의 예언으로 변해갔다. 그 결과 참위설은 기존 왕조의 권위를 위협하면서 새로운 왕조의 정당성을

---

19) 음양오행설(陰陽五行說)에 바탕을 두고 일식·월식·지진 등의 천지이변(天地異變)이나 은어(隱語)에 의하여 인간사회의 길흉화복을 예언하는 설이다.

설명하는 기능을 갖게 되었다.

결론적으로 원시적인 의미의 오행은 단순히 물질적인 면에 중점을 두었고, 전국시대에 이르러 추연에 의해 오행 상승相勝의 이론이 도입되고 음양론과 결합함에 따라 비약적인 발전을 이루게 된다. 제자백가 시대를 거쳐 한대漢代의 동중서는 오행상생의 자연순환론에 춘하추동의 사계절과 동서남북의 사방위를 배열함으로써 만물이 태어나서 성장하고 쇠약해지고 거두고 다시 만들어져 태어나는 끝없는 순환을 한다는 이론이 정립되어 천체의 별을 해석하는 데까지 나가게 된다. 그리고 천인감응사상을 바탕으로 천문에서의 오행은 다시 인사人事로 반영되면서 자연스럽게 천天 사상과 연결되면서 정치의 이념으로까지 발전하게 된다.

한 가지 부언하자면 동중서는 오행에 차례를 정해서 순서를 배열하였다.

하늘에는 오행이 있으니 첫 번째는 木이고, 두 번째는 火이고, 세 번째는 土이고, 네 번째는 金이고, 다섯 번째는 水이다. 木은 오행의 처음이고, 水는 오행의 마지막이며, 土는 오행의 가운데이다. 이것은 하늘이 질서秩序를 세운 순서이다. 木은 火를 생하여 주고, 火는 土를 생하며, 土는 金을 생하여 주고, 金은 水를 생하며, 水는 木을 생하니 이것은 부자관계父子關係이다.…그러므로 오행이란 효자와 충신의 행위인 것이다.[20]

---

20) 董仲舒, 『春秋繁露』, 「五行之義」: 天有五行 一曰木 二曰火 三曰土 四曰金 五曰水 木五行之始也 水五行之終也 土五行之中也 此其天次之序也 木生火 火生土 土生金 金生水 水生木 此其父子也…故五行者 乃孝子忠臣之行也.

더 나아가 동중서는 이러한 오행의 이론에 천天사상을 반영하여 토土가 오행의 가운데라고 하는 것을 바탕으로 오행의 중앙에 토土가 있어야만 사상四象이 제대로 역할을 수행할 수 있는 토덕설土德說을 주장하였다.

하지만 태양계의 행성들은 태양을 중심으로 수성 - 금성 - 지구 - 화성 - 목성 - 토성의 순서로 멀리 있게 되므로 토성이 첫 번째가 되어야 하는데 목木을 첫 번째로 하는 동중서의 이론과 부합하지 않으며, 그는 또 토土가 오행의 가운데라 하였는데 기존 학설과 같이 오행의 토土를 토성으로 봐야 한다면 이 또한 동중서가 말하는 하늘에 질서 지은 순서와 맞지 않고, 화火에서 금金으로 넘어가는 과정에서 발생하는 금화교역의 문제도 설명이 어려우므로 동중서의 주장을 따르게 되면 오행의 토土는 오성의 토성이 아니라 지구로 보아야 한다는 설이 있다. 한편, 현대 명리학자 중에는 지지地支의 토가 4개로 구성된 이유가 지구의 토土기운이 진辰과 축丑으로 상징되어 나타나며 수기水氣를 품고 영향을 주고, 태양에서 좀 멀리 떨어져 있는 토성의 토土기운이 술戌과 미未로 상징되어 나타나며 화기火氣를 품고 영향을 주고 있기 때문이라고 보는 이도 있다.

음양오행은 본래 전혀 별개의 단어와 내용이 만나 하나의 범주로 체계화된 것으로서 고대 중국을 비롯한 한국, 일본 등 동아시아에서는 음양론과 오행설을 조합시켜서 우주의 생성, 자연의 순환, 통치의 존재방식, 인체의 조직 등 우주에서 인사人事에 이르는 모든 현상을 설명하는 데 이용되는 이론으로 여러 가지 점술에도 응용되었다. 이 음양과 오행사상은 서로 끊어지지 않고 끝없이 대립하면서 순환하는 과정을 그 속성으로 하는 '변變'의 철학이며, 이는 중국사상의 핵심인 '역易'사상과 직결된다. 고대로부터 중국은 이러한 음양오행 사상을 자연과 인간의 생활에 연관지어 이해하고 문제를 해결하려는 삶과 철학적인 사고가 있었다. 이러한 사상은 과거는 물론 현대까지 주역과 같은 동양철학의 주류나 명리학 등 운명을 예측하고 판단하는 방법과 고대는 물론 현대 동양의학의 기본이론이 되고 있다.

Part 1
2장

동서양 천문학과 점성학
[동양과 서양 각각 인류가 하늘을 보다]

01 바빌로니아의 바벨탑은 인류 최초의 천문대

　기원전 약 3000년경, 바빌로니아로 더 잘 알려진 메소포타미아 지역에 살고 있던 수메르인들은 세계 최초로 천문학을 연구하여 천문 측량법을 만들었다. 그들은 높은 곳에서 달의 변화를 관찰하여, 달의 모습이 변화하는 것에 근거하여 1년을 12개월, 모두 354일로 하고, 윤달을 정하고 한 주일은 7일로 정하고 7일의 이름을 별들의 이름을 따서 각각 일(태양신), 월(달신), 화(화성신), 수(수성신), 목(목성신), 금(금성신), 토(토성신)라고 불렀다. 그 후 하루 24시간을 2시간을 한 단위로 하여 12단위 시간을 사용하였으며 한 시간을 60분, 1분을 60초로 만들어 사용하였다. 현대인들이 사용하는 시간의 기본 단위, 12시간, 60분, 60초의 개념을 세운 이들이 수메르인들이었다고 하니 그들의 천문학 수준을 감히 짐작해 볼 수 있다.
　또한 원의 둘레를 360도로 나누고 현재의 위도와 경도를 발명하였고, 이러한 수체계가 발전하여서 바빌로니아 시대에 이르러 60진법의 수체계를 완성시켰다. 고대 바빌로니아인들은 고대 이집트인보다 기하학을 제외한 일반 수학분야에서 더 발달하였다. 그들은 위치기수법을 사용하여 수를 나타내었고 모든 역수는 아니지만 역수를 알고 있었으며 제곱까지도 계산하였다. 수학의 이론적 정립만 놓고 볼 때 수메르인들의 수학 발전은 16~17세기 유럽의 수학 수준에 이르렀다고 추정하는 고고학자들과 수학자들이 있으니 그들의 천문학, 수학 수준을 짐작할 수 있다.

수메르인들은 현재 이라크에 속해 있는 티그리스강과 유프라테스강 주변의 '비옥한 초승달 지대'라고 불리던 지역에서 거주하였다. 토양은 비옥하고 강물은 풍부했지만 남쪽 평야에서 살기에는 환경적인 2가지 중요한 단점이 있었다. 첫째, 연간 강수량은 인공적인 관개시설 없이 농작물들을 재배하기에 충분하지 않았으며, 이 평야는 경사도가 매우 낮은 평지였기에 해마다 봄 수확기에 홍수로 인하여 농작물이 손실을 입었다. 둘째, 이 지역에는 아주 제한된 종류의 천연자원만이 있었다. 그 시대에 지도자들은 관개시설 같은 광대한 공공사업을 공동으로 함으로써 서로 떨어져 있는 여러 도시국가들을 결합하여 힘을 모았다. 그러한 일을 하기 위해서는 측량법을 개발해야 했고 물품을 거래하고 노동력을 계산하여 계획을 세우고, 세금을 부과하고 징수하는 데 필요한 회계 업무 등을 처리하기 위하여 매우 높은 수준의 지식과 그에 수반되는 수학의 발전이 요구되었다.

천문학과 수학의 발전을 이루고 살았던 수메르인들의 역사는 바빌로니아 제국 건설로 큰 변화의 시기를 겪는다. 바빌로니아 제국은 기원전 2000년경에 셈족이 메소포타미아 지역을 침략하여 수메르인들을 패배시키고 바빌론을 그들의 수도로 만들면서 시작되었다. 알렉산더 대왕이 기원전 331년에 아르벨라(앗시리아의 고대 도시) 근처의 가우가멜라 다리오Darius 왕을 정복한 후에 바빌론으로 여행을 했고 거기서 그는 갈대아 사람으로부터 '1903년' 동안 천문 관측을 한 자료들을 받았다고 전해진다. 갈대아 사람들은 그것이 바빌로니아 제국의 창시부터 수집된 것이라고 말하였는데 이를 바탕으로 추정하여 바빌로니아 제국의 창시를 역사학자들은 기원전 2234년이라고 보았다.[21]

한편, 성경의 창세기 11장에 기록되어 있는 바벨탑 사건의 연대는 노아 이후의 네 번째 세대인 벨렉의 시대로 보고 있으며,[22] 벨렉의 출생이 대홍수(기원전 2349~2348년) 후 약 100년으로 기록되어 있으니, 바벨탑 사건을 기원전 2250~2240년 경으로 추정하는 것이 기독교 역사학자들의 견해이다. 즉, 바벨탑의 건립과 파괴 그리고 바빌로니아 제국의 설립, 이 두 사건의 시대 비교를 해 보면 바벨탑의 건립이 선행 시기임을 알 수 있다.

메소포타미아 지역을 수메르인이 지배하고 있던 시절, 이들은 신전의 성격이자 천문을 관측하는 건축물로 많은 지구라트ziggurat를 세웠고 후대로 갈 수록 그 높이는 높아져 갔다. 그들의 중심도시였던 바벨에 건설된 최대 높이 지구라트가 바벨탑이었던 것이다. 이로 인해 신의 권위에 도전하려고 했던 인간들은 심판을 받게 되고 언어가 혼잡하게 되었으며 세상 곳곳으로 흩어지게 되어 지금의 다언어 다민족 세상이 이루어졌다는 성경의 기록과 바빌로니아 제국의 설립, 즉 수메르인이 셈족에게 메소포타미아 지역을 빼앗기고 세상에 흩어지는 역사의 흔적과 일치하는 것이 놀랍다.

---

21) AD 6세기 라틴의 작가, 심플리키우스 『하늘에 관하여(De Caelo)』 여섯 번째 책

22) 창세기 10장 25절 "에벨은 두 아들을 낳고 하나의 이름을 벨렉이라 하였으니 그때에 세상이 나뉘었음이요 벨렉의 아우의 이름은 욕단이며"

[지구라트ziggurat 유적과 바벨탑 상상도]

바벨탑을 세웠던 수메르인들은 왜 신의 분노를 샀고 심판을 받아야만 했던 것일까? 성경 창세기 11장 4절[23]에 따르면 바벨탑의 꼭대기를 하늘에 닿게 하고자 하였고 인간의 이름을 내고자 한다 하였는데, 인간의 이름을 낸다는 부분은 고대 도시국가를 이룬 수메르인들이 지배와 피지배의 구조를 가지고 지배세력의 우위를 통해 노동력의 착취와 세금의 착취를 시스템화한 종족이었으며 그들의 지배세력을 강화하고자 한다는 의미로 해석할 수 있다.

하지만 단순히 이것이 신의 심판을 받아야 하는 가장 큰 이유는 아니었을 것이다. 또 다른 하나의 이유로 기록된 것이 바벨탑의 꼭대기를 하늘에 닿게 하고자 하였다는 부분이다. 물리적으로 첨탑의 끝을 하늘에 닿게 할 수도 없는 것이니 이 문맥의 메타포적 의미는 바벨탑을 통한 천문의 살핌과 이를 통해 신이 만들어 놓은 권위, 즉 우주의 에너지 규칙을 인류가 깨우치기 시작했다는 것이 바로 심판의 더 큰 이유인 것이다.

천기누설의 대가는 종족의 패망과 언어의 흩어짐이었다. 언어의 분화는

---

23) 창세기 11장 4절 "또 말하되 자, 성과 대를 쌓아 대 꼭대기를 하늘에 닿게 하여 우리 이름을 내고 온 지면에 흩어짐을 면하자 하였더니"

인류의 과학의 발전을 더디게 하였고 천문학과 이를 통한 우주와 자연의 규칙의 탐색 또한 지엽적으로 분리되어 발생, 발전하였고 이 지식이 다시 통합의 단계에 이르는 데 수천 년의 시간이 필요하였으며 아직도 미완의 단계에 있다고 할 것이니 신의 한 수라 하지 않을 수 없다.

바빌로니아의 점성학Astrology

천문학에 깊은 조예를 나타냈던 수메르인들이 건설한 많은 지구라트와 바벨탑이 천문대의 하나였다고 추정하는 것은 너무나 당연한 추론이며, 당시 수메르인의 천문관측은 정밀도가 대단히 높아서 일식, 월식 등의 예보도 정확히 하였다고 한다. 이러한 천문학의 기술은 고대 그리스에 전해져 소크라테스나 플라톤의 우주관 형성에 영향을 끼치며 서양 천문학과 점성학의 시원이 되었다.

수메르인들은 점토판 위에 토큰의 이미지를 그리며 숫자로 문양을 표시하였고 날카로운 갈대를 가지고 점토판 위에 물건의 모양을 그대로 그리거나 그 물건을 나타내는 토큰을 그림으로써 표현했다. 특히 젖은 점토판에 뾰족한 도구를 사용해 뾰족한 모양을 가진 삼각형을 새겨 넣어 만든 쐐기문자를 사용하였다. 이 쐐기문자가 쓰여진 점토판은 1840~1850년경 고고학자들에 의해 발굴되기 시작하였다. 이 지역에서 발굴된 약 50만 개의 점토판은 이 쐐기문자로 이루어졌으며 19세기 중반 유럽 언어학자들에 의해 해독되기 시작하였다. 이 중 세상에 가장 널리 알려진 점토판은 「플림프톤 Plimpton 322」이라고 불리며 〈피타고라스 정의〉가 기록된 점토판이다.

이러한 설형문자의 기록에 대한 해독을 통해서 고대인들에게 천문학과 점성학이 어떤 의미를 갖는지 알 수 있게 된다. 수메르인은 수학과 천문학, 그리고 점성학에 흥미를 가지고 있었는데, 점성학은 천문학, 수학의 지식체계를 바탕으로 더욱 발전할 수 있었다.

점성학 기록이 담겨진 대표적인 점토판은 「에누마 아누 엔릴Enuma Anu Enlil」인데 바빌로니아의 점성학을 다루고 있는 70여 개의 평판기록이다. 「에누마 아누 엔릴」은 왕이 천문학자들에게 받은 규칙적인 점성학 보고서였는데 그 내용의 대부분은 그 당시의 새로운 천체적 사건들을 최대한 묘사하고 그것이 왕에게 유익한 징조인지를 해석하는 부연설명이 첨가되어 수록되어 있다.

> 첫째날에 달이 보이게 되면 국토에는 행복이 가득 찰 것입니다. 그날에 낮의 길이가 보통이라면, 오랜 치세를 의미합니다. 모습을 드러낸 달이 왕관을 쓰고 있다면, 왕께서는 가장 높은 지위에 오를 것입니다. 이상은 '이사르 우무 에레스'가 보고 드리는 바입니다.[24](에누마 아누 엔릴 제8권 10번 보고문)

「에누마 아누 엔릴」은 바빌로니아의 천문 점성학 표준 형식으로 편찬된 것이며, 가장 늦은 사본으로는 기원전 194년에 작성된 것까지 있으니 2,000년 가까이 유지된 천문 점성학 기록이었던 셈이다. 이 평판은 기원전 4~3세기 인도에 전해졌으며, 인도에 전해진 후기 평판에는 행성의 기록까지 다루고 있다.

바빌로니아인들은 주로 왕국이나 국가의 흥망과 농경에 관계된 일 등을

---

24) Hermann Hunger, State Archives of Assyria, Astrological reports to Assyrian kings, Volume 9, 1992.

알아보기 위해 천문학과 점성학을 이용하였고, 이 과정에서 인간사에 많은 영향을 미친다고 여겨졌던 몇몇 행성들은 신격화되었고, 이들 행성들의 위치와 색깔 등은 고대인들의 일상생활에 많은 영향을 미치는 중요한 계시 수단이 되었다.

기원전 750년경의 바빌로니아인들은 수학과 천문학에 통달하여 하늘의 모양을 지도로 만들었고, 태양의 궤도를 따라 18개의 조디악 사인Zodiac sign을 고안했으며, 행성들의 정확한 궤도를 계산해냈다. 또 이클립틱Ecliptic을 360도로 정확하게 나누어 1도는 60분, 1분은 60초로 정했다. 이후 기원전 600년경에 조디악 사인은 12개로 정리되었고 개인의 운명을 점치는 네이탈 챠트Natal Chart로 발전하는 시원이 된다.

02 그리스, 로마의 점성학을 통한 수학, 기하학의 발달

바빌로니아에서 출발한 점성학은 알렉산더 대왕의 동방원정을 통해 그리스를 거쳐 유럽으로 퍼져 나가게 된다. 알렉산더 대왕의 재위기간은 기원전 336~323년으로 알렉산더 3세라고도 불렸다.

아르게아스 왕가의 필리포스 2세와 인접국 모로시아 왕가 출신의 왕비 올림피아스 사이에서 태어났고, 즉위 2년 후인 기원전 334년부터 동방원정 길에 나서 바빌로니아 왕국에 이어 메소포타미아 지역을 지배하고 있던 페르시아 제국을 멸망시키고 중앙아시아, 인도 북서부에 이르는 세계제국을 실현하였다. 알렉산더 대왕은 32세의 젊은 나이에 바빌론에서 병사하였고 기원전 323년 그의 세계제국은 미완의 상태로 끝을 맺지만 그의 동방원정과 세계제국 건설을 계기로 동서양을 잇는 문물교류의 장이 열렸고 바빌로니아 문명이 그리스와 유럽으로 전해지는 중요한 역할을 하게 된다.

그 영향으로 천문학의 발달은 바빌로니아에서 그리스로 넘어가게 된다. 이집트의 알렉산드리아는 알렉산더 대왕의 이름을 따 만들어진 도시이며 당시 동서양 문물교류의 중심지였고, 고대 도서관 유적이 남아있어 유명한 곳이다. 그가 이집트를 점령한 뒤 프톨레마이오스[25] 왕조를 세우면서 그리스 문명과 이집트 문명이 혼합된 고대 문명도시가 형성되었다. 현대로 치자면 미국 뉴욕과 같은 도시로 그리스 철학자들이 알렉산드리아로 유학을 오

---

25) 그리스 천문학자 '프톨레마이오스'는 본 이집트 왕과 동명이인일 뿐 아무 관계는 없다.

는 것이 필수 코스였다고 한다. 고대 수메르 문명부터 바빌로니아, 그리스, 이집트 문명의 모든 정신적 자산들은 알렉산드리아로 들어왔고 이곳이 모든 고대 문명의 마지막 보고寶庫가 된다.

점성학과 천문학을 집대성한 프톨레마이오스가 바로 이곳 알렉산드리아의 도서관에서 일하였고, 그는 바빌로니아 시대부터 전해 내려온 점성학을 수집, 정리하였다. 그 당시 점성학과 천문학, 수학과 철학은 구분할 수 없는 학문이었으며 함께 다루어야 하는 종합과학이었다. 이러한 종합과학의 성격은 알렉산더 대왕의 세계제국이 건설되기 전 시대를 조금 거슬러 올라가 바빌로니아 천문학이 그리스 천문학과 혼합되기 전 고대 그리스 시대의 수리학문의 분야를 잠깐 살펴보면 쉽게 이해할 수 있다.

그리스의 대표적 철학자이자 과학자였던 플라톤과 아리스토텔레스는 헬레니즘 시대보다 조금 앞선 시대를 살았던 학자들이었으며, 당시 초기 그리스에서의 천문학은 수학의 한 갈래였다. 천문학자들은 천체의 운동을 모방할 수 있는 기하학적 모형을 만들기 위해 노력하였다. 이러한 전통은 4개의 수리 학문(산술학, 기하학, 음악, 천문학) 사이에 천문학을 배치한 피타고라스 학파에서 시작되었다. 천문학을 포함한 4개의 학문을 구성하는 수리 학문에 대한 연구는 나중에 중세 대학의 교양과목을 구성하는 4과(콰드리비움, Quadrivium)라고 불리게 된다.

플라톤(기원전 427~347년)이 창조적인 수학자는 아니었지만, 그는 『국가』에서 철학 교육에 대한 기초로써 4과를 포함시켰고, 그는 그리스 천문학의 체계를 개발하기 위해 젊은 수학자, 에우독소스(기원전 410~347년)를 독려하였다.

우주론에 대한 내용이 남아 있는 플라톤의 주요 서적은 『티마이오스the

Timaeus』와 『국가the Republic』이다. 이 책 속에서 그는 두 구 모형을 설명하고 일곱 개의 행성과 고정된 별을 옮기는 여덟 개의 원 또는 구가 있다고 설명하였다.

심플리키우스Simplicius의 기록에 따르면, 플라톤은 그 시대의 그리스 수학자들에게 "무엇이 균일하고 등속으로 움직이는 행성의 겉보기 운동(시운동, 視運動)[26]을 설명할 수 있는가?" 라는 질문을 제기하였고, 플라톤은 행성의 혼란한 겉보기 운동이 구형求刑 지구를 중심으로 하는 등속원운동을 결합하여 설명될 수 있다는 생각을 가지고 있었다.

그리스 젊은 수학자 에우독소스는 각 행성들에 각각의 동심구들을 할당하며 플라톤의 생각에 맞섰다. 그는 구의 축들이 기울어져 있다고 생각했고, 각각에 공전 기간을 다르게 할당하여 조금 더 하늘의 외형에 근접할 수 있는 모형을 만들어 냈다. 따라서 그는 행성의 움직임을 수학적으로 설명하려 한 첫 번째 사람이었다. 그가 쓴 행성에 대한 책인 「속도에 대하여On Speeds」의 내용은 아리스토텔레스의 「형이상학」과 「하늘로부터」의 개념의 영향을 받고 있다.

고대 그리스의 철학자들은 자신들의 통찰력을 활용해 이데아 세계를 그려내고 이데아를 추구하는 인간의 정신세계를 설명하며 고대 철학의 근간을 만들었다. 그리스 철학은 현대인들이 당시 서적을 그대로 번역하여 읽고 있을 정도로 수천 년 동안 고스란히 인류의 철학적 기둥이 되어 전해진다.

---

[26] 천동설이나 지동설은 과학적 관측을 토대로 발전한 것인데, 이 중 행성들의 운행에 관해서는 행성의 겉보기 운동 해석이 토대가 됐다. 태양계 내의 행성들 중 수성, 금성, 화성, 목성, 토성은 육안으로 충분히 볼 수 있을 정도로 밝고 이를 매일 밤 관측하면 천체의 일주 운동과 달리 행성은 천구상의 별자리 사이에 조금씩 옮겨 다니는 것을 알 수 있다. 행성의 이러한 운동은 지구에 대한 행성의 상대적인 공전 운동에 의한 것이기 때문에 행성들의 실제 운동이 아니므로 겉보기 운동이라 한다. (지구과학 스페셜, 신원출판사, 2008.)

그들의 철학적 통찰을 이뤄내는 저변에는 과학적 사고를 위한 학문으로 그들이 연구하던 분야가 있었으니 그것이 바로 4과(콰트리비움)이다. 수학, 기하학, 음악 그리고 천문학이 바로 그것이다.

인간의 고등생물로서의 특징은 발달된 뇌를 가지고 사고할 수 있다는 것이며, 그 뇌로 사고함의 결정체가 철학이다. 그에 앞서 인간과 자연을 살펴보며 규칙과 법칙을 찾아내고 그것을 철학의 기초로 삼았으니, 우주의 만물은 수를 지녔고, 우주의 만물은 기하를 지녔고, 우주의 만물은 소리를 지녔고, 우주의 만물은 천체의 영향 아래 있다는 것이 그 철학의 기초인 것이다.

점성학의 아버지 '프톨레마이오스'

[프톨레마이오스Klaudios Ptolemaios의 초상[27]]

천문학과 점성학 분야에 있어서는 2세기경 활동한 그리스 천문학자 '프톨레마이오스'를 빼고는 이야기 할 수 없다. 알렉산드리아의 도서관에서 일

---

27) This reproduction is taken from 「Popular Science Monthly」 Volume 78, April, 1911, p.316.

하던 프톨레마이오스는 고대의 자료들을 수집하고 정리하면서 천문학, 점성학, 광학, 지리학 등을 연구하였다. 그는 생애 대부분을 별을 관찰하는 데 보냈고, 자신의 천문학적 지식을 모아 140년경에 『천문학 집대성Megalē Syntaxis tēs』이라는 저서를 냈는데 아랍인들이 827년 바그다드에서 이 책을 번역하면서 '가장 위대한 책'이라는 뜻에서 『알마게스트Almagest』라는 이름을 붙였고, 그것은 이 책의 공식적인 명칭이 되었다.

13권으로 집필된 이 천문학 저서를 통해 그는 우주의 중심인 지구는 움직이지 않으며, 지구 주위를 달과 태양, 여러 행성이 돌고 있다고 생각하는 천동설에 바탕을 두고 행성의 원운동을 수학적으로 설명하였다. 또, 달이 태양의 영향을 받아 주기적으로 궤도가 변한다는 사실도 발견하였다. 프톨레마이오스의 주장은 1543년 코페르니쿠스의 지동설로 그의 학설이 무너질 때까지 1,400년 동안 유럽과 아랍의 천문학 불변이론으로 지지를 받았다.

그 내용이 어려워 유럽에서는 15세기가 되어서야 이 책을 이해할 수 있는 학자가 등장하였고, 아이러니하게도 이렇게 『알마게스트』를 과학적으로 이해할 수 있었던 사람들에 의하여 『알마게스트』가 주장하였던 천동설을 뒤집는 지동설이 출현하게 되었다.

[프톨레마이오스의 천동설]

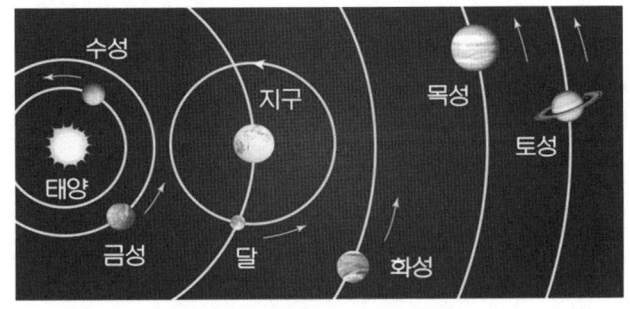

[코페르니쿠스의 지동설]

그는 『알마게스트』 외에도 『테트라비블로스』라는 점성학 책을 저술하였는데 수학과 천문학을 기초로 점성학 이론을 발전시켜 나갔다. 별자리 변화만을 근거로 판단하던 초기 점성학에 비해 과학적 근거를 추가하는 논리를 펼쳐 점성학이라는 학문체계를 갖추게 하였다.

그는 『테트라비블로스』에서 태양, 달, 수성, 금성, 화성, 목성, 토성은 의지를 갖고 움직이는 신神이며, 인간의 운명에 각기 다른 영향을 미친다는 내용을 싣고 있으며, 지구를 중심으로 하늘이 돈다는 '천동설'에 대한 설명과 7개 천체들이 지구를 중심으로 돌며 인간의 삶에 영향을 끼친다는 점성학의 근간 이론을 마련한다.

비록 프톨레마이오스의 점성학은 신과 과학이 만나는 불완전한 발전 단계였지만, 점성학이 이론적 체계를 갖춘 학문으로 발전하는 시발점이 되었다. 이후 점성학은 로마제국의 황실에서 전문 점성술사를 따로 고용할 정도로 인기가 높아지게 된다.

03 천문天文이 인간에게 준 시간의 도구 – 역법曆法

천문을 관찰하고 기록하는 일은 세계 대부분의 고대문화에서 발견된다. 고대인들은 해와 달과 별들을 관찰하여 그 위치 변화로부터 계절과 방위와 나아가 시간의 변화를 찾고 이를 실생활에 활용하였던 것으로 보인다. 고대인들의 삶에서 천문은 삶과 밀접하게 관계를 맺고 있었을 것이다. 사계절四季節의 변화와 해, 달, 별들이 뜨고 지는 현상을 관찰하게 되었고, 그 가운데 포함된 규칙성規則性을 발견하게 되는데 이것이 역법曆法의 발달과 연구로 이어진다.

천문을 관측한 기록은 앞장에서 살펴보았듯이 서양의 고대문화에서는 고대 바빌로니아에서 시작되어 고대 그리스와 로마로 이어지며 발전해왔음을 알 수 있다. 동양의 고대문화에서 나타나는 천문에 관한 초기 기록은 『서경書經』과 『사기史記』에서 찾아볼 수 있다. 『서경』 「우서虞書」의 기록을 살펴보면 "요堯임금이 때를 알려주는 관리인 희씨羲氏와 화씨和氏에게 명하여 광대한 하늘을 공경하게 하고 일월성신日月星辰의 운행도수를 기록하게 하여 삼가 사람들에게 기후時候를 알려주게 하였다."[28]라고 하여 이미 요임금 때 천문관측을 통해 백성들에게 농사를 위한 기후를 알려주기 위하여 최초의 천문관측을 행하고 있었음을 알 수 있다.

『사기』 「오제본기五帝本紀」에도 "요堯임금이 연로年老하여 순舜에게 천명

---

28) 『書經』, 「虞書」, 堯典: 乃命羲和, 欽若昊天, 曆象日月星辰, 敬授人時.

天命으로써 천자天子의 정사政事를 행하도록 함에 순舜은 선기璿璣와 옥형玉衡으로 칠정七政을 가지런히 함이 있었다."29)라고 하였는데 요임금을 이은 순임금도 칠정, 즉 일월오성이 선기와 옥형으로 가지런히 배열되는 시기를 살피는 관측을 하였고 이를 언급한 것으로 보아 관측은 북두칠성을 기준으로 하였다는 것도 알 수 있다.

이러한 천문관측은 동서양을 막론하고 고대사회의 중요한 의식과 정치활동에 해당하는 일이었으며 천문을 살피는 일은 역법曆法이라는 태양과 지구와 달의 운행규칙에 근거하여 연월일시를 추산하고 그 순서를 제정하는 책력을 공포하는 것으로 귀결되었다. 영어에서 역법을 가리켜 'calender'라고 부르는 데, 이는 '선포한다'는 의미의 라틴어 'calend'에서 유래한 단어로 어원적으로 역법은 규칙과 법을 선포하는 것과 동일한 의식이자 정치행위였음을 알 수 있다.

역사적으로 역법의 제정과 개정은 종교적 세력이나 정치적 세력이 새롭게 등장하거나 변경되었을 시기에 나타났다는 점도 중요하게 살펴야 할 부분이지만, 역법이 일월오성의 천문현상과 실제적으로 일치하는 과학적 수준의 역법이 아니었다면 쓸모가 없는 역법으로 취급되었을 것이다.

공자와 그의 제자 안연의 대화에서도 이런 내용이 나타나는데, 안연이 공자에게 천하를 다스리는 도를 묻자 공자께서 하夏나라의 때를 행하는 것이라고 답한다. 이는 하夏 · 은殷 · 주周 3대에서 사용했던 역법 중 하夏나라는 인월寅月을 정초로 삼고, 은殷나라는 축월丑月을 정초로 삼고, 주周나라는 자월子月을 정초로 삼았으니, 시時로써 농사일을 하니 세월歲月은 마땅히 사

---

29) 「史記」, 「五帝本紀」: 於是帝堯老, 命舜攝行天子之政, 舜乃在璿璣玉衡, 以齊七政.

람으로 기강을 삼아야 한다고 하면서 하夏나라의 역법을 행하라고 말하고 있다. 이는 공자가 바르고 정확한 역법을 세움이 바른 정치를 하는 방법이라고 설파하는 대목이며 한편 고대 중국의 하·은·주 3대에 모두 역법이 사용되고 있음을 알 수 있는 부분이기도 하다.

동양의 역법曆法

중국 역법이 정확한 기록으로서 남아있는 것은 하·은·주 시대와 춘추전국시대를 지나 한漢대 이르러서 발견된다. 최초로 사마천의 『사기』 제26권에 '전욱력顓頊曆'이 기록되어 있는데, 전욱력의 기록 또한 실제 책력이라기보다는 태양년(365.25일)과 태음월(29.53일)의 길이와 매년의 세수(歲首:정초)의 일진日辰을 간단하게 기록해 놓은 것이 전부이긴 하다.

『사기』에는 기원전 104~30년에 해당하는 75년간의 기록이 있고, 역법 계산을 통해 '19년 7윤법'을 사용하였다는 것도 확인이 되었다. '19년 7윤법'이란 19태양년 동안에 13개월의 윤년을 7번 두는 방법으로 19태양년 길이(6939.6017일)와 235태음월 길이(6939.6882일)가 거의 일치하다는 천문의 관찰과 계산을 통해 나타난 역법 계산법이었다. 후일 수학적 처리능력의 진보를 통해 더욱 정확한 역법 계산이 이루어지고 나서는 76년법, 304년법 등으로 업그레이드되면서 사라졌다. 또한 한漢대에만도 전욱력 외에 삼통력三統曆과 사분력四分曆이 있었으나 그 실질적 내용은 전욱력과 비슷하였다.

중국中國의 역법曆法은 달의 위상변화를 기준으로 하여 역일曆日을 정한 것인데, 이것은 태양의 위치에 따른 계절변화를 참작하여 윤달을 둔 태음태양력太陰太陽歷이었다. 통상 태양년太陽年을 기준으로 하여 만든 태양력太陽曆

은 춘하추동春夏秋冬의 계절 변화와 일치되나 달의 삭망과는 무관하고, 태음월太陰月을 기준으로 한 순태음력純太陰曆은 달의 삭망에는 일치되지만 계절 변화는 고려하지 않고 단순히 12삭망월을 1년으로 하는 것이다.

이러한 태음력太陰曆과 태양력太陽曆의 불일치를 나름대로 해결한 역법曆法이 현재 사용하고 있는 태음태양력太陰太陽曆이었다. 태음태양력太陰太陽曆은 달의 삭망에 충실히 따르면서 가끔 윤달을 넣어 태양력太陽曆의 계절에 맞추도록 한 역법曆法이다. 그러나 이 역법曆法으로는 계절의 구분이 정확하지 않아 특별한 약속 하에 立春·雨水·驚蟄·春分·淸明·穀雨·立夏·小滿·芒種·夏至·小暑·大暑·立秋·處暑·白露·秋分·寒露·霜降·立冬·小雪·大雪·冬至·小寒·大寒의 24절기를 배당하여 썼다.

이것은 춘분점을 기준점으로 하여 황도를 동쪽으로 향하여 15도 간격으로 1기씩 배당한 것이다.30) 태양은 황도상의 24기점을 통과하여 제자리로 돌아오는 시간적 길이가 1태양년이다. 중국에서는 옛적부터 1절기와 1중기로 된 1개월을 절월節月이라고 불렀는데 이 절월은 음력의 삭망월과는 전혀 관계가 없고 또 현재의 그레고리오력과도 조금 다른 태양력이었던 셈이다.

태음태양력을 일관되게 사용하던 중국에서는 태양력의 일종인 절월력節月曆이 일찍부터 병행되어 사용되었다. 이는 계절의 변화가 농업사회에서

---

30) 그 정하는 방법에 두 가지가 있는데 하나는 平氣法이고, 다른 하나는 定氣法이다. 예전에는 장구한 세월에 걸쳐서 平氣法을 써왔다. 이것은 1년의 시간적 길이를 24등분하여 황도상의 해당 점에 각 기를 매기는 방법인데, 冬至를 기점으로 하여 순차로 중기·절기 등으로 매겨나가는 방법이다. 따라서 동지의 입기시각을 알면 이것에 15.218425일씩 더해가기만 하면 24氣와 入氣시각이 구해진다. 定氣法은 훨씬 뒷늦게 실시되었다. 6세기 반경에 北齊의 張子信에 의해 태양운행의 遲速이 발견된 후, 隋의 劉焯이 정기법을 쓸 것을 제창하나, 그 후 1,000년 이상이나 방치되었고, 청나라 때 서양천문학에 時憲曆에서 처음으로 채택되었다. 定氣法에서는 황도상에서 동지를 기점으로 동으로 15°간격으로 점을 매기고 태양이 이 점을 순차로 한 점씩 지남에 따라서 절기·중기 등으로 매겨나간다.

중요한 기준이 되었을 것이라는 점과 더불어 절기의 흐름이 소우주인 인간에게 직접적 간접적으로 영향을 미치고 있다는 관념에 기인한 것이라고 볼 수 있다. 이러한 관념이 사주명리학의 추명에 적용한 것이 바로 조후론調候論이며 이는 자연의 이치를 명리학에 적용한 자연스러운 연구 결과물이었던 셈이다.

우리나라는 백제의 원가력元嘉曆, 고구려의 무인력戊寅曆, 신라의 인덕력麟德曆과 대연력大衍曆, 고려의 선명력宣明曆 · 수시력授時曆 · 대통력大統曆, 조선시대의 칠정산내외편七政算內外篇과 시헌력時憲曆 등을 사용하였으니 대체로 중국 역법曆法의 도입과 국내 적용과정으로 보아도 큰 무리가 없다. 그 외 민간력의 일종으로 연신방위도年神方位圖에 구성九星을 배정하여 년백, 월백, 일백을 택일에 활용한 역법曆法이라든지, 의벌제보전義伐制寶傳을 음력 역일 밑에 배당하여 택일에 활용한 역법曆法, 건제12신을 역일에 배당한 택일법 등이 있었다.

육십갑자를 활용한 역법

중국의 역법으로 대표되는 동양의 역법은 계절을 표현하는 데는 12월령과 24절기가 사용되었고 지구의 자전으로 생기는 하루를 표현하는 일진日辰에 육십갑자를 사용한 것은 하 · 은 · 주 시대에 이미 시작되었다. 육십갑자는 하늘을 상징하는 10간[天干]과 땅을 상징하는 12지[地支]를 결합하여 만들어진 것이다. 10간과 12지가 언제 생겨났으며 무엇을 상징하는 지는 뒤에 더 자세히 살펴보겠지만 실존하는 역사적 기록으로는 은나라의 유적지에서 발굴된 거북이 등뼈와 동물뼈에 새겨진 갑골문자甲骨文字에서 이미 왕의 이름에 사용되었고 일진을 기록하는 데 사용되었다는 것이 밝혀졌다. 지금으로부터 4,000년 전 일이다. 인류의 최초의 과학이라 할 수 있는 수학과 기하학, 즉 숫자와 원과 사각형을 포함하여 4,000년 이상을 인류의 삶과 함께 해 온 역법의 도구가 바로 육십갑자이다.

서양의 수학적 관점에서 보면 십간十干은 10진법의 원리를 단순히 손가락 10개에서 찾는 것이라 볼 수도 있고, 십이지十二支는 12개월의 순서를 표현하기 위한 단순한 방법이었다고 치부할 수도 있다. 하지만 그것이 전부였다면 육십갑자는 4,000년의 시간의 흐름 속에서 단순히 아라비아 숫자로 치환되고도 남을 긴 시간이었다. 즉, 육십갑자가 상징하는 의미가 자연의 기운의 순환을 아라비아 숫자보다 훨씬 정확히 표현해 주고 있었기 때문에 그 긴 시간을 인간의 삶과 함께 유지해 내려왔다는 것을 부인하기는 불가능하다.

육십갑자를 하루하루에 배정한 것을 '일진'이라고 하는데, 조선왕조실록 연대기를 보면 역일을 적어 놓지 않고 일진을 쓴 후 그 날 있었던 사실을 기록해 놓고 있다. 이는 역일보다 일진이 훨씬 더 확실성이 높다고 생각하고 사용하였던 것이다. 또한 일진日辰 기제축문忌祭祝文을 보면 '維歲次 乙未 八月 壬辰朔 十三日 甲辰 孝子 敢昭告于(유세차 을미 팔월 임진삭 십삼일 갑진 효자 감소고우)'라고 적힌 기록을 볼 수 있는데 이는 을미년 8월 초하루의 일진이 壬辰이고 13일의 일진이 甲辰이라는 뜻이다. 이는 간지가 숫자 역일보다 훨씬 더 중요하다고 생각하여 왔음을 의미한다.

중국에서 육십갑자를 활용한 역법표기는 일진日辰의 표기에서 시작되었지만 역법 계산능력의 향상과 더불어 연을 표시한 세차歲次, 월을 표시한 월건月建, 시를 표시한 둔시遁時에 모두 사용하기에 이른다.

『사기史記』「천관서天官書」에는 목성木星을 세성歲星이라고 부르고, 「색은索隱」에는 '歲星一次謂之歲星, 則十二歲一周天也(세성일차위지세성, 즉십이세일주천야)'라는 기록이 있는데, 이는 목성이 천구상의 운행을 12년 걸려서 1주 운동한다는 뜻이며, 중국 전국시대에 목성의 공전주기를 12년으로 확인하였고 그 공전 각도에 따라 지구의 자연환경 기운이 변화하고 있다는 것을 느끼고 세차에 표현하고자 하였던 것이다.

실제 목성이 태양 주위를 공전하는 주기는 11.86년이며 목성의 위치는 황도 위를 12년에 걸쳐 1년마다 1차씩 12차를 이동하며 1바퀴를 돌게 된다. 이와 더불어 목성과 토성이 같은 황도와 경도에 복귀하여 모이는 주기가 60년에 가깝다는 것을 알게 되었고 이를 바탕으로 간지로 역년曆年을 나타나는 방법으로 사용하였다는 것이 정설이다. 참고로 목성의 태양 공전주기는 앞서 언급하였듯이 12년(11.86년)이며 토성은 30년(29.46년)이므로 두 행성이 마주치는 시간이 60년 주기로 나타나게 된다.

고대 중국의 천문학자들은 행성들이 천구상의 같은 위치에 모이는 주기에 관하여 확인하는 데 주력하였는데, 5개의 행성이 한 곳에 집결하는 현상을 오성취루五星聚婁라고 불렀고 그 시기를 관측하여 예견하고자 집중하였던 것을 고대 많은 기록에서 볼 수 있다. 한국 고대 기록인 『환단고기』에도 오성취루에 대한 기록이 있고 그 기록의 오류를 가지고 환단고기의 진위여부를 따지는 논쟁을 일으키기도 하였다.

오성취루가 지구에 펼쳐지는 일월오성의 기운을 바꿔놓는 시기라고 보았고 국가의 길조吉兆나 재이災異를 예측하고자 하였다. 더불어 천문학자들에게 오성취루는 새로운 역법 체계를 제정·개정하기 위한 아주 중요한 연구과제였음을 알아야 한다.

중국 역사서에 기록된 것만 해도 공식적으로 제정한 역법만 104종이 넘으며 중간 중간 개정한 것까지 포함한다면 훨씬 더 많다. 왕조가 바뀌면서 정치적 목적으로 인하여 역법이 개정된 것도 있겠거니와 천문학자들의 천문관측에 따른 역법의 정확성을 추구하는 것이 얼마나 인간들의 삶에 중요한 일이었는지를 확인할 수 있는 대목이다.

지구의 모든 자연은 일월오성의 운행으로부터 방출되는 에너지와 파장의 영향을 받으며 시간이라는 흐름 속에서 생장수장生長收藏의 변화를 겪게 된다. 이 변화를 견디며 살아야만 하는 인간은 이러한 천체의 운행을 규칙화하여 나타내어야만 하였고 이것이 바로 역법의 탄생의 이유인 것이다.

천문과 역법은 이미 한 짝이었으며 역법은 천문이라는 실제에 대한 기록이었으며 그 실질이 지구에 미치는 현상을 예측하고자 하는 노력의 일환이 바로 역법이었다. 중국의 천문학자들은 천문의 변화를 살펴 간단하게는 사계와 12월령과 24절기의 변화를 설명하여 기록하였고, 더불어 육십갑자를 활용하여 지구와 일월오성의 운행으로 나타나는 우주에너지의 변화, 즉 음양오행의 변화를 나타내는 역법으로 완성하여 수천 년을 인간의 삶 곁을 지키고 있는 것이다.

4시四時와 12월령月令

1년을 춘하추동 4시四時로 나누면 동지冬至, 춘분春分, 하지夏至, 추분秋分이 기준이 된다. 지至는 '이르다'는 뜻이고 분分은 '나눈다'는 뜻으로, 지至는 음양陰陽이 극에 도달한 상태를 말하고, 분分은 음양陰陽이 균형을 이룬 상태를 말한다. 『회남자淮南子』 「천문훈天文訓」에는 "동짓날에 해는 東南—손

巽을 나와 西南-곤坤으로 들어가고 춘분, 추분에 이르면 해는 동방 가운데 [卯]를 나와 서방 가운데[酉]로 들어가고 하지에는 東北-간艮을 나와 西北-건乾으로 들어가며 지일至日에는 정남正南에 온다."라고 하여 춘하추동의 기준이 되는 동지, 춘분, 하지, 추분의 천문현상에 대해 설명하고 있다. 음양陰陽의 관점에서 볼 때 2분(二分 : 춘분과 추분)은 음양陰陽이 고른 상태이고, 2지(二至 : 하지와 동지)는 음양이 한쪽으로 쏠려 있는 극점에 해당한다.

명리학 이론에 있어서 역법과 시후의 개념 중 가장 중요시 여기는 이론에는 4시時 그리고 12기紀와 더불어 12월령月令의 개념이 있다. 1년을 12달로 나누어 놓은 것 아닌가 하는 입장에서 보면 다 유사한 용어 같지만 내포하고 있는 의미는 사뭇 다르다.

사주에서 말하는 월령의 개념을 살펴보면, 사주는 4개의 천간과 4개의 지지로 구성되어 있고 지지地支는 연지, 월지, 일지, 시지로 구성되어 있으며, 이 중에서 월지가 사주 형태를 결정하는 데 있어 많은 비중을 차지하는데 이를 월령月令이라고 한다. 월령은 12달의 자연현상, 특히 기후에 대한 관점에서 사주를 해석하는 데 있어 기준이 되는 핵심요소이다. 대표적인 명리서인 『적천수천미』의 「월령」편에서 임철초는 월령을 아래와 같이 설명하고 있다.

> 월령이란 사주에서 가장 중요한 것으로 기상, 격국, 용신이 제강의 사령에 속하고 천간에서 또 돕는 神이 있으면 비유하여 옮길 수 없는 큰집과 같은 것이다. 인원人元이 용사用事한다는 것은 곧 이달, 이날의 사령신을 말하는 것이다. 가택의 향도와 같은 것으로 잘 살피지 않으면 안 되는 것이다.… 가령 丙火가 사령하고 사주 원국에 水가 없으면 寅月은 아직 한기가 남아 있

으니 한목寒木이 火를 얻어 무성하게 되고 火는 木의 생조를 받으니 이는 문지양왕門地兩旺으로 복력이 비상하다. 가령 戊土가 사령할 때 木이 천간에 투출하고 지지에 水가 암장되어 있으면 이는 문지동쇠門地同衰이니 재앙을 예측할 수 없다. 寅月이 이와 같으니 나머지 달도 이와 같이 논한다.[31]

동양 천문에서 12월령月令은 두성(斗星 : 북두칠성)이 달마다 1진辰씩 이동하여 12진辰을 이동하는 현상을 말한다. 『회남자淮南子』「천문훈天文訓」에는 두성이 12진辰을 매월 1진辰씩 이동하여 순환하여 12월령月令을 세우는 것을 다음과 같이 설명하였다.

천제는 사유四維를 둘러쳐 놓고 두성이 그 곳을 지나도록 하여 달마다 12진의 1진씩 이동하여 다시 원위치로 돌아가는데 정월에는 寅을 가리키고 12월에는 丑을 가리켜 1년을 돌다가 끝나면 시작점으로 돌아온다.

『회남자淮南子』「천문훈天文訓」에 천도를 알려면 해를 아는 것이 중요하다고 하면서 12월령月令에 따라 해가 28숙宿사이를 어떻게 운행하는지에 대해 다음과 같이 설명하고 있다.

해는 정월에 영실營室에 있으며, 2월에는 규奎·루婁에 있고, 3월에는 위胃에 있으며, 4월에는 필畢에 있고, 5월에는 동정東井에 있으며, 6월에는 장張

---

31) 任鐵樵, 『滴天髓闡微』「月令」: 任氏曰, 月令者, 命中之至要也, 氣象格局用神, 皆屬提綱司令, 天干又有引助之神, 譬如廣廈不移之象, 人元用事者, 即此月此日之司令神也, 如宅中之向道, 不可不卜… 如丙火司令, 四柱無水, 寒木得火而繁華, 相火得木而生助, 謂門地兩旺, 福力非常也, 如戊土司令, 木透干支藏水, 謂問地同衰, 禍生不測矣, 餘月依此而論.

에 있고, 7월에 익翼에 있으며, 8월에는 항亢에 있고, 9월에 방房에 있으며, 10월에는 미尾에 있고, 11월에 견우牽牛에 있고, 12월에는 허虛에 있다.

『회남자』「천문훈」에는 12월령과 12율律의 천문현상과 물상변화를 다음과 같이 설명하고 있다.

(두표가) 정월에는 (12진의) 인寅을 가리킨다. 인寅이란 만물이 지렁이처럼 꿈틀대며 움직이기 시작하는 모습을 이름이다. 율律은 태족太簇인데, 태족太簇이란 무리를 이루지만 아직 밖으로 나타나지는 않은 모습이다. 2월에는 묘卯를 가리킨다. 묘卯란 무성하게 성장되어 감이다. 율律은 협종夾鐘인데, 협종夾鐘이란 씨가 처음으로 싹이 트는 것이다. 3월에는 진辰을 가리킨다. 진辰이란 만물을 부추겨 세우는 것을 이름이다. 율律은 고세姑洗인데, 고세姑洗이란 옛 것을 씻어내는 것이다. 4월에는 사巳를 가리킨다. 사巳란 만물의 생명이 정립되는 것이다. 율律은 중려仲呂인데, 중려仲呂란 안이 충실해지는 것이다. 5월에는 오午를 가리킨다. 오午란 양기陽氣와 음기陰氣를 맞이하는 것이다. 율律로는 유빈蕤賓인데, 유빈蕤賓이란 뜻을 평안히 하여 복종하는 것이다. 6월에는 미未를 가리킨다. 미未란 만물이 맛이 드는 모습을 이름이다. 율律은 임종林鐘인데, 임종林鐘은 잡아당겨서 멎게 하는 것이다. 7월에는 신申을 가리킨다. 신申이란 신음하는 모습을 이름이다. 율律로는 이칙夷則인데, 이칙夷則이란 법칙을 바꾸는 것이다. 8월에는 유酉를 가리킨다. 유酉란 배가 부른 모습을 이름이다. 율律로는 남려南呂인데, 남려南呂란 만물이 맡겨져서 포용력이 커지는 모습이다. 9월에는 술戌을 가리킨다. 술戌이란 만물이 멸해가는 모습을 이름이다. 율律로는 무사無射인데, 무사無射란 만물이 지

하로 들어가 억눌리는 일이 없는 상태이다. 10월에는 해亥를 가리킨다. 해亥란 만물이 지하로 숨어들고 밖을 막는 것을 이름이다. 율律은 응종應鐘인데, 응종應鐘이란 양기陽氣의 움직임에 응하는 것이다. 11월에는 자子를 가리킨다. 자子란 만물을 지하에서 품어 기르는 것을 이름이다. 율律은 황종黃鐘인데, 황종黃鐘이란 양기陽氣가 이미 황천에 드는 것이다. 12월에는 축丑을 가리킨다. 축丑이란 만물이 싹트지만 묶여져 있는 것을 이름이다. 율律로는 대려大呂인데, 대려大呂란 음기陰氣가 슬슬 사라져 가는 것이다.

하늘을 12등분하여 12진에 배당하고 그 십이진十二辰을 두표(斗杓 : 북두칠성)가 1개월에 1진씩 옮겨가며 혼시(昏時 : 일몰)에 가리키는 방향이 정월에는 인방寅方, 2월에는 묘방卯方… 12월에는 축방丑方을 가리키는 것으로 월령月令에 따른 천문상황을 설명하면서 음양陰陽변화에 따른 물상변화를 설명하였다.

사시四時로부터 분화된 12월령은 천문天文으로부터 유래된 음양오행陰陽五行의 배합으로 분화된 것이며, 이는 지상의 만물에 기氣로써 영향을 주는 것이므로 12월령月令의 실체는 천문변화가 초래하는 지상에서의 기氣의 실상의 변화를 의미하는 것이다.

04 고대 점성학은 정치적 군사적 의사결정 도구

고대 점성학의 역사는 점사의 대상에 따라 '군국 점성학'과 '생신 점성학'으로 대별한다. '군국 점성학'이 별자리 모양을 근거로 전쟁의 승부, 풍년 여부, 재해, 제왕의 안위 등에 주목했다면 '생신 점성학'은 출생시간의 천문현상을 토대로 평생운명을 예언했다. 고대 동양에서는 거의 군국 점성학에만 관심을 쏟아온 데 반해 서양은 빠른 시기에 둘 모두를 활용해 내려왔다는 차이점이 발견된다.

점성학Astrology과 천문학Astronomy이라는 두 단어를 떠올리면, 우리들은 현대 첨단과학의 영향을 받고 살아왔기 때문에 직관적으로 얼핏 전자는 미신이고, 후자는 과학이라고 생각한다. 그러나 사실 역사적인 진실은 그렇지도 않다. 서양 역사를 짚어볼 때 르네상스 시대를 지나도록 두 가지는 구별조차 되지 않았다. 자연과 세계의 작동원리에 천착한 프톨레마이오스, 트라실로스 등 고대 자연철학자들은 이름난 점성가였다. 또 코페르니쿠스, 티코 브라헤, 케플러 같은 현대 천문학의 창시자로 꼽히는 이들도 알고 보면 생업으로 별점을 쳤던 점성가들이다.

'별자리의 모양에 대한 학문'이란 문자적 뜻을 가진 점성학은 동양에서는 '천문天文', 즉 '하늘의 무늬'라는 표현으로 존재해왔다. '천문'은 중국에서 무려 2,000년이 넘는 역사를 지닌 단어로 기록돼 있다. 고대 서양에서도 점성학은 분야를 막론하고 모든 학자들에게 필수과목이었다. 철학, 과학, 수학, 의학의 구분이 모호했던 고대 그리스 시대만 해도 모든 학자들은 별의 움직임을 주시했다. 그리스에서 천문학에 대한 최초의 언급은 기원전 750년 경 헤시오드Hesiod를 통해 나타나는데 그는 천문학 관측에 의해 어떤 일을 시작할 좋은 시간이 있음을 언급하였다. 그리스인들은 불, 흙, 공기, 물이라는 네 가지 원소를 중시하였는데 그것은 히포크라테스Hippocrates의 점성의학Astro-Medicine의 중심 내용이 된다. 히포크라테스는 점성학에 대한 지식이 없는 사람은 의사라고 칭할 수 없다고 말하며 점성학을 통해 환자에게 흉한 날을 파악해야 한다고 가르쳤다.32)

로마도 다를 것이 없었다. 고대 로마사회에서 점성학은 상류사회의 최고 관심사였다. 일반적으로 초기 로마의 점성가들은 칼데안Chaldean이라 불렸는데 그것은 점성학이 칼데아33)로부터 유럽에 전수되었기 때문이었다.

로마 제국에서 점성학은 황제의 왕권계승에나 지속에도 영향을 끼쳤다. 카이사르 아우구스투스Caesar Augustus는 달과 염소자리Capricorn을 동전에 새겨 넣었다. 재능과 책략을 갖춘 카이사르는 자신의 군대를 상징하는 깃발에 황소자리 별모양을 그려 넣고, '별자리에 대하여'란 책을 썼다. 훗날 카이사르가 자객의 손에 죽음을 당할 때도 기이한 천문현상을 토대로 한 점성가들의 예언이 당시 권력무대를 소용돌이치게 하기도 했다.

이렇듯 궁정의 권력 투쟁에 점술가들의 영향력이 미치고 있다는 판단에서 카이사르의 정치적 후계자로 고대 로마의 초대 황제가 된 아우구스투스 등의 위정자들은 점술가들을 정치무대 주변에서 완전 추방하는 정책을 펴

---

32) Hippocrates, 『Corpus Hippocraticum』; 여인석, 이기백 역, 『히포크라테스 선집』.
33) 바빌로니아 남부를 가리키는 고대의 지명. 구약성서에서는 칼데아를 흔히 바빌로니아와 동의어로 사용하고 있다. 칼데아인은 BC 1000년기(紀) 전반에 바빌로니아 남부에서 활약한 셈계(系)의 한 종족으로서 스스로 바빌로니아 문화의 후계자로 자처하였다.

야 했을 정도다. 하지만 그 이후 황제들은 더욱 점성학을 정치에 활용하게 되는데 고대 로마의 제3대 황제 칼리굴라Caligula와 제5대 황제 네로Nero는 그들의 숙적이 누구인지 확인하고 해치우기 위해 점성가를 고용했다. 그 결과 당대의 유명한 점성가 트라실로스는 네로 황제의 후계자 결정을 좌우하기도 하였다.

르네상스기까지 천문학자들은 거의 모두 점성가이기도 했다. 천동설을 주창한 프톨레마이오스가 점성학을 집대성한 책 『테트라비블로스』는 이후 약 1,900년 동안 서양 점성학의 교과서로 활용되었다.

프톨레마이오스의 '천동설'을 바로 잡고 세상을 '지동설'의 시대로 이끈 코페르니쿠스 또한 과학자이자 점성학자였다. 생업를 위해 점성학을 동원한 사례도 얼마든지 많다. 행성의 궤도와 운동법칙을 밝혀낸 천문학자 요하네스 케플러도 알고 보면 상류층 인사들의 미래를 점쳐주거나 '별점 달력'을 팔았던 일류 점성가였다.

중국 고대의 역사 기록에 등장하는 대표적인 책사들이자 전술가들인 주나라 문왕의 책사 '강태공姜太公', 한나라 고조 유방의 책사 '장량張良', 유비의 책사 '제갈량諸葛亮', 마지막으로 명나라 주원장의 책사 '유백온劉伯溫'까지 이들 모두는 점성과 천문에 일찍이 능통하였다. 이들은 탁월한 군사 전력가이면서 역학에 능통해 병법에 역학을 활용했다는 공통점을 가지고 있다.

장량(張良, ? ~ 기원전 186년)은 유방劉邦의 책사로 한나라의 건국 공신이다. 자는 자방子房, 시호는 문성文成이다. 소하蕭何, 한신韓信과 함께 한나라 건국의 3걸로 불린다. 병법에 밝아 유방이 한을 세우고 천하를 통일하는 과정에 큰 공을 세웠다. 유방으로부터 "군막에서 계책을 세워 천 리 밖에서 벌어진

전쟁을 승리로 이끈 것이 장자방이다."라는 극찬을 받았다.

제갈량(諸葛亮, 181~234년)은 중국 삼국시대 촉한蜀漢의 정치가 겸 전략가로, 유비劉備를 도와 촉한을 건국했다. 자는 공명孔明이며, 별호는 와룡臥龍 또는 복룡伏龍이다. 나관중이 저술한 '삼국지'에서는 지나치게 미화되고 신격화된 부분이 있긴 하지만, 제갈량 역시 병법에 통달했으며 병법에 역학을 활용한 흔적들이 전해진다. 그는 특히 기문奇門에 능통하였다고 전해지는데, 기문은 흔히 기문둔갑奇門遁甲이라고 불리며 이는 음양의 변화에 따라 몸을 숨기고 길흉을 택하는 용병술用兵術이라는 뜻이다. 현대의 기문은 일종의 점복술의 하나로 인식되지만 고대 중국에서 기문은 병법 술수의 하나였고 하도와 낙서의 수數 배열원리 및 이를 이용한 『주역周易』 건착도乾鑿度의 구궁九宮이 그 원형이다. 적벽대전의 '제갈량 차동풍諸葛亮 借東風'이라는 이야기도 소설적 차용이라는 주장도 있는 것은 사실이지만, 제갈량이 기문둔갑을 익히고 천문을 읽고 별의 움직임을 읽었던 것은 고대 전술가들과 책사들에게 있어서는 필수적인 기술이자 과학이었던 것이다.

유백온(劉伯溫, 1311~1275년)은 주원장의 책사로, 주원장을 도와 명나라를 개국하는 데 크게 기여했다. 본명은 유기劉基, 시호는 문성文成이다. 그가 저술한 『적천수滴天髓』는 그가 생존했던 당시에 살았던 많은 사람들에게 전해져 온 명리학 원리들을 모아 편찬한 명리학 고전으로, 현재까지 명리학 연구자들의 교재로 활용된다.

명리와 역술에 밝았던 유백온에게는 재미난 일화가 많다. 주원장이 파양호 전투에서 강 상류 쪽으로 역공을 도모하며 진우량과 수십 차례 수전水戰을 벌이고 있을 때였다. 주원장이 배 위에서 독전을 하고 유백온은 곁에 서서 시봉을 하고 있었는데, 갑자기 유백온이 큰 소리를 내며 주원장에게 배를 갈아타라고 독촉하고 나서는 것이었다. 이에 황망히 주원장이 배를 갈아 탄 지 얼마 되지 않아 적이 쏜 비포(飛砲 : 큰 불화살)가 조금 전의 배를 명중시켜 박살이 나는 일이 일어났다. 아마도 유백온은 일진과 풍수가 주원장에게 살기殺氣로 가득하다는 것을 읽어내었던 것 같다. 이는 야사나 전설이 아니라, 어디까지나 명사明史에 기록된 실화이다.

유백온에 대한 이야기들은 민간에 떠도는 야화들이 무수히 많다. 특히 "제갈량은 천하를 삼분하였고, 유백온은 강산을 통일하였다네."라는 시구는 유명하다. 유백온은 장량, 제갈량과 함께 중국 역사상 가장 위대한 3대 군사전략가이며 책사로 불렸고 한마디로 모든 분야에서 월등한 기량을 가진 기재였지만 세상과 사람을 대하는 태도에서 겸손하지 못한 것이 유일한 단점이었던 것 같다. 물론 주원장의 독한 성품을 알아채고 "권력은 불덩이 같은 것이다."라는 말과 함께 미리 은퇴를 해 큰 화를 면한 것은 그의 처세의 마지막 화룡정점인 셈이다.

유백온은 후대에 태사로 추증되고 문성이란 시호를 받았다. 또한 명나라 이후 최고의 군사전략가, 책사 그리고 명리학의 대가이자 처세에 있어서도 뛰어난 재상으로 중국인들의 추앙을 받았다.

05 천인감응天人感應사상을 담고 있던 동양 천문학

　동양의 고대인들에게 하늘이란, 인간 삶의 주재자主宰者로서 외경畏敬의 대상임과 동시에 일상생활의 지표指標이기도 했다. 하늘에서 벌어지는 다양한 현상들을 관측하고 그것들이 역사 속에서 규칙으로 인식되고 결국 고대인의 사유체계를 규정하는 천문관天文觀으로 자리잡게 된다. 이러한 천문관은 고대 사회 전반에 영향을 끼치면서 정치, 종교, 사회, 문화 규범들을 만들어 내었고, 음양오행의 원리도 우주 법칙의 원리 속에 융합되어 갔다.

　고대인들은 하늘이 주는 때에 맞춰 살아가는 법을 터득하기 위해 시간의 규칙에 관심을 갖게 되고, 일출과 일몰을 관찰하여 천문의 규칙성을 알게 되었고, 계절의 변화를 추적하여 농사의 때를 정하게 되었다. 달이 차고 기우는 것을 관찰하여 삭망월朔望月의 운행 규칙을 알아내고 이를 역법曆法의 기초로 활용하게 되었다.

　하늘에 대한 중국인들의 오랜 관심은 천문현상을 관찰하고 기록한 갑골문甲骨文에서 확인할 수 있다. 그들은 주기적으로 반복되는 천문현상들을 기록하며 하늘이 갖고 있는 시간과 공간의 질서를 알아내고자 하였다. 이런 과정 속에서 중국 고유의 천문 인식이 생겨나고, 체계적인 역법曆法이 만들어지게 된 것이다. 그리고 우주 자연의 시공간적 질서를 이루는 원리와 역법체계는 고스란히 명리학의 체계 속에 녹아나게 된다.

　천체 중 오행성의 운행이 음양의 소식消息 원리와 함께 육십갑자六十甲子의 형성과 변화의 이치가 되었고, 일 년 중 사시四時의 기운 변화가 24절기로 표현되며 명운命運의 변화 원리로 수용된 것이다.

고대 중국에서 우주宇宙는 '기氣'를 원천으로 하여 생성된 것으로 보았으며, 천원지방天圓地方의 우주구조론에서 출발하여 발전한다. 하늘과 땅의 형태 구조, 우주의 크기, 해와 달의 운행 원리 및 우주의 생성 과정 등에 대한 각기 다른 이론으로 개천설蓋天說, 혼천설渾天說 및 선야설宣夜說 등으로 나뉘었고, 특히 선야설은 하늘을 기氣로 가득한 공간으로 인식하는 우주체계론이었다. 천문학의 발달 속에서 칠정七政으로 불리는 일월오성日月五星의 존재 인식은 음양과 오행의 발전에도 영향을 끼치며 우주론을 둘러싼 고전적인 논쟁을 이어가게 된다. 중국의 우주론은 천문학에서 시작하였지만 제자백가諸子百家에 이르러 천인관계天人關係에 대한 철학적 사유체계 속으로 발을 내딛게 된다.

고대 중국인들의 세계관에는 '코스모스'적 의미의 우주 관념이 들어있다. '코스모스Cosmos'는 우리가 일상적으로 쓰는 우주를 의미하는 '유니버스Universe'와는 그 의미가 사뭇 다르다. 그리스 어원에 의하면 코스모스는 세계 속에 특정한 조화와 비율의 원리를 의미하며, '인간과 우주 사이에 무언가의 상응'이 존재함을 함축하고 있다. 코스모스는 우주의 질서를 의미하며, 『코스모스』의 저자 칼 세이건도 '코스모스'에는 우주가 얼마나 미묘하고 복잡하게 만들어지고 돌아가는지에 대한 인간의 경외심이 고스란히 담겨 있다고 말한다.[34]

고대인들의 하늘에 대한 경외심은 자연과 우주를 신비로운 대상으로 인식하게 하였다. 고대 그리스에서 하늘은 자연을 다스리는 신들의 세계였으

---

34) 칼 세이건 저, 홍승수 역, 『코스모스』, 사이언스 북스, 2014, 56쪽 참조.

며, 홍수, 가뭄 등의 자연현상을 신들의 조화로 여겼다. 고대 중국의 경우도 다르지 않다. 천재지변을 하늘이 인간에게 내리는 어떤 암시적 의미로 보고, 상서로운 전조인가 아니면 불길한 징조인가로 해석하였다.

중국 사상사를 연구하는 학자들은 고대 중국의 우주론이 조화, 비율, 감응 등의 개념을 매우 중시했다고 말한다. 인간과 우주 사이의 상응을 의미하는 '코스모스'는 조셉 니덤이 '상관적 사유correlative thinking'라고 지칭한 관념과 상통하는데, 상관적 사유는 중국 우주론의 핵심적 관념이라 할 수 있다.35) 고대의 중국에서 인간과 우주, 즉 소우주小宇宙와 대우주大宇宙 사이의 감응感應을 비롯하여 국가와 우주의 관계, 음양오행과 주역의 체계는 우주에서 일어나는 변화들이 인간에게 어떻게 감응되는지를 합리적으로 설명하기 위한 이론적 토대가 되었다. 중국 한대漢代의 상관적 사유인 천인감응天人感應 사상은 코스모스적 개념의 우주관이라 할 수 있다.

오덕종시설五德終始說과 천인감응설天人感應說

고전적인 음양과 오행이란 자연현상과 자연계의 물질로서 인식되어 시작된 것이다. 물질적 의미로서 이해되던 음양과 오행은 앞 장에서 언급하였던 전국시대 말기의 추연鄒衍에 의해 체계적인 음양오행설로 확립되었다. 추연이 제기한 '오덕종시설五德終始說'은 음양오행의 추상화抽象化, 사유화思惟化의 과정으로 볼 수 있다.

이후 한대의 유가인 동중서는 '천인감응설天人感應說'을 주창하여 음양오

---

35) 존 헨더슨 저, 문중양 역, 『중국의 우주론과 청대의 과학혁명』, 소명출판, 2004, 15쪽 참조.

행을 더욱 관념화시키게 되었다. 동중서에 의해 천인감응 음양오행설은 정치와 사회, 문화 등 인간사 전반을 지배하는 이념으로 발전한다.

추연鄒衍은 중국의 전국시대戰國時代의 제齊나라 사람이며, 제자백가 중 음양가陰陽家의 대표적인 인물이다. 추연은 맹자孟子보다 조금 뒤에 살다간 사람이며, 제나라 땅은 전통적으로 주술적, 신비적 사상의 경향이 강한 곳이었다. 이곳에서 그는 중국 재래의 오행사상五行思想과 음양이원론陰陽二元論을 결합하여 음양오행사상을 구축하였다.

추연의 오덕종시설五德終始說은 왕조王朝가 그 왕조에 부여附與된 오행의 덕의 운행논리運行論理에 따라서 필연적으로 흥폐가 교체된다고 하는 일종의 신비적 역사 철학이었다. 진나라秦를 수덕水德의 왕조王朝라 하고, 그 이전의 4왕조 중 황제黃帝의 왕조를 토덕土德에, 하夏나라를 목덕木德에, 은殷나라를 금덕金德에, 주周나라를 화덕火德에 배치하여 오행상극의 이론대로 각 왕조는 다음에 나타난 왕조에게 타도될 운명에 있었다고 논리를 펼친다. 5덕五德의 전이轉移는 토를 목이 극하고 목을 금이 극하고 금을 화가 극하고 화를 수가 극함으로 '토목금화수土木金火水'의 오행상극五行相剋의 순서가 된다. 그리하여 물水은 오행상극의 최후의 것으로서 왕조순환은 수덕水德을 갖춘 진나라秦에서 그친다고 하여 진나라 왕조의 정통성과 절대성을 주장하는데 추연의 오덕종시설이 활용되었다.

중국을 최초로 통일한 진나라의 시황제는 추연이 죽은 후에도 추연의 오덕종시설에 따라 전前 왕조인 주周나라의 화덕火德을 대신하여 수덕水德의 나라가 되고자 하였다. 시황제가 천하를 통일한 것은 하늘의 뜻에 의한 것이며 수덕水德을 강화하기 위해서 모든 제도를 정비하였다. 한해의 시작을 자월子月로 잡고, 물의 색인 검은색을 숭상하여 의복이나 깃발을 모두 검은

색을 사용하였고, 수의 생수生數와 성수成數는 각각 1과 6이었으므로 모든 길이와 높이는 6을 기준으로 하여 6척을 1보라는 길이의 기준을 정하였다. 예를 들어 수레를 만들 때도 폭은 6척으로 하였으며, 말을 끄는 데도 6필의 말을 쓰도록 하였다. 수덕水德의 성질이 괴팍하고 강한 성질을 띠며 음陰한 기운이므로 죽음을 주관하기 때문이었다.

동중서에 관하여는 앞서 음양오행의 발전과정을 설명하면서 한 번 언급하였으나 '천인감응설'을 설명하는 데 빠질 수 없는 인물이다. 중국이 기원전 136년 유교를 중국의 국교이자 정치철학의 토대로 삼기 시작하여 2,000년 동안 국교 지위를 유지해 온 데는 동중서의 역할이 가장 컸다는 것을 아는 이는 많지 않다. 동중서는 유교철학자이면서 음양오행가였고 이 두 가지 사상을 통합하였다. 그의 천인감응天人感應과 재이설災異說이 유교를 동양사상 및 정치철학의 주류로 남게 하는 데 주요한 한 가지 역할을 했다는 점을 간과하면 안 될 것이다.

동중서에 의하면 천지는 모두 음양陰陽의 기氣로 충만해 있고 천天과 인人이 하나라는 이치에 근거하여 사람人도 천지天地와 같은 기氣를 지닌다고 한다. 인간 내면의 음양의 기氣와 천지의 음양의 기氣가 하나의 원리이기 때문에 양자의 활동은 서로 감응한다. 다시 말하면 천天과 인人 양자의 기氣 사이에는 일종의 자연감응 작용이 발생한다는 것이다.

동중서는 '천인감응설天人感應說'에 따라 왕의 정치수행이 자연의 질서를 감동시킨다고 인식해서, 정치를 잘하면 상스러운 징조, 즉 부서符瑞가 있고, 정치를 못하면 재이災異가 가해진다고 했다. 만약 군주가 학정虐政을 행하면, 하늘이 먼저 재災를 내려 견책을 한다. 견책을 해도 개선하지 않으면, 곧 이

異를 내려 위협하게 된다. 이와 같이 소규모로 발생한 것은 재災이고 큰 규모는 이異이다.36)

재災는 자연에서 발생하는 이상현상 즉 일식, 혜성, 폭풍, 홍수, 산붕, 지열, 한발, 한서 등이다. 이러한 재이설은 질서가 없고 혼란한 징후를 말하며, 이를 통해 "군주가 하늘의 견책을 반성하고, 하늘의 위력을 두려워하게 하는 것이었다. 따라서 동중서는 군주가 내적으로 마음과 의지를 바르게 하고, 외적으로 사정을 표출하여, 몸을 바르게 가지고 자신을 보살펴 착한 마음을 지니도록 했다(春秋繁露第十五二端)." 또한 동중서는 실정失政을 초래한 재이와 더불어 그것을 보완하여 구제하는 방법도 열거하고 있다.

동중서의 '재이설'은 원래 춘추재이春秋災異를 해석하는 것으로부터 체제를 갖추게 되었으며, 그것은 공양전公羊傳 본래의 의미가 아니었다. 그는 재이설로 재이를 설명할 때 반드시 과거의 역사적 사실을 가지고 재이의 발생 원인을 추구하고 있다. 즉, 그는 과거에 그러한 악정이 있었기 때문에 재이가 발생했다고 말하지, 재이의 발생으로 미래 사회와 정치적 변고를 예측하는 것은 아니라고 했다. 따라서 재이로서 미래의 변고를 예측하면 그것은 바로 참위讖緯가 되기 때문에 그는 재이설을 통해 예언하는 것을 배척하는 경향을 나타내고 있다.

천인감응 재이설은 비록 상당한 신비적 요소가 있지만, 동중서는 오로지 이러한 형식을 이용해서 군주로 하여금 개과천선하게 하는 동시에, 군주의 덕화와 도덕실천을 달성하려고 시도했다.

이와 같은 동중서의 사상은 대체로 군주의 폭정에 대한 하늘의 견책으

---

36) "天地之物, 有不常之變者謂之異, 小者謂之災, 災常先至, 而異乃隨之, 災者, 天之譴也, 異者, 天之畏也, 譴之而不知, 乃畏之以威." -『春秋繁露』必仁且智 第三十.

로서 일종의 미신인 동시에, 비과학적 신비사상이라는 것을 부인할 수 없다. 그러나 사람들은 자연과 인간생활을 분리해서 생각해본 적이 없고, 천天은 인간생활의 근본이고, 사람은 천이 마음의 지주가 되어 일상생활을 영위해왔다. 천과 사람의 감응은 당시에 확고한 사회적 사상의 기반으로서 사람의 감정이 되어 마음 깊이 흐르고 있었다. 이와 같은 재이설은 오늘날의 시각에서 살펴보면 황당한 이론이라고 생각되지만, 당시 하나의 사상체계로서 일반인의 신앙이 되어 상당한 지지를 받았다. 이와 같이 동중서는 재이災異의 통치방법을 통해서 군주의 악정을 경고하고 군주의 도덕성을 회복하도록 하는 데 매우 중요한 역할을 했다.

중국 역사의 태동과 천간지지

[공자도 주역을 열심히 공부하였다]

01 삼황오제 시대의 천간지지 기원설

천간지지天干地支는 십간십이지十干十二支라고도 부르며 10개의 천간과 12개의 지지로 구성되어 있다. 천간지지는 앞서 살펴본 음양오행과 달리 자연발생적 개념이라기보다는 인위적 하드웨어로 개발된 도구라는 표현이 어울린다. 음양오행陰陽五行은 동양 고유의 사유체계이면서도 한편으로 전 우주의 자연발생적 개념이기 때문에 시초를 찾는 것이 불필요한 일이지만, 천간지지天干地志는 연원淵源에 대한 고찰이 필요하다고 볼 수 있다.

천간지지와 음양오행은 서로 다른 환경 속에서 개념이 발전되어 오다가 춘추·전국시대와 한대를 거치면서 결합하여 오랫동안 천문학, 주역, 역법, 풍수지리, 명리학 등 동양 사유체계 전반에 녹아 들어가게 된다.

음양오행이 융합되어 있는 천간지지의 탄생과 기원에 대하여 알아보자. 음양오행이라는 우주의 법칙을 시간時間과 공간空間에 담아냈고 사주팔자를 구성하고 있는 천간지지 그리고 육십갑자에 대한 성립배경을 문헌적 고찰을 통하여 살펴보자. 육십갑자 간지의 기원에 대해 문헌에서는 대체로 천황씨天皇氏나 황제黃帝를 지목해 왔다.

만민영萬民英은 『삼명통회三命通會』에서 간지干支는 천황씨가 창제하였다는 '천황씨창제설'을 주장하면서 한편으로는 육십갑자는 황제黃帝의 스승인 대요大撓가 만들었다는 '대요창제설'을 제기하였고, 서승徐升은 『연해자평淵海子平』에서 간지는 황제黃帝때 하늘에서 내려왔다는 '간지천강설干支天降說'을 주장하였다.

『삼명통회三命通會』에 실린 간지干支는 천황씨天皇氏가 창제하였다는 내용을 살펴보면

> 대체 木의 줄거리 간幹은 강하여 양陽이 되고 기枝란 약하여 음陰이 된다. 반고씨盤古氏는 천지天地의 도를 밝혀 음양陰陽의 변화에 통달하여 삼재三才의 수군首君이 되었다. 天地가 이미 나뉘어진 후에 하늘이 먼저 있고 후에 땅이 있었고 두 기운이 화化하여 사람이 생기었다. 고로 천황씨 일성(天皇氏 一姓) 13인이 반고씨盤古氏를 이어 이를 다스리게 되었다. 이때를 일러 왈曰 천령이라 하니 담백하고 무위해서 풍속이 저절로 순화되매 비로소 세歲의 소재로서 정하는데 간지干支의 이름을 지었으니 그 십간十干의 이름 왈曰 알봉, 전몽, 유조, 강어, 저옹, 도유, 상장, 중광, 현익, 소양이고, 십이지十二支의 이름은 왈曰 곤돈, 적분약, 섭제격, 단알, 집제, 대황락, 돈장, 협흡, 군탄, 작악, 엄무, 대연헌이다. 채옹이 단정 짓기를 간干은 간幹이요, 그 명칭에 십十이 있으니 왈曰 십모十母인즉 지금의 甲·乙·丙·丁·戊·己·庚·辛·壬·癸가 그것이다. 지支는 지枝요 그 이름이 十二가 있으니 왈曰 십이자인 즉

지금의 子·丑·寅·卯·辰·巳·午·未·申·酉·戌·亥이다. 천황씨天皇氏가 子에 하늘이 열림을 취하는 것을 의義라 하고 지황씨地皇氏가 丑에 땅을 두들겨 취함을 의라 하며 인황씨人皇氏가 寅에 사람이 생기는 것을 취함을 의라 한다. 고로 간지干支의 이름이 천황씨天皇氏에서 비로소 만들어지고, 지황씨地皇氏가 이로부터 삼진三辰을 정하여 주야晝夜를 나누니 이로써 30일이 1개월이 되어서, 간지干支가 각기 배속되었으며, 인황씨人皇氏는 임금이 허虛하지 않음으로 王이고 신하가 虛하지 않음으로 귀貴함을 주로 삼으니, 정교政敎와 군신君臣의 관계가 저절로 일어나게 되었고 음식과 남녀관계가 저절로 이루어지기 시작하여 천지음양天地陰陽의 기氣를 얻어 비로소 시작함으로써 부모 자식의 나뉨이 생겼으니 이로부터 간지干支에 각기의 소속所屬이 생기게 되었다.37)

중국 역사에서 황제시대黃帝時代는 은대殷代보다 1천 년 정도 앞선 기원전 2700년경부터 시작된 것으로 보고 있다.38) 중국은 기원전 6000~5000년 사이에 신석기 시대로 진입하여 수천 년 동안의 모계 씨족사회를 거쳐 기원전 2000년경인 신석기 시대 말기에 이르러서야 부계 씨족사회로 넘어가게 되는데 황제黃帝는 이 시대의 인물로 보인다. 사마천司馬遷의 『사기史記』「오제본기五帝本紀」에서 황제黃帝를 중국 역사의 시작점으로 언급하여 한족漢族의 시조로 받들어지고 있고, 육십갑자六十甲子를 비롯한 중국 고대문명의 창시자로 문자, 법제, 예제, 병기, 역법, 음악, 농업, 의약 등을 만든 사람으로 알

---

37) 만민영(萬民英), 『삼명통회(三命通會)』, 中央圖書館藏本, 育林出版社印行, 9~10쪽.
38) 『史記』에는 黃帝의 생몰연대나 즉위 등에 대한 언급이 없으나, 이현종(李鉉淙)은 『동양연표(東洋年表)』(1992)에서 황제의 생몰연대는 기원전 2706~2596년이고, 즉위는 기원전 2696년이라고 주장하였다.

려져 있다.

간지를 천황씨가 창제하였다는 만민영의 주장이 제기되기 이전인 송대에 이미 유서劉恕는 태고太古이래 주周의 위열왕 때까지 사기나 『춘추좌씨전春秋左氏傳』에 실리지 않은 것만을 채집하여 수록한 『유서외기劉恕外紀』에서 이미 천황씨가 간지의 이름을 만들어 차례로 표시하는 기호를 정하였다고 하였다.

간지의 기원起源과 관련하여 서승徐升은 황제黃帝때 하늘에서 내려왔다는 '간지천강설干支天降說'을 주장하고 있는데, 『연해자평淵海子平』에서 간지는 황제黃帝가 치우의 난을 다스리기 위해 목욕재계하고 천신에 제사지내니 하늘에서 내려준 것이라고 하며 다음과 같이 적고 있다.

> 황제黃帝 때에 치우蚩尤가 난을 일으킴에 황제黃帝가 백성의 고통을 심히 염려하여 탁록涿鹿의 벌판에서 치우蚩尤와 전쟁을 하니 흐르는 피가 백 리나 되었지만 항복시킬 수 없었다. 이에 황제黃帝는 목욕재계하고 단을 쌓아 천신에 제사하고 방구에서 지기에 예를 다하니 하늘에서 십간十干과 십이지十二支를 내려 주셨다. 황제黃帝는 십간十干을 원圓으로 펼쳐 하늘 모양을 본뜨고, 십이지十二支를 방方으로 펼쳐 땅의 모양을 본뜨니 이로써 간干은 천天이 되었고 지支는 지地가 되었다. 이를 문에 걸쳐놓아 빛이 모아지도록 한 연후에 능히 다스릴 수 있었다.39)

---

39) "黃帝時有蚩尤神 擾亂當時之時 黃帝甚憂民之苦 遂戰蚩尤於涿鹿之野 流血白里 不能治之 黃帝於時齋戒 築壇祀天 方丘禮地 天乃降十干十二支 帝乃將十干圓布象天形 十二支方布象地形始以干爲天 支爲地 合光仰職門放之 然後 乃能治也" - 徐升, 『淵海子平』.

육십갑자六十甲子의 기원에 대해서 고대문헌들은 대부분 대요씨大撓氏를 지목하고 있다. 대요씨大撓氏가 만들었다는 내용의 언급은 『여씨춘추呂氏春秋』, 『통감통감通鑑』, 『후한서後漢書』, 『오행대의五行大儀』, 『통감외기通鑑外紀』, 『해여총고陔餘叢考』, 『연해자평淵海子平』, 『삼명통회三命通會』, 『오행정기五行精綺』 등 고전에 두루 나타나고 있다. 『연해자평淵海子平』에는 육십갑자六十甲子를 대요씨大撓氏가 완성하였다며 다음과 같이 적고 있다.

> 대저 갑자甲子는 대요씨大撓氏가 비로소 완성하였고, 납음納音은 귀곡자鬼谷子가 완성하였다. 상象은 동방만천자東方曼倩子, 동방삭東方朔이 완성하였는데 동방삭東方朔이 그 상을 완성한 후에 이름 하기를 화갑자花甲子라 하였다.40)

『삼명통회三命通會』에는 대요가 황제의 명을 받아 육십갑자를 만들었음을 다음과 같이 적고 있다.

> 황제黃帝가 대요大撓에게 오행의 정精을 연구하도록 명하매 천서삼식을 연구하여 십간십이지로써 육십六十이 되게 했다.41)

예컨대 육십갑자 간지의 기원을 황제로 볼 것인지, 천황으로 볼 것인지는 황제와 천황의 실존여부가 불분명하고, 시대적인 연대고증이 불가능한

---

40) "夫甲子者 始成於大撓氏 而納音成之於鬼谷子 象成於東方曼倩子 時曼倩子旣成其象 因號曰花甲子" - 徐升 著, 『淵海子平』.

41) "黃帝命大撓 探五行之情 考天書三式 以十干十二支 衍而成六十" - 萬育吾, 『三命通會』, 中央圖書館藏本, 育林出版社印行.

상황이므로 역사적 관점에서 육십갑자 간지의 기원이 천황씨 때인지 또는 황제 때인지 단정하기 어렵다. 다만 전국시대戰國時代 여불위呂不韋의 식객들이 편찬한『여씨춘추呂氏春秋』, 북송北宋 때 사마광司馬光의『통감通鑑』을 비롯한 여러 문헌에서 황제黃帝 때 대요大撓가 간지를 만들었다고 설명한 것에 주목하면 육십갑자 간지의 창제는 황제시대 대요와 관련성이 있을 것으로 추정된다. 특히 사마표司馬彪가 편찬한『후한서後漢書』에 "대요가 처음 甲乙을 만들어 일日이라 이름하였고 이를 일러 간幹이라 하였다. 子丑을 만들어 월月이라 이름하여 지枝라 하였다."[42]고 하였고,『오행대의五行大義』에 "간지는 오행을 따라 세운 것이니, 옛날에 헌원씨軒轅氏가 나라를 다스릴 때에 대요씨가 만든 것이다. 채옹이 쓴『월령장구月令章句』에 이르기를 대요씨가 오행의 정수를 뽑아 북두성의 기틀을 세우는 기준을 정한 것으로 甲乙로 시작하여 일日에 이름을 정한 것을 간干이라 하고, 子丑으로 시작하여 월月에 이름 정한 것을 지支라 한다."[43]고 하였다. 이외에도『통감외기通鑑外紀』,『해여총고陔餘叢考』등 많은 고전에서 육십갑자는 대요가 천문天文에 근거하여 幹과 枝를 상배相配하여 만든 것임을 지적한 것으로 보아 육십갑자는 대요에 의해 이루어진 것으로 볼 수 있다.

---

42) "是始作甲乙 以名日謂之幹作子丑以名月謂之枝"
43) "干支者因五行而立之昔軒轅之時大撓之所制也 蔡邕月令章句云大撓採五行之精占斗機所建也始作甲乙以名日謂之幹作子丑 以名月謂之支"

02 복희伏羲의 하도河圖 그리고 선천팔괘先天八卦

하도河圖와 낙서洛書는 음양오행의 생성원리를 밝히고, 역易의 근원이 되고 있으며 음양이론을 가장 최초로 제시한 문헌이다. 중국 고대 문헌 가운데 하도와 낙서라는 글이 최초로 보이는 것은 『상서尙書』이고, 그 다음은 『논어論語』이다.

하도와 낙서에 대한 초기의 기록을 살펴보면 그중 최초는 『상서』「주서」인데 "진나라의 보물인 붉은 칼과 큰 교훈이 새겨진 큰 구슬과 위가 뾰족한 구슬은 서쪽 행랑에 놓고, 큰 옥과 이옥과 하늘빛 구슬, 하도는 동쪽 행랑에 놓았다."고 하였다. 이 말에 정현이 주를 달기를 "그림이 황하에서 나오자 제왕이 이를 받았다. 그 아래에 낙서洛書라는 두 글자가 있다."고 하였다. 하도와 낙서를 서주西周의 성왕成王시대에 이미 국가의 보물로 여기고 있는 것이다.

『논어論語』「자한子罕」에서 공자가 "봉황새도 오지 않고 황하에서 그림도 나오지 않으니 나는 이제 다 되었구나!"하는 것은 상서로운 것인 하도가 나오지 않음을 슬퍼한 것이다.

하도河圖와 낙서洛書는 하·은·주 시대에 왕조에서 중요한 도서 목록으로 관리하였으며, 현재의 도서관圖書館이라는 용어는 하도의 圖와 낙서의 書에서 기원한 것이다. 전한前漢의 경학자들인 공안국孔安國과 유흠劉歆의 연구에 따르면 하도는 복희씨가 용마의 무늬를 본떠서 팔괘를 그린 것이고 낙서는 우禹가 거북이 등에 새겨진 무늬를 보고 구주를 만들었다고 했다.

공씨[孔安國]가 말했다. 하도河圖는 복희씨가 천하에 왕 노릇 할 적에 용마龍馬가 황하黃河에서 나오자 마침내 그 무늬를 본받아 팔괘八卦를 그었고, 낙서는 우왕禹王이 홍수를 다스릴 때에 낙수에서 거북이가 나왔는데 그 등에 1에서 9까지가 있으므로 우왕이 마침내 그것을 인하여 차례로 나열하여 구류九類를 이루었다. 유씨劉歆가 말하였다. 복희씨가 하늘을 이어 왕 노릇하여 하도를 받아 획을 그었으니 팔괘가 이것이며, 우왕이 홍수를 다스릴 적에 하늘이 낙서를 내려주므로, 이것을 본받아 진열하니 구주九疇가 이것이다. 하도와 낙서는 서로 경위經緯가 되고, 팔괘와 구장九章은 표리表裏가 된다.44)

한漢대의 경학자들이 하도와 낙서의 기원에 대하여 복희씨가 역을 지었고 우가 홍범을 지었다고 했고, 송宋대 도서역파 채원정蔡元定이 『역학계몽』에서 그림을 그린 것이 오늘에 이른 것이다. 하도와 낙서 그림은 『역학계몽』 이전에는 어느 문서에서도 찾아 볼 수가 없기 때문에 채원정의 하도와 낙서의 연구의 결과로 작성한 그림이 표준으로 자리 잡았다. 채원정 역시, 하도는 삼황오제三皇五帝 시대의 복희伏羲씨가 왕노릇 할 때 용마龍馬가 하수河水에서 나오니 복희씨가 그 등에 있는 무늬를 보고 그린 것이며, 낙서는 하夏 왕조의 시조 우왕禹王께서 치수治水하실 때 신령스런 거북이가 낙수에서 나오니 그 등에 있는 무늬를 보고 그린 것이라고 기원을 말하고 있다.

---

44) "孔氏曰, 河圖者, 伏羲氏王天下, 龍馬出河, 遂則其文, 以畫八卦, 洛書者, 禹治水時, 神龜負文而列於背, 有數至九, 禹遂因而第之, 以成九類劉氏曰, 伏羲氏繼天而王, 受河圖而畫之, 八卦是也, 禹治洪水, 賜洛書, 法而陳之, 九疇是也河圖洛書, 相爲經緯, 八卦九章, 相爲表裏." 『周易』「繫辭傳」

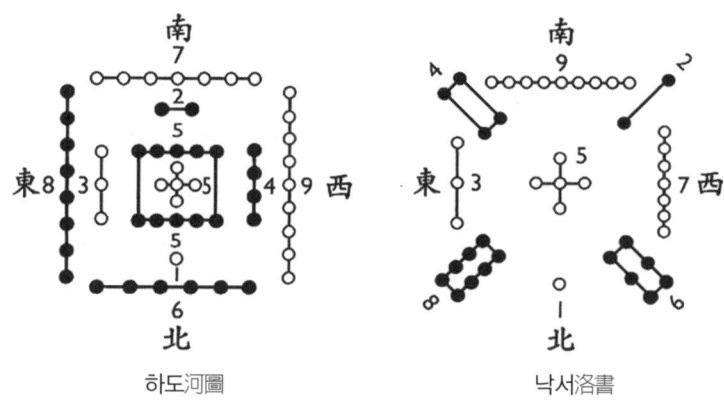

[채원정의 하도와 낙서 그림]

하도河圖와 낙서洛書, 두 개의 그림 사이에는 800년의 시간차가 있는데, 먼저 이 장에서는 하도가 복희에 의해 그려지던 당시의 상황을 한 번 재현해 살펴보도록 한다.

황하문명 시대, 복희가 왕이 되어 천하를 다스리고 있을 때 사람들은 이미 태양과 별, 초목의 성쇠, 추위와 더위의 교체, 안개, 눈, 이슬, 서리 등 자연현상의 변화를 세심히 관찰하던 시대였다. 이를 통해 이미 연월일과 사계절의 개념이 형성되어 가고 있었다.

북두칠성이 동쪽을 향하면 봄이고, 남쪽을 향하면 여름이며, 서쪽을 향하면 가을이고, 북쪽을 향하면 겨울이라는 원리를 깨달았다. 봄에 파종하고 여름에 자라며 가을에 수확하여 겨울에 저장하는 것은 농경사회 사람들의 기본적인 생활패턴이 되었다. 그러나 이 모든 것은 단순한 자연의 표면상태일 뿐, 이 표면상태의 배후에는 비밀스럽고 보편적인 의의를 갖춘 아주 깊은 존재의 도리가 있을 것이라는 의문을 복희는 가지고 있었다.

그러던 어느 날 황하에서 홀연히 용마龍馬가 출현하였는데 그때 그는 그

것을 본 순간 그동안 의문을 가지고 살펴왔던 자연현상에 대한 뭐라 표현할 수 없는 감각을 느꼈고, 또한 용마의 등에 있는 도안을 기억하였는데, 이 도안은 바로 자신이 그동안 관찰해 온 천문과 만물의 형상과 서로 일치한다는 것을 깨달았다. 그 도안이 바로 하도河圖였다.

원래 그 하도의 진리는 고대인들이 나무막대 규표를 세워 그림자를 살피고, 이를 통해 농사시기를 알려고 시간을 관찰하던 중에 규표를 통하여 세상 표면에 드러난 그 기능의 신비성을 추측하고 있었던 것과 일치하는 것이었다. 하지와 동지는 황도黃道를 절반으로 분할하여 음과 양으로 나뉘었으며 동시에 음양의 두 기氣는 형상으로 나타났고, 동지를 흰점 하나로 표시하고 하지를 검은 점 두 개로 표시하였다. 또한 춘분과 추분의 밤낮 길이는 대개 평균적으로 같기에 이를 선으로 연결하여 원을 상하로 나누고 두 분分과 지至를 연결하니 천구天球가 네 개로 나뉘어져 사계절이 형성되었다.

이로서 태음太陰, 태양太陽, 소음少陰, 소양少陽이라는 4개 부분이 산생産生되었고, 중앙에 5의 수가 발생하여 사상四象과 하도河圖 그리고 오행생수五行生數 사이에 내재적인 연관성이 구성되었다. 앞에서 설명하였듯이 음과 양의 본래 의미는 밝음과 어두움이지만 1년의 밤과 낮의 변화로 이지이분점二至二分點으로 황도를 4개 부분으로 나누어 동지부터 춘분까지를 소양, 춘분부터 하지까지를 태양으로 정하였고, 하지부터 추분을 소음, 추분부터 동지까지를 태음이라 정하였다. 태太라는 것은 많은 것을 나타내고 소少라는 것은 적은 것을 나타낸다. 태소음양은 바로 많고 적음이며 사계절에 속해 있다.

11월 동지일에 남극에는 양이 생기면서 음이 빠져 나가며, 북방의 추운 기운은 水에 속하고 음이 극에 달하면 양이 발생됨으로서 하나의 양이 처음으로 생기기 때문에 일양一陽은 水의 생수生數가 된다.

5월 하지일에 북극에는 음이 생기면서 양이 쇠퇴하며, 남방의 찌는 듯한 더위는 火에 속하고 양이 극에 달하면 음이 발생됨으로써 하나의 음이 처음으로 생기기 때문에 6월의 이음二陰은 火의 생수가 된다.

동지 이후에는 양기가 점점 증가하여 1월이 되면 만물이 소생하여 태양이 떠오르는 동쪽과 木을 상징하기 때문에 삼양三陽은 木의 생수가 된다.

하지 이후에는 음기가 천천히 강해지면서 8월 이후에는 만물을 숙살하게 되며 해가 지는 서쪽과 수렴작용이 있는 것은 金을 상징하기 때문에 사음四陰은 金의 생수가 된다.

대지는 만물을 양육하고 그 기능은 사계절의 마지막에 변화가 가장 심하기 때문에 계춘, 계하, 계추, 계동 다시 말하면 즉 3, 6, 9, 12월의 마지막 18일은 土라고 요약할 수 있다. 6, 7, 8, 9, 10은 성수成數인데 水木火金의 생수生數에 각각 중심수 5를 더하여 얻어진 결과이고, 土 자신은 5로서 중심수 5를 더하면 성수는 10이 된다. 토가 만물을 생한 이후에 다시 성수에 큰 기능이 부여되어 자연계의 생성에 관한 모든 순환과정을 자세히 설명할 수 있게 되었다.

하도의 모든 숫자를 더하면 천수天數 55인 천지생성도가 형성되고, 이 수들은 시간과 공간을 기준으로 기능적인 면에서 자연 만물이 창조된 모든 것을 보여주는 우주 모형의 그림이 되고 있다. 하도의 수 55에서 토의 생수 5를 빼면 50이다. 이 50이라는 수는 옛 사람들이 나무를 세워 놓고 그림자로 농사시기를 정할 때 발견한 구고현句股弦[45]의 제곱의 합과 일치한다. 공간적인 면을 종합하여 나온 이 숫자들은 천지의 도리를 포함하고 있기 때문에

---

45) 구(句)는 3, 고(股)는 4, 현(弦)은 5를 의미하며 제곱의 합은 50이다. 피타고라스의 정리이다.

'대연大衍의 수'로 사용되고 있다.

'대연大衍의 수'에서 '대大'는 우주의 극치를 의미하고 '연衍'은 연산이라는 뜻이다. 옛 사람들은 이 숫자가 우주 공간의 변화와 운행 중에 여러 가지 정보를 구현하고 있으며 그렇기 때문에 사물의 변화규칙을 파악하려면 이 숫자에서 벗어날 수 없다고 생각하였다.

서법筮法에서 "대연의 수는 50이지만 실제로 사용되는 것은 49이다."라는 말은 이 역시 옛 사람들이 규표를 사용하던 중에 종합해 낸 것이어서 하나를 남겨 사용하지 않으면 자연의 운행을 기본으로 하는 서법의 모형에 의해 6, 7, 8, 9를 얻을 수 있고, 이 4개의 숫자는 음양노소陰陽老少를 대표하는 하도의 바깥 둘레의 숫자에 해당한다고 하였다.

하도河圖와 낙서洛書는 사실 천문 현상과 고대 우주론이 반영된 우주 천체의 운행원리를 담고 있는 것으로서, 주역이나 서양의 점성학 또한 원리적으로는 이와 크게 다르지 않다고 볼 수 있다.

옛 사람들은 하늘에서 일어나는 일, 즉 천문 현상이 지상의 인간의 삶에도 그대로 영향을 미친다고 생각했기 때문에 이런 것들이 후대로 올수록 인간의 길흉화복을 점치는 것으로 축소되었고 변질된 면은 있으나 사실은 훨씬 근원적이고 포괄적인 원리를 표현하고자 한 측면이 있다.

가령, 일부 주역 학자들의 주장이기는 하지만 "하도河圖의 1과 6, 즉 수水는 수성으로서 매일 자시子時와 사시巳時에 북쪽 하늘에 보인다. 매월 1일과 6일에 해와 달이 북쪽에서 수성을 만나며 매년 1월과 6월의 저녁에 북쪽 하늘에 보인다. 그러므로 1과 6은 수水와 합한다[一六水]. 하늘의 1이 수를 낳고[天一生水], 땅의 6이 수水를 이룬다[地六成水]. 따라서 1일은 수성이 처음 보이는 때이고[天一生水星], 6일에는 수성이 마지막 보이는 날이다[地六成水星]."라고 풀이한 연구도 있다.

하도는 수성, 금성, 화성, 목성, 토성 - 오성五星이 출몰하는 실제의 기록이라는 것인데 수성은 11월과 6월 황혼일 때 북쪽에서, 목성은 3월과 8월 황혼일 때 동쪽에서, 화성은 2월과 7월 황혼일 때 남쪽에서, 토성은 5월 10월 황혼일 때 중천에서, 금성은 4월과 9월 황혼일 때 서쪽에서 나타나는 천체 현상을 기록해 놓았다는 것이다. 오성五星의 별의 이름도 바로 여기에서 유래되었다고 본다.

서양의 점성학이 천체의 실제 기록을 남기던 천문학과 하나였으며 행성들에 붙여진 서양의 이름도 동양의 행성 명명법과 크게 다르지 않다는 것은 주지할 만하다. 동양의 역학과 서양의 점성학이 후대에 서로 영향을 끼치고 있지만 고대 동서양의 천문학은 이렇게 자생적으로 시작되었던 것이다.

이러한 내용들을 포함하여 하도는 우주 전체 기능에 대한 파악이었고 자연에 대한 실제적 표현이었다. 복희는 이를 참조하여 하늘을 우러러 천문을 관찰하여 가깝게는 내 몸에서 진리를 취하고 멀게는 만물에서 진리를 구하고자 하였다. 이를 괘로 그려봄으로써 자연법칙과 만물의 변화 상태를 표현하였는데 이것이 바로 선천팔괘이다. 우선 그는 사물의 이치를 깊이 탐구하고 깨달아 하도 중의 숫자 시스템을 한 단계 더 발전시켜 1과 2 이진수로 정하였다.

복희의 선천팔괘가 생성되는 과정을 살펴보면, 무극無極이 태극太極을 생하고, 태극이 양의兩儀를 생하며, 양의가 사상四象을 생한다고 보았다. 복희는 하도에 괘의 그림을 그려 태극에 저장된 5와 10이 중앙과 사방 그리고 천지를 생하고, 양의에 저장된 생성수는 우주만물을 생육한다고 보았다. 사상 중에 하도의 모든 수가 포함되어 음양노소陰陽老少가 산생하자 사상이 형성되었고, 이어서 각각 양과 음을 더한 결과 상象과 기氣 그리고 수數가 일체로 된 선천팔괘의 그림이 완성되었다.

03 대우大禹의 낙서洛書와 주역周易으로의 발전

복희시대 이후 약 800년이 지났을 때, 대 홍수로 물이 범람하여 백성들은 재난을 피해 사방으로 떠돌아다녔다. 이런 위급한 시기에 대우大禹는 명령을 받아 결혼한 지 4일 만에 사람들을 동원하여 홍수를 방지하기 위해 나섰는데, 그때 3번이나 집 앞을 지났지만 한 번도 집을 들어가 보지 않았다는 이야기가 아직도 전해지고 있다. 그러나 대우는 여러 가지 방법을 모두 사용해 보았지만 물을 막을 방법을 찾아내지 못하였다. 그러던 어느날 그는 오색을 띤 거북이가 물위에 떠 있는 모습을 보았는데 그 거북의 등에 문자와 같은 모양이 있었다. 이것이 바로 우리가 알고 있는 낙서洛書이다.

그 후 대우는 하도와 낙서로부터 우주만물의 생과 극의 이치를 깨닫고 모든 일에 통달하여 처음으로 구고현九股弦[46]을 이용하여 광범위하게 구하九河를 파고 구산九山을 개발해서 구주九州를 다스리는 것으로 대 홍수를 막았다고 한다.

대우大禹가 바로 중국 고대 하나라를 개국한 우 임금이다. 기록에는 그를 우왕禹王, 제우帝禹라고도 부른다. 오제五帝의 핏줄로 황제의 고손자이고, 전욱의 손자였다고 전한다. 그는 황하의 물길을 잘 다스린 공으로 순 임금에게서 왕위를 선양 받아 제위에 올랐고 중국의 첫 번째 왕국 하夏 왕조를 건립하였다.

---

46) 구고현의 정리 : 동양의 피타고라스의 정리

사마천의 『사기』 권2 「하본기」에 하 왕조를 건립한 존재로 기록되어 있는 우禹는 『사기』보다 앞선 서주시대 문헌으로 고증된 『시경』·『서경』에 먼저 등장하는 고대의 천신이다. 고대의 은殷·주周의 백성들 모두 그가 닦아 놓은 땅 위에 살았다고 한다. 『초사』「천문」에는 우禹와 그의 아버지 곤鯀이 모두 신으로 나타난다. 곤은 치수사업에 실패하여 처형당하였지만, 우는 치수사업에 성공한 뒤 도산씨涂山氏의 딸을 아내로 맞이하여 계를 낳았고, 그 뒤 계는 우가 세운 후계자 익益을 이어 군주가 되어 하 왕조를 세움으로써 우는 마침내 하의 조종신이 되었다는 것이다.

한편 『국어』「주어·하」에서는 우가 치수에 공을 세워 상제가 그에게 천하를 다스리게 하는 한편, 사姒 성을 내리고 하씨夏氏로 불렀다고 했다. 그래서 『국어』「정어鄭語」에는 '하우夏禹'로 나온다. 「천문」 중에는 곤·우와 함께 또 다른 신인 공공이 나오는데, '공공'과 '곤'은 같은 신에서 갈라진 것으로, 공공은 강성姜姓 족속의 조종신이다. 강성 족속은 강족羌族으로 당시의 서융의 조종신으로, 우는 먼저 서융의 조종신에서 유래했기 때문에 '융우戎禹'로 불리기도 했다.

대우大禹의 낙서洛書를 홍범洪範이라고도 부르는데, 이는 그가 남긴 정치이념인 '홍범구주洪範九疇'에서 비롯된 용어이다. 홍범은 대법大法이라는 뜻이고 구주는 9개의 조항이라는 뜻으로 9가지 항목 ①오행五行, ②오사五事, ③팔정八政, ④오기五紀, ⑤황극皇極, ⑥삼덕三德, ⑦계의稽疑, ⑧서징庶徵, ⑨오복육극五福六極을 의미한다. 이는 『서경』「주서 홍범편」에 수록되어 있는데 주나라 무왕武王이 기자箕子에게 선정의 방안을 물었을 때 기자가 이 홍범구주로써 답하였다고 기록되어 있고, 이 홍범구주를 우왕禹王이 낙서洛書를 근본으로 삼아 만들었다고 하여 낙서를 홍범이라고도 부르는 것이다.

이러한 유래를 가진 낙서洛書인 홍범洪范을 살펴보면 거북의 등에는 머리 쪽에 9개의 점이 있었고, 꼬리 쪽에 1개의 점, 왼쪽에 3개의 점, 오른쪽에 7개의 점, 어깨 위에 4개의 점과 2개의 점, 다리에 8개의 점과 6개의 점, 그리고 중앙에 5개의 점이 있었다고 한다. 낙서洛書의 짝수와 홀수가 서로 조합되는 이치는 1과 6은 수水, 2와 7은 화火, 3과 8은 목木, 4와 9는 금金을 포함하고 있는 것이다. 그러므로 숫자의 배치를 보면 6은 1의 옆에, 2는 7의 옆에, 8은 3의 옆에, 4는 9의 옆에, 5는 중앙에 있으며 10은 표시되지 않는다.

하도는 1이 중앙의 5를 얻어 6이 되고 2는 중앙의 5를 얻어 7이 되며 3은 중앙의 5를 얻어 8이 되고 4는 중앙의 5를 얻어 9가 되는 오행의 생성 원리가 포함되어 있다. 반면 낙서는 위쪽의 4, 9 금金과 아래쪽의 1, 6 수水가 상대하면 금金이 수水를 생하는 숫자가 되고, 오른쪽의 2, 7 화火와 왼쪽의 3, 8 목木이 상대하면 목이 화를 생하는 숫자가 된다. 오행의 상생은 하도의 숫자를 따르고, 오행의 상극은 낙서의 숫자를 따른다.

하도의 수는 1에서 10까지 생生을 체體로 하여 모든 수를 포함하고, 낙서의 수는 1에서 9까지로 극剋을 용用으로 하여 10은 포함되지 않지만 중앙의 5가 하늘을 상징하는 것을 제외하면 사방四方과 사우四隅의 맞은 편에 있는 숫자의 합은 전부 10이 된다. 동시에 그것을 가로와 세로의 숫자를 각각 더하면 모두 15가 되는데, 이는 통일된 상황 속에서 변화가 있고 변화 속에서 통일이 존재한다는 복잡한 우주의 현상을 표현하였다.

그 때문에 낙서의 숫자는 하늘의 법을 바탕으로 땅에 순응하는 자연의 기능을 취하는데, 이것은 천삼지이天三地二의 법칙을 근거로 쉽게 이해할 수 있으며 홀수는 3을 연수演數로 하며 양수陽數는 하늘의 법을 따라 순행함으로써 해와 달이 동쪽에서 뜨고 서쪽으로 진다는 것을 표현한다. 짝수는 2를 연수로 하며 대지의 법칙에 근거하여 역행을 하는데 강물이 동쪽으로 흘러가는 것과 같다. 따라서 낙서는 우주동력모형을 제일 간단한 형식으로 하도는 시간과 공간의 모형으로 추리와 해석을 할 수 있도록 구성되었다. 황하문명이 넓고 깊은 것은 상象과 수數의 모형을 수학적 언어로 묘사할 수 있는 추리체계가 있었기 때문이다.

고대인들이 모형으로 만든 하도와 낙서의 목적은 "상象을 알면 형形을 알 수 있고 연緣을 알면 그 상황을 알아낼 수 있다."는 작용의 원리를 알았기 때문이다. 또한 논리적 추리방식으로 볼 때 대상의 본질이나 특징 그리고 관계 등을 고려하여 그것이 논리사슬 중의 한 고리로 되어 상象과 수數의 통일을 명시하기도 한다. 모형模型이라고 하는 것은 모방할 수 있는 원형原型의 언어로서, 이 모형이 원형과 상응되는 특징과 부합되어야 하며 또한 간단함으로서 공리公理적으로 추리할 수 있고 또 해답을 얻을 수 있을 뿐만 아니라 원형의 현실 중에서 실제의 문제를 해결할 수 있어야 한다.

이후 하夏, 은殷, 주周 각 시대는 하도와 낙서의 체용관계와 선천팔괘에 대한 깊은 깨달음을 통하여 각각 연산連山, 귀장歸藏, 주역周易으로 변화되었는데, 이를 삼역三易이라고 한다. 고대의 삼역은 모두 팔표동혼八表同昏의 방법, 다시 말하자면 하도와 낙서의 원리를 근거로 하고 있다.

고대의 3역은 괘부卦符, 괘명卦名, 괘순卦順은 다르지만 모두 팔괘八卦와 64괘로 되어 있다. 연산과 귀장은 모두 없어졌지만 주역만이 남아있는데, 이는 은나라 시대 말년에 문왕文王이 옥에 갇혀 있을 때 만든 것이다. 당시 주왕紂王은 부패하고 포악한 임금이어서 수많은 충신들을 잔혹하게 살해하고 있었기 때문에, 감옥 생활 7년 동안 희창姬昌은 역괘易卦를 연구하는 것처럼 재능을 감추고 지난 날을 뉘우치는 모습으로 폭군을 속여 어두운 곳에서 점서占筮의 괘사卦辭와 괘상卦象을 바탕으로 몰래 정보를 입수하여 출옥 후 주왕을 제거할 힘을 비축하였다.

희창은 복희의 팔괘를 기초로 하여 선천의 체體를 후천의 용用으로 변화시키고, 대대對待의 역易에서 유행流行의 역易으로 발전시켰는데 그것이 바로 후천팔괘後天八卦이다. 희창은 출옥 후 군사를 일으켜 주왕을 제거하고 역사적으로 주周나라 문왕文王으로 불리게 되는데, 그가 감옥에서 만들어 낸 것이 바로 지금까지 유전되어 온 주역周易이다.

『주역』에서는 성인에 의한 역易의 형성 과정을 중심으로 성인지도聖人之道의 내용을 다음과 같이 밝히고 있다.

> 옛날에 성인聖人이 역易을 지음에 신명神明한 덕德에 그윽이 참여하여 그것으로 시蓍를 낳았으며, 삼천양지參天兩地의 수數에 의지하고, 음양陰陽의 변화에서 괘卦를 세웠으며, 강유작용剛柔作用을 발휘하여 효爻를 표상表象하였으며, 도덕道德에 화순和順하고 의義에서 다스리며, 이치理致를 궁구窮究하고 본래성本來性을 다하여 명命에 이른다.[47]

위 인용문에서 '신명神明'은 근원적 존재원리를 가리킨다. 만물의 존재 근거인 천지天地의 본성을 나타내는 것이 신명인 것이다. 『주역』에서는 "천지의 본성을 체득함으로써 신명한 덕德에 통한다."라고 하여 천지의 본성을 자각함이 신명에 통하는 것임을 밝히고 있다. 그리고 "역도易道가 천지의 근거를 제공한다. 그러므로 천지의 도道가 역도易道에 근거하여 형성된다."라

---

47) "昔者聖人之作易也, 幽贊於神明而生蓍, 參天兩地而倚數, 觀變於陰陽而立卦, 發揮於剛柔而生爻, 和順於道德而理於義, 窮理盡性, 以至於命." 『周易』, 說卦篇, 第一章.

고 하여 천지의 도가 역도의 내용임을 말하고 있다. 따라서 성인이 천지의 본성인 신명을 자각했다는 것은 역도易道를 자각했다는 것을 의미한다.

'시蓍를 낳았으며'라는 말에서 시蓍는 하도낙서河圖洛書 원리를 말하는 개념이다. 그러나 한대漢代 이후 대부분의 역학자들은 시蓍가 시초점蓍草占을 말하는 것으로 주석하였다.

『주역』에서는 "시蓍의 덕德은 원만하고 신명神明한 것이며, 괘卦의 덕德은 방정하고 지혜로운 것이며,…… 천하天下의 완성을 힘쓰는 것은 바로 시蓍와 구龜보다 큰 것이 없다."라고 하여 역도를 그 표상체계를 중심으로 시蓍와 구龜로 밝히고 있다. 이때의 시蓍와 구龜는 하도河圖와 낙서洛書를 상징하는 것이다. 따라서 '시를 낳았으며'라는 말은 성인이 천지의 본성인 신명을 자각하여 그것을 하도와 낙서를 통하여 밝혔다는 뜻이다.

'삼천양지參天兩地의 수에 의지하고'는 역도易道를 '삼천지도參天兩地'의 구조를 통하여 이수理數를 중심으로 밝혔음을 나타낸 것이다. 삼천지도는 하도와 낙서에 의해서 표상되는 역도易道의 논리구조論理構造를 나타내며, '의수依數'는 하도와 낙서가 천지의 수에 의하여 구성되었음을 말하는 것이다. 따라서 위의 '서蓍'와 '수數'는 하도와 낙서를 상징하는 것으로서 성인이 자각한 천지의 본성인 신명을 하도와 낙서로 표상하였음을 알 수 있다.

다음에 이어지는 '음양陰陽의 변화에서 괘卦를 세웠으며, 강유작용剛柔作用을 발휘하여 효爻를 표상表象하였으며'는 하낙원리河洛原理에 근거하여 괘효卦爻가 성립된 것을 밝히는 것이다. 하낙원리의 내용인 음양의 변화원리를 괘卦를 통하여 표상하였으며, 음양의 강유작용 원리를 효爻를 통하여 표상함으로써 육효중괘六爻重卦가 성립되었음을 말한 것이다. 이를 통하여 『주역』의 육효중괘 원리가 하낙원리를 근거로 형성되었음을 알 수 있다.

마지막 부분의 '도덕道德에 화순和順하고 의義에서 다스리며, 이치理致를 궁구窮究하고 본래성本來性을 다하여 명命에 이른다.'라는 것은 『주역』의 괘효원리卦爻原理 내용이 인도人道인 성명性命의 이치임을 밝힌 것이다. 『주역』에서는 "옛 성인이 역경易經을 지은 목적은 장차 성명의 이치에 순응하게 하고자 함이다."라고 하여 『주역』이 괘효卦爻를 통하여 인도人道인 군자지도君子之道를 밝히고 있음을 얘기하고 있다.

『주역』이 사람의 도道인 성명의 이치를 밝히고자 괘상원리卦象原理를 중심으로 역도易道를 천명闡明하였지만, 그 존재근거인 천지의 도道를 논하지 않을 수 없다. 그렇기 때문에 육효중괘六爻重卦가 표상하는 역도易道의 내용이 천도天道와 지도地道 그리고 인도人道로 하는 삼재지도三才之道라고 하였다.

주周나라 문왕文王이 작성한 후천팔괘後天八卦는 선천팔괘先天八卦의 자연속성의 변화에 의해 발생된 결과물이다. 화火는 양陽으로서 상승하여 하늘의 용用이 되고, 수水는 음陰으로서 하강하여 땅의 용用이 되어 수화水火가 서로 교류하니 만물이 형성되면서 더욱 더 생기가 넘치는 시간과 공간체계를 형성한 것이다.

선천팔괘 건乾의 중효中爻와 곤이 교류하면 이離가 되어 남쪽으로 상승하고, 곤坤의 중효中爻와 건이 교류하면 감坎이 되어 북쪽으로 하강한다. 이離의 초효初爻는 감坎과 교류하면 간艮이 되어 동북쪽에 있고, 감의 초효와 이離가 교류하면 태兌가 되어 정서쪽에 있으며, 이의 중효와 감이 교류하면 건乾이 되어 서북쪽에 있고, 감의 중효와 이가 교류하면 곤坤이 되어 서남쪽에 있으며, 이의 상효와 감이 교류하면 진震이 되어 정동쪽에 있고, 감의 상효와 이가 교류하면 손巽이 되어 동남쪽에 위치하고 있다.

후천팔괘가 생성된 후에 낙서의 수들을 서로 합하면 의학, 건축, 군사 등 모든 과학분야에서 광범위하게 응용되고 있는 구궁팔괘도九宮八卦圖가 형성된다. 그리고 이를 또 후천팔괘의 수數라고 불리기도 한다.

선천팔괘는 진震, 손巽을 중심으로 하며 생장生長을 표시하는 데 사용된다. 건금乾金은 감수坎水를 생하고 간토艮土는 태금兌金을 생하며 이화離火는 곤토坤土를 생하여 선천이 생을 주관한다는 것을 상징한다. 반면 후천팔괘는 곤坤을 중심으로 하며 수장收藏을 표시하는 데 사용된다. 건금乾金은 손목巽木을 극하고 감수坎水는 이화離火를 극하며 태금兌金은 진목震木을 극하여 후천은 극을 주관한다는 것을 상징한다. 대응하는 것은 수數, 유행하는 것은 기氣, 주재하는 것은 이理로 천지만물은 모두 이 속에 포함되어 있다.

선천은 생生을 주로 하고 후천은 극剋을 주로 하는 관계는 사람을 예로 들면 사람의 출생일을 기준으로 출생 이전을 선천先天이라 하고 출생 이후를 후천後天이라 한다. 선천은 인류에게 여러 가지 기능과 목표를 부여하였는데 예를 들면 체력, 지능, 수명 등이다. 후천시기에는 객관적인 조건의 제한으로 이들은 극의 한계에 도달할 가능성이 거의 없을 정도로 매우 작아 자연재해, 질병, 영양, 정서 등 인간의 수명으로 나타난다. 선천과 후천의 생극관계는 선천과 후천의 체용體用관계를 주로 표현한 형식이며 주역周易의 기초이론의 하나로 인류가 자연계에 대한 총괄적 원류이며 모든 만물에 응용되고 있다.

선천팔괘는 하도가 대응하는 것을 나타내는데 생生을 위주로 하며, 후천팔괘는 낙서가 유행의 역으로 나타내는데 극剋을 위주로 한다. 실제로 움직일 때, 후천팔괘는 하도를 배합하기 때문에 주역에는 천지생극의 체용관계가 포함된다. 북쪽 1과 6은 감수坎水, 동쪽 3과 8은 진손목震巽木, 남쪽 2와 7

은 이화離火, 서쪽 4와 9는 태건금兌乾金 중앙의 5와 10은 곤간토坤艮土이다. 진손震巽은 목木으로 이화離火를 생할 수 있지만 이화離火는 곤토坤土를 통해야만 만물을 성숙되게 할 수 있고, 태건兌乾은 금金으로 감수坎水를 생할 수 있지만 감수는 간토艮土를 통해야만 목木을 생할 수 있다.

그리하여 우주의 각 부분은 천지와 평행인 규표圭表의 주위와 대응한다. 그림에서 시간을 계산하는 단위인 천간天干의 처음 글자가 갑甲이기 때문에 역학에서는 이 그림을 납갑納甲이라 하는데 그것은 하나의 시간과 공간, 주체와 객체가 고도로 통일되어 있는 거대한 체계인 것이다. 천인합일, 도기합일, 상수합일 이것은 한대의 역학자 경방京房의 납갑도에서 나온 것인데 이것은 시공의 본질에 대한 전체를 파악한 기초에서 수립된 것이다.

04 공자가 위편삼절韋編三絶하며 이룬 주역의 완성

　공자는 중국 춘추시대의 여러 국가 중 노나라에서 기원전 551년 하급무사 아버지 숙량흘과 무당 어머니 안징재 사이에서 태어났다. 당시 아버지는 칠순이 훌쩍 넘었었고, 어머니는 16세였다고 알려져 있다. 어머니 안씨가 이구산尼丘山에 기도하여 공자를 얻었다고 한다. 아버지는 공자가 세 살 때 돌아가셨고 그는 아버지의 얼굴도 모르고 자란 소년이었다. 어머니의 직업이 무속인이다 보니 매일 제사를 지냈을 것이고 공자는 어렸을 때 늘 제사 지내는 놀이를 하며 보냈다고 한다. 고대 문화에서 제사가 가진 의미는 현대보다 훨씬 컸을 것이며 공자는 자라면서 제사라는 무속의식을 하나의 의례 형식으로 변화시켜 '예禮를 잘 아는 사람'이라고 당시에 평가받았는데 이 또한 어머니의 직업과 무관하지는 않다.

　기원전 500년 노나라 정공과 제나라 경공의 회담에서 노나라가 빼앗겼던 땅을 돌려받는 업적으로 그의 정치인생은 최고의 정점을 찍는다. 하지만 공자는 반대세력과의 세력다툼에서 밀려나고 제자들과 함께 고국 노나라를 떠난다. 그는 자신의 도를 펼칠 나라를 찾아 중국 천하를 주유하였다. 하지만 춘추시대, 수많은 나라 가운데 공자가 뜻을 실현할 만한 곳은 없었고, 공자는 기원전 484년 그의 나이 68세에 조국 노나라로 돌아와 제자를 가르치고 옛 서책을 정리하고 책을 저술하며 여생을 보냈다.

　사마천의 『사기』에 따르면 공자는 『주역』 읽기를 무척 좋아했다. 그때의 책은 죽간을 이어서 만든 것이었는데 죽간을 연결하는 가죽 끈이 세 번이나 끊어질 정도였다. 여기서 유래된 고사성어가 '위편삼절韋編三絶'이다. 평소에도 학문을 좋아하는 스승이었지만, 조금 과하다 싶을 만큼 『주역』을 애호하는 공자의 모습에 제자들도 당혹스러웠을 것이다. 하루는 제자 자공이 공자에게 질문을 하였다.

> 선생님께서 옛날에 이 제자에게 가르치시길, 덕행이 없는 자는 신령에 쏠리고 지모가 모자라는 자는 복서로 점친다고 말씀하셨는데 저는 이것을 지당한 것으로 간주하였습니다. 그리하여 저는 이 말씀을 취하여 이를 열심히 행하였습니다. 그런데 선생님께서는 어찌하여 늙어 가시면서 복서를 좋아하십니까?[48]

이 내용으로 보면 지금과 마찬가지로 공자가 살던 시대에도 주역은 복서卜書, 즉 점치는 책으로 알려졌다는 것을 알 수 있다. 그래서 자공은 예전 같으면 점치는 책을 멀리 했을 공자가 갑자기 '위편삼절' 하는 까닭을 물어보고 있는 것이다. 공자가 주역에 심취했던 이유는 무엇일까? 정말 『주역』은 점치는 책이었을까?

공자는 『주역』을 보고 "아! 복희씨가 천지의 이치를 본떠 팔괘를 만들고, 문왕이 괘의 이치에 따라 괘사를 짓고, 주공이 효사를 지었구나." 하고 감탄하였다고 한다. 그리고 자신도 후세 사람들이 역易을 쉽게 이해할 수 있도록 열 가지 해설서를 남겼는데 바로 『십익전十翼傳』이었다. 익翼은 '날개' 혹은 '돕다' 라는 뜻으로 공자는 후학들이 자신의 해설을 날개 삼아 광대하고 깊

---

48) 마왕퇴한묘백서(馬王堆漢墓帛書), 요(要)

은 역의 바다를 가로지르는 데 도움을 주고 싶다는 뜻을 제목에 담았다. 공자는 십익전을 술이부작述而不作하였다고 했는데, 술이부작이란 '옛 성현의 말을 전하여 기술할 뿐, 잘 알지 못하면서 지어내지 않는다.'는 뜻이다. 천하의 공자도 세 성현(복희, 문왕, 주공)의 가르침을 본받을 뿐, 마음대로 창작하지는 않았던 것이다. 애초에 복희씨도 천지에 펼쳐진 자연의 이치를 팔괘로 나타내었을 뿐, 함부로 지어내지 않았으니 술이부작의 시작은 복희씨라고 할 수 있다.

대개 성인이 지은 글을 경經이라 하고, 성인보다 한 단계 낮은 현인이 지은 글을 전傳이라고 하였는데『십익전』은 성인인 공자가 지은 글임에도 불구하고 전傳이라고 불린다. 복희, 문왕, 주공의 역은『역경易經』이라고 하지만, 공자가 지은『십익전』은『역전易傳』이라고 한다. 공자가『주역』의 가르침을 큰 스승으로 삼고 존경했다는 것을 알 수 있다. 공자는 이렇듯『주역』을 '위편삼절' 하고 '술이부작' 하여『역전易傳』을 쓰면서 역의 이치를 몸에 새겼다.

[공자孔子의 초상[49]]

---

49) [그림 출처] http://chinaabc.showchina.org/rwzgxl/zgjr/fdjr/200702/t107566.htm

북송의 형병(932~1010년)에 따르면 공자가 『주역』을 공부한 시기가 공자의 나이 47~50세 무렵이라고 하니, 그의 기록대로라면 약 3년 만에 『주역』을 통달한 셈이다. 그리고 공자는 드디어 "나이 오십에 천명을 깨달았다"고 말한다. 우리는 흔히 쉰 살을 '지천명知天命'이라고 하는데 이것은 공자에게서 유래된 것이다. '지천명'이란 글자 그대로 풀이하면 하늘의 명을 아는 것, 하늘이 만물에 부여한 원리를 안다는 말이다. 여기서 만물의 원리라고 함은 바로 주역의 역易을 의미한다고 볼 수 있다.

　달이 차면 기울고, 봄이 가면 여름이 오는 것처럼 쉬지 않고 변화하는 것이 역易이다. 아무리 강성한 제국도 극에 이르면 망하고, 천하를 주름 잡던 영웅도 죽음을 피할 수는 없는 법이다. 하지만 공자는 제후에서 범부에 이르기까지 모두 부귀와 권세를 잡고 놓치지 않으려고 몸부림치는 모습을 숱하게 보아왔을 것이다. 우리는 행복과 불행이 고정불변할 것처럼 생각하지만 우주에서 변하지 않는 것은 없다. 단 하나, 모든 것이 변화한다는 사실만이 변하지 않을 뿐이다. 죽음마저도 끝이 아니라 다른 것으로 변화하는 과정이기 때문이다. 하지만 공자가 생활하던 춘추시대의 사람들은 탐욕에 집착하여 천지의 이치를 망각하였다. 주역의 본의는 퇴색된 채 점서로만 활용됐던 것이다.

　앞에 언급했던 자공이 주역을 즐겨 읽던 공자에게 하였던 질문에 대한 공자의 대답은 이러하였다.

　군자는 곡척(직각으로 굽은 자)으로 말하는 법이니, 앞길이 길하면 그냥 가면 되는 것이고 불길하면 재주로 피할 수 있다. 그 요지를 살피는 자는 덕을 그

르치지 않느니라. 상서에는 결손이 많지만 주역은 망실된 곳이 없어 옛말을 전하고 있다. 나는 주역의 점술적 사용에 안주하는 것이 아니니라.

공자는 『주역』의 점술적 사용에 안주하는 것이 아니라고 딱 잘라 말하고 있다. 『주역』이 자신의 일신 영달을 위한 점서가 아니라는 뜻이다. 공자는 천지자연이 변화하듯 어떤 상황에 처하더라도 천지가 부여한 일 혹은 덕을 묵묵히 수행해야 한다고 여겼다. 이를 위해 천지의 흐름을 알고자 주역을 공부했던 것이다. 거슬러 올라가 주나라 문왕이 옥에 갇혔을 때 하늘이나 사람을 원망하지 않고 역易을 지었던 것도 세상에 덕을 펼치기 위한 행위였다. 천지의 흐름을 먼저 안다는 것은 길흉화복을 알아서 좋은 것을 취하는 것이 아니다. 어떤 상황이 오더라도 그 상황에 맞추어 자신의 소명을 다하는 것이다. 이렇듯 공자는 『주역』을 통해 사람들이 천지자연의 이치를 알게 하고, 그 이치가 세상의 덕으로 펼쳐지기를 희망하였던 것이다.

추상적이고 형체 가진 것을 초월하는 것을 도道라 하고, 구체적으로 눈에 보이고 손으로 만질 수 있는 것을 기器라고 한다. 형이상학적인 것을 도道라 하고, 형이하학적인 것을 기器라고 한다. 선천팔괘를 도道라 하고, 후천팔괘를 기器라고 한다. 진秦나라 시기의 학자들은 도道와 기器는 서로 밀접하게 연관이 되어 있어 불가분의 관계라고 하였다. 그러므로 공자는 구체적인 사물을 떠나 인간의 본성과 자연법칙에 관하여 논의하는 것을 극히 멀리 하였는데, 이것은 역경의 활발하고 생동적이며 창조적인 사유방식과 일맥상통하는 것이다.

역경에 "書不盡言 言不盡意서불진언 언불진의"50)라고 하였다. 이는 도라고 할 수 있는 것은 항상 도가 아니고 이름이라 할 수 있는 이름은 항상 이름이 아니라는 뜻을 담고 있다. 그러므로 성인聖人은 괘卦를 설정하고 상象을 세워 언어로 표현할 수 없었던 우주만물의 복잡한 변화의 진리를 표현하고자 하였다. 아울러 추상적인 원리와 구체적인 사물을 서로 결합하여 응용의 목적을 달성하였는데 그것을 변變이라 하고, 나아가 추산推算하여 이것을 실행시켜 그 기능의 작용이 발휘되는 것을 통通이라고 하였는데 이것이 융회관통融會貫通이다. 또한 이를 기초로 하여 사람들이 본떠 사용하게 되는 것은 역경의 기능적인 측면이다. 예를 들면 익괘益卦를 본떠서 나무로 땅을 가는 쟁기를 만들고, 환괘渙卦를 본떠서 물위로 가는 배를 만들었던 것들이 그것이다.

선천팔괘의 순서는 천天, 지地, 산山, 택澤, 뇌雷, 풍風, 수水, 화火 순으로 이루어져 있으며 광범위한 부분에서부터 아주 미세한 부분에 이르며, 특히 음양오행과 마찬가지로 이 여덟 개 부호로 만물 기능에 대한 원리와 형상을 갖춘 구조에 대한 특징을 보여주고 있다.

예를 들어 건乾은 천天의 기능으로 세 효가 모두 양이니 태양과 하늘은 만물을 덮고 일체를 주재하는 것을 상징한다. 곤坤은 지地의 기능으로 세 효가 모두 음이니 대지와 달은 만물을 품고 만물을 양육한다. 간艮은 산山의 기능으로 강대한 양기가 음에 의하여 막힌 것을 비유하는데, 이는 만물의 운행을 방해하는 큰 산의 모습을 상징한다. 태兌는 택澤의 기능으로 왕성한 양기가 음기에 의해 부드럽게 변화되어 만물이 화평함을 상징한다. 진震

---

50) 글은 말을 다 표현하지 못하며, 또한 말은 뜻을 다 표현하지 못한다.

은 뇌雷의 기능으로 양기가 음기의 아래에서 만물을 북돋우는 모습을 상징한다. 손巽은 풍風의 기능으로 음기가 강성한 양기의 아래에서 발산하는 작용을 한다. 감坎은 수水의 기능으로 내부는 강하고 외부는 부드럽고 물과 비로 만물을 촉촉하게 하는 모습을 상징한다. 이離는 화火의 기능으로 양기가 외부에 있고 내부는 텅 빈 것으로 태양과 불은 만물을 건조시키고 따뜻하게 하는 모습을 상징한다.

이렇게 옛 사람들은 자연계에 대한 자세한 관찰을 통해 인류에게 영향이 제일 큰 것은 천상天象과 지형地形이며, 팔괘의 그 부호들이 상징하는 기능의 현상은 인류에게 아주 중요한 요소에 해당된다고 보았다. 특히 천天은 원圓이고 주로 동動하고, 지地는 방方이고 주로 정靜하며, 건천建天은 만물을 주재하고 곤지坤地는 만물을 품어 각각의 독특한 기능을 다하면서, 상호간의 협조에 의해 일정한 범위 내에서 평형을 유지하며 오행의 상생원리를 관통하고 있다고 생각하였다.

Part 2

명리학 시대의
시작과 변화

4장 중국 고대 명리학사

5장 서양 점성학의 자평학 영향

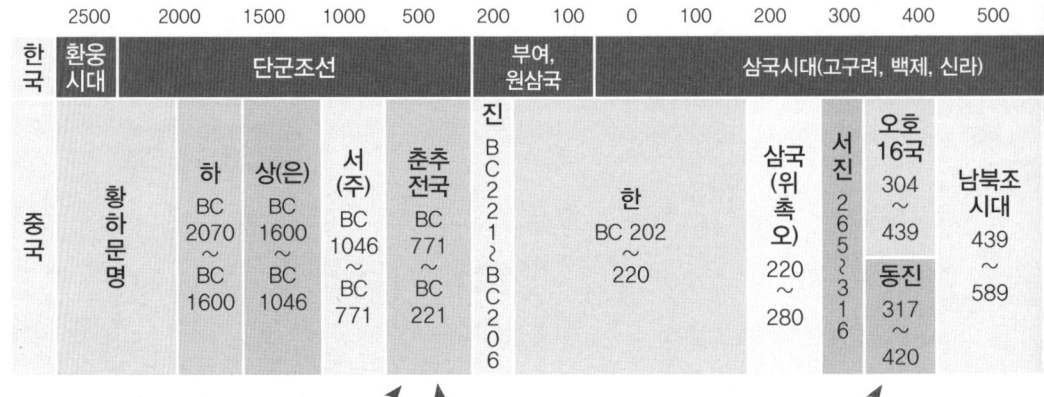

	2500	2000	1500	1000	500	200	100	0	100	200	300	400	500
한국	환웅시대	단군조선				부여, 원삼국			삼국시대(고구려, 백제, 신라)				
중국	황하문명	하 BC 2070 ~ BC 1600	상(은) BC 1600 ~ BC 1046	서(주) BC 1046 ~ BC 771	춘추전국 BC 771 ~ BC 221	진 BC 221~BC 206	한 BC 202 ~ 220		삼국(위촉오) 220~280	서진 265~316	오호16국 304~439 / 동진 317~420	남북조시대 439~589	

귀곡자(鬼谷子)

곽박(郭璞)

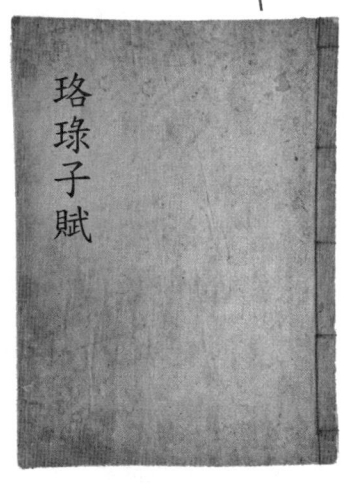

낙록자부(珞琭子賦)

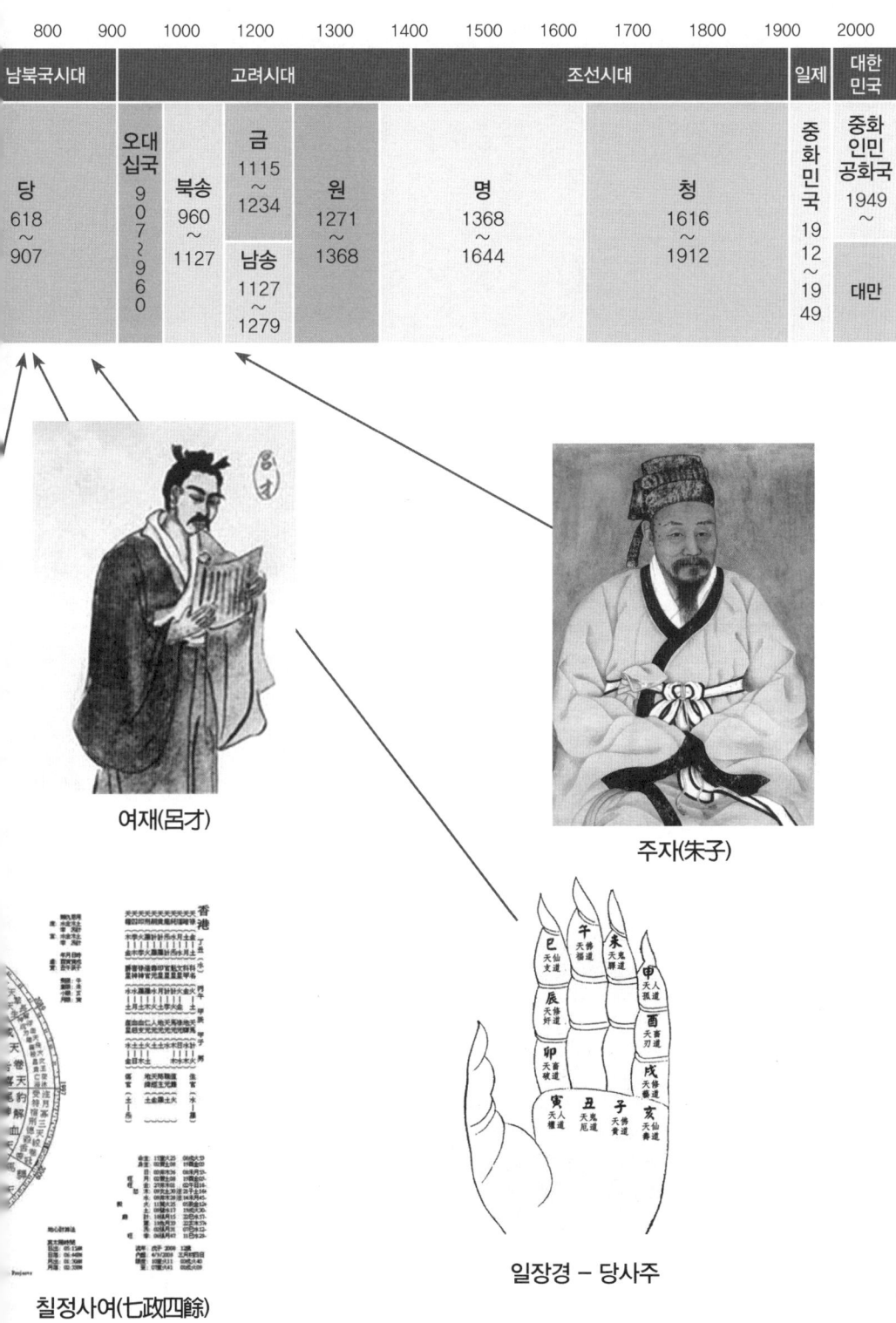

Part 2 4장 중국 고대 명리학사

[삼명의 철학에 납음과 신살을 더하다]

사주학은 서자평徐子平의 학설을 기준으로 고법古法과 신법新法으로 구분한다. 고법은 일명 삼명학三命學 혹은 녹명학祿命學이라고도 불리는데, 삼명학이란 송대 이전의 대부분 명리에서 사용하던 녹祿, 명命, 신身의 삼명을 말한다. 출생 연주年柱의 천간天干을 녹祿, 지지地支를 명命, 연주의 납음오행納音五行을 신身이라고 한다. 즉, 고법 명리학은 태어난 해를 기준으로 그 사람의 명운命運을 살피고, 국가와 조상의 영향이 사람의 운명을 점치는 데 가장 중요하다고 생각하였다. 『주역』의 천天, 지地, 인人의 삼재론三才論을 사상적으로 수용하여 천원天元, 지원地元, 인원人元의 삼원三元을 삼명三命과 연계하여 사용하고 삼명, 삼재, 삼원의 이론들이 시대에 따라 혼재되어 사용되기도 한다.

고법 삼명학의 내용을 담고 있는 책들은 귀곡자鬼谷子의 『귀곡자유문鬼谷子遺文』에 이허중李虛中이 주석을 달았다고 전해지는 『이허중명서李虛中命書』와 낙록자珞琭子의 『낙록자부珞琭子賦』에 석담영釋曇瑩, 왕정광王廷光, 이동李仝

세 사람이 주석하였다고 전해지는 『낙록자부주珞琭子賦註』가 있다. 『낙록자부』는 서자평도 주註를 달았는데 『낙록자삼명소식부주珞琭子三命消息賦註』라는 서명으로 남아있다. 사실 이 두 주석책 명名이 서로 바뀌어 기록되어 있기도 하니 '삼명소식三命消息'이라는 부분은 수식어로 사용되었다고 볼 수 있다. 그리고 곽박郭璞이 저술한 『옥조신응진경玉照神應眞經』이 있다.

『이허중명서李虛中命書』와 『낙록자부주珞琭子賦註』의 원문原文들이 언제 저술되었는지 기록이 정확히 남아 있지 않고 고증하기가 쉽지 않은 까닭에 곽박의 『옥조신응진경玉照神應眞經』까지 포함하여 선후 논쟁이 있어 왔지만, 본고에서는 원문 저자, 즉 귀곡자, 낙록자, 곽박의 추정 생존연대를 기준으로 배열하고 고찰하기로 한다.

01 戰國時代 - 귀곡자의 『귀곡자유문鬼谷子遺文』
[이허중 註 『이허중명서李虛中命書』]

귀곡자鬼谷子는 춘추전국春秋戰國 시대의 인물이며, 그의 제자로는 손빈孫臏, 방연龐涓, 소진蘇秦, 장의張儀 등이 있다. 손빈과 방연의 마릉馬稜전투[51]가 기원전 341년에 일어났고, 소진은 강대한 진秦나라에게 대항하기 위해 육국합종六國合縱을 주장하였는데 합종책이 기원전 333년에 채택되고, 장의는 반대로 진나라를 섬기고 동맹을 맺어야 하며 동맹하지 않은 나라들은 격파해야 한다고 하는 연횡連橫을 주장하였는데 연횡책이 기원전 311년에 채택되었다. 귀곡자의 생몰生歿연대는 정확하지 않지만 귀곡자의 제자들이 활동한 이 무렵에 생존했던 인물이라고 할 것이다.

『수서隋書』「경적지經籍志」에 『귀곡자』라는 종횡가의 저술 3권이 있었다고 기록되어 있으나 내용은 전하지 않으며, 『사고전서』 잡가류에 『귀곡자』 1권만이 그 내용이 남아있다. 하지만 『귀곡자』라는 저술은 전국시대 잡가에 속하는 종횡가의 모략설에 대한 내용이 담겨진 책으로 고법명리학, 즉 삼명학의 내용을 담고 있는 『귀곡자유문鬼谷子遺文』과는 무관한 별개의 책이다. 송나라 때 편찬된 『태평광기太平廣記』[52]에는 귀곡자에 대하여 아래와 같은 기

---

51) 손빈과 방연은 모두 위나라 사람으로 함께 귀곡(鬼谷) 선생의 문하에서 동문수학하다가 탐욕스러운 방연의 계략으로 손빈은 첩자로 몰려 형을 당하고 떠돌다 묵자의 도움으로 제나라의 군사(軍師)가 된다. 두 사람은 기원전 341년 마릉(馬稜)전투에서 만나고 위나라가 제나라에 크게 지고 방연은 손빈이 만든 함정에 빠져 죽음을 당한다. (『열국지 사전』, 풍몽룡, 김구용, 2001년)

52) 송(宋)나라 태종(太宗)의 칙명으로 977년에 편집되었다. 종교관계의 이야기와 정통역사에 실리지 않은 기

록이 남아있어 전국시대 종횡가의 스승으로 받들어지던 인물이었음을 확인할 수 있다.

귀곡선생은 진晉 평공平公 때 사람으로 귀곡에 은거했기 때문에 귀곡선생이라고 불렸으며 선생의 성은 왕王이고 이름은 리利이다. 또한 청계산淸溪山에 살았는데 소진과 장의가 그에게서 종횡가의 학술을 배웠다. 그런데 두 사람은 제후국들을 분주히 돌아다니며 지략과 속임수로 서로 다투려고만 했기 때문에 귀곡선생은 이들을 지극한 도리로 교화시킬 수 없었다.

[귀곡자鬼谷子 초상[53)]]

그가 『귀곡자유문鬼谷子遺文』이라는 글을 남겼다고 전해지는데, 확실한 원본이 남아 있는 것은 아니므로 그 진위를 알 수는 없다. 당唐나라 때 전중시어사殿中侍御使를 지낸 이허중李虛中이 『귀곡자유문』에 주석을 달아 『이허중명

록 및 소설류를 모은 것으로, 당시의 유명한 학자 이방(李昉)을 필두로 하여 12명의 학자와 문인이 편집에 종사하였다. 475종의 고서에서 골라낸 이야기를 신선 · 여선(女仙) · 도술 · 방사(方士) 등의 내용별로 92개의 항목으로 나누어 수록하였다.

53) [그림 출처] http://www.360doc.com/content/16/0619/10/5052258_568965679.shtml

서李虛中命書』라는 제목으로 편찬하여 후세에 전했고, 그 『이허중명서』가 『사고전서四庫全書』54)에 수록되어 오늘까지 전해지고 있다. 『사고전서』의 편찬자들은 『이허중명서』의 기록 중 연도표기법이 당나라 때의 그것과 다르니 위작일 수도 있다고 주석하면서도 그 논하고 있는 내용이 자세하고 적절하여 이치에 가까우며 성명星命의 바른 뜻을 터득함이 많아서 후대의 모호하고 허황된 것과 같지 않으므로 이것을 수록하여 그 법을 존속케 해서 독자들로 하여금 미혹되지 않게 하고자 한다며 이 책의 보존 의미를 기록하고 있다.

◎ 『이허중명서(=귀곡자유문)』의 명리학적 특징

1. 납음오행納音五行 중시
2. 녹명신祿命身의 삼원三元 삼명三命 사상
3. 세태월일시歲胎月日時의 오주五柱 체계
4. 연본일주年本日主의 본주론
5. 삼원오행의 왕쇠강약旺衰强弱 중시와 십이운성十二運星
6. 음생양사陰生陽死 음양순역陰陽順逆의 관점
7. 수토동궁水土同宮의 관점
8. 부귀富貴를 의미하는 재관財官 중시
9. 각종 신살神煞의 활용

---

54) 중국에서는 유서(類書)의 편집이 성행하였는데, 청나라 때에도 『고금도서집성(古今圖書集成)』이 있으나, 유서는 원문을 모두 싣는 것이 아니기 때문에, 이에 미흡한 느낌을 가졌던 건륭제(乾隆帝)가 1741년에 천하의 서(書)를 수집한다는 소(詔)를 내려 1772년에 편찬소(編纂所)인 사고전서관이 개설되었고, 1781년에는 『사고전서』의 첫 한 벌이 완성되었다. 그 후 궁정에 4벌(熱河의 文津閣, 北京 圓明園에 文源閣, 紫禁城 안에 文淵閣, 奉天의 文溯閣), 민간에 열람시키는 3벌 등 7벌이 만들어졌다. 수록된 책은 3,458종, 7만 9582권(각 벌의 서적 수는 동일하지 않음)에 이르렀으며 경(經), 사(史), 자(子), 집(集)의 4부로 분류 편집되었다.

『귀곡자유문』의 주석을 남긴 당唐나라의 이허중은 자字가 상용常容이며, 위魏나라에서 시중侍中을 지낸 이충李沖의 8대손이었다. 당唐 헌종 원화元和 년간55) 진사에 급제하여 전중시어사를 지냈다. 한유韓愈가 이허중의 묘지명 墓誌銘을 작성했다는 기록이 『창려문집昌黎文集』에 보인다. 『창려문집』에 기록된 묘지명에는 다음과 같은 기록이 있다.

> (이허중은) 오행서五行書에 대해 가장 깊은 연구를 하였고, 사람의 출생 연월일이 놓인 일진日辰을 가지고 간지干支의 상생相生, 승쇠勝衰, 사왕死王을 짐작하여 사람의 수요壽夭, 귀천貴賤, 이불리利不利를 추리하였다.56)

이에 대하여 묘지명에 연월일年月日만 있고 시時가 없다고 하여 이허중이 시時를 보지 않고 무시했다고 오해하는 경우가 많았고, 『사고전서四庫全書』의 편찬자들도 그와 같은 오해를 했었지만, 사실 『이허중명서』를 읽어 보면 이허중이 시時를 무시하지 않았음을 알 수가 있다.

이 문제에 대해서는 중화민국의 명리학자 서락오徐樂吾57)가 그의 저서 『자평수언子平粹言』58)에서 정확하게 밝힌 바 있다. 『이허중명서』에 대한 체

---

55) 서기 806년~820년

56) 愈墓誌中所云.最深五行書. 以人之始生年月日所值日辰. 干支相生勝衰死王相斟酌. 推人壽夭貴賤利不利.

57) 서락오 (1886년 음력 4월 6일 출생. 1948년 63세에 상해에서 심장병으로 사망.) 民國 초년의 대표적 명리연구가. 원수산과 함께 쌍벽을 이루면서 명리학의 발전에 공헌하였다. 그 당시 인쇄술의 급격한 발달에 힘입어 다량의 책을 간행하여 널리 보급함으로써 명리학의 이론 전파에 지대한 공헌을 하였다. 그의 저술로는 『자평진전 평주』, 『적천수징의』, 『적천수보주』, 『궁통보감평주』, 『조화원약평주』 등의 명리학 3대 고전을 평한 책 5권과, 고금 유명인물의 사주를 해설한 『고금명인명감』, 명리학의 연원을 밝힌 『命理尋原』, 명리학 입문서 『명리입문』, 대표적 저서 『자평수언』 등이 있다.

58) 서락오의 대표 저서. 用神定法 5원칙의 理論이 수록되어 있다.

계적인 연구서로는 대만의 양상윤梁湘潤이 저술한 『이허중명서李虛中命書』[59]라는 동일 책명의 해설서가 있다. 이 책에는 고법명리학의 중요한 개념들이 함께 서술되어 있다.

---

59) 양상윤, 『李虛中命書』(대만 武陵출판사, 1985년) 참조.

02 戰國時代 – 낙록자의 『낙록자부珞琭子賦』
[석담영, 왕정광, 이동 註 『낙록자부주珞琭子賦註』]

낙록자珞琭子가 『낙록자부珞琭子賦』를 저술했다고 전해지는데, 그가 어느 시대의 인물인지는 정확하지 않다. 전국全國시대의 인물이라는 설에서 송宋나라 때의 인물이라는 설에 이르기까지 학설이 다양하다.

만민영萬民英의 『삼명통회三命通會』에 "其源蓋出於戰國珞琭子기원개출어전국낙록자"라는 기록이 남아있어 낙록자가 전국시대의 인물이라고 추측하지만 그 외에는 누구인지 무엇을 하였는지에 관한 기록은 전혀 존재하지 않는다.

① 양梁의 소명태자라는 설
② 주周의 세자 진晉이라는 설
③ 남북조시대의 도홍경陶弘景이라는 설
④ 서자평徐子平이라는 설
⑤ 석담영釋曇瑩이라는 설

위와 같이 여러 가지 설이 있지만 정확한 진위를 알 수는 없다.

하지만 오대십국 시대의 서자평徐子平이나, 송대宋代의 인물들인 석담영釋曇瑩, 왕정광王廷光, 이동李소 등의 명리학자들이 그에 대해 주석을 달고 연구했다는 점과, 『낙록자부』에는 고법 사주학의 이론이 체계적으로 서술되어 있기 때문에 송나라 때의 인물이라는 설(④, ⑤)은 맞지 않다. 또한 『낙록자삼명소식부주』라는 서명書名으로 후대에 널리 알려졌지만, 이 책 이름은 주석서의 명칭이며 주석 작업도 3차례나 이루어졌는데도 불구하고 몇 가지 이름으로 세상에 나와 혼란을 주고 있다. 본 저자의 이름을 따『낙록자부珞琭子賦』라고 부르기도 하고, 삼명통회에는『소식부消息賦』라고 기록이 남아있다.

낙록자가 어떤 인물이었는지 조금이나마 추측해 보기 위해 석담영이 주석을 쓴『낙록자부주』의 서문을 살펴보면, 서문을 쓴 양정초이養正楚頤는 과거에 조의대부朝議大夫를 지냈고 통판通判의 벼슬을 지낸 적이 있는데, 그의 서문에서는 낙록자에 대하여 다음과 같이 전하고 있다.

도홍경은 스스로 낙록자라고 칭하였는데, 아마도『노자老子』에 나오는 '불욕여옥여석不欲如玉如石'이라는 말에서 취한 것일 것이다. 바야흐로 도홍경이 은거할 때에 '산중재상山中宰相'이라 불렸는데, 그래서 세상에 행해지는 저술이 매우 많았다. 명리서를 부賦로 지음에 그 말이 더욱 신묘함을 나타내었으니, 신묘함을 머금어 도에 통한데 이르러서는 어찌 견문 얕은 자들이 이를 수 있는 바이겠는가? 부의 제목에 편하기를 바로 '낙록자'라 하였으니, 도홍경을 말한다는 것을 어찌 의심하겠는가. 선승인 담영 스님이 능히 연구하여 문장을 이루었으니 마음을 씀이 이미 부지런하다 할 것이며, 사람을 깨우치고 교화한 것이 진실로 적지 않다 할 것이다. 세상에서 낙록자가 누구인지 모르기 때문에 들은 바를 가지고 서문을 쓴다.[60]

---

60) 原典,『珞琭子賦註』, 107쪽.

이와 같이 『낙록자부주』 서문에서 양정초이는 산중재상이라고 불렸던 남조南朝 양梁나라 때의 도사道士 도홍경(陶弘景, 452~536년)을 낙록자로 보고 있다. 이는 도홍경이 스스로를 낙록자라 하였다는 구전에 따른 것이다. 양정초이가 밝히고 있는 바와 같이 낙록자라는 이름은 『노자』에서 말하는 옥처럼 귀하지도 않지만 돌처럼 별로 천하지도 않다는 뜻에서 따온 말인 것 같다. 양정초이는 도홍경을 낙록자라 하였으나, 『낙록자부』에 주석을 달았던 왕정광은 양梁나라의 소명태자昭明太子라고도 하고, 주周나라 영왕태자靈王太子라고도 하였다.

낙록자가 누구인지에 대해서는 『낙록자부주』를 저술한 석담영조차 낙록자가 어떤 사람인지 모르며 옛날의 은사隱士였다고 짐작될 뿐이라고 기록하고 있을 정도이고, 혹자는 『낙록자부』 원문에 공자의 시호, 선부宣父가 나타나는데 이 시호가 사용된 것이 당 태종 이후란 점과, 당대의 이허중이 『귀곡자유문』에 주석을 달며 저술한 『이허중명서』와 유사한 문장이 자주 나오는 것을 근거로 낙록자가 당대 인물이라고 주장하기도 한다.[61]

대만의 양상윤은 『낙록자부』가 저술된 시기가 후한後漢에서 당초唐初라고 보는 입장[62]이다. 결국 낙록자의 생몰生歿년대는 많은 추측을 낳았을 뿐 정확히 밝혀지지는 않았다.

◎ 『낙록자부주(낙록자부)』의 명리학적 특징

1. 祿(생년천간), 命(생년지지), 身(납음오행) 삼원론三元論

---

[61] 문종란, 「낙록자부주의 명리관 연구」, 원광대학교대학원, 불교학과, 2014, 11~15쪽 참조.
[62] 양상윤, 『子平賦集註』(대만 무릉출판사, 1985년 발행), 117쪽 참조.

2. 본주론本主論에 대한 다양한 해석

3. 왕상휴수사에 따른 십이운성론

4. 운이 바뀌는 시기에 대한 운한론運限論

5. 신살론神煞論

6. 오호론五虎論 - 둔월법遁月法, 둔시법遁時法

　송대宋代의 인물들인 석담영(1127년), 왕정광(1123년), 이동(1059년)[63]의 세 사람이 주석을 단 책이 『낙록자부주珞琭子賦註』인데 『사고전서』에 수록되어 전해지고 있다. 녹마祿馬와 향배向背의 이론, 대운大運을 산출하는 원리 등이 수록되어 있으며, 그 원리는 현대 자평학에서 그대로 채용하고 있을 정도로 자평학에 많은 영향을 끼쳤다.

　신법 사주학의 창시자라고 불리는 서자평은 『낙록자부』에 주석을 하며 생일 위주 간법의 주석을 하였다. 당대 이전의 고법 사주학은 주로 생년을 위주로 하였는데, 서자평이 생일 위주의 이론을 소개하고 있다. 『낙록자부』를 서자평이 일간 위주의 자평학의 관점에서 새롭게 주석을 단 것이 『낙록자삼명소식부주珞琭子三命消息賦註』인데, 『사고전서』에 수록되어 있는 『낙록자삼명소식부주』는 서자평의 저술 『명통부明通賦』와 함께 신법 사주학 이론의 초석이 된다. 3인 주석 버전과 서자평 주석 버전의 책명이 『사고전서』 총목제요總目提要에 실린 제목과 자부술수류子部術數類에 실린 제목이 서로 뒤바뀌어 있기도 하니 '삼명소식三命消息'이라는 부분은 수식어로 사용되었다고 볼 수 있다.

---

63) ( )안의 년대는 각각 주석을 한 년도를 표시한다.

[낙록자삼명소식부주 – 사고전서 자부 술수류 수록]

　　명대明代의 저명한 명리연구가 만민영萬民英은 자신의 저서『삼명통회』에 '낙록자주珞琭子註 만육오해萬育吾解'라 하여『낙록자부』의 주해서인「소식부消息賦」를 실었다.「소식부」는 대부분의 내용이 석담영과 왕정광의 주석이 대부분이지만, 만민영 자신의 명리간법을 적어놓은 곳도 몇 군데 보인다.『낙록자부』자체는 고법 사주학 이론을 담고 있지만, 주석자에 따라 경향이 많이 달라져 있는데 정리해 보면 3차례의 주석을 한 이들은 ① 서자평 ② 석담영·왕정광·이동 ③ 만민영이다. 고법과 신법에 대한 관점의 차이 때문에 그리고 삼명통회가 널리 읽혔던 관계로 서자평의 주석서와 만민영의 주석서가 각각 다른 독자층을 가지고 읽혀 내려왔다고 보면 된다.

03 東晉 – 곽박의 『옥조신응진경玉照神應眞經』

[서자평 註 『옥조신응진경주玉照神應眞經註』]

곽박郭璞은 서기 276~324년 동진시대東晉時代에 생존했던 인물이고 중국 역사와 문화에 대하여 해박한 지식을 지닌 기재였다고 평가된다. 그가 저술했다고 전해지는 『옥조신응진경』은 사주四柱라는 용어가 최초로 등장하는 저술이고, 일간日干 위주의 사주학의 창시자로 알려진 서자평이 주석을 달았으며, 『고금도서집성』에 수록되어 있다.

곽박郭璞의 자字는 경순景純이고, 하동河東 문희聞喜 사람이다. 아버지는 원원瑗이고 상서도령사尚書都令史였다. 곽박郭璞은 경술經術을 좋아하고 박학博學하여 고재高才가 있었으며, 언론言論에는 눌눌訥하였으나, 사부詞賦는 중흥中興의 으뜸이었다. 고문古文과 기자奇字를 좋아하였고 음양산력陰陽算曆에 절묘하였다. 곽공郭公이라는 자가 있었는데, 객客이 하동河東에 거居하였고 복서卜筮에 정통하였다. 곽박이 이를 따라 수업受業하였다. 공公이 청낭중서靑囊中書 9권을 주었는데, 이것으로 말미암아 마침내 오행五行·천문天文·복서지술卜筮之術을 깨달았으며, 재앙災殃을 물리치고 화액禍厄을 바꿨으며, 통치通致에 무방無方하였으니, 비록 경방京房이나 관로管輅일지라도 이를 뛰어넘을 수 없었다.[64]

---

64) "郭璞字景純. 河東聞喜人也. 父瑗尙書都令史……. 璞好經術. 博學有高才. 而訥於言論. 詞賦爲中興之冠. 好古文奇字. 妙於陰陽算曆. 有郭公者. 客居河東. 精於卜筮. 璞從之受業. 公以靑囊中書九卷與之. 由是遂洞五行

곽박은 음양오행陰陽五行, 천문역법天文曆法, 복서지술卜筮之術 등에 능통하였고, 특히 경학經學과 사부詞賦에도 조예가 깊은 것으로 기록되어 있다. 그는 여러 방면에서 뛰어난 인물이었는데, 점술가로 설정된 곽박이 한국의 설화에서도 등장할 정도로 유명했다.

[곽박郭璞의 초상]

곽박은 어려서 고대 경전을 좋아하고 박학다식했지만 말을 더듬는 결점이 있었다. 하지만 예리한 관찰력으로 늘 앞날을 정확히 내다보았다. 그는 서진西晉이 망하기 직전 시국에 커다란 변화가 있을 것이라 내다보고, 친척과 친구들에게 강남으로 피난하라고 했다. 과연 북방에 커다란 혼란이 일어 서진의 멸망으로 이어졌는데, 그는 그 덕에 화를 불러들일까 걱정하고는 겸손히 자신의 점술이 훌륭하다고만 했다. 그런데 사람들은 이 때문에 그를 놀라운 예지력을 지닌 술사術士라 여겨 명성을 날리게 되었다. 후에 어떤 사

天文卜筮之術, 攘災轉禍, 通致無方, 雖京房管輅不能過." (房玄齡, 『晉書』 「郭璞列傳」, 北京: 中華書局, 1976, 490~493쪽)

람이 진晉 원제(元帝, 276~322, 동진의 초대황제)에게 그를 천거했지만 원제는 그를 그저 보통 술사로만 여기고 큰 직책을 맡기지는 않았다.

그에게 있어 재주를 지니고도 뜻을 펼칠 수 없었던 실의감은 권력과 명예를 초월한 인생관을 갖게 했고, 일찍이 점술로 명성을 얻었던 까닭에 사람들은 그가 미래와 과거를 예지하고 인생의 기운과 수명의 장단을 모두 미리 통찰하는 신선 같은 인물이라 여겼다. 기록에 따르면 그는 여러가지 술수에도 비상한 재주를 지녔었는데, 그중에서도 특히 점서占筮에 매우 뛰어난 능력을 발휘하여 왕을 비롯한 유명인사들이 의뢰한 문제들을 신통하게 예언했다는 사실들이 진晉 간보干寶 『수신기搜神記』에 기록되어 있다.

곽박은 음양론과 오행설을 기반으로 주역의 체계를 중요한 논리구조로 삼아서 천문天文, 역서易書, 오행五行, 복서卜筮, 잡점雜占, 형법가(刑法家 : 풍수, 관상) 등 음양가들이 행하던 모든 학문을 두루 섭렵했다. 곽박이 지은 『장서葬書』[65]는 전통적인 상지술相地術에서 벗어나 풍수에 대한 구체적인 해석을 내리고 풍수의 이론과 실천을 전체적으로 논술하여 풍수의 기초를 정립하였다.

그가 『진서晉書』에 「곽박열전郭璞列傳」이라는 열전으로 남아있을 만큼 여러 방면에 걸쳐 뛰어난 인물이었음은 분명하고, 이로 인해 『옥조신응진경』의 다른 주석본으로 『사고전서四庫全書』에 남아있는 『옥조정진경玉照定眞經』은 후대 저자가 곽박의 이름을 가탁假託하여 출판한 것이라는 기록이 있어 논란의 여지가 생겼다.

---

[65]· 곽박이 『청오경(靑烏經)』을 인용하여 『금낭경(錦囊經)』을 저술하였다. 그는 『금낭경』 곳곳에서 '경왈(經曰)'이라고 하면서 『청오경』을 인용하였다. 이 때문에 『청오경』을 장경(葬經)이라 하고, 『금낭경』은 장서(葬書)라고 부른다.

『옥조정진경玉照定眞經』 1권은 구본舊本에는 진晉의 곽박郭璞이 찬撰하고 장옹張顒이 주석하였다고 쓰여있다. 『진서晉書』의 곽박열전郭璞列傳을 살펴보니 곽박郭璞에게 이 책이 있다고 말하지 않았다. 수지隋志·당지唐志·송지宋志 및 제가諸家의 서목書目에는 모두 기록되지 않았고, 다만 엽성葉盛의 『담죽당서목蕁竹堂書目』에만 이 책의 일책一册이 기재되어 있으나, 또한 찬인撰人을 밝히지 않았다. 대개 의탁依托한 판본보다 늦게 나왔기 때문이다. 장옹張顒도 또한 어떤 사람인지 알지 못한다. 책을 조사해 보니 강남방언江南方言이 많이 언급된 것으로 보아 서書와 주석문이 모두 장옹張顒 한 사람의 손에서 나왔고, 곽박郭璞에게 탁명託名하여 간행한 것으로 의심된다. 술가術家들이 영부影附하는 것이 왕왕 이와 같았으니 변별할 수 없다.[66]

『사고전서四庫全書』 제요提要의 기록대로 후인後人들이 저작을 한 연후에 권위를 인정받고자 누구나 알 수 있을 만큼 유명한 사람의 이름을 가탁假託하는 것이 술가術家에서 자주 있었던 관습이었다고 한다. 이러한 연유로 곽박의 기록들이 장옹張顒이 쓴 후 곽박의 명성에 의지할 목적으로 탁명託名하였을 가능성도 있지만, 『옥조정진경玉照定眞經』의 원문은 곽박이 저술한 것으로 보는 것이 맞다. 왜냐하면 『사고전서』가 나오기 이전 청대淸代 강희康熙 황제시대에 편찬을 시작한 『고금도서집성古今圖書集成』에 수록된 내용에는 『옥조신응진경玉照神應眞經』의 저자는 곽박이며 이를 서자평이 주석하고 있

---

66) "臣等謹案 玉照定眞經 一卷. 舊本題晉郭璞撰. 張顒註. 考晉書璞傳. 不言璞有此書. 隋志 唐志宋志以及 諸家書目 皆不著錄. 唯葉盛蕁 竹堂書目 載有此書一册. 亦不著撰人. 蓋晚出依托之本. 張顒亦不知何許人 ,勘驗書中. 多涉及江南方言. 疑書與註文. 均出于張顒一人之手. 而假名于璞 以行術家影附. 往往如此. 不足辨也" (『欽定四庫全書』 提要, 『玉照定眞經』 一卷, 術數類五.)

는 것으로 되어있고, 『옥조정진경』과 『옥조신응진경』 두 책의 원문 내용이 동일하기 때문에 주석자는 다르지만 원 저자는 곽박으로 같다고 보아야 할 것이다. 주석자 장옹張顒의 생몰연대와 기록의 부재함 때문에 『옥조정진경』이 논란의 여지가 생기고 널리 알려지지 못한 점은 아쉽다.

◎ 『옥조신응진경』의 명리학적 특징

1. 사주四柱라는 용어를 사용한 운명론
2. 육임학을 통한 일간 위주의 체계
3. 오행의 강약强弱의 판단과 중화中和
4. 부귀빈천富貴貧賤과 직업 판단
5. 길흉화복吉凶禍福의 판단
6. 질병疾病의 판단
7. 수요壽夭의 판단
8. 품성品性의 판단
9. 육친六親의 판단
10. 명격命格의 판단

전설적인 인물인 귀곡자의 저술로 알려진 『귀곡자유문』(주석서 - 『이허중명서』)이 『옥조신응진경』 이전에 존재하고 있기는 하지만 사람의 출생 연월일시를 사주四柱의 간지干支로 표기하고 사주라는 단어를 여러 차례 언급하면서 사람의 운명을 체계적으로 논하는 이론은 곽박의 『옥조신응진경』이 최초라고 할 수 있다. 더욱이 가탁假託 논쟁의 문제에 있어서는 서자평이 주석한 곽박의 저서 『옥조신응진경』이라는 책이 『사고전서』 이전에 완성된 『영락대전』과 『고금도서집성』에 수록되었다는 사실에서 그 진위를 의심할 이유는 없다.

04 고법 명리학에 나타나는 납음오행과 신살이론

고법 명리학, 삼명학三命學에 대한 자세한 이론은 『이허중명서』, 『낙록자부주』, 『삼명통회』 등에 기록되어 있다. 삼명학은 납음오행納音五行과 록마祿馬, 귀인貴人, 신살神煞의 이론으로 길흉을 판단한 것이며, 서자평이 창안한 신법 자평학의 일간 위주의 간지干支오행과 재관인財官印 십신법十神法과는 현저히 달랐다. 특히 고법에서는 납음오행納音五行과 신살神煞을 많이 사용했는데, 이를 사용하는 방법이 신법 자평학子平學에는 전해지지 않는다.

그 때문에 청대淸代의 대표적인 사주학 서적이자 현대까지도 역술인 대부분이 소중히 여기고 있는 『적천수천미滴天髓闡微』의 저자 임철초任鐵樵는 고법의 신살이론을 경시하였고 심지어는 무조건 배격하는 입장까지 나타나게 되었는데, 그 실례를 들어보면 『적천수천미』에 다음과 같은 구절이 있다.

> 내가 여러가지 책을 연구하여 본 결과 모두 오행의 올바른 이치를 따르는 것이 아니고 잘못된 이야기에 불과하였다. 심지어 난대묘선蘭臺妙選에서 정한 일체의 기격이국奇格異局이나 납음納音의 여러 가지 법칙은 더욱 맞지 않는 이론으로 그 황당함은 말할 나위조차 없었다. 당송唐宋 이후에 작자들이 매우 많았으나 모두 허망한 이론이고, 더욱이 길하고 흉하다는 신살神煞은 누가 만든 것인지도 모르겠고, 말만 험악했지 전혀 맞지도 않았다. 그러므로 성의백誠意伯은 천금부千金賦에서 '길흉신살이 많지만 생극제화의 한결같은 이치가 없으니 한마디로 말하면 없애버려야 한다.' 라고 했던 것이다.

예를 들면 임진일壬辰日은 임기용배壬騎龍背가 되고, 임인일壬寅日은 임기호배壬騎虎背라고 하는데, 그렇다면 어찌해서 임오壬午, 임신壬申, 임술壬戌, 임자壬子를 취해서 임기壬騎 후마견서배猴馬犬鼠背라고 하지 않는가? 또 예를 들면 육신일六辛日이 자시子時를 만나면 육음조양六陰朝陽이라고 하는데, 무릇 다섯 음간은 모두 음陰이거늘 어찌해서 유독 신금辛金에만 조양朝陽이 있고 다른 천간은 조양이 없단 말인가? 게다가 子는 체體는 양이고 용用은 음이며 子 중의 癸水는 육음六陰 가운데 가장 음한 것인데 어찌하여 양이라고 하는가? 또 예를 들면 육을일六乙日이 子時를 만나면 서귀격鼠貴格이라고 하는데, 무릇 쥐라는 동물은 재산을 축내는 것인데 어찌 귀하게 될 수 있는가? 게다가 십 천간은 어떤 것이든지 시지에서 천을귀인을 만날 수 있는데 어찌해서 다른 천간은 귀貴를 취하지 않는가? 그러므로 그 오류에 대해서는 두말 할 나위조차 없는 것이다. 이 밖에도 잘못된 격이 매우 많고 지리멸렬하여 타당함이 없으니 학자들은 응당 올바른 오행의 이치를 자세히 분별해서 잘못된 책에 현혹되지 말아야 할 것이다.67)

고법에서 납음오행과 신살을 어떻게 사용하는지에 대한 자세한 사용법과 실례는 그나마 만민영의 『삼명통회』에 풍부하게 수록되어 있다. 『삼명통회』는 일종의 명리학 백과사전으로 수집이 가능한 거의 대부분의 명리학 자료들이 고법에서 신법에 이르기까지 이 책에 수록되어 있다고 할 수 있다.

『고금도서집성古今圖書集成』 예술전藝術典에 수록되기도 했던 『삼명통회』에는 사주학의 철학적 원리에 관한 자료에서부터 고법 사주와 신법 사주의

---

67) 임철초, 『적천수천미(摘天髓闡微)』, 대만 오주(五洲)출판사, 1984, 9~10쪽.

이론, 세상에 유포되어 있는 많은 사주 비결들을 모아 수록하고 있고, 특히 3,500명의 실제 사주를 수록하여, 방대한 사주학의 백과사전으로 확고하게 자리를 잡았다.

납음오행納音五行

고법 명리학에서 중요하게 다루는 기초이론 중의 하나가 납음納音이다. 납음의 사용 여부만으로도 명리론의 고법과 신법을 구분할 수 있을 만큼 중요한 기초이론이다. 납음은 상수역象數易과 천문취상天文取象에 의하여 연구 성립되었으며, 납갑설納甲說은 양한兩漢과 위진남북조魏晉南北朝의 상수역파象數易派에 의해 연구되었고 당대唐代 명리학의 한 가지 방법론으로 종합 자리매김하였다.

납음의 기원은 황제黃帝시대까지 거슬러 가는데 『삼명통회』에서 그 기원에 대하여 소개하고 있다. "간지干支와 납음納音과 기문(奇門: 太乙, 六壬)의 삼식三式의 원형이 이미 황제시대 대요씨大橈氏에 의해 완성되었고 영윤伶倫[68]에게 명하여 율려律呂를 정하였다."는 대목이 있는 것으로 보아 이미 황제시대에 천문과 지리와 악률樂律에 관하여 상당한 발전이 있었음을 알 수 있다.

수대隋代 소길蕭吉의 『오행대의五行大義』에 따르면 납음은 성음聲音의 청탁淸濁, 고하高下에 따라 분별하였는데 악기의 음音을 음陰과 양陽 각각 6가지로 나누어 양陽을 율律, 음陰을 려呂라 하였는데 율律의 으뜸을 황종黃鐘이라

---

68) 황제시대 음악을 관장했던 관리로 황제의 명에 의해 12율려를 처음 제정했다고 전해진다. 영윤이 악관(樂官)이 된 이후로 영씨가 대대로 악관이 되어 음악을 관장했으므로 음악을 맡은 벼슬아치를 영관(伶官), 악인(樂人)을 영공(伶公), 영인(伶人)이라고 부르게 된다.

하고, 시기는 중동[仲冬 : 子月], 소리는 우음羽音, 오행은 수水에 속하였다. 이런 식으로 1율律, 1려呂를 오음五音에 불러들임으로써 12율려律呂는 60음音을 이루게 되고 이에 납음이 이루어진다 하였다.

만물이 모두 오상五象의 기운을 받아 화합하며 생한 뒤에는 반드시 장성하게 되며, 장성한 뒤에는 반드시 노쇠해지기 때문에 생수生數, 장수壯數, 노수老數의 세 가지 뜻이 있는 것이다. 무릇 사람의 도리는 장성해서 늙을 때까지 예의로써 몸을 가져야 하니, 납음으로 사람의 속성을 논하였고 그 노수를 예의로써 밝힌 것이다.

① 토土의 납음수 1

土는 큰 것을 머금은 두터운 덕德으로 높은 자리의 임금이 된다. 임금은 백성의 주인이 되고, 주인은 둘이 없으니, 인간계에서 첫 번째 숫자 1은 土가 된다.

② 화火의 납음수 3

火는 예禮를 주관하므로 효孝와 공경恭敬이 먼저이며, 자기를 낳아준 덕을 버릴 수 없기 때문에 火의 부모인 木의 생수가 3이 火의 납음수가 된다.

③ 수水의 납음수 5

水는 신하의 도道다. 土가 水를 제어하는 것은 임금이 신하를 제어하는 것과 같아서, 놓아주면 가고 막으면 그치니, 水가 마음대로 하지 못하기 때문에 土의 생수인 5가 水의 납음수가 된다.

④ 금金의 납음수 7

金은 의리를 주관하니, 의리는 부부의 도다. 아내는 스스로 마음대로 하지 못하고 지아비를 따라야 하는 뜻이 있다. 火는 金의 지아비가 되기 때문에, 火의 장수인 7을 쓰는 것이다.

⑤ 목木의 납음수 9

木은 어짊과 효를 주관하고, 金은 木을 극하니 종묘宗廟의 형상이다. '식경植經'에 말하기를 "金은 해골이 되고 木은 널[棺槨]이 된다."고 했으니, 이것은 金과 木이 귀신의 일이 됨을 밝혀, 공경해서 섬기도록 한 것이다. 그러므로 木은 金의 장수인 9가 木의 납음수가 된다.

첫 번째는 임금의 덕德을 보여주고, 두 번째는 부모에게 효도孝道하고, 세 번째는 신하의 절개節槪를 나타내고, 네 번째는 남편을 공경恭敬하고 따르게 하며, 다섯 번째는 귀신鬼神을 섬기게 하니, 이것으로 예의禮義가 갖추어지고 사람의 일이 다 끝나기 때문에 납음의 숫자로 쓴 것이라고 하였다. 천간天干과 지지地支를 팔괘八卦에 배속配屬하여 이를 납갑納甲이라 하였는데, 이를 아래표에 정리하여 납갑표納甲表라 부르고 활용하였다.

八卦	건(乾)	곤(坤)	진(震)	손(巽)	감(坎)	리(離)	간(艮)	태(兌)
表相	☰	☷	☳	☴	☵	☲	☶	☱
自然	하늘	땅	천둥	바람	물	불	산	늪
家族	父	母	長男	長女	次男	次女	少男	少女
天干	甲壬	乙癸	庚	辛	戊	己	丙	丁
地支			子午	丑未	寅申	卯酉	辰戌	巳亥

[팔괘의 상징과 천간지지 - 납갑표納甲表]

"첫번째 소리로 土를 얻었다."는 것의 예를 들면, 본명이 庚子일 때, 子는 庚에 속한다. 수가 하나라고 함은 子에서 바로 庚을 얻으니, 그 수가 1임을 말한다. 庚子의 子는 庚에 속하므로, 庚에서 庚까지 세면 1이 된다. 따라서 庚子의 수는 1에 해당하고, 1은 土의 소리이므로, 庚子는 납음으로 볼 때 土에 속한다. 庚子는 辛丑과 더불어 벽상토壁上土라고 한다.

"세번째 소리로 火를 얻었다."는 것의 예를 들면, 본명이 丙寅일 때, 寅은 戊에 속하므로, 丙에서 戊까지 세면 셋이 된다. 따라서 丙寅의 수는 3에 해당하고, 3은 火의 소리이므로, 납음으로 볼 때 丙寅은 火에 해당한다. 丙寅은 丁卯와 더불어 노중화爐中火라고 한다.

"다섯번째 소리로 水를 얻었다."는 것의 예를 들면, 본명이 壬戌일 때. 戌은 丙에 속하므로, 壬부터 丙까지 세면 다섯이 된다. 따라서 壬戌의 수는 5에 해당하고, 5는 水의 소리이므로, 납음으로 볼 때 壬戌은 水에 해당한다. 壬戌은 癸亥와 더불어 대해수大海水라고 한다.

"일곱번째 소리로 金을 얻었다."는 것의 예를 들면, 본명이 壬申일 때, 申은 戊에 속하므로, 壬부터 戊까지 이르면 일곱이 된다. 따라서 壬申의 수는 7에 해당하고, 7은 金의 소리이므로, 납음으로 볼 때 壬申은 庚에 해당한다. 壬申은 癸酉와 더불어 검봉금劍鋒金이라고 한다.

"아홉번째 소리로 木을 얻었다."는 것의 예를 들면, 본명이 己巳일 때, 巳는 丁에 속하므로, 己에서 丁까지 세면 아홉이 된다. 따라서 己巳의 수는 9에 해당하고, 9는 木의 소리이므로, 납음으로 볼 때 己巳는 木에 해당한다. 己巳는 戊辰과 더불어 대림목大林木이라고 한다.

육십갑자 모두 이와 같이 납음오행이 결정된다.

干支	납음오행	干支	납음오행	干支	납음오행	干支	납음오행	干支	납음오행
甲子 乙丑	海中金 (해중금)	丙寅 丁卯	爐中火 (노중화)	戊辰 己巳	大林木 (대림목)	庚午 辛未	路傍土 (노방토)	壬申 癸酉	劍鋒金 (검봉금)
甲戌 乙亥	山頭火 (산두화)	丙子 丁丑	澗下水 (간하수)	戊寅 己卯	城頭土 (성두토)	庚辰 辛巳	白蠟金 (백랍금)	壬午 癸未	楊柳木 (양류목)
甲申 乙酉	泉中水 (천중수)	丙戌 丁亥	屋上土 (옥상토)	戊子 己丑	霹靂火 (벽력화)	庚寅 辛卯	松柏木 (송백목)	壬辰 癸巳	長流水 (장류수)
甲午 乙未	砂中金 (사중금)	丙申 丁酉	山下火 (산하화)	戊戌 己亥	平地木 (평지목)	庚子 辛丑	壁上土 (벽상토)	壬寅 癸卯	金箔金 (금박금)
甲辰 乙巳	覆燈火 (복등화)	丙午 丁未	天河水 (천하수)	戊申 己酉	大驛土 (대역토)	庚戌 辛亥	釵釧金 (차천금)	壬子 癸丑	桑柘木 (상자목)
甲寅 乙卯	大溪水 (대계수)	丙辰 丁巳	沙中土 (사중토)	戊午 己未	天上火 (천상화)	庚申 辛酉	石榴木 (석류목)	壬戌 癸亥	大海水 (대해수)

[육십갑자 납음오행]

고법 명리학에서는 납음오행納音五行의 상생상극相生相剋 위주로 판단하고, 천간지지 자체 오행의 중요도는 그 다음 순으로 사주간명에 활용하였다. 연월일시 사주四柱 각각의 납음오행이 그 주柱의 자체 지지地支에서 12운성이 어떻게 되는지, 지지오행地支五行과 상생相生이 되는지, 지지오행의 생왕사절生旺死絕[69]이 어떤가를 따진다. 예를 들어 납음이 목木일 경우에는 해亥에서 장생하여 자子에서 목욕, 축丑에서 관대, 인寅에서 건록, 묘卯에서 제왕, 진辰에서 쇠…… 이렇게 순행한다. 다른 예를 들면 임신壬申 검봉금劍鋒金이 병신화丙申火의 극을 당할지라도 금金은 그 자체 지지 신申에서 록祿이 되고, 병신화丙申火는 그 자체 지지 신申에서 병病이되어 힘이 약하니 화극금火剋金을 두려워하지 않게 된다.

---

69) 생왕사절이란 生旺은 같거나 도와주는 오행이 있어서 힘이 생기는 것이고, 死絕은 극을 당하거나 극을 하느라고 힘이 빠진 것을 말한다.

납음으로 12운성을 따지는 것도 신법과 달랐지만 특별히 다른 점은 신법에서는 화토동궁설火土同宮說을 따르지만, 고법에서는 수토동궁설水土同宮說을 따라 12운성을 볼 때 토土의 오행은 화火를 따르지 않고 수水를 따르므로 신申에서 장생하여 순행順行한다고 보기도 하였다. 고법에서 록祿은 오행의 건록建祿이며, 정관正官을 뜻하지 않고, 마馬는 역마驛馬이지 재성財星이 아니고, 삼기三奇는 병정을丙丁乙을 가리키지 재관인財官印을 가리키지 않으니, 이것이 모두 서자평의 신법과 다른 점들이다.

신살神煞

신살神殺이 명리학命理學에 도입된 배경은 역易의 법칙과 음양오행설陰陽五行說, 오성학五星學 등의 발전과 함께 동시에 이루어진다. 모든 술수의 신살神殺은 오행의 생극제화生剋制化인 각 간지가 서로 작용作用하는 결과로서 성립되는 것이라고 할 수 있는데, 이는 명리학命理學의 형성과 발전과정에서 기반으로 삼는 일월성신日月星辰의 주기를 기초로 한다는 것은 십이신살十二神殺 역시 동일하다.

문자文字가 성립되기 이전부터 사람들은 태양과 달, 별을 관찰하면서 태양계 행성들의 운행 주기를 알게 되었고 그 별을 보면서 길흉을 점치기도 하였다. 일월日月과 성신星辰의 운행에 따라 땅에서는 어떠한 변화가 있을 것이라는 예측을 하였으니 곧 천인상응사상天人相應思想이며, 천인합일사상天人合一思想이다. 중국의 음양오행설陰陽五行說이나 칠정사여七政四餘가 서양의 칠요七曜와 동일한 점을 미루어 본다면 동양과 서양 어디에서 어디로 전래되었는지 어디에서 먼저 발생하였는지 단언하기는 어렵다.

자평학이라고 불리는 신법이 생겨나기 이전, 즉 고법명리학 시기에는 신살神殺의 활용은 훨씬 두드러지게 나타난다. 신살神殺은 별자리에서 유래하여 술수에 관한 여러 학문으로 전수되어 발전하였고 신법사주와 달리 고법사주에서는 신살神煞을 간명에 많이 활용하는 특징을 갖고 있다.

대표적인 고법 명리서 『이허중명서』에는 각종 길신과 흉살에 대해 많은 내용을 할애하고 있다. 대표적인 예로 삼명 가운데 가장 길한 신神이라는 천을귀인을 비롯하여 각종 귀신貴神들과 그 작용에 대해 『이허중명서』 상권의 본가귀인명本家貴人命, 논귀신우열論貴神優劣, 자허국紫虛局, 귀합귀식貴合貴食 편에서 매우 상세하게 설명하고 있다.

"힘들어도 쉬지 못하는 것은 역驛이 병방病方에 있기 때문이며, 마馬는 종횡으로 움직이는 것이므로 다시 천간을 봐야 한다."라고 하면서 역마驛馬에 대하여 설명하고 있다. "겁살劫煞, 재살灾煞, 천살天煞, 세살(歲煞 : 도화살) 등 십이신살의 네 흉살도 쓰일 곳을 만나면 흉이 되지 않으며, 녹祿, 마馬, 삼기三奇, 금여金轝 등 네 길신도 깨진 곳을 만나면 복이 되지 못한다."고 보았다.

"천강(天罡 : 辰)과 천괴(天魁 : 戌)는 천지조화를 세우는 일에서 시작을 경영하고 마무리를 이루는 자리로서, 두 지지[辰戌]는 생살生殺의 권한을 주관하며 형정刑政의 법통을 행한다.… 길신과 흉살이 함께 있을 때는 사주 앞(연월)·뒤(일시)의 천간 길신이 지지의 흉살을 제압할 수 있어야 하며 다시 상생·상극의 이치를 나눈다."하면서 괴강살을 비롯한 길신과 흉살의 작용과 흉살을 제압하는 이치에 대해서도 상세히 언급하였다. 이외에 고신살孤辰煞, 과수살寡宿煞, 삼기신三奇神, 공망空亡 등을 비롯해 다양한 신살의 작용과 이치에 대해서도 기술하고 있는데, 이는 납음오행納音五行, 연본일주年本日主와 더불어 고법 명리학의 전형적인 특징을 보여주는 부분이다.

生年地支[71]	겁살	재살	천살	지살	연살	월살	망신살	장성살	반안살	역마살	육해살	화개살
申.子.辰	巳	午	未	申	酉	戌	亥	子	丑	寅	卯	辰
巳.酉.丑	寅	卯	辰	巳	午	未	申	酉	戌	亥	子	丑
寅.午.戌	亥	子	丑	寅	卯	辰	巳	午	未	申	酉	戌
亥.卯.未	申	酉	戌	亥	子	丑	寅	卯	辰	巳	午	未

[십이신살표十二神煞表]

명리학 외의 역학易學 분야는 자미두수紫微斗數, 성평회해星平會海 등 점성학 분야로 발전하고, 점복占卜과 관련한 분야로 주역을 바탕으로 하는 육임신과六壬神課, 기문둔갑奇門遁甲, 태을신수太乙神數 등의 분야로도 발전한다. 신살神殺은 이와 같이 술수와 관련한 대부분의 분야에서 활용되고 있으므로 동양의 모든 술수학術數學에서 그 흔적을 찾아볼 수 있으며, 신살의 유지 맥락을 살피는 것은 명리학과 역학의 역사를 살펴보는 데 간과할 수 없는 부분이다.

---

70) 고법에서는 십이신살을 확인할 때 생년지지만을 기준으로 확인하는 것이었으나 현대에서는 생년월일시 각 지지를 기준으로 대운과 세운으로 들어오는 지지에 따라 재살이나 반안살 등을 확인하여 육친별, 상황별 운세를 살피는 데도 활용되는 경우를 보인다.

05 고법 명리학(삼명학)의 사주 실례

지금까지 고법사주 삼명학의 주요 저서와 이론을 살펴보았고 이어서 신법사주 자평학에 대해서 더 살펴볼 것이지만, 구체적으로 사주를 풀이하는 내용이 어떻게 차이가 나는지 실례를 들어서 살펴보는 것은 고법과 신법의 이론을 들여다보는 것보다 직접적으로 비교하는 데 도움이 될 것이다.

삼명학은 당나라 이전의 학문이고 자평학은 송나라 이후의 학문이기 때문에, 동일한 사주를 삼명학과 자평학으로 동시에 풀이한 실례를 명리학의 원서原書 속에서 찾기란 쉬운 일이 아니다.

자평학의 이론으로 풀이한 사주는 많지만 삼명학으로 사주를 풀이한 실례는 찾아보기 어렵다. 그래서 삼명학으로 사주를 풀이한 『성명결고록星命抉古錄』[71]을 참고하였다.

『성명결고록』은 청나라와 근대중국의 유명 인물 114인의 사주를 고법 사주 삼명학의 이론으로 풀이해 놓은 책으로, 삼명학의 이론과 그 적용의 실례가 풍부하게 들어있다. 역사적으로 실존했던 인물들의 사주를 삼명학의 이론으로 풀이한 내용과, 그와 함께 자평학의 이론으로 풀이한 내용을 비교하여 살펴보기로 한다.

---

71) 『성명결고록』은 중화민국 乙丑년(1985년)에 1권이 발행되고 丙寅년에 2권이 발행되었는데, 저자는 요강장(姚江張)이다. 대만 신문풍출판사에서 발행한 술수총서 제59권에 들어있다.

건륭제乾隆帝의 사주에 대한 해석

丙 庚 丁 辛
子 午 酉 卯

戊 己 庚 辛 壬 癸 甲 乙 丙
子 丑 寅 卯 辰 巳 午 未 申

【삼명학의 해석】 子午卯酉 사정四正이 위치하고 있다. 庚辛이 酉에서 왕旺하고, 丙丁이 午에서 왕旺하니, 천간이 모두 왕旺한 지지를 깔고 있다. 庚은 子에서 사死하고 午에서 패敗한다. 사패死敗는 충을 만나면 오히려 길하게 된다. 辛卯와 丁酉가 일순一旬 가운데 있으니 辰巳午未申이 (공협으로) 숨어있고, 庚午와 丙子가 일순一旬 가운데 있으니 未申酉戌亥가 (공협으로) 숨어있다. 그러므로 12지지가 모두 완전하게 구비되었으므로, 황제에 등극하였다. 戊대운에 효신梟神이 되므로 빈천賓天하였다.

이 사주는 공협拱夾이 되어 숨어있는 것이 중요한 작용을 한 것이다. 관살혼잡을 꺼리지 않는 것은 丙辛이 합하여 水로 화化하기 때문이고, 水가 子에서 왕旺하므로 장수하였다.[72]

【자평학의 해석】 고종高宗 건륭乾隆 황제의 어조御造이다. 천간에 庚辛丙丁이 있으니 화련추금火煉秋金 : 불이 가을의 금을 제련함)의 올바른 배합이 이루어졌고, 지지에 子午卯酉가 있으니 이 또한 감리진태坎離震兌가 배합을 이루었

---

72) 『성명결고록』, 158쪽 참조.

다. 지지에 사정四正이 있으니 기氣가 팔방八方으로 통하고 있다. 그런데 오행 가운데 土가 없으니 비록 추령秋令에 출생했으나 왕旺하다고 논할 수 없다. 가장 기쁜 것은 子午가 충沖하여 水가 火를 극하여 午火가 酉金을 파破하지 못하니 충분히 일주를 보補한 것이다. 더욱 묘하게도 卯酉가 충하여 金이 木을 극하니 卯木이 午火를 생하지 못하여 제복(制伏 : 칠살을 제압함)이 잘 되었다. 卯酉는 진태震兌가 되어 인의仁義를 주관하는 진정한 기틀이 되고, 子午는 감리坎離가 되어 천지天地의 중기中氣를 주관하고, 또한 감리는 일월日月의 정체正體를 얻으니 소멸하지 않고 하나는 윤습하게 하고 다른 하나는 화창하게 하고 있으며, 좌하坐下에 단문(端門 : 午)이 있고 수화기제水火旣濟가 되었다. 그러므로 팔방八方의 외국인이 복종하여 조공하러 오고, 사해四海가 하나가 되었으며, 예隸의 지역에 있는 이리 같고 토끼 같은 무리들이 모두 황궁의 장막 안에 귀의하고 복종하여 천하가 화평하고 평안하게 되었다.[73]

중화민국 전前총리 단기서段祺瑞의 사주에 대한 해석

```
壬 乙 己 乙
午 亥 卯 丑

辛 壬 癸 甲 乙 丙 丁 戊
未 申 酉 戌 亥 子 丑 寅
```

【삼명학의 해석】 丑년생은 역마가 亥에 있고, 乙년생은 녹禄이 卯에 있다.

---

73) 『적천수천미』(대만 무릉출판사) 16쪽 참조.

그러므로 녹마祿馬를 다 갖추었으니 이미 귀격이다.

乙亥, 己卯 사이에 丙子, 丁丑, 戊寅이 공협拱夾으로 끼어있다. 이합비李合肥, 장소증張紹曾, 오정방伍廷芳, 장작림張作霖 등이 모두 乙亥, 己卯가 사주에 있다.

子는 乙의 귀인貴人이고 丑은 乙의 재고財庫이며, 寅은 乙의 왕지旺地이니, 대귀한 것이 당연한 것이다. 진보부眞寶賦에 이르되, 木이 卯月에 생하면 午를 만날 때에 진동이명震動離明이고, 운이 서남西南에 이를 때 관거극품官居極品이라고 했으니 이 사주가 그러하다. 酉대운으로 바뀌면서 乙이 두개 있어서 다행이었고, 그렇지 않았다면 위험했을 것이다. 현재 壬대운으로 바뀌었으니 역마 亥가 득기得氣하고 천마天馬가 행공行空함과 같다. 辛대운은 은퇴하여 동산東山에 은거함이 마땅하다.

【자평학의 해석】외로운 재財는 귀하지 못하니 인수가 있어서 방신을 해 능히 귀貴를 취할 수 있다. 그러나 재와 인이 서로 장애를 주지 않아야 합격이다.

이 사주는 월령에서 건록이 되고 亥卯가 국局을 짜니 신왕하여 재를 감당할 수 있다. 묘한 것은 己壬이 투출하였는데 그 중간에 乙이 있어서 서로 떨어져 있고, 己의 녹祿은 午에 있고 壬의 녹祿은 亥에 있으니 재와 인이 모두 녹祿을 얻어서 귀하게 되었다. 그러나 원수元首가 되기에는 복택福澤이 부족한 것이 흠이다. 戌대운 이후에 기가 서방西方으로 돌아 癸酉 10년에 일생의 결정結晶이되고 寅대운도 아름답다. 金대운에 재인財印의 기를 관통하니 더욱 아름답다. 壬申대운과 辛대운의 15년은 순조로운 운이니 비록 실권을 장악하지는 못했지만 국로國老의 존귀함을 잃지 않았고 여러 사람의 존경을 받았던 것이 기타의 다른 북양군벌北洋軍閥과 다른 점이다. 오복五福이 모두 모였으니 수명이 팔순에 이르렀다.74)

백작伯爵 이홍장李鴻章의 사주에 대한 해석

己 乙 甲 癸
卯 亥 寅 未

丙 丁 戊 己 庚 辛 壬 癸
午 未 申 酉 戌 亥 子 丑

【삼명학의 해석】甲이 未 중 己와 甲己合하여 化土하고 寅궁 戊가 癸와 합한다. 癸未는 木의 명命인데 亥卯未가 있으니 유력하다. 乙日이 되니 곡직격曲直格이다.

未宮의 丁이 천덕귀인天德貴人이고 甲이 월덕귀인月德貴人이다. 寅宮에 丙, 未宮에 丁이 있으니 삼기三奇이다. 이덕二德과 삼기三奇를 구비했으니 좋다. 묘한 것은 乙亥, 己卯사이에 丙子, 丁丑, 戊寅이 끼어있는 것이다. 子는 乙의 귀인이면서 癸의 녹祿이고, 丑은 乙의 재고財庫이다. 그러므로 부귀하고 장수했다.

癸未木命이 亥卯未를 보니 더욱 귀하게 되었다.75)

---

74) 서락오 저, 대만 낙천서국 출판 『고금명인명감』 85쪽 참조, 중화민국 초년에 국무총리 겸 육군총장을 지냈고 1920년에는 집정관이 되었던 段瑞 瑞의 사주를 서락오가 해석한 내용이다.

75) 『성명결고록』 171쪽 참조.

【자평학의 해석】乙日이 寅月에 출생하고 지지에 亥卯未가 완전하고 사주에 金이 없으며 甲木이 투출했으니 격이 완전한 곡직인수격曲直仁壽格이다.

종강從强을 취하여 쓰는데 일방一方의 전기專氣를 얻으니 복택이 자연히 끝이 없고, 어려서 북방北方운에 인수가 내 몸을 도우니 소년시절에 과거 급제하여 중년에 서방 金운으로 들어가니 본래 곡직격의 꺼리는 바이지만, 그러나 묘하게도 癸水가 투출하여 인수가 되어 金의 극을 해소하여주니 화살위권化殺爲權이다. 공명을 이루고 환갑 이후에 남방南方으로 설수洩秀하니 출장입상出將入相이고 위치가 아주 높게 오르고 공명을 이루었다. 辛丑년 79세에 사망하였다.76)

이상으로 건륭제, 단기서, 이홍장 3인의 사주를 삼명학의 이론으로 해석한 기록과 자평학의 이론으로 해석한 기록을 원서原書에서 찾아 살펴보았다. 비교하여 특징을 살펴보면, 삼명학은 납음納音과 신살神殺과 공협拱夾의 이론이 주축이 되고, 자평학은 천간지지 글자 자체의 오행五行과 육신六神과 격국格局이 사주 해석의 주체가 됨을 알 수 있다.

---

76) 서락오 저, 『고금명인명감』 77쪽 참조.

5장 서양 점성학의 자평학 영향

Part 2

[서양의 점성학Astrology 동양과 만나다]

01 唐代 – 삼명학의 전개와 당사주

위진남북조魏晉南北朝 시대에는 혼란한 상황에도 한漢대에 발달했던 상수역象數易이나 천문역법天文曆法은 지속적으로 발전해 왔다. 삼국시대의 관로管輅, 동진東晉의 곽박郭璞, 북제北齊에 위정魏定 등의 활동이 있었다. 관로管輅가 지은 『삼명지미부三命指迷賦』가 사고전서에 남아있고, 앞에서 언급한 곽박郭璞이 지은 『옥조신응진경玉照神應眞經』은 서자평의 주석과 함께 고금도서집성에 전해지고 있다.

한대와 위진남북조시대에 걸쳐 지속적으로 연구되어 온 천문역법의 연구는 당대唐代에 이르러 서역을 통하여 인도나 이슬람의 천체력이 소개되면서 급격히 정제되고 발전하게 된다. 이 시기에 인도에서 온 구담실달瞿曇悉達과 같은 이들에 의해 역법曆法이 소개되고 개발되었다. 이는 당의 국가정책에 있어 먼저 문물의 수입에 자유로운 태도를 취함으로써 다양한 문화 학술을 수용할 수 있었다. 또한 당은 개국 초부터 왕실차원에서 다양한 술수학術數學에 대한 연구를 장려하여 천문, 의학, 음양오행 등에 관한 서적들을 복원하거나 정리하였다.

이러한 방대한 연구와 연찬에 의해 『신당서新唐書』에 보듯이 당대에 많은 전적이 지어졌다. "정관貞觀 15년(태종太宗 - 641년)에 시중市中에 거짓되거나 와전된 잡서가 많아 태상박사太常博士 여재呂才에게 다시 책을 펴내도록 명하였는데 쓸 만한 전적은 47권에 불과하였다"는 내용으로 보아 당시에 민간에서 유행하거나 연구하던 술수와 술수서들이 상당수였음을 짐작할 수 있다.

천재 학자 여재呂才의 아이러니

여재呂才는 당唐 태종太宗 때의 천재적 학자였다. 박주博州 청평淸平 사람으로 음양陰陽과 방기方伎, 여지輿地, 역사歷史에 정통했고, 음률에 특히 밝았다고 한다. 당 태종의 어명을 받들어 술객들이 혹세무민함을 방지하고 진정으로 가치 있는 술서術書 및 음양가陰陽家의 책을 선별하기 위해서 노력했으며, 100권의 술서와 음양가의 책을 산정刪定하여 천하에 반포하였다.

[여재呂才의 초상]

하지만 여재呂才는 정작 본인이 음양가와 역학에 깊은 조예가 있었음에도 불구하고 지나친 역술 숭배를 방지하기 위해서 생년과 생월이 인간의 운명에 별다른 영향을 미치지 못한다는 의견을 내놓고 있다. 당시 당나라 태종이 역술을 이용해 명命을 추산하는 것을 그다지 믿지 않고 싫어하였기 때문에 정치적 판단이 묻어있는 것이 아닌가 생각이 든다. 한나라 때부터 흉노가 황실에 청혼을 해 오자 이를 거절할 핑계로 삼으려고 여재呂才가 합혼개폐습婚開閉 궁합론과 더불어 구궁九宮 궁합론을 창안하였다고 전해지는데 이 또한 그의 정치적 성향을 단편적으로 보여주는 부분이다.

이와 같은 여재의 의견이 구당서舊唐書 본전本傳의『서록명敍祿命』[77]과 신당서新唐書 본전本傳의『녹명편祿命篇』에 기록되어 있다. 그는 생년 간지와 생월 지지를 가지고 그 당시에 녹명법祿命法이라고 불렸던 사주를 보는 법이 신빙성이 부족하다는 것을 노장공魯莊公, 진시황秦始皇, 한무제漢武帝, 위-효문제魏-孝文帝, 송고조宋高祖 등 다섯 사람의 예를 들어서 설명하고 있다. 삼명학을 비판할 목적에서 서술한 글이기는 하지만 그 당시의 삼명학의 이론이 어떻게 응용되었는지 사주 해석 방법을 알 수 있는 자료이다.

원천강袁天綱, 이순풍李淳風, 일행선사一行禪師 등이 당대唐代 초기에 활동하였는데 모두 역법과 천문과 술수 등에 상당한 조예를 가진 것으로 알려졌다. 특히 원천강袁天綱의『원천강오성삼명지남袁天綱五星三命指南』은 성학星學에 의한 추명술을 소개하였다. 이순풍李淳風은『인덕역麟德曆』과『을사점乙巳占』을 지었고, 일행一行은『대연력大衍曆』을 지었는데 그 완성도가 높다는 평가를 받았다. 이 시기의 추명학은 성학星學과 융합하는 형태였을 것으로 추정된다. 당대 명리학은 한대 이후 꾸준히 발달해온 천문 역법과 인도와 이슬람의 천문점성학天文占星學의 영향에 따라 음양오행陰陽五行에 의한 명학命

---

[77]『서록명』이라는 책은 국내에 잘 알려져 있지는 않으나, 명리학자로 활동하고 있는 재미중국인 육치극(陸致極)이 2007년 저술한「중국명리학사론 : 역사문화현상적 연구」에 기록된 중국명리학사 대표 고전 12권 (오행대의, 서록명, 이허중명서, 옥조정진경, 연해자평, 삼명통회, 신봉통고, 적천수, 궁통보감, 명리약언, 자평진전, 명학현통) 중 한 권으로 선정되어 있다. 당대의 명리학 현상을 살필 수 있는 중요한 사료가 된다.

學 이론이 방대한 천문성학天文星學 체계와 결합하는 것이 특징이며, 이런 이유로 당대의 명리학자들을 대체로 성명가星命家라 부르게 된다.

한편 남북조南北朝시대에 유행하였던 술수학을 체득한 일행一行은 그 술법을 이필(李泌, 8C 무렵)에게 전하고 다시 이허중李虛中에게 전한다. 이허중李虛中에 의하여 이전까지 유행하였던 성학星學과 명학命學의 이론을 체계적으로 완성하고 중흥을 이뤄냈으므로 명리학의 중조中祖라 할만하다. 그의 명리이론은 당시 발달하고 정제된 당대 천문역법과 더불어 성학星學과 명학命學을 성명학星命學이라는 하나의 술수학術數學으로 집대성하였는데, 이러한 그의 업적의 일단은 이후 명대明代와 청대淸代의 다수의 명리서들에서 이허중李虛中을 소개하고 있는 내용에서 유추할 수 있다. 그런데『이허중명서李虛中命書』와 관련한 논쟁으로 이허중李虛中의 부용시설不用時說이나 일위주설日爲主說 등이 대두하기도 하였지만, 이러한 논쟁과 별도로『이허중명서李虛中命書』가 명리학의 시조인 귀곡자鬼谷子의『귀곡자유문鬼谷子遺文』의 주석이라는 점과 더불어 자료적 가치로 보건데 중요한 전적임에 틀림없다.

당사주唐四柱의 발생

당사주唐四柱는 손바닥을 펴고 손가락 마디를 출생 연월일시의 순서대로 차례로 짚어나며 사주를 보는 방법으로 간단하면서도 제법 적중률이 높다 하여 스님들과 일반인들 사이에서 많이 활용되었던 사주 이론이다. 당나라 때 만들어졌다고 하여 당사주唐四柱라고 부르는 것이기는 하지만, 당사주를 누가 창안했는지에 대해서는 아직까지 정확한 고증은 없다. 당사주를 창안한 사람이 누구인지 어떤 고서에 그 학설이 기록되어 있는지 한 번 역사를 거슬러 올라가 보자.

당사주 이론의 창시자는 남북조시대 북위北魏 효문제(孝文帝, 467~499년) 시기에 서역에서 중국으로 건너와서 선종禪宗의 시대를 개막한 달마대사達磨大師로 보는 것이 가장 일반적이다. 그가 포교를 위하여 운명을 봐주는 방법을 사용하였던 것이었는데 이 포교법이 불가의 스님들이 신도들의 사주를 봐주는 풍속으로 자리 잡게 되었다고 볼 수 있다.

달마대사가 창안하여 널리 유포된 이 사주 학설이 당나라 때에 이르러 승려이자 천문학자였던 일행선사一行禪師에 의해서 문서의 형태로 전해져 내려오게 된다. 신라 말기 도선국사道詵國師가 당나라에 건너가 일행선사에게 풍수지리와 비보설이라는 예언집을 전수 받았다고 하는데 이때 한국에도 당사주 이론이 들어와 불가佛家를 통해 전래되었을 것이라 추측할 수도 있다.

당사주唐四柱의 원래 명칭은 '간명일장금看命一掌金' 혹은 '달마일장금達磨一掌金' 인데, 달마대사가 인도 불교의 운명법과 중국의 역술을 결합하여 중생들의 올바른 교화를 위해 만들었다는 의미에서 불경의 한 종류로 '달마일장경達磨一掌經' 이라고도 한다. 고증이 가능한 책은 『간명일장금看命一掌金』이라는 책이고 대만에서 수집 정리한 『술수총서術數叢書』에 수록되어 있다.

『간명일장금看命一掌金』은 그 내용이 자못 풍부하여 항간에서 사용되는 설명보다 훨씬 논리정연하고 체계정연하며 내용이 풍부하고 통변의 여지가 많다는 사실을 알 수가 있다. 『간명일장금』 서두에 보면 이 책은 당나라 시대 일행一行이 전파하고 명나라 때 호씨胡氏가 출판한 것이라고 기록되어 있다.

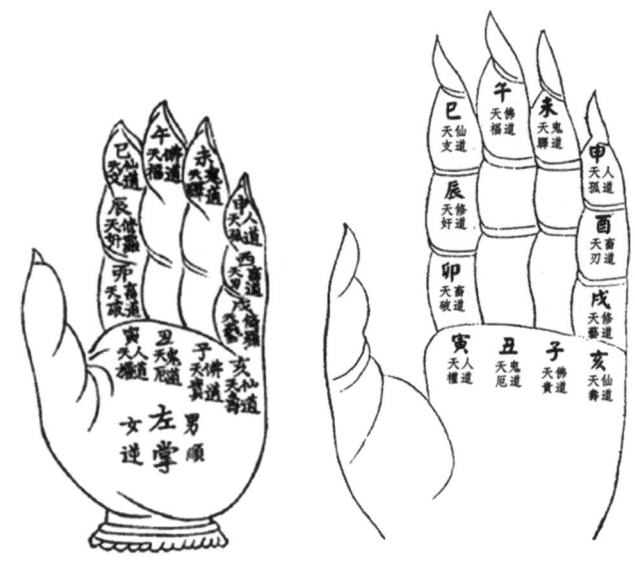

[불수장결도佛手掌訣圖]

간명일장금의 이론은 손바닥에 12지지의 동태 그리고 운명을 판단하는 수단으로 활용하는데 이를 불가에서는 불수장결도佛手掌訣圖라고 한다. 왼손左掌으로 남순여역男順女逆의 방법을 취한다. 한편, 명도命圖라고도 한다.

보는 방법은 출생 년의 지지에서 시작해서 남자는 순행하고 여자는 역행하여 생월, 생일, 생시까지 진행한다. 쥐띠는 子, 소띠는 丑, 범띠는 寅 등의 순서로 진행하고, 생월은 정월은 1칸, 2월은 2칸 3월은 3칸의 순서로 진행시키고, 생일은 음력 1일은 1칸 2일은 2칸 3일은 3칸의 순서로 진행시키고, 생시는 자시는 1칸, 축시는 2칸, 인시는 3칸, 묘시는 4칸, 진시는 5칸의 방식으로 진행한 후 시작하는 칸을 1칸으로 보고 진행하며 출생 연월일시 각각이 머무르는 곳에 있는 지지에 星을 붙여 해석하게 된다.

예를 들면, 서기 1956년 丙申년 음력 2월 2일 寅시 출생 남자를 이 방법으로 뽑아보면 다음과 같다.

생년 申[천고성(天孤星)], 2월 酉[천인성(天刃星)], 2일 戌[천예성(天藝星)], 寅시까지 순행하면 子[천귀성(天貴星)]이 된다. 천고성, 천인성, 천예성, 천귀성의 4개 星이 주어진다. 맨 마지막에 닿은 子가 핵심이 되니, 천귀성에 관한 설명을 중심으로 보면 된다.

지지	십이성	육도	적용	특성
子	천귀성 天貴星	불도 佛道	자비 부귀	수심, 냉랭, 지혜, 사색
丑	천액성 天厄星	귀도 鬼道	탐욕 질고	조신, 곡각, 이성의호감, 음덕
寅	천권성 天權星	인도 人道	지식 주시	권위적, 표출심리
卯	천파성 天破星	축도 畜道	탐욕 곤곤	굴곡, 현침, 사고
辰	천간성 天奸星	아수라도 阿修羅道	영민 교활	주도, 장악, 독선, 인정, 간사
巳	천문성 天文星	선도 仙道	안일 총명	편안, 여유, 냉정
午	천복성 天福星	불도 佛道	온후 영화	온정, 화려, 적극
未	천역성 天驛星	귀도 鬼道	변덕 간난	역마, 분주, 이성호감, 음덕, 종교성, 손재주
申	천고성 天孤星	인도 人道	자립 명석	냉철, 고독, 자력갱생
酉	천인성 天刃星	축도 畜道	혼탁 각박	매정, 고생, 순수, 장고, 인내, 종교성, 생살여탈직업유리
戌	천예성 天藝星	아수라도 阿修羅道	능란 교묘	능굴능신, 변화, 고독
亥	천수성 天壽星	선도 仙道	고고 장수	청징, 건전, 단정

[간명일장금 조견표]

간명일장금은 십이지지를 여섯 개의 영역으로 나누어 배치한 후 각각의 특성을 설명하고 있다. 자오子午가 불도佛道가 됨은 불교의 사상이 우주 원리의 중심축이 됨을 뜻하는 바, 이는 간명일장금의 창시 배경을 이해하면 수긍이 가는 대목이다. 12성과 6가지 영역이 나름 간명의 대강을 세우는 데는 유용한 수단이 되었을 것이다.

일지를 기준하여 인신寅申의 인도人道를 지지에 놓은 명주는 공직자 및 전문직업인에 임하는 경우가 많다. 반면 사해巳亥의 선도仙道를 놓으면 정신영역 및 이동수가 많은 직업에 종사하기 쉽다. 아울러 자오子午의 불도佛道를 놓은 사람은 언어가 공교롭고 자존감이 강하여 정도正道 지향의 직업 및 화술話術을 요하는 직업에 적당하다. 묘유卯酉의 축도畜道를 놓은 사람은 정밀업 및 자신만의 특기를 발휘할 수 있는 특수영역에서 빛을 보기 쉽다. 한편 진술辰戌의 아수라도阿修羅道를 놓은 사람은 타인에게 감동 감화를 주는 가운데 재물확충이 가능한 실질적 직업이 적당하다. 축미丑未의 귀도鬼道를 보는 사람은 활인活人 종교를 비롯하여 다소 초월적 삶을 지향할 공산이 크다.

02 唐代 – 원천강의 『원천강오성삼명지남』

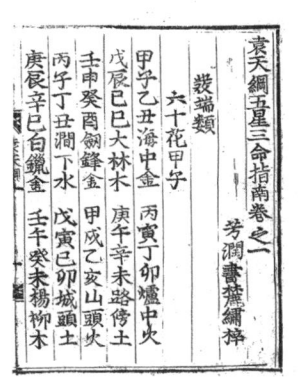 

[원천강오성삼명지남]

중국의 명리학 기록 중에 수·당대에 활동한 명리학자의 기록은 많지 않다. 원천강袁天綱, 이순풍李淳風, 일행선사一行禪師 등이 활동하였다고 전해지지만 중국 명리학 고전 중에서 그들의 기록을 온전하게 보전하고 있는 것이 없고 대부분 부분적으로만 남아있다. 중국의 명리학 고전들은 『영락대전』과 『고금도서집성』 그리고 『사고전서』에 대부분 집대성되어 있다. 그런데 여기에도 원천강의 저서인 『원천강오성삼명지남袁天綱五星三命指南』의 원본은 전해지지 않는다. 다만, 『사고전서』 자부 술수류의 『성학대성星學大成』 내內에 『원천강오성삼명지남』의 '명격류命格類' 부분이 '지남정귀격指南正貴格'이라는 제목으로 수록되어 있는 것이 전부이다.

그런데 우연의 일치인지 하늘의 도움인지 원천강의 저서인 『원천강오성삼명지남』은 조선 땅에 넘어와 그 온전한 모습을 보전하고 있다. 조선시대 국가의 사적과 고서 자료를 보관하였던 〈규장각〉과 〈장서각〉에 보관되어 오다 현재는 '국립중앙도서관'에 보존되어 있다. 이 책이 이렇게 조선 땅에서 잘 보전되어 왔던 것은 조선의 명과학 기관이었던 서운관과 관상감의 관료들의 중요한 명리학 교과서로 사용된 것이 바로 『원천강오성삼명지남』과 서승의 『연해자평』의 원본격이라고 할 수 있는 『자평삼명통변연원』이었기 때문이다.

원천강은 수隋말 당唐초에 활동한 인물로, 581년 전후에 태어나 647년 전에 사망한 것으로 추정된다. 그가 살았던 지역은 익주의 성도라는 지역으로 현재의 사천성 지역에 해당한다. 사천의 성도지방은 당대에 인쇄술이 가장 일찍이 행해졌던 곳이며, 음양서陰陽書와 역서曆書 등이 많이 유통되었던 곳이다. 구당서에 따르면 원천강의 벼슬은 수나라 양제 때 자관령을 지냈고, 당나라 때는 화정령 벼슬을 하였다고 나와 있는데, 당시에는 하위급 관료직에 속하였다.

원천강이 남긴 저서로는 『원천강오성삼명지남』 외에 『추배도』, 『만법귀종』 등이 있는데 『추배도』는 이순풍이 지었다고도 하며 원천강과 이순풍이 공저를 했다고도 전한다. 『만법귀종』은 이순풍이 지었고 원천강이 보補를 했다고 하는데, 후대인들의 가탁일 가능성도 있다. 하지만 원천강과 이순풍이 모두 당대 역술가로 활동한 기록을 볼 때 원천강의 활동시대가 당대였음에는 의심의 여지가 없다. 국내의 기록에도 『서운관지』와 『경국대전』에서 그를 당나라 사람이라고 기록하고 있다.

원천강의 본명은 수성守成이고 호는 천강天綱이었다. 『백부총서집성百部叢書集成』 「원천강외전袁天綱外傳」에 보면 그가 거처하는 곳에는 '조정과 재야의 사람들이 몰려들어 항상 가득하였다.'고 기록되어 있으며, 『구당서舊唐書』 「열전列傳」에는 그가 중국 최초의 여황제 측천무후에 대하여 그녀가 어린 시절 자라서 천하의 주인이 될 것이라고 예언하는 기록이 아래와 같이 남아있다.

> 천강이 말하길 이 젊은이는 신색이 밝고 동하니 가히 알기가 쉽지 않다. 시험 삼아 하여금 걷도록 해서 보겠다. 이에 상 앞에서 걷게 하고 이어서 눈을 부릅뜨게 하였다. 천강이 크게 놀라며 말하길 이 낭군은 용의 눈동자와 봉의 목이니 귀인의 극이다. 다시 돌려 측면을 보고 또 놀라며 말하길 반드시 여자인 것 같은데 실로 가히 살펴 예측할 수가 없다. 뒤에 마땅히 천하의 주인이 될 것이다. 정관(627~649년) 8년 태종이 그 명성을 듣고 궁궐로 불러들였다.

『원천강오성삼명지남』의 전체 내용을 살펴보면,

제1권 「발단류發端類」에서는 납음오행에 해당하는 육십화갑자와 십간, 십이지, 십간십이지의 오행배속, 오행상생, 오행상극, 그리고 오늘날의 십이운성에 해당하는 오행발용 등 명리의 기본적인 이론들과 인시寅時를 어떻게 볼 것인가, 태양출몰과 이십사절기 등 역법에 관한 기본적인 내용 등을 설명하고 있다.

제2권 「귀신류貴神類」에서는 사주에 태胎를 더하여 오명을 정하는 방법과 신살론에서 신神이나 귀인貴人에 해당하는 것들을 설명하고 있다. 「록신류祿神類」에서는 기본적인 십간의 록祿에 대한 것과 기타의 다양한 록祿에 대하여 설명하고 있으며, 「식신류食神類」에서는 식신食神에 해당하는 것을 비롯하여 다양한 식신에 대한 설명을 하고 있다.

제3권 「합류合類」에서는 삼합三合의 모습을 그대로 보여주고 있으며, 기타 甲己合, 乙庚合 등 십간의 합과 子丑合, 寅亥合 등 십이지지의 합 등에 대하여 설명을 하고 있으며, 「역마류驛馬類」에서는 다양한 역마의 모습들을 설명하고 있고, 「학당학관류學堂學館類」에서는 납음학당, 십간학당 등 여러 가지 학당·학관에 대한 설명을 하고 있다.

제4권 「인류印類」에서는 육신六神 중 인印에 해당하는 것과 오늘날에는 볼 수 없는 다양한 인印에 대한 설명들을 하고 있다. 「재고류財庫類」에서는 재財와 고庫에 대한 설명을 하고 있는데 역시 오늘날에는 볼 수 없는 다양한 재財의 모습들을 담고 있다.

제5권 「관살류關殺類」는 신살론에서의 살殺에 해당하는 것을 말하고 있다. 현대에도 많이 쓰이고 있는 것들을 볼 수 있다.

제6권 「공망류空亡類」에서는 육갑공망, 십간공망, 호환공망, 재로공망, 십대공망, 대패공망, 천상공망, 십이월대소공망 등 현대의 공망에 해당하는 것과 오늘날에는 볼 수 없는 다양한 공망에 대하여 설명하고 있다.

제7권 「시단류詩斷類」는 명리이론들을 알기 쉽고 외우기 쉽도록 칠언절구의 시적인 형식으로 만들어서 설명을 하고 있다.

제8권 「관귀류官貴類」는 마찬가지로 관귀를 알기 쉽고 외우기 쉽도록 칠언절구의 시적인 형식을 통해 설명하고 있다.

제9권 「행운류行運類」는 대운과 소운의 흐름에 대한 것들과 행운이 수數를 득하는 것과 운행의 길흉들을 예를 들면서 설명하고 있고, 조미론造微論에서 앞서 설명했던 이론들을 통해 명命을 판단하는 법에 대해 기본적인 설명을 하고 있다. 이 조미론은 만민영이 그의 저서 『삼명통회』에도 '조미론'이라는 제목으로 수록을 하고 있다.

제10권 「명격류命格類」에서는 명命의 격格을 말하고 있는데, 후대에 표준화된 정격과 외격과는 다른 모습이기는 하지만 만민영의 『성학대성』에 '지남정귀격' 부분에 수록되어 있다. 한편 「식신류食神類」, 「인류印類」, 「재고류財庫類」, 「관살류關殺類」 등은 육신六神에 대한 수·당 시대의 모습을 살필 수 있는 중요한 사료가 된다.

03 인도의 불교 전래와 서양 점성학의 유입

중국은 기원전 11세기 전후 은殷나라에서 주周나라로 넘어가는 시기에 종교적, 무속적 사회구조에서 예禮와 악樂을 중심으로 하는 사회구조로 전환되고 있었다.

이에 비해 인도는 대략 비슷한 시기에 신들에 대한 찬미와 제사에 관한 문헌인 『베다』라는 경전을 중심으로 브라만교가 확립되었다. 브라만교는 아리안족이 인도에 침입하여 원주민을 정복하고 새로운 사회를 건설하면서 건립했던 종교이자, 자신들이 믿던 여러 신들에 대한 신앙과 희생제의를 중시하고 신에 의해 결정된 카스트 제도라고 하는 신분제도를 강요하는 정복자의 종교였다. 그런데 중국과 마찬가지로 기원전 5~6세기에 이르러 사회경제적으로 큰 변화가 일어나고 낡은 종교인 브라만교로는 이런 변화에 대응하지 못하자 새로운 사상운동이 일어났다.

공자를 비롯한 대부분의 중국의 사상가들이 천하를 어떻게 다스릴 것인가에 대해 고민하던 시기에 석가모니를 비롯한 대부분의 인도의 사상가들은 어떻게 하면 존재의 근원적 고통을 해결하고 해탈에 이를 것인가에 대해 고민하였다.

불교는 이 시기에 인도의 석가모니가 창시한 종교이다. 석가모니라는 말은 샤카족, 한자 음역으로는 석가족의 성자聖者라는 뜻이고, 원래 이름은 고타마 싯다르타(기원전 563~483년)였다. 그의 활동 시기는 중국의 춘추시대 말기로 공자(기원전 552~479년)보다는 조금 이르고, 사마천의 『사기』의 기록이 사실이라면 노자보다는 조금 늦거나 비슷하다고 할 수 있을 것이다.

석가모니의 가르침은 그가 살아 있을 때도 상당히 많은 지지를 얻긴 하였지만 인도의 전 지역에 영향을 미치지는 못했다. 불교가 넓게 퍼져 나가기 시작한 것은 인도 최초의 통일왕국인 마우리아 왕조의 제3대 왕인 아소카왕(기원전 3세기)에 이르러 국가의 지배이념으로 채택되면서부터이다. 아소카왕에 의해 절대적인 지지를 받은 불교는 인도 전역은 물론이고 서쪽의 로마, 중앙아시아, 동남아시아 각국으로 전파되었고 그 뒤에 중국으로도 전래되었다.

불교가 언제 중국에 전래되었는가에 대해서는 설이 분분하다. 진시황 시절에 이미 인도에서 불교 승려들이 중국에 왔다는 설도 있고, 한나라 무제 때 서역으로 대장정을 떠나 로마까지 다녀왔던 위대한 탐험가 장건張騫이 불교에 대해 보고함으로써 불교가 소개되었다는 설도 있는데 역사적인 근거는 희박하다. 대체로 기원전 1세기 중반에서 기원후 1세기 중반 사이에 실크로드를 통해 중국에 들어온 중앙아시아의 불교인들에게 의해 전래되었다는 것이 정설이다.

중국에 수입된 불교는 초기에는 일반 민중은 물론이고 지식인들에게도 그다지 큰 관심은 끌지 못했다. 원래 중국인들은 자국 문화에 대한 자부심이 무척 강하기 때문에 외래사상에 대해 그다지 관심을 두지 않았기 때문이다. 게다가 당시 중국은 한나라의 전성기로 막 새롭게 채택된 유교적인 이데올로기가 전국을 지배하고 있었기 때문에 불교는 중국인들의 가슴속으로 파고 들어갈 여지가 별로 없었다.

그러나 한나라가 망하면서 유교의 지위는 흔들리기 시작했다. 전국에는 전란이 끊이지 않았고 결국 천하는 위·촉·오로 삼분되어 서로 치열한 각축전을 벌이게 된다. 위나라에 이어 진나라가 결국 천하통일을 이루지만 안정기도 잠시뿐, 북방에서 내려온 유목민족에 의해 한족 정권은 남방으로 밀려나게 된다. 한나라 말기부터 위魏에서 진晉에 이르는 시기에 수많은 지식인들은 화를 당하고 무수한 백성들 또한 전란으로 생명을 잃게 되었다. 이에 지식인들 사이에서는 난세의 철학인 도가사상이 흥성하고 의지할 데 없는 백성들 또한 도교사상에 관심을 가지게 되었다. 이런 와중에 외래종교인 불교에 대해서도 관심을 가지는 지식인과 백성들이 늘어나기 시작하였다.

불교가 본격적으로 흥성하기 시작한 것은 남북조시대부터이다. 위·진 시대로부터 계속된 혼란은 남북조시대에도 계속되었다. 4세기 초 남쪽으로 내려온 동진東晉은 약 백 년 남짓 정권을 유지했으나, 그 뒤 계속 이어진 송宋, 제齊, 양梁, 진陣의 수명은 각기 60년, 24년, 55년, 33년 정도고, 황제의 재위 기간도 평균 6~7년 남짓이며, 절반 이상의 황제들이 피살당했다. 북조 또한 5호16국이라는 이름에서 알 수 있듯이 초기에는 수많은 나라들이 명멸했고 부분적으로 통일이 이루어진 뒤에도 왕조의 교체 시기는 그리 길지 않았다. 또한 북중국의 평원에서 남쪽 강남으로 내려간 이주민들이나 변방에서 중원으로 들어온 이민족들이나 모두 토착민과의 융합에 신경을 쓰지 않으면 안 되는 어려운 처지였다. 이미 기세가 꺾인 유교는 물론이거니와 도교 또한 사회를 통합하고 지친 백성들에게 위안을 주는 데는 한계가 있었다. 이런 상황 속에서 불교는 지배층이나 민중들에게 모두 크게 환영을 받게 된다.

중국인들이 불교에 대해서 관심을 가지고 바라보니 불교에는 중국사상에는 없는 새로운 것들이 많이 있음을 발견하게 된다. 인간의 삶을 고통의 바다로 간주하고 죽어서 왕생극락하기 위해 간절히 기도하거나 해탈, 열반하기 위해 진지하게 구도하는 경건한 종교적 태도는 유교에는 물론이거니와 도교에서도 볼 수 없는 신선한 것이었다. 장자는 일찍이 죽음을 현해懸解라고 하여 거꾸로 매달린 상태에서 풀려나는 것으로 보기도 했지만, 그것은 죽음을 자연현상의 일부로 보는 달관된 태도에서 나온 것이지 간절한 종교적 구도심과는 성격이 달랐다. 그런 달관된 태도는 지극히 소수의 사람만 가질 수 있는 것으로 세상의 고통에 허덕이는 대부분의 사람들에게 직접적인 위안은 될 수 없었고, 또한 망자의 남은 가족과 친지들의 슬픔을 달래줄 수도 없었다.

그러나 불교의 경전에 나오는 수많은 부처와 보살들은 고통에 허덕이는 많은 사람들에게 마음의 휴식처를 제공하고, 나아가 망자들의 명복을 빌며 남은 자들의 슬픔을 달래는 데도 엄청난 효과가 있었다. 중국인들은 불교를 통해 비로소 본격적인 종교의 참맛을 알게 되었던 것이다.

중국인들이 불교에 매료되었던 또 하나의 이유가 있다. 불교에는 유교와 도교에 비해 마음에 대한 탐구와 마음을 다스리는 구체적인 방법론이 풍부하다는 것이었다. 유교와 도교에도 인간의 마음에 대한 탐구가 없다고는 할 수 없지만 불교와는 비교가 되지 않았다. 굳이 유식학파가 아니더라도 대부분의 불교 종파에는 인간의 마음을 치밀하게 분석하고 어떻게 하면 탐진치貪瞋痴[78]로부터 벗어나 무욕과 자비와 지혜를 얻을 수 있는가에 대해 구체적인 방법을 제시하고 있다. 이 부분은 특히 지식인들에게 큰 호소력

---

78) 탐욕(貪欲)과 진에(瞋恚)와 우치(愚癡), 곧 탐내어 그칠 줄 모르는 욕심과 노여움과 어리석음. 이 세 가지 번뇌는 열반에 이르는 데 장애가 되므로 삼독(三毒)이라 함.

이 있었다.

　남북조시대에서 수·당 시대를 거쳐, 북송 중기 신유학이 부흥하기 전까지 약 7백 년 남짓한 기간 동안 불교에 대한 중국인들의 열망은 엄청났다. 수많은 중국인들이 불경을 얻고 불교를 공부하기 위해 죽음의 사막을 건너고 험준한 산맥을 넘어야 하는 최악의 자연조건 속에서도 불굴의 의지로 인도로 유학을 떠났다.

　그 대표적인 인물로 당 태종 때 현장법사는 국법을 어기고 인도로 가서 당시 최고의 불교대학이자 학문기관이라고 할 수 있는 나란다 대학에서 십여 년 동안 공부하였다. 그는 귀국길에 수많은 경전을 중국으로 가지고 와서 황제의 보살핌 아래 번역사업을 펼쳤다. 그는 남북조시대 서역 번역가인 구마라습鳩摩羅什과 아울러 중국 역대 최고의 불경 번역가로 칭송받고 있다. 또한 그가 남긴 여행록인 『대당삼장법사서역기大唐三藏法師西域記』는 후대의 이야기꾼들에 의해 살이 붙여져 『서유기西遊記』가 된다. 중국 4대 기서의 하나이자 중국 최고의 신마소설神魔小說로, 손오공과 저팔계 등의 독특한 캐릭터로 인해 어린이들에게도 널리 알려진 『서유기』는 바로 중국인들의 불교에 대한 열정의 결과가 낳은 산물이었던 것이다.

　불교의 중국 전래에 대한 이야기는 이 정도에서 각설하고 서양 점성학에 대하여 살펴보기로 한다. 서양 점성학은 기원전 약 3000년경에 메소포타미아 문명의 수메르인들에 의해 시작되었다. 동양에서는 육십갑자 간지의 기원에 대해서 대체로 천황씨天皇氏나 황제黃帝시대를 시작으로 보는데 황제시대는 은殷나라 보다 1,000년 정도 앞선 기원전 2700년경부터 시작된 것으로 본다. 하지만 동서양 모두 기록의 보존이 어려웠던 먼 과거이므로 그 영향을 시대만 가지고 확신할 수는 없다. 서양 점성학과 동양 오성학의 관계에서 후대 양 대륙 간 교류의 흔적은 분명히 남아 있긴 하지만, 12하우스House와 12지지地支는 각각 자생적 천문학의 관찰과 자연수 중 시간을 가장 잘 표현할 수 있는 수로서의 12가 가지고 있는 특징 때문에 동서양인 모두 동일하게 사용해 온 것으로 생각할 수 있다.

체계적인 서양의 점성학이 인도를 거쳐 중국에 전래되기 시작한 시기는 당나라 때에 이르러서인데, 역사서의 기록을 보면 당나라 정원貞元 년간에 이필건李弼乾이라는 바라문교의 가사가 십일성행력十一星行曆이라 불리는 서양점성학을 중국에 처음 전했다는 기록이 있다. 『신당서新唐書』 「예문지藝文志」에는 이미건李彌乾이 정원貞元 년간에 서천축의 『도이율사경都利聿斯經』 2권二卷을 번역하여 중국에 전했다는 기록이 남아있다.

명리학이 학문적 체계를 가지기 오래 전부터 사람들은 하늘의 별을 보고 길흉을 점쳤고, 그 기록은 여러 가지 옛 문헌에 기록되어 있다. 하늘과 땅, 천문天文과 인사人事가 밀접한 연관성이 있다고 생각해 왔고, 점성학은 동서양 모두에서 자연스럽게 실생활에 파고들었던 것이다. 별들의 운동을 관찰하여 인간세상의 여러 가지 길흉사건을 예측할 수 있다고 믿었던 것인데, 이와 같은 천인합일天人合一 사상은 『서경書經』 「홍절洪節」, 『회남자淮南子』, 『백호통의白虎痛義』, 『여씨춘추呂氏春秋』, 『춘추번로春秋繁露』와 같은 중국 유가의 여러 경전에서도 발견할 수가 있다. 서양의 대표 경전인 성경에도 예수가 베들레헴에서 탄생하자 동방박사들이 별을 보고 경배하러 베들레헴에 찾아왔다는 기록이 있다.

고대 중국의 점성학은 태양과 달과 28숙宿을 비롯하여 하늘에 있는 눈에 보이는 거의 모든 별들을 관찰하면서 주로 국가의 운명을 점쳤다. 서양의 점성학 역시 과거에는 일日·월月·목木·화火·토土·금金·수水와 더불어 눈에 보이는 모든 행성들을 다 고려하여 국운을 보는 데 중점을 두었고, 해와 달과 오행성에 집중하여 국운이 아닌 개인의 운명 쪽으로 관심을 돌리기 시작한 것은 그리스·로마시대 이후였다.

그 이후 서양의 점성학이 중국에 전래되어 발전하기 시작한 것은 칠정사여七政四餘, 일명 오성학五星學부터인데, 칠정사여 이론이 신법명리학, 즉 자평학의 발전과정에 영향을 끼치게 된다. 서양점성학과 서양역법이 중국에 전래되어 명리학에 영향을 미치기 시작한 것은 앞서 살폈듯이 당나라 정원貞元 년간 전후라고 볼 수 있다.

한편 『구당서舊唐書』 「예문지藝文志」의 기록을 보면 서양점성학 서적들의 명칭을 여러 곳에서 발견할 수 있다. 이와 같은 기록을 보아서도 알 수 있듯이 당대에는 서양점성학이 인도를 경유하여 중국에 전파되어 명리학에 영향을 미치기 시작했음을 유추하여 볼 수 있다.

명리학 고전 중에 오성학五星學에 대한 기록이 남아 있는 것은 당대의 『원천강오성삼명지남袁天綱五星三命指南』인데, 전반부는 사주명리학의 내용이지만 후반부는 서양점성학의 내용으로 서양점성학의 영향을 직접적으로 받은 흔적이라고 볼 수 있는 부분이다.

그 이후 명대明代에 저술된 『삼명통회』와 『명리정종』에도 서양점성학의 내용이 오성학이라는 이름으로 상당 부분 수록되어 있다. 예를 들어 『명리정종』 제1권에 오성정설류五星正說類와 오성류설류五星謬說類라는 항목은 오성학에 대한 내용이다. 『명리정종』에는 다음과 같은 구절이 있다.

성진법星辰法에 대한 나의 의견은, 오성지남五星指南이 체體가 되고 금당전가琴堂殿駕가 용用이 된다. 寅亥 두 궁은 木에 속하니 金의 剋을 두려워하고, 水의 生을 기뻐한다. 卯戌은 火에 속하고 辰酉는 金에 속하며 己申은 水에 속하고, 子丑은 土에 속하고 午는 태양에 속하고 未는 달에 속한다. 오행 생극의 예는 앞의 설명과 같다.

이렇듯 서양점성학이 자평학에 녹아 들어가 있는 것을 명리서적 곳곳에서 발견할 수 있는데, 이러한 현상을 다음 장에서는 칠정사여와 오성학을 중심으로 계속 살펴보도록 하겠다.

04 서양 점성학이 동양 자평학에 끼친 영향 – 칠정사여七政四餘

앞 장에서는 불교의 전래와 더불어 서양 점성학이 중국으로 유입되는 과정과 오성학五星學, 즉 칠정사여七政四餘의 도입에 대하여 살펴보았다. 칠정사여는 명리학에 대한 내용이라기보다는 점성학에 대한 이론이다. 아래 그림은 현재 사용되고 있는 칠정사여성반七政四餘星盤이다. 이 그림의 중심을 살펴보면 각각의 궁과 별자리에 영어식 표기가 되어 있는 것을 볼 수 있다.

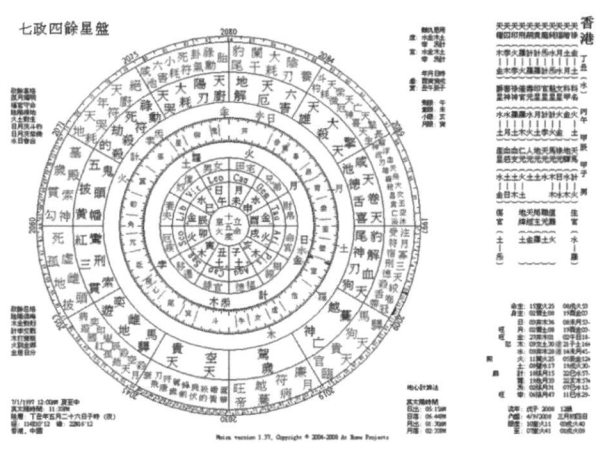

[칠정사여성반七政四餘星盤]

여기서 주목할 만한 것은 영어식으로 표기된 서양 별자리와 짝지어진 안쪽과 바깥쪽의 기록이다. 안쪽에는 각각의 별자리에 대한 십이지지가 기록되어 있고, 바깥쪽에는 각 궁宮의 의미가 한자로 표기되어 있다. 이 궁들은 사실 자미두수紫微斗數의 궁 배치와 의미가 거의 동일하다. 이는 자미두수가 어디로부터 유래되었는지를 살펴볼 수 있는 단초가 된다.

자미두수의 12사항궁事項宮은 ① 명궁 ② 형제궁 ③ 부부궁 ④ 자녀궁 ⑤ 재백궁 ⑥ 질액궁 ⑦ 천이궁 ⑧ 노복궁 ⑨ 관록궁 ⑩ 전택궁 ⑪ 복덕궁 ⑫ 부모궁이며, 각 궁들은 사실상 점성학의 궁의 위치와 의미가 같고, 자미두수는 이 궁위에 별들을 배치함으로써 점사를 얻어내고 있다. 우리는 여기서 자미두수의 12사항궁 체계에 대한 유래를 동양의 천문학에서 찾기보다는 인도를 통해 유입된 서양의 점성학 시스템이라고 보는 것이 맞을 것이다.

서양 점성학은 앞에서도 살펴보았듯이 메소포타미아 문명의 수메르인들로부터 바빌로니아 제국의 셈족으로 이어졌고, 그 수도 바빌론에서 알렉산더 대왕의 동방원정을 통해 그리스와 이집트로 흘러가며 서양식 점성학이 형성되었다. 기원전 3세기경 그리스인들을 통해 헬레니즘 점성학이 인도로 흘러들어가 그리스 천문학의 인도화가 시작되고 인도식 점성학, 즉 힌두 점성학이 완성된다.

사실 중국에 영향을 준 것은 서양의 점성학이라기보다는 힌두 점성학이었다. 힌두 점성학은 중국 한漢나라 때 유입되기 시작한 불교가 실제로 크게 유입되지 못하였다가 본격적으로 흥성하기 시작한 위·진·남북조시대 인도의 불교경전의 유입과 함께 전해졌다고 기록되어 있다. 그러니까 사실상 '칠정사여' 혹은 '성평회해'라 불리는 이 점술은 위·진·남북조시대에 나타나는데, 시기적으로는 대략 250~580년경이 된다. 거의 후한의 삼국지의 치열한 전투가 벌어지는 시기에서부터 수나라 성립 이전까지의 시기이다.

구궁체계로 이루어진 기문둔갑奇門遁甲이 삼국시대의 대표적인 점술이었던 것을 보더라도, 실질적으로 12궁체계가 받아들여지는 것은 적어도 삼국시대 혹은 그 이후일 가능성이 높다는 것이다. 12궁체계가 동양문화라기보다는 도래문화라고 주장하는 이들이 많은데 그것은 동양의 별자리 체계 때문이다.

동양의 별자리는 북극성을 중심으로 삼원(자미원, 천시원, 태미원)이 있고 삼원이 왕이 되며, 그 주변에 신하의 개념인 28수가 놓인 별자리 체계를 가지고 있었다는 것이다.

동양의 별자리 구성을 보듯이 똑같은 별자리를 보더라도, 동양에서는 12궁 체계에 대한 고려가 전혀 되어 있지 않은 것을 볼 수 있다. 오히려 이 동양 별자리 체계는 기문둔갑과 자미두수의 별 배치에 쓰이는 명칭들이다. 흥미로운 것은 자미두수는 이 12궁 체제 위에 동양의 별들을 배치한다는 것이다. 그러니까 자미두수 역시 점성학과 동양별자리의 하이브리드 계열이라고 볼 수 있다. 자미두수는 송나라의 진희이라는 사람이 만들었다고 하는데, 사실상 그 전 시대에 도입된 점성학의 영향력이 강하게 느껴질 수밖에 없다.

한편 '칠정사여' 혹은 '성평회해'라 불리던 이 수입된 인도 점성학은 당시 중국 사람들에게도 쉽지 않았던 것으로 보인다. 일단 이 이론들이 동양철학의 논리와는 벗어나 있는데다가, 결정적으로 이 점을 치기 위해서는 실제 별자리들의 위치를 관측해서 현대식으로 말하자면 '차트', 동양식으로는 '명반'을 그려야 하는데, 사실상 이 차트를 그리는 작업 자체가 당시의 기술로써는 상당히 까다롭고 피곤한 작업이었을 것이다. 현대에는 컴퓨터로 현재의 차트를 쉽게 얻어낼 수 있지만, 당시로써는 일일이 별의 위치와 별자리의 위치 각도 등을 확인하거나 계산해서 그리는 작업은 상당한 시간이 소요되었을 것이다.

이 점성학 체계는 결국 동양에서는 그대로 쓰이기보다는 변용되기 시작했는데, 그중 하나가 자미두수였고, 다른 하나가 사주로 볼 수 있다. 여기서의 사주는 고법사주, 오성술, 오자술 등으로 불리었다.

오자술은 말 그대로 8글자가 아니라 5글자로 사주를 보는 방법이다. 일반적인 사주가 천간의 4글자, 지지의 4글자를 쓴다면, 오자술은 탄생년의 천간 한 글자만 쓰고, 지지에는 쓰지 않는다. 지지 또한 해당 월일시의 간지를 쓰지 않고, 해당 년의 지지로부터 몇월 몇번째 지지와 같다는 방식으로 풀이를 하다 보니 현대적 사주와는 조금 다른데, 굳이 비교를 하자면 오자술은 당사주에 더 가깝다. 이 오자술이 점성학을 중국식으로 다이제스트화한 구조이기 때문이다.

오자술이 점성학의 한 방식이라고 추정되는 가장 강력한 근거는 바로 천간을 년에만 두고 년을 중심으로 보는 관점에 있다. 왜 이것이 강력한 근거라고 추정되느냐 하면, 연 중심의 구도는 점성학의 궁이 어센던트와 만나는 자리가 점성학에서 중요한 의미를 갖고 있기 때문이다. 게다가 지금과 같이 각각의 날짜의 간지가 아니라, 이 어센던트 궁을 중심으로 태양의 위치가 생년월일의 '월'이 되는데, 바로 이 자리가 점성학의 나의 별자리를 의미한다. 그러니까, 해당 년으로부터 몇 번째에 해당하는 지지를 쓴다는 것은 어센던트와 태양의 자리까지 궁의 개수를 세는 것으로, 점성학의 복잡한 차트 구성을 단순화시킨 것으로 추정할 수 있다는 것이다.

결국 오자술은 점성학의 네이탈 차트에서 어센던트와 별자리를 빠르게 파악하는 일종의 축약된 점성학기법으로 볼 수 있다. 이 오자술은 당나라 시대에 있어서 좀 더 축약되어 민간에 퍼지게 되는데, 이것이 지금 우리가 알고 있는 당사주일 가능성이 높다.

　지리적으로 지구정반대에 위치해 있었던 서양과 동양에서 각기 독자적인 방법으로 수천 년 동안 우주와 인간의 관계를 연구해 온 학문인 서양의 점성학과 동양의 사주명리학 중에서 12사인과 12지지에 나타나는 유사성은 여러 학자들을 통해 비교연구되었다. 서양점성학과 사주명리학은 별자리와 행성의 위치변화 관계로 인간 운명에 영향을 미친다는 논리를 받아들여 각기 그 이론을 서로 다른 공간에서 발전시켜 온 것이 사실이나, 그 역사가 상대적으로 짧은 자평명리학이 서양의 점성학의 영향을 받았다고 보는 이들이 많다.

　사주명리학에 영향을 끼친 점성학은 동양의 점성학이 아니라 서양의 점성학이었다. 이는 동양의 점성학이 국가나 절대권력자의 운세를 보는 군국점성학으로 발전하고, 개인들을 위한 것은 사주명리학으로 별도로 발전하면서 역시 개인의 길흉화복을 위주로 감정하는 서양 점성학의 영향을 받게 된 것으로 추정된다. 따라서 역사가 더 오래된 서양점성학이 사주명리학의 원리에 어떻게 영향을 미쳤는지를 찾아보면 다음과 같은 공통점을 발견할 수 있다.

　첫째, 서양점성학에서의 12사인의 지배궁Rullership이 같은 경우 사주명리학에서는 지지육합地支六合으로 보아 길하다고 보았다. 둘째, 서양점성학에서는 고대철학에서 언급한 4원소 가운데 같은 원소끼리 상통하고 12사인의 각도가 120도를 이룰 경우 '트라인Trine' 이'라 하는데, 사주명리학에서도 120도 각도의 지지를 '삼합三合' 이라 하여 길하다고 보았다. 셋째, 서양점성학에서는 출생 천궁도 차트를 12궁으로 각 3개의 궁씩, 봄, 여름, 가을, 겨울로 구분한 것과 같이 사주명리학에서도 12지지를 방합이라 하여 각 계절을 나타내는 합으로 보았다. 넷째, 서양점성학에서는 천궁도에서 행성끼리 180도의 각도를 이루는 것을 '어포지션 Opposition'이라고 하며, 사주명리학에서도 지지에서 마주보는 것은 '충沖'이라 하여 흉하다고 본다. 다섯째, 서양점성학에서는 천궁도상 행성끼리 90도의 각도를 이루는 것을 '스퀘어Square'라고 말하며, 사주명리학에서도 '형'과 '파'에 해당하여 흉하다고 본다. 여섯째, 서양점성학에서 유래된 사주명리학 육합을 방해하는 지지를 '해'라 하여 흉성으로 본다. 일곱째, 서양점성학의 12하우스의 힘을 나타내는 '석시던트Succedent', '앵글Angle', '케이던트Cadent'는 사주명리학의 '생生', '왕旺', '고庫'가 되었다. 여덟째, 서양점성학의 운의 흐름을 보는 '디렉션Direction'과 같은 개념으로 사주명리학의 '대운', '세운', '월운', '일운'이 있다. 아홉째, 사주명리학은 다른 동양의 추명학과 달리 서양점성학의 영향으로 태양력을 사용하기 때문에 절기와 절기 사이를 생월生月의 경계로 삼는다. 열번째, 사주명리학의 용신과 격국같이 사주풀이의 핵심 요인을 서양점성학에서는 'LOGLord of Geniture'라고 한다.

05 중국의 르네상스 – 송대의 신유학과 명리학

우리는 유학儒學이라는 말을 들으면 공자孔子 혹은 사서삼경을 떠올린다. 사서삼경四書三經이란 『대학大學』, 『논어論語』, 『맹자孟子』, 『중용中庸』을 칭하는 사서四書와 『시경詩經』, 『서경書經』, 『역경易經』을 칭하는 삼경三經을 통칭하여 말하는 유교의 기본 경전이다. 그런데 공자가 살던 춘추전국시대나 유교가 중국 왕조의 기본 이데올로기로 자리 잡은 중국 한나라 때에는 사서삼경四書三經이라는 용어가 없었다.

사서삼경이라는 용어는 1100년경 송나라 때 성리학의 완성자라고 알려진 주희, 즉 주자에 의해 정리되고 사용되었다. 사실 한漢 무제武帝 때의 유교는 중앙집권적 국가체제가 완성된 이후 군주의 전제권력 합리화와 백성들의 자발적 복종을 실현하고자 하는 정치적 목적으로 활용된 것이었다. 한 무제는 공자의 사상을 핵심으로 하는 유교를 국교로 채택하고 중국 왕조의 법치적 통제를 이루는 데 성공하였다.

반면 성리학이 완성되고 주자가 살던 송대의 유학은 그 성격이 판이하게 달라지고 있었다. 중국 사회는 수隋·당唐 중세사회가 막을 내리고 사회적 정치적 변혁기를 겪게 되는데 재분열기인 오대십국시대와 송대의 문화, 예술 그리고 사상적 변화는 서양의 르네상스 변혁기와 유사점이 분명히 있다. 그래서 우리는 송대를 '중국의 르네상스' 라고 부른다.

서양의 르네상스는 그리스·로마의 고전문화 부흥운동을 뜻하는 것으로 인간을 중시하는 근대정신을 상징하였으며 르네상스의 기본정신은 인본주의 humanism 사상이었다. 인간의 개성과 능력 그리고 인간의 존엄성을 중시하게 되고, 르네상스 시기를 통과하며 인류는 중세의 암흑기를 벗어나 근대라는 역사상 새로운 국면으로 접어들게 된다.

중국의 르네상스를 서양의 그것과 동일하다고 할 수는 없으나 인류의 성장은 큰 맥락에서 그 축을 같이 하므로 송대 주자의 새로운 유학 부흥은 중국 인본주의의 시작을 알리는 시발점이 된다. 주자가 새로운 유교 패러다임을 만들던 당시는 당나라에서 송나라로 전환되던 시기, 즉 문명의 전환기였다.

송宋 이전 중국의 왕조는 당唐인데 당나라 하면 가장 먼저 떠오르는 것은 바로 불교이다. 28대 조사祖師[79]인 달마가 동쪽으로 건너와 중국에 불교를 퍼트렸는데 초기에는 귀족들 소수에게만 알려졌지만 나중에는 궁중의 여인들을 포함해 전 중국인의 마음을 사로잡았다. 그렇다면 중국에 건너온 인도의 종교문화, 부디즘buddhism이 중국인들의 마음을 사로잡은 이유는 무엇이었을까? 그것은 바로 내세에 대한 불교의 사상 때문이었다.

죽은 뒤에도 세상이 있다는 내세에 대한 관념이 그것인데, 그 이전까지 중국에서는 죽은 뒤의 세상에 대해 이야기한 사람은 많지 않았다. 특히 유교적 관점에서의 죽음은 후세에 의해 추모되는 대상일 뿐, 죽음의 세계가 따로 존재하여 또 다른 삶을 살 것이라고 생각하지 않았다. 그러나 새롭게 들어온 불교는 인간이란 존재에 대해 윤회라는 개념을 사용하여 논리적으로 정의하고, 죽음 뒤의 세계에 대해 체계적으로 정리하였다. 사후의 6가지

---

[79] 석가모니 이래 면면히 이어오는 불심(佛心)을 전해주는 고승, 사람들을 깨달음으로 이끌 수 있을 만큼 수행했거나 그런 자격을 갖춘 승려, 인도의 조사(祖師)는 모두 28명으로 1대 조사는 가섭(迦葉)이고 마지막 28대 조사는 달마(達摩)이다.

세계는 고통이 가득한 지옥세계, 배고픔에 허덕이는 아귀세계, 미움과 질시가 만연한 아수라세계, 짐승으로 사는 축생세계, 또 다시 인간으로 사는 인간세계 그리고 기쁨과 행복이 가득한 천국세계로 구분되었다. 이러한 사후세계와 윤회사상에 대한 믿음은 귀족계층뿐만 아니라 대중들에게까지 불교가 파고드는 힘이 된다.

그러나 어느 문명이나 사상이든 초기 정착기에는 그 사회에 신선한 바람을 일으켰다 하더라도, 시간이 지나면 권력과 야합하기 마련인데 불교가 중국에서 주요한 신앙으로 성장하면서 절과 승려들의 세력과 사치가 심해지기 시작한다. 불교의 사원은 새로운 권력의 중심이 되었고, 승려들은 세속의 부와 권력을 함께 얻게 되었다. 윤회라는 천국행 티켓을 마음대로 이용하여 혹세무민惑世誣民의 도구로 이용했던 것이 후기 당唐 불교의 모습이었다. 이러한 불교의 세속화와 권력과의 야합은 당시 지식인들의 마음에 거부감을 불러일으키게 되었고 윤회의 사후세계를 부정하면서 현실세계에 대한 강한 긍정을 보이며 사회의 변화를 꾀하였다.

중국이 불교에 의해 암흑시대를 겪고 있을 때, 종교로 인한 사회적 모순을 해결하고자 지식인들이 뜻을 모으기 시작하였다. 이른바 송조육현宋朝六賢, 송대 6명의 지식인 주렴계周濂溪, 장횡거張橫渠, 소강절邵康節, 정명도程明道, 정이천程伊川, 주희朱熹가 바로 그들이었으니 자기를 낳고 키워준 부모님을 공양하지도 못하면서 절에 복을 기원하고 극락을 꿈꾸며 가산을 탕진하는 이들이 어찌 인간이란 말인가라고 하면서 불합리한 세상을 바로잡고 인간 중심의 휴머니즘 세상, 인본주의와 인간 중심의 철학을 다시 복원시키겠다는 의지를 가지고 있었다. 이들에 의해 새로 부흥기를 맞이하는 유교가 바로 신유교(新儒敎 : Neo-Confucianism)이다. 불교의 신비주의와 내세주의에 대항하여 인본주의를 되살리자는 새로운 유교 부흥운동이었다.

신유교의 발생 배경 또한 서양의 르네상스와 비슷하다. 서양의 르네상스가 중세 기독교 문명의 비대화와 권력화에 대한 혁명에 가까운 개혁이었다는 점, 고대 그리스·로마의 인본주의를 재해석하고 고전을 재편성하면서 인간본성의 해방과 인간의 재발견, 합리적인 사유 등이 기본정신이라는 점 등이 그러하다. 송의 송조육현이 시도한 사회 변화는 새롭게 인간을 재발견하고 신과 사회가 인간의 중심이 아니라 인간의 개개인이 우주의 중심이라는 사고의 전환을 가져오게 하였다는 점에서 인간 개개인에 대한 새로운 자각이라고 할 수 있다. 이런 송대의 변화는 사회, 정치, 문화 모든 분야에서 나타났고, 명리학 분야에서도 당대까지 이어져 오던 연주(가문과 사회)를 중심으로 살피던 고법명리학 이론에서 일간과 일주를 중심으로 명命을 살피는 인간 개인을 향한 시점 변화를 가져오게 된다.

[주자朱子의 초상]

주자의 신유학을 우리는 성리학性理學이라고 부르는데 성리학의 기초는 바로 우주와 인간은 같다는 사고에서 시작한다. 우주의 천리天理와 인간의 인성人性은 서로 같은 맥락에서 이해되어야 한다는 것인데, 하늘의 이理와 인간의 성性은 그 이름만 다를 뿐 원래는 같은 것이라는 사고를 가지고 있다.

그래서 이 두 가지 원리, 성性과 리理를 공부하는 학문을 주자는 성리학性理學이라고 칭하였고, 인간이 가지고 있는 우주적 사고와 판단을 이성理性이라고 불렀다. 간단히 말해 우주가 곧 인간이고, 인간이 곧 우주라는 가설을 세워 인간을 설명하였고, 내 안에 우주가 있다, 우주와 나는 하나다, 내 안에 있는 우주의 위대한 에너지를 발현해야 한다는 것 등이 성리학의 중요한 원리가 되고 있다.

영국 빅토리아 시대의 생물학자였던 토마스 헉슬리Thomas Huxley[80])가 이런 질문을 하였다. "자연에서 인간의 위치는 어디이며, 인간은 우주와 어떤 관계가 있는가?" 중국 송대의 주자는 900년 전에 똑같은 질문을 하였다. "우주[天]에서 인간[人]의 위치는 어디인가? 인간은 우주와 어떤 관계가 있는가? 인간은 저 위대한 우주와 하나가 될 수 없을까? 그것이 인간이 현생에서 꿈꾸는 인간의 위대한 목적이어야 하지 않을까?" 주자는 우주에 존재하는 만물 중에 인간만이 우주의 정신을 이해하고 우주와 함께 호흡하며 살 수 있다고 보았으며, 천인합일天人合一의 위대한 목표를 달성하는 사람이 성인聖人이라고 하였다.

---

80) 토마스 헉슬리(1825년~1895년), 영국의 생물학자. 다윈의 진화론에 영향을 많이 받았으며 인간의 기원에 대해서도 진화론을 적용하였고 네안데르탈인의 화석연구로 인간이 진화의 과정에서 생긴 것임을 주장하였다.

송대의 신유학을 주자에 의해 완성되었다고 해서 '주자학'이라고도 불렀고, 인간의 본성[性]과 우주의 원리[理]에 대한 학문이라고 해서 '성리학'이라고도 불렀다. 무엇이라 불리었든 이는 인간과 우주와의 관계에 대한 새로운 패러다임을 가져왔고, 명리학의 대전환기와 그 역사적 시기 그리고 사상의 축이 매우 유사하다는 점은 우연의 일치라고 할 수 없다.

Part 3

본격적인 명리학 시대의 전개

6장 중국 중세·근대 명리학사
7장 한국 명리학사

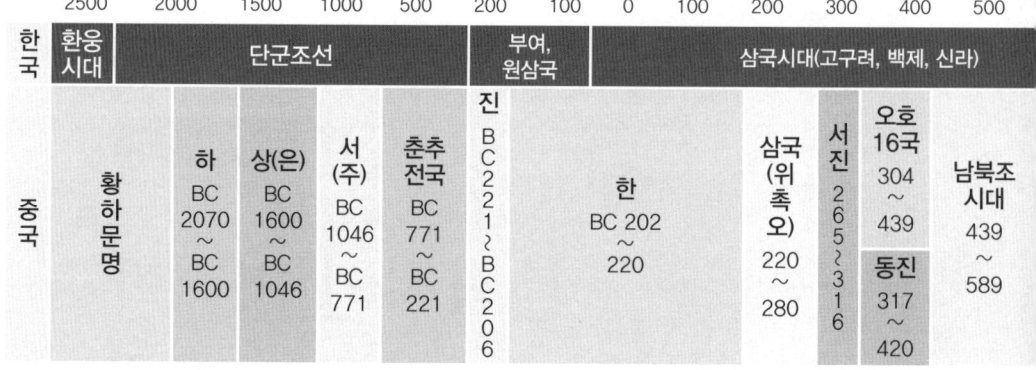

		2500	2000	1500	1000	500	200	100	0	100	200	300	400	500
한국	환웅시대			단군조선				부여, 원삼국			삼국시대(고구려, 백제, 신라)			
중국	황하문명		하 BC 2070 ~ BC 1600	상(은) BC 1600 ~ BC 1046	서(주) BC 1046 ~ BC 771	춘추전국 BC 771 ~ BC 221	진 BC221~BC206	한 BC 202 ~ 220			삼국(위촉오) 220 ~ 280	서진 265~316 / 동진 317~420	오호16국 304 ~ 439	남북조시대 439 ~ 589

서자평(徐子平)

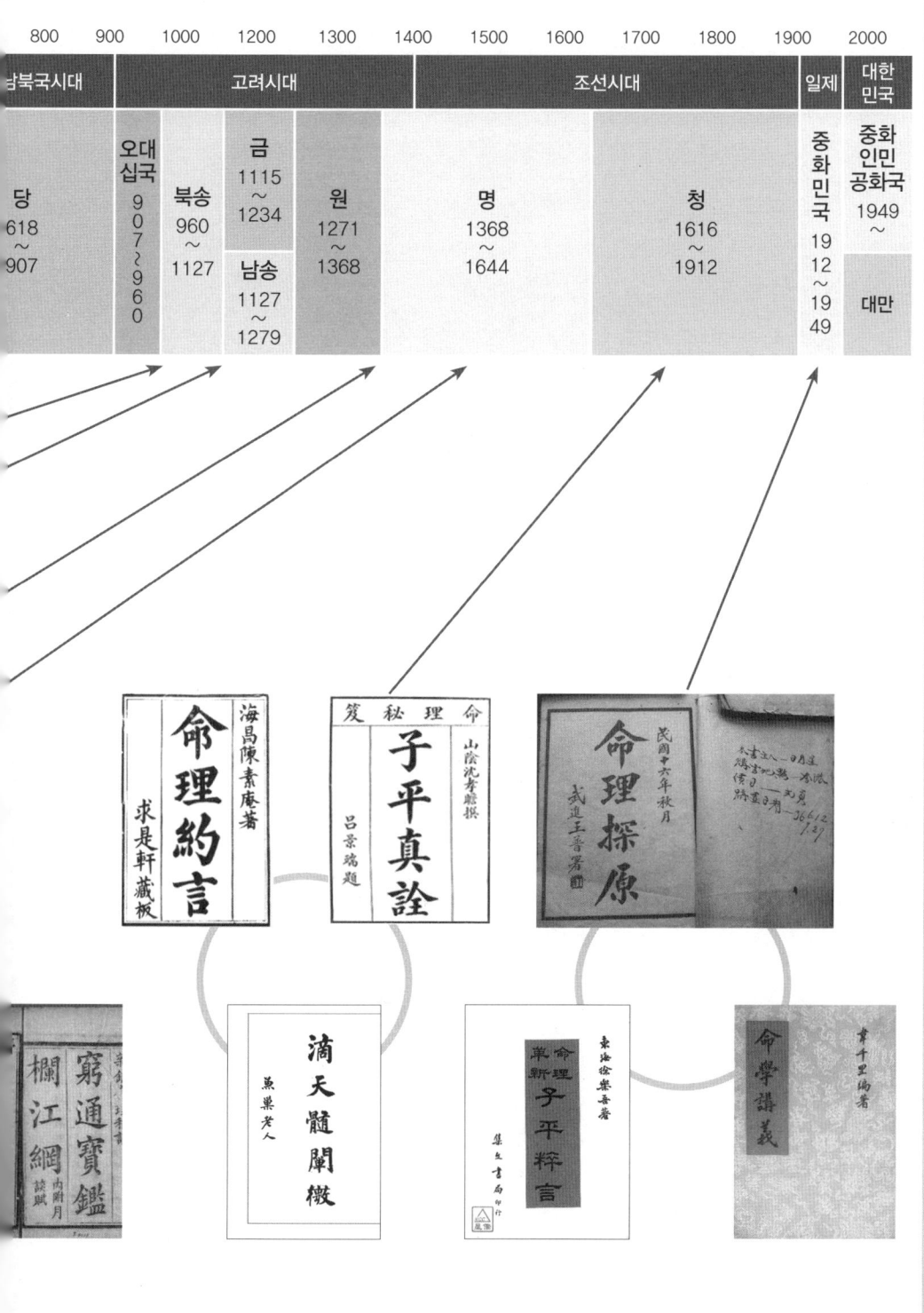

중국 중세·근대 명리학사
[중국 명리학 새로이 전개되다]

01 五代十國·宋·元 – 명리학의 재전개
[명통부, 연해자평, 적천수]

1) 五代十國시대 – 서자평의 『명통부』, 자평명리학의 창시

현대 사주명리학은 서자평徐子平의 신법명리학, 자평명리학을 직접 계승하고 있으며 이를 이용하여 운명을 예측하고 활용하고 있다. 서자평의 생몰 연대에 대해서는 뒤에서 자세히 살펴볼 것이나, 송대 직전 여러 왕조가 자주 바뀌며 혼란했던 오대십국五代十國 시대의 인물로 알려져 있으며 그는 고법명리학의 이론을 거의 대부분 수정하고 새로운 관점에서 사주명리학을 재정립하였다.

출생 연월일시의 사주간지四柱干支를 운명 추론에 이용한다는 공통점을 가지고 있으나 고법명리학과 신법명리학은 많은 부분에서 다른 이론적 견해를 가지고 있으며 간명 방법도 상당 부분 변형되어 있다. 그렇기 때문에 서자평 이후의 명리학자들은 서자평을 진정한 의미의 사주명리학의 창시자라고 평가, 추앙하고 있으며 현재까지 그의 자평명리학이 보편적으로 활용되고 있다. 그가 세상에 등장한 이후로는 고법명리학은 철학적 의미로서 삼원三元사상이 남아있고 방법론적으로는 납음오행과 신살 정도가 일부 전해지며 흔적을 남기고 있다.

그러므로 현대에서 사주를 본다는 것은 서자평이 창안한 자평명리 이론을 이용해서 운명을 예측한다는 말과 동일시되고 있으며, 또한 사주명리학은 곧 서자평이 창안한 자평명리학을 칭하는 것이라고 해도 과언이 아닌 것이 되었다.

이제부터 사주명리학 역사상 새로운 신기원을 이룩한 서자평이 누구이며, 어떤 저술을 남겼고, 고법명리학과 어떤 학설이 다른지를 살펴보기로 한다.

[서자평: Xu Zi-Ping 상상초상]

서자평은 누구인가?

자평명리학子平命理學의 창시자로 추앙받고 있는 서자평은 어느 시대 인물이며 본명本名은 어찌되는가에 대해서 세 가지의 학설이 분분한데, 여기서는 세 가지의 학설을 차례대로 살펴보도록 한다.

첫째, 서자평이 五代 때[81]의 서거이徐居易라고 보는 설이 있다.

명대明代의 만민영萬民英은 그의 저서 『삼명통회三命通會』 제7권 「자평설변子平說辨」에서 다음과 같이 기록하고 있다.

탁영필기濯纓筆記에 보면, 자평子平은 성이 서徐, 이름이 거이居易이고, 자평子平은 그의 자字이다. 동해인東海人이고 별호別號는 사척선생沙滌先生인데 봉래수蓬萊叟라고도 하며, 태화太華의 서쪽 당봉동棠峰洞에 은거하였다. 자평지법子平之法은 출생 연월일시로써 그 녹명祿命을 추리하였는데 적중하지 않음이 없었다. 그 연원은 전국시대 낙록자珞琭子[82]로부터 나왔는데 세상에 있는 『원리소식부元理消息賦』 한 편이 낙록자의 저술이라고 일컬어지고 있다. 하지만 그 문장을 보건대 후인의 위찬僞撰이지 낙록자의 본진本眞은 아니다. 낙록자와 같은 시기에 귀곡자鬼谷子가 있었고, 한漢의 동중서董仲舒, 사마계주司馬季主, 동방삭東方朔, 엄군평嚴君平, 삼국시대三國時代의 관로

---

81) 서기 907년~960년, 당(唐) 멸망 후 송(宋) 건국 이전의 양(梁: 後梁), 당(唐: 後唐), 진(晉: 後晉), 한(漢: 後漢), 주(周: 後周)의 5왕조 시대를 말한다.

82) 『삼명통회』에서는 낙록자를 전국시대 인물로 기록하고 있으나 이 책에서는 낙록자를 남북조시대 인물로 취하고 있으며 이는 「낙록자부주」의 서문에 근거한 것이다.

管輅, 진晉의 곽박郭璞, 북제北齊의 위녕魏寧, 당唐의 원천강袁天綱, 승일행僧一行, 이필李泌, 이허중李虛中과 같은 사람들은 모두 그 술術의 조祖이다. 일찍이 이필李泌은 관로管輅의 천양결天陽訣과 일행一行의 동발요지銅鉢要旨를 얻어서 점을 쳤는데 사람의 길흉을 극히 잘 적중했었고, 이필은 이허중에게 이것을 전해서 발전시켰다. 낙록자는 년年으로써, 이허중은 일日로써 하니 그 법이 일변一變하였다. 오대五代에 마의도자麻衣道者, 희이선생希夷先生, 자평子平과 같은 사람들이 있었는데 자평이 허중의 술術을 손익損益하여 오로지 오행五行을 위주로 하고 납음納音을 위주로 하지 않았으니 그 법이 또 한 번 변했다. 자평이 죽은 후에 송宋 효종孝宗 순희淳熙 년간에 회전淮甸의 술사術士가 있었는데 그의 호號가 허자虛子였고 이 술術에 정통하여 세상에서 중요하게 인정받았다. 그 무렵 승僧 도홍道洪이라는 자가 그 진전을 비밀리에 전수받은 후에 전당錢塘으로 들어가 그 학문을 전포傳布하였는데 세속에서는 그것의 유래를 알지 못하고 자평子平이라고 직언直言했을 뿐이었다. 후에 도홍은 그것을 서대승徐大升에게 전했는데, 현재 전해지고 있는 『삼명연원三命淵源』, 『정진론定眞論』 등은 모두 서대승의 저술이다. 이로써 본서本書의 변역變易이 끝나게 된다.

『오행정기五行精紀』, 『난대묘선蘭臺妙選』, 『삼거일람三車一覽』, 『응천가應天歌』 등의 책은 『연원淵源』, 『연해淵海』와 내용이 다르다. 무릇 문장을 읽고 변화를 관찰하건대 치역명시治曆明時는 모두 시대를 따라서 개혁하므로 비록 백년 동안에도 수술數術의 학설 역시 달라지지 않을 수 없다. 자평의 시대로부터 대승까지 간격이 삼백여 년이 흘렀으니 그 법이 몇 번 변했는지 알 수가 없다. 혹자는 말하기를 대승이 자평의 진전眞傳을 얻었다고 한다. 中略 오늘날 사람들의 추명지술推命之術은 또 다시 원인元人이 자평子平과 대승大升의

2가二家의 법을 복추復推하여 연역演繹한 것이다. 오늘날 명명命을 논하는 사람들을 보면 자평子平이라고 통칭하면서 그 근원을 모르고 있다. 그래서 나는 자평子平 두 글자를 해석하여 자세하게 변론辯論하게 된 것이다."[83]

위의 글에서 만민영은 서자평이 활동한 연대와 성명과 자호字號에 대해서 본명은 서거이, 자는 자평, 별호는 사척선생 또는 봉래수라 하였다. 오대五代시대 인물이고 동해東海, 지금의 강소성江蘇省 동해현東海縣 사람이고 은사였다고 밝히고 있다.

아울러 자평추명법이 전승傳承된 대요大要에 대해서 멀리는 전국시대의 귀곡자와 낙록자를 계승하고 가깝게는 당唐의 이허중이 그 술術을 가감하였고 후에 송宋의 충허자와 승려 도홍이 서대승에게 전했으며 또 다시 원나라 사람이 서자평과 서대승의 법을 복추復推하여 그 당시의 추명술이 되었다고 밝히고 있다.

추명 방법의 변천에 대해서는 낙록자는 년年을 위주로 하고 이허중은 일日을 위주로 하였으며 서자평은 연월일시를 모두 함께 보면서 납음을 위주로 하지 않고 오행의 생극제화를 위주로 하였음을 알 수 있다.

둘째로, 서자평은 송말宋末의 서승徐升이라는 설이 있다.
명대明代에 양종楊淙이 증교增校한 『연해자평淵海子平』의 추천사에 다음과 같은 구절이 있다.

---

83) 『삼명통회』 (대만 배림출판사 판본) 528~529쪽.

자평연해子平淵海의 이치는 당唐의 대부大夫 허중虛中으로부터 시작되었
다. 인간의 출생 연월일시의 생극왕상生剋旺相과 휴수제화休囚制化로써 사람
의 화복을 결정하는데 그 응험이 귀신과 같았다. (중략) 송宋의 서공승徐公升
은 다시 사람의 생일生日을 위주로 하여 육사六事[84]를 나누어 의론議論이 정
미精微하였으며 『연해淵海』의 책을 지어 제유諸儒의 뜻을 모아 지금까지 전
포傳布하므로, 모두의 조종祖宗이 되었다. 후에 여러 사람의 문집文集인 『연
원淵源』이 있었지만 이의理義와 편장篇章이 부화뇌동하여 지금까지 수백 년
이 되었고 판적版籍에 글자의 오류가 많아서 학자들이 그 뜻을 알기가 어려
웠다. 오늘날 당금지唐錦池군이 이 이치에 정통하여 이 두 권의 책을 합치고
구결口訣을 보태고 그 잘못을 바로잡아 (중략) 인쇄해서 세상에 내놓으니 후
학들이 이것을 익혀 고인의 유범遺範을 잃지 않기를 바랄 뿐이다. 책을 완성
함에 당금지군이 나에게 부탁하기에 여기에 추천사를 쓰는 바이다. 숭정崇
禎 7년 초겨울 길일吉日에 중재重梓를 하면서.[85]

이 글을 읽고 알 수 있는 것은 다음과 같다.

이허중이 연월일시를 추명의 기준점으로 삼았고, 후세의 자평술을 하는
사람들이 서승을 조종으로 추종하였고, 서승이 생일을 위주로 하여 육친六
親을 논명하는 법을 창시하였고, 서승徐升은 『삼명통회』에서 언급한 바 있는
서대승徐大升, 서대승徐大昇, 서언승徐彦昇[86]과 동일인일 가능성이 극히 높다

---

84) 육신(六神)을 말한다. 양상윤(梁湘潤)은 그의 저서 『연해희기수필(淵海喜忌隨筆)』(대만 豪年有限公司 1980년 출판) 83쪽에서 육사(六事)를 일주(日主), 오행(五行), 인원(人元), 격국(格局), 희기(喜忌), 신살(神煞)의 여섯 가지 항목이라고 설명한 바 있다.
85) 『평주연해자평(評註淵海子平)』(대만 서성서국 발행, 1985년) 1쪽.
86) 류옥(劉玉)은 그의 저서 『기편(己編)』에서 자평학의 시조는 서자평이 아니고 서언승이라고 말한 바 있다.

는 것이다. 추천사에서 당의 이허중과 송의 서승 사이에 존재했던 서거이徐
居易의 존재에 대해서는 언급하지 않았고, 그 책 3권 『오행원리소식부五行原
理消息賦』를 주석87)하면서 서승이 전당錢塘에 거居하였는데 후세 사람들이 그
를 서자평이라고 불렀다고 말하고 있다. 서승이 곧 서자평이라는 것이다.

셋째로, 서자평은 명대明代의 서균徐均이라는 설이 있다.
이 학설은 극소수의 학설이고 오로지 명대明代의 장남張楠이 홀로 주장한
학설이다. 그의 저서 『신봉통고명리정종神峰通考命理正宗』의 서문88)에는 다음
과 같은 구절이 있다.

> 명조明朝의 서균徐均이 자평서子平書를 지었는데 오로지 일간日干을 위주로
> 하고 월령月令을 용신用神으로 삼고 연시年時로 보좌輔佐하니 명서命書의 저
> 작은 이에 이르러 끝났다.

장남張楠은 명대明代의 서균徐均이 자평서를 지었으며 명리학의 중대한 발
전을 이룩한 대표적 인물이며 일간을 위주로 하는 학설을 창시하였다는 이
야기를 하고 있다.

이상에서 세 가지의 학설을 모두 살펴보았다.
세 번째의 학설은 장남 혼자 주장한 학설이고 믿는 이가 많지 않으니 제

『고금도서집성』 예술전 제630권 『성명부잡록(星命部雜錄)』 및 『사고전서총목제요』 참조.
87) 『평주연해자평』(대만 서성서국 발행, 1995년) 3권 56쪽.
88) 『명리정종(命理正宗)』(대만 무릉출판사 간행, 1986년) 3쪽 서문 참조.

외한다고 하여도, 첫 번째 학설과 두 번째 학설은 병존하고 있는 실정이다. 오대五代의 서거이가 자평학의 기초를 세우고 그것을 서승(서대승, 서언승)이 계승하여 발전시키고 널리 알렸으며, 원대元代 이후에 추명하는 사람들이 이 두 사람 자평子平의 학문을 연역하여 지금의 법이 된 것인데, 서거이가 되었든 서승이 되었든 두 사람은 일맥상통한다고 볼 수는 있을 것이다. 공교롭게도 그 두 사람의 자호字號가 자평子平이었고, 학설 역시 일맥상통함으로 말미암아 일간 위주의 사주학을 자평학이라고 일컫는 것이 두 사람 모두에게 해당된다는 점에서 두 사람이 깊은 인연의 끈으로 맺어져 있다고 볼 수 있다.

현재 가장 보편적인 학설은 서자평을 서거이 선생으로 보는 것이 가장 일반적이며, 서거이를 자평학의 창시자로, 서승은 그 학설을 널리 발전시키고 퍼뜨린 후계자로 생각하면 될 것이다. 그러므로 서거이 이후에 신법 사주학인 자평학이 태동하여 지금까지 학술 변천을 거치면서 발전하여 왔다고 보는 보편적 명리학사 관점으로 기록을 남긴다.

서자평의 저서 및 학설

서자평은 『명통부明通賦』, 『낙록자삼명소식부주珞琭子三命消息賦註』, 『옥조신응진경주玉照神應眞經註』를 저술하였고, 이 중에서 『낙록자삼명소식부주』와 『옥조신응진경주』는 고법명리학 서적에 주석을 달면서 고법명리학 이론에 자신의 이론을 투영시키면서 신법명리학의 관점에서 서술한 주석서이다.

반면 『명통부』는 신법명리학 이론을 정리하며 자신이 직접 저술한 신법명리학 저작이다. 중국 저술 문화의 전통에는 고전에 주석을 달면서도 본인의 저술은 하지 않는 풍토가 있었는데 서자평 역시 일견 그런 경향을 보였다고 할 수 있다. 하지만 그가 남긴 『명통부明通賦』는 앞서 두 권의 책에 주석을 달며 그가 사용했던 신법명리학의 이론을 별도의 책으로 기록하여 후세에 남김으로써 사주명리학에 지대한 영향을 주었다는 점에서 주목해야 할 책이다.

『명통부明通賦』는 서자평의 개인 저술이라고 『삼명통회三命通會』에 기록되어 있다. 『삼명통회』는 명대만력明代萬曆 6년(1578년) 만민영이 출간한 명리학 백과사전이라고 알려진 책으로 『사고전서四庫全書』 자부子部 술수류術數類에 수록되어 있다.

『삼명통회』 속에는 『명통부』 전문이 수록되어 있는데, "東海徐子平撰, 易水萬育吾解동해서자평찬 역수만육오해"라고 기록되어 있다. 서자평이 원문을 쓴 것을 만육오가 주석을 단 것이라는 글귀이다. 내용은 『낙록자삼명소식부주』의 주석 내용과 비슷한 부분이 많지만, 사주四柱, 팔자八字, 일간日干, 간지오행干支五行의 생사휴왕生死休旺, 명성命星, 강약强弱, 불견지형不見之形, 길흉吉凶, 육친六親, 세운歲運, 격국格局 등 대부분의 신법명리학 이론들이 잘 정리되어 있다. 『명통부』의 이 이론들은 모두 현대까지 계승되고 사용되고 있다.

『명통부明通賦』의 주요 내용은 일간日干을 주체로 하여 월령月令을 중시하면서 사주체四柱體의 기본적 격국格局을 정하는 것을 원칙으로 하였고, 지지에 들어있는 지장간支藏干을 대입하여 사주의 여러 가지 십성十星의 관계를 대입하면서 간명하는 기본 사주간명법이 담겨져 있다. 정격正格과 잡격雜格 등 격국의 구조가 완성되어 있고, 일간의 신강신약身强身弱을 가리고 십성의 길흉吉凶을 살피고 대운大運과 세운歲運을 배합하고 사주의 오행이 계절에 따라 왕상휴수사旺相休囚死가 달라지는 점을 살폈고 억부용신抑扶用神을 활용하고 있다.

◎『명통부』의 명리학적 특징

1. 사주四柱

사주를 본명本命 ; 年柱, 생월生月, 생일生日, 생시生時라고 정의한다. 이것은 『이허중명서』를 비롯한 고서에서 사주를 태월일시胎月日時라고 정의한 것과 다른 점이다. 고법에서는 태월일시의 사주에 년주를 합하여 오주五柱로 논명論命하였는데, 서자평이 사주란 연월일시年月日時라고 정의한 것이다. 고법에서 사용하던 태원이 사주에서 사라진 것이다.

2. 팔자八字

연월일시의 천간 4자와 지지 4자를 합해서 팔자八字라고 정의하였고, 이것이 현재까지 그대로 전해지고 있다.

3. 삼원三元

본명 연월일시 사주四柱마다 삼원三元이 있다고 하는데, 천원天元은 천간, 지원地元은 지지, 인원人元은 지지 속에 들어있는 천간 곧 지장간支藏干이다. 고법에서는 연주의 천간을 록祿, 연주의 지지를 명命, 연주의 납음오행을 신身이라고 하며, 이 록祿, 명命, 신身을 삼원三元이라고 하였다. 고법에서는 연주를 중심으로 하여 삼원을 정하고 태월일시는 보조적인 역할을 하였으나 서자평은 일간을 중심으로 놓고 사주 전체의 천간과 지지와 지장간을 골고루 사용한다.

4. 납음納音

서자평은 납음을 한 번 언급했을 뿐이고 사주판단에 사용하지 않았다. 현대명리학이 납음을 사용하지 않는 것과 일맥상통하고 있다.

5. 대운大運과 소운小運

고법에서는 대운, 소운, 기운氣運을 보았는데, 서자평은 대운과 소운을 보고 기운을 보지 않았다. 그는 대운을 정하는 원리를 설명하고 있는데, 현대명리학 역시 서자평의 방식을 따르고 있다.

6. 태세太歲

서자평은 출생한 해의 태세와 매년 돌아오는 태세를 설명하고 있다. 매년 돌아오는 태세를 행년태세行年太歲, 축년태세逐年太歲, 유년세명流年歲命이라고 하였는데, 이것은 현대에도 일년 운세를 볼 때 행년태세行年太歲를 사용한다는 점에서 일맥상통하고 있다.

7. 오행의 계절별 강약强弱

사주 간지의 오행이 계절에 따라서 1년 12월에 따라서 생사휴왕生死休旺하는 이치를 밝히면서, 음간과 양간이 12운성이 다르게 배치되지 않고, 甲乙木이 동생同生, 동사同死, 동휴同休, 동왕同旺한다고 밝히고 있다. 이 점은 『적천수滴天髓』가 음간과 양간이 동생동사同生同死한다는 입장에서 같다. 이에 반해 고법 『이허중명서李虛中命書』에서는 음생양사陰生陽死를 주장했다.

8. 지장간支藏干

서자평은 "지지 속에 인원이 있다." 혹은 "지지 속에 천원이 들어있다."라고 하였는데, 그는 천간과 지지의 관계를 천간끼리의 관계로 환산하였다. 그것은 지지를 천간으로 환원하는 지장간 이론이 있었기에 가능했다고 할 수 있다.

9. 육신六神

육신을 명성命星이라고 부르고 있는데, 육신에 육친六親을 배정하는 원리 역시 설명하고 있다. 관성을 남편으로, 재성을 처와 부친으로 보고 있다.

10. 육친六親의 위치 배정

육친을 사주의 연월일시 위치에 배정하고 있다. 연은 조상궁, 월은 부모궁, 일은 자기와 배우자궁, 시는 자식궁으로 배정하였다.

11. 강약强弱

간지 오행의 강약을 12월에 배정하여 논하면서 지장간에 통근通根했는가를 겸해서 보고 있다. 절기節氣의 심천深淺에 따라서 오행의 강약强弱이 변하는 학설은 현대까지 이어져 내려오고 있으며, 특히 일간의 강약을 따지는 것은 억부용신抑扶用神을 정하는 핵심 요건이 되고 있다.

『명통부』는 서자평의 이론이 올곧이 정리된 책으로 그의 다른 두 권의 책이 고법 명리학 서적과 내용을 바탕으로 새로운 해석을 시도해 본 것이라면 『명통부』는 이와 사뭇 다른 저술이다. 단연코 서자평을 신법 명리학의 시조始祖로 본다면 『명통부』는 자평학의 시원始原 저작물로 보는 것이 마땅하다. 자평명리학을 기본으로 삼아 사주를 간명하고 연구하는 이들이라면 『명통부』는 꼭 한번 읽어 보아야 할 상징적인 저작물이다.

서자평의 대표적인 주석서 『낙록자삼명소식부주』의 원저자는 낙록자珞琭子인데 낙록자가 누구인지는 논란이 많다. 앞 장에서 한 번 언급하였는데, 전국시대의 인물이라는 설에서 송宋나라 때의 인물이라는 설에 이르기까지 학설이 다양하다. 만민영萬民英의 『삼명통회三命通會』에 "其源盖出於戰國珞琭子기원개출어전국낙록자"라는 기록이 남아있어 낙록자가 전국시대의 인물이라고 추측하지만 그 외에는 누구인지 무엇을 하였는지에 관한 기록은 전혀 존재하지 않는다. ① 양梁의 소명태자라는 설, ② 주周의 세자 진晉이라는 설, ③ 남북조시대의 도홍경陶弘景이라는 설, ④ 서자평徐子平이라는 설 ⑤ 석담영釋曇瑩이라는 설이 있지만 정확한 진위를 알 수는 없다.

서자평이 주석을 단 시기에 대해서 대만의 추문요鄒文燿는 서기 1135년경이라고 추정[89]하고 있다. 『낙록자삼명소식부주』는 서자평의 주석을 통해서 신법 자평학이 진면목을 드러냈다는 점에서 사주학 역사상 아주 중요한 의미를 지닌다.

서자평이 주석을 단 또 하나의 저술은 『옥조신응진경주』이다. 동진東晋의

---

89) 鄒文燿(추문요), 『子平命學考證(자평명학고증)』 (대만 서성서국, 1982년) 108쪽 참조.

곽박郭璞이 저술했다고 알려진 『옥조신응진경』이 사주四柱라는 명칭이 기록된 최초의 저술이 되는데, 『옥조신응진경주』는 『고금도서집성古今圖書集成』의 성명부星命部에 들어있다. '곽박정문郭璞正文, 서자평주徐子平註'라고 기록되어 있어 서자평이 주석을 단 것임을 확인시켜 주고 있다.

『옥조신응진경주』는 곽박이 육임六壬의 원리를 주로 사용하면서 서술한 것을 서자평이 주석을 달고 있는데, 서자평의 주석 방식은 『낙록자삼명소식부주』와 대동소이하다. 육임의 원리는 원래 일간日干을 중심으로 보는 것인데, 일간 위주의 육임 이론이 서자평에 이르러 일간 위주의 명리학으로 정립되는 데 지대한 공헌을 한 것이며, 여기에 『옥조신응진경』의 곽박의 원문이 교량 역할을 한 것으로 판단된다.

2) 南宋시대 - 서승의 『연해자평』(1162년)

서승徐升은 서대승徐大升, 서공승徐公升, 서언승徐彦昇 등 여러 이름으로 기록되어 있고 알려진 인물이다. 서승은 서자평의 자평법을 계승하여 일간 중심으로 생극 관계를 분석하는 육신법六神法을 체계화하고 발전시킨 남송시대의 명리학자로 대표 저술은 『연해자평淵海子平』이다. 사주학을 공부하는 술객이라면 누구나 한 번쯤은 읽어보았을 법한 입문서로 널리 알려져 있다. 하지만 그렇게 널리 유포되어 있던 책이었음에도 불구하고 『사고전서四庫全書』에는 수록되어 있지 않다.

[연해자평淵海子平]

『연해자평淵海子平』은 명대明代 숭정崇禎 7년(1634년) 중판이 발행되었는데, "송서승찬宋徐升撰, 명양종증교明楊淙增校"라고 기록되어 있고 중판 발행시에 발행자 당금지唐錦池의 부탁을 받고 쓴 인문(引文 : 추천사)에 다음과 같은 구절이 있다.

자평연해子平淵海의 이치는 당唐의 대부大夫 허중虛中으로부터 시작되었다. (중략) 송宋의 서공승徐公升은 다시 사람의 생일生日을 위주로 하여 육사六事를 나누어 의논議論이 정미精微하였으며 『연해淵海』의 책을 지어 제유諸儒의 뜻을 모아 지금까지 전포傳布하므로, 모두의 조종祖宗이 되었다. (후략)[90]

그리고 『연해자평』의 책 말미에 있는 『회요명서설會要命書說』[91]에는 그 당시에 유행하던 비결집 『연해淵海』와 『연원淵源』 두 권의 내용이 대동소이하고 오자가 많아서 책을 합본한다는 내용이 기록되어 있다.

---

90) 『평주연해자평(評註淵海子平)』, (대만 서성서국 발행, 1985년) 1쪽.
91) 『연해자평(淵海子平)』, (대만 서성서국, 1985년) 제5권 39쪽 참조.

서승이 『연해淵海』를 저술하고 후대의 비결집 『연원淵源』을 합본해서 만든 책이 『연해자평』이라는 것이다. 남송南宋 시대의 인물 서승은 서거이의 자평법을 계승하였으며, 일간을 중심으로 생극生剋 관계를 분석하는 육신법六神法의 이론을 체계화하여 발전시켰다. 그는 『삼명연원三命淵源』, 『정진론定眞論』, 『연해淵海』 등을 저술하였는데, 명明나라 때에 당금지가 『연해淵海』와 후대 비결집이자 주석집인 『연원淵源』을 합하여 『연해자평淵海子平』을 편찬하였다.

원대元代에 이흠부李欽夫가 편찬한 『자평삼명연원주子平三命淵源註』에서는 서자평이 『희기喜忌』, 『계선繼善』을 저술했다고 되어 있지만, 『삼명통회』에서는 서승이 서자평의 진전을 이어받아 『삼명연원』, 『정진론』, 『오행원리소식부』 등을 저술했다고 밝히고 있어 서자평과 서승 동일인물 논란이 존재한다.

장신지張新智는 『희기편喜忌篇』, 『계선편繼善篇』, 『정진론定眞論』, 『원리소식부原理消息賦』 등에서 일간 위주로 육신을 정하고 격국과 용신과 월령을 판단의 기준으로 한다는 점에서 『낙록자삼명소식부주』의 서자평의 이론과 일치한다고 보지만, 『연해』와 『연원』 두 권의 원본이 존재하지 않기 때문에 판단하기 어렵다고 보는 견해[92]를 피력하고 있다.

서승의 『연해자평淵海子平』은 사람이 출생한 연월일시의 간지干支 여덟 글자에 나타난 음양과 오행의 배합을 보고, 그 사람의 부귀와 빈천, 성공과 길흉 등의 제반사항을 판단하는 '팔자명리학八字命理學'에서 가장 근간이 되는 저술이다. 중국 남송南宋의 서승徐升이 서거이(徐居易 : 徐子平)가 체계화한 자평법子平法 명리학 이론을 계승하여 저술한 『연해淵海』를 근간으로 명明나라 숭정제(崇禎帝 : 재위 1628~1644년) 연간에 당금지唐錦池가 편찬한 것이다.

---

92) 『자평학지이론연구(子平學之理論研究)』, (장신지, 박사 논문) 46쪽 참조.

『연해자평』은 모두 5권으로 구성되어 있는데, 1권과 2권은 음양오행陰陽五行의 기본 원리와 천간지지天干地支와 육십갑자六十甲子, 신살론神煞論과 격국론格局論 등이 서술되어 있다. 3권은 육친론六親論과 소아小兒, 여명女命, 성정性情, 질병疾病 등에 관해 논하고 있다. 4권은 신약身弱, 과갑科甲 등 인감人鑑과 열두 달의 건후建候 등이 기록되어 있으며, 5권은 앞의 내용들을 암송하기 쉽게 시결詩訣로 만든 내용이 실려 있다.

이 책은 현재 시중에서 역술인들 대부분이 수용하고 있는 사주명리학의 핵심적 내용들이 모두 수록되었는데, 그 핵심적인 것들을 소개하면 다음과 같다.

◎ 『**연해자평**淵海子平』의 명리학적 특징

1. 당나라 때까지의 사주학이 태어난 년을 중심[年柱爲主]으로 하였음에 반해 이 책은 태어난 날을 중심[日柱爲主]로 하고 있다.

2. 근묘화실론根苗花實論, 태어난 해를 조상과 뿌리, 달은 부모와 싹, 날은 자신과 꽃, 시는 자식과 열매로 보는 논리를 소개하고 있다.

3. 육십갑자六十甲子 납음오행론納音五行論을 비판하고 있다.

4. 18가지의 격국格局과 더불어 당대의 유명 인사들의 사주사례를 소개하고 있다.

『연해자평淵海子平』은 오랜 기간 전승되어 오면서 필사 과정에서 잘못 전해지거나 기록된 내용도 포함되어 있고, 판본마다 내용의 차이가 나타나기도 한다. 또한 실용적인 목적에서 사용되도록 편찬되었기 때문에 서술이 지나치게 간략하거나 축약된 부분도 많다. 또한 분류도 명확하지 않다. 따라서 명리학과 관련된 지식을 어느 정도 지니고 있어야 그 의미를 제대로 파악할 수 있다.

그러나 이 책은 후대에 다른 명리학 서적이 저술되는 데 큰 영향을 끼쳤을 뿐 아니라, 민간 사회에도 폭넓게 유포되어 오늘날에도 명리학의 진수를 담은 최고 고전으로 꼽힌다.

◎ 『**연해자평**淵海子平』 **목차**

〈1권〉

논오행소생지시論五行所生之始	논천간지지소출論天干地支所出
천간상합天干相合	십간소속방위십이지소속론十干所屬方位十二支所屬論
논십이지음양소속論十二支陰陽所屬	논십이지육합論十二支六合
논십이지삼합論十二支三合	논십이지상충論十二支相冲
논십이지상천論十二支相穿	논십이지상형論十二支相刑
논간지자의論干支字義	십이지생초論十二支生肖
논육십화갑자납음병주해論六十花甲子納音幷註解	논천간왕사절論天干旺死絶
오행발용정례五行發用定例	논년상기월례論年上起月例
논일상기시례論日上起時例	논기태법論起胎法
논기식법論起息法	논기변법論起變法
논기통법論起通法	논기옥당천을귀인論起玉堂天乙貴人
기천관귀인起天官貴人	논태극귀인論太極貴人
논사폐일論四廢日	논천지전살論天地轉殺
논천라지망論天羅地網	논양인論羊刃
논기대운법論起大運法	논행소운법論行小運法
논오행상생상극論五行相生相剋	논절후가論節候歌
논천지간지암장총결論天地干支暗藏總訣	우논절기가又論節氣歌
우지지장둔가又地支藏遁歌	논사계대절결論四季大節訣
논미래월삭절기오가論未來月朔節氣奧歌	논절유년절기일시각수요결論截流年節氣日時刻數要訣
논일위주論日爲主	논월령論月令
논생왕論生旺	우논오행생왕쇠절길흉又論五行生旺衰絶吉凶
논오행묘고재인論五行墓庫財印	논관살혼잡요제복論官殺混雜要制伏
논오행생극제화각유소희소해례論五行剋生制化各有所喜所害例	
이지음양상생리二至陰陽相生理	자평거요가子平擧要歌
상해정진론詳解定眞論	희기편喜忌篇

〈2권〉

계선편繼善篇
정관론正官論
논편관論偏官
논인수論印綬
논편재論偏財
논도식論倒食
논겁재論劫財
논형합論刑合
논잡기論雜氣
논일덕論日德
논괴강論魁罡
논시묘論時墓
잡기재관격雜氣財官格
시상편재격時上偏財格
비천록마격飛天祿馬格
도충격倒冲格
을기서귀격乙己鼠貴格
합록격合祿格
자요사격子遙巳格
임기용배격壬騎龍背格
귀록격歸祿格
형합격刑合格
공귀격拱貴格
잡기인수격雜氣印綬格
육갑추건격六甲趨乾格
현무당권격玄武當權格
윤하격潤下格
가색격稼穡格
일덕수기격日德秀氣格
기명종재격棄命從財格
기명종살격棄命從殺格
세덕부살격歲德扶殺格
협구격夾丘格
오행구족격五行俱足格

간명입식看命入式
논관성태과論官星太過
논칠살論七殺
논정재論正財
논식신論食神
논상관論傷官
논양인論羊刃
논복덕수기論福德秀氣
논일귀論日貴
논일인論日刃
논금신論金神
정관격正官格
월상편관격月上偏官格
시상일위귀격時上一位貴格
우격又格
우격又格
육을서귀격六乙鼠貴格
우합록격又合祿格
축요사격丑遙巳格
정란의격井欄義格
육음조양격六陰朝陽格
공록격拱祿格
인수격印綬格
육임추간격六壬趨艮格
구진득위격勾陳得位格
염상격炎上格
종혁격從革格
곡직격曲直格
복덕격福德格
상관생재격傷官生財格
상관대살격傷官帶殺格
세덕부재격歲德扶財格
양간불잡격兩干不雜格

〈3권〉

육친총론六親總論	육친첩요가六親捷要歌
논부論父	논모論母
논처첩論妻妾	논형제자자論兄弟姊姊
논자식論子息	논부인총결論婦人總訣
음명부陰命賦	여명부귀빈천편女命富貴貧賤篇
여명귀격女命貴格	여명천격女命賤格
곤랑도화滾浪桃花	여명총단가女命總斷歌
논소아論小兒	논소아관살례論小兒關殺例
논성정論性情	논질병論疾病
논대운論大運	논태세길흉論太歲吉凶
논운화기論運化氣	화기십단금化氣十段錦
신취팔법유류속종회반조귀복神趣八法有類屬從化返照鬼伏	논격국생사인용論格局生死引用
논정태세論征太歲	잡논구결雜論口訣
군흥론군興論	논흥망論興亡
보법1寶法一	보법2寶法二
촌금수수론寸金搜髓論	논명세법論命細法
상관설傷官說	심경가心鏡歌
요상부妖祥賦	락석부絡繹賦
상심부相心賦	현기부玄機賦
유미부幽微賦	오행원리소식부五行元理消息賦

〈4권〉

금옥부金玉賦	벽연부碧淵賦
조미론造微論	인감론人鑑論
애증부愛憎賦	만금부萬金賦
설요첩치현묘결挈要捷地玄妙訣	연원집설淵源集說
자평백장론과갑가子平百章論科甲歌	사언독보四言獨步
신약론身弱論	기명종살론棄命從殺論
오언독보五言獨步	정월건인후시결正月建寅候詩訣
이월건묘후시결二月建卯候詩訣	삼월건진후시결三月建辰候詩訣
사월건사후시결四月建巳候詩訣	오월건오후시결五月建午候詩訣
유월건미후시결六月建未候詩訣	칠월건신후시결七月建申候詩訣
팔월건유후시결八月建酉候詩訣	구월건술후시결九月建戌候詩訣
십월건해후시결十月建亥候詩訣	십일월건자후시결十一月建子候詩訣
십이월건축후시결十二月建丑候詩訣	십간체상十干體象
십이지체상十二支體象	

〈5권〉

정관시결正官詩訣	편관시결偏官詩訣
인수시결印綬詩訣	정재시결正財詩訣
편재시결偏財詩訣	식신시결食神詩訣
상관시결傷官詩訣	양인羊刃
형합시결刑合詩訣	일귀시결日貴詩訣
금신시결金神詩訣	일덕시결日德詩訣
괴강魁罡	시묘시결時墓詩訣
잡기재관시결雜氣財官詩訣	시상편재시결時上偏財詩訣
시상일위귀시결時上一位貴詩訣	비천록마시결飛天祿馬詩訣
육을서귀시결六乙鼠貴詩訣	합록시결合祿詩訣
자요사시결子遙巳詩訣	축요사시결丑遙巳詩訣
임기용배시결壬騎龍背詩訣	정란의격시결井欄義格詩訣
귀록격시결歸祿格詩訣	육음조양시결六陰朝陽詩訣
공록공귀시결拱祿拱貴詩訣	육갑추건시결六甲趨乾詩訣
육임추간시결六壬趨艮詩訣	구진득위시결勾陳得位詩訣
현무당권시결玄武當權詩訣	윤하시결潤下詩訣
종혁시결從革詩訣	가색시결稼穡詩訣
곡직시결曲直詩訣	염상격시결炎上格詩訣
복덕격시결福德格詩訣	기명종재격시결棄命從財格詩訣
기명종살격시결棄命從殺格詩訣	살중유구시결殺重有救詩訣
천원일기시결天元一氣詩訣	화기시결化氣詩訣
천원일자시결天元一字詩訣	형충시결刑沖詩訣
극처시결剋妻詩訣	극자시결剋子詩訣
운회시결運晦詩訣	운통시결運通詩訣
대질시결帶疾詩訣	수원시결壽元詩訣
표탕시결飄蕩詩訣	여명시결女命詩訣
장생시결長生詩訣	목욕시결沐浴詩訣
관대시결冠帶詩訣	임관시결臨官詩訣
제왕시결帝旺詩訣	쇠병사시결衰病死詩訣
묘고시결墓庫詩訣	절태시결絶胎詩訣
태양시결胎養詩訣	오행생극부五行生剋賦
낙녹자소식부珞琭子消息賦	논팔자찰요법論八字撮要法
격국생사인용格局生死引用	회요명서설會要命書說

3) 元代 – 유기의 『적천수』

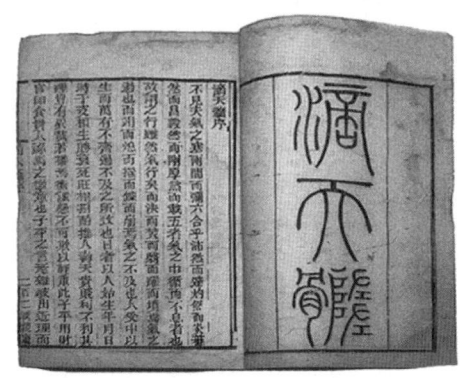

　명대明代의 개국공신 유기(劉基, 1311~1375년)는 호號로 유백온劉伯溫이라는 이름을 사용하였고, 한나라 유방의 책사 장량張良 그리고 삼국시대 촉나라 유비의 책사 제갈량諸葛亮과 더불어 중국 역사 3대 책사로 꼽히는 인물이다. 위로 천문天文에 능통하고 아래로 지리地理에 통달한 인물이었다. 정사正史에는 그가 술수와 관련이 있다는 기록은 없지만 술사術師들은 일찍부터 이름을 도용하기에 가장 적합한 대상으로 그를 선택했다.

　그의 이름이 들어간 술수책은 상당히 많다. 예를 들면, 『기문둔갑정갑대전奇門遁甲丁甲大全』의 서문序文을 썼다는 설, 풍수에 관한 책 『피간노담경披肝露膽經』을 지었다는 설, 육효점六爻占에 관한 책 『천금부千金賦』를 썼다는 설 등이 있다.

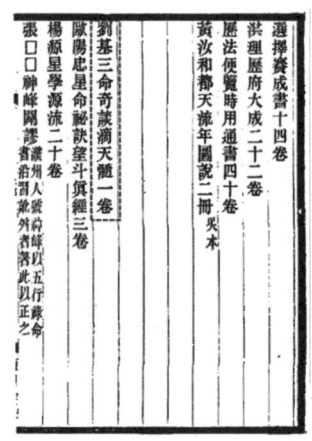

[천경당千頃堂 서목書目 - 삼명기담적천수]

정사에 기록된 그의 술수 관련 책으로는 『명사예문지明史藝文志』에 『삼명기담적천수三命奇談滴天髓』라는 서명書名이 기록되어 있고, 유기劉基가 지은 것으로 기록되어 있다. 다만 이 책이 과연 후세 사람들 사이에 널리 유포된 명리서적 『적천수滴天髓』와 동일한 서적인지는 본문이 전하지 않아 확인할 수는 없다.

청淸나라 순치順治 무술년(戊戌年 : 1658년)에 명리학자 진소암陣素庵이 『적천수집요滴天髓輯要』를 저술하였는데, 그 책의 자서自序에 다음과 같은 기록이 있다.

『적천수滴天髓』라는 책은 어느 한 명리命理를 아는 자가 쓴 책인데, 성의백誠意伯 유기劉基의 이름을 가탁한 것이다. 그 책은 간지干支의 성정에 통하고 음양의 변화에 통했으며 격국에 구애받지 않고 신살을 사용하지 않았고, 단지 명리를 추구하였다. 들어가면 들어갈수록 더욱 현미顯微한 것이 진실로

차도此道의 전정專精이고 술가術家의 발췌拔萃이다.(중략) 애석하도다! 이와 같이 학식이 높고 이론이 탁월한데 어찌하여 성의백誠意伯이 찬하였다고 하며 이름을 가탁하여 후세에 남겼단 말인가?[93]

이 글을 보면 진소암은 『적천수』의 실제 저자가 유기劉基의 이름을 가탁한 것으로 파악하고 있음을 알 수가 있다. 그런데 중화민국 26년(1937년) 서락오는 『적천수보주滴天髓輔註』를 지으면서 진소암과 다른 의견을 피력하였다.

서락오는 『적천수』의 원저자가 경도京圖이고 유기劉基가 주를 달았다고 기록한 것은 유기가 홍무제의 미움을 피하기 위해서 술이부작述而不作의 방법을 이용하여 원저자의 이름을 숨긴 것이라고 파악하고 있다. 원문原文과 주문註文의 풍격風格이 일치하는 것도 그렇게 판단한 이유 중의 하나라는 것이다.

『적천수』 저자에 대한 논쟁을 다시 정리해 보면, 형원주인 손씨는 경도京圖가 지은 원문原文에 유기劉基가 원주原註를 붙였다고 하였고, 서락오는 유기가 『적천수』 원문과 원주를 모두 지었다고도 하였다. 심지어 청대 진소암은 '명을 아는 어떤 사람'이 만들어 유기의 이름을 가탁한 것이라고도 하였다. 『적천수』라는 서명書名이 정사正史에 나타나는 것은 『명사明史』 「예문지藝文志」에 『유기삼명기담적천수劉基三命奇談滴天髓』라는 서목書目이 기록되어 있다. 경도京圖라는 저자의 이력이 남아있지 않고, 한편 '작作'이나 '저著'가 아닌 '찬撰'이라고 기록된 점을 볼 때 송대에서 명대초기에 회자되던 명리학 이론들이 수집 정리되었고 이를 『삼명기담적천수』라는 서명으로 책을

---

93) 진소암, 『적천수집요』(대만 무릉출판사, 1999) 7쪽 참조.

편찬하고 주석을 붙인 사람은 유기劉基가 분명하므로 유기의 『적천수』라고 칭함이 오류는 아니라고 본다.

◎ 『적천수집요滴天髓輯要』 목차

1. 통천론通天論
2. 천간론天干論
3. 지지론地支論
4. 간지론干支論
5. 형상론形象論
6. 방국론方局論
7. 격국론格局論
8. 종화론從化論
9. 세운론歲運論
10. 체용론體用論
11. 정신론精神論
12. 쇠왕론衰旺論
13. 중화론中和論
14. 강유론剛柔論
15. 순역론順逆論
16. 한난론寒暖論
17. 월령론月令論
18. 생시론生時論
19. 원류론源流論
20. 통격론通隔論
21. 청탁론淸濁論
22. 진가론眞假論
23. 은현론隱顯論
24. 중과론衆寡論
25. 분울론奮鬱論
26. 은원론恩怨論
27. 순반론順反論
28. 전합론戰合論
29. 진태론震兌論
30. 감리론坎離論
31. 군신론君臣論
32. 모자론母子論
33. 재덕론才德論
34. 성정론性情論
35. 질병론疾病論
36. 한신론閑神論
37. 반신론絆神論
38. 육친론六親論
39. 출신론出身論
40. 지위론地位論
41. 귀천빈부길흉수요론貴賤貧富吉凶壽夭論
42. 정원론貞元論

02 明代 – 명리학의 심화과정
[삼명통회, 명리정종, 난강망]

1) 만민영의 『삼명통회』(1578년)

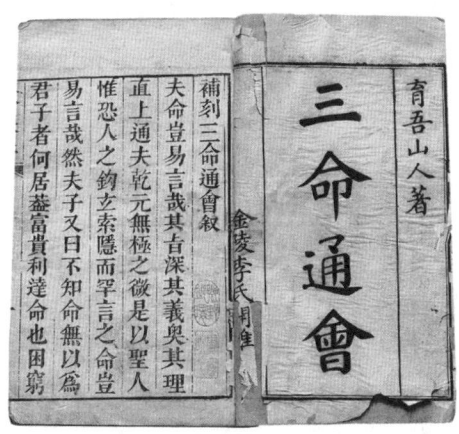

『사고전서四庫全書』 총목제요總目題要에 다음과 같은 기록이 있다.

『삼명통회三命通會』 12권은 육오산인育吾山人의 저술인데……(중략) 현재 전해지고 있는 『성학대성星學大成』은 오성五星을 오로지 논한 것으로 만민영萬民英의 작품인데, 육오산인育吾山人이 바로 만민영萬民英이다. 이 책 『삼명통회』는 자평子平을 오로지 논한 것이다.……(중략) 명明 이후로 성명星命을 논하는 것이 모두 이 책에 망라되어 있다.

『삼명통회』는 일종의 백과사전으로 수집이 가능한 명리학 자료를 모두 수록한 것이다. 그러므로 사주학의 거의 대부분의 자료들이 고법에서 신법에 이르기까지 『삼명통회』에 수록되어 있다고 할 수 있다. 『삼명통회』가 명리학 고법에서 신법에 이르기까지 방대한 자료가 수집되어 있고, 특히 신살론 부분이 잘 정리되어 있어 후대 명리학자들 중 신살을 공부하거나 연구하는 분들에게는 중요한 자료로 활용된다.

『삼명통회』의 저자 만민영萬民英은 자字는 여호汝豪, 호號는 육오育吾이며, 명대明代에 역주(易州 : 허베이성河北省 역현易縣) 사람이다. 1550년에 진사進士가 되어 지현知縣, 어사御使, 삼의參議의 벼슬을 했다. 만민영은 삼명학과 자평학은 물론, 서양점성학인 오성학五星學에도 능통했었다는 사실을 그가 자신의 사주를 평한 다음의 글을 읽으면 알 수가 있다.

> 나의 명命은 경인일庚寅日이 12월 대한大寒 후에 출생하여 태양太陽이 축궁 두丑宮斗 19도度에 있고, 천월이덕天月二德이 경庚에 있으니 일주에 속하고 또 경庚에게 축丑이 귀인이다. 그러므로 장성부덕將星扶德, 천을가림天乙加臨이다. 경庚이 축월丑月에 탄생하니 비록 휴休이지만 약하지 않다. 년이 임오壬午이니 본즉왕本則旺이고, 시가 병술丙戌이니 사주에 편관이 있다. 그러므로 병형兵刑을 당하였고, 청대淸臺의 벼슬을 했지만, 일주日主가 휴폐休廢하였기 때문에 벼슬이 크지 않았다.94)

『고금도서집성古今圖書集成』 예술전藝術典에 수록되기도 했던 『삼명통회』

---

94) 만민영, 『삼명통회』 (대만배림출판사, 1996년) 제6권 446쪽 장성부덕(將星扶德) 해설 참조.

에는 사주학의 철학적 원리에 관한 자료에서부터 고법 사주와 신법 사주의 이론, 강호에 유포되어 있는 많은 비결들을 수록하고 있고, 특히 월과 시의 관계를 가지고 3,500명의 실제 사주를 수록하여, 방대한 사주학의 백과사전으로 확고하게 자리를 잡았다.

만민영은 명만력明萬曆 무인戊寅 1578년에 『삼명통회』를 발행했다. 『삼명통회』의 서문에 책을 발간한 동기에 관해서 다음과 같은 언급이 있다.

> 명命을 어찌 함부로 말할 수 있으랴? 그것은 깊고 심오하고 위로 끝없는 하늘의 미묘함에 통하고 있다. (중략) 부귀 현달의 명이 있고 빈궁하고 사상死傷되는 명이 있는 것이다. (중략) 세상의 용렬한 술사들이 도리를 알지 못하고 조화에 통하지도 못하면서 단지 『연원』과 『연해』 등을 암송할 뿐이면서 명命을 안다고 하고 있다.95) (중략) 함부로 성명星命을 논하는 자들은 맞추기도 하고 못 맞추기도 하니, 나는 이것이 병폐라고 생각하였기에, 고금의 서書를 널리 구하게 되었던 것이다. (중략) 성명星命과 관계있는 자는 모름지기 그 원두源頭가 그리된 이치를 깊이 탐구해야 비로소 활연관통豁然貫通하게 될 수 있을 것이다. (중략) 『삼명통회』 한 권의 책이 술사들에게 의발衣鉢이 되기를 바라며… 96)

이 글을 통해서 만민영은 사주를 맞추는가 맞추지 못하는가를 중요하게 여기고 있었음을 알 수가 있고, 잘 맞추기 위해서 여러 가지 학설을 널리 섭렵하고 익혀야 함을 역설하고 있다. 그리고 책의 명칭이 『삼명통회』가 된

---

95) 이 시기에는 아직 『연해자평』이 발간되지 않았다.
96) 상동 『삼명통회』 서문 참조.

것은 자평학뿐만 아니라 고법 사주학 삼명학三命學까지 포괄해서 융회관통融會貫通시켜야 한다는 뜻에서 그렇게 된 것이라고 짐작할 수 있을 것이다.

만민영은 60갑자 납음오행, 간지의 정오행正五行, 하도河圖의 화기오행化氣五行 등 여러 가지 이론을 수록하면서, 여러 가지 이론에 능통해야 자평법의 부족한 점을 메울 수 있다고 본 것97)이다. 이 책은 후세에 사주학의 백과사전으로 영원히 남을 불후의 명저가 되었고, 사주학의 모든 이론이 대부분 수록되어 있다는 점에 가치가 있다.

◎ 『삼명통회三命通會』 목차

〈권1〉

1. 원조화지시原造化之始
2. 오행생성五行生成
3. 오행생극五行生剋
4. 간지원류干支源流
5. 십간명자지의十干名字之義
6. 십이지명자지의十二支名字之義
7. 총론납음總論納音
8. 납음취상納音取象
9. 육십갑자성질길흉六十甲子性質吉凶
10. 오행五行

〈권2〉

11. 하도홍범오행河圖洪範五行
12. 천간음양생사天干陰陽生死
13. 지지地支
14. 십간분배천문十干分配天文
15. 십이지분배지리十二地分配地理
16. 지지속상地支屬相
17. 인원사사人元司事
18. 사시절기四時節氣
19. 일각日刻
20. 시각時刻
21. 태양전차태음납갑출입회합太陽躔次太陰納甲出入會合
22. 오행왕상휴수사 · 기생십이궁五行旺相休囚死 · 寄生十二宮
23. 둔월시遁月時
24. 연월일시年月日時
25. 태원胎元
26. 좌명궁坐命宮
27. 대운大運
28. 소운小運

---

97) 장신지 박사논문 『자평학지이론연구』 49쪽 참조.

29. 태세太歲
31. 진교퇴복進交退伏
33. 십간화기十干化氣
35. 지원육합支元六合
37. 장성화개將星華蓋
39. 육해六害
41. 충격衝擊

30. 총론세운總論歲運
32. 십간합十干合
34. 축월횡간리화지상逐月橫看理化之象
36. 지원삼합支元三合
38. 함지咸池
40. 삼형三刑

〈권3〉

42. 십간록十干祿
44. 역마驛馬
46. 천을귀인天乙貴人
48. 천월덕天月德
50. 학당사관學堂詞館
52. 덕수德秀
54. 겁살십육반劫煞十六般
56. 양인羊刃
58. 원진元辰
60. 재살災煞
62. 구교勾絞
64. 천라지망天羅地網
66. 간지제자잡범신살干支諸字雜犯神煞
68. 인신사해환신살寅申巳亥互換神煞
70. 진술축미호환신살辰戌丑未互換神煞

43. 금여金轝
45. 총론록마總論祿馬
47. 삼기三奇
49. 태극귀太極貴
51. 정인正印
53. 겁살망신劫煞亡神
55. 망신십육반亡神十六般
57. 공망空亡
59. 암금적살暗金的煞
61. 육위六危
63. 고신과숙孤辰寡宿
65. 십악대패十惡大敗
67. 총론제신살總論諸神煞
69. 자오묘유호환신살子午卯酉互換神煞
71. 전투항복형충파합戰鬪降伏形衝破合

〈권4〉

72. 십간좌지 · 득월시 · 행운길흉十干坐支 · 得月時 · 行運吉凶
73. 십이월지득일간길흉十二月支得日干吉凶
75. 십간생월길흉十干生月吉凶

74. 오행시지분야길흉五行時地分野吉凶
76. 납음취용가納音取用歌

〈권5〉

77. 고인립인식관재명의古人立印食官財名義
79. 편관偏官
81. 편재偏財
83. 인수印綬

78. 정관正官
80. 정재正財
82. 편정재합론偏正財合論
84. 도식倒食

85. 잡기·묘운雜氣·墓運 86. 상관傷官
87. 식신食神 88. 비천녹마飛天祿馬
89. 도충록倒衝祿 90. 양인陽刃
91. 건록建祿

〈권6〉

92. 잡취각격雜取各格

〈권7〉

93. 자평설변子平設辯 94. 성정상모性情相貌
95. 질병오장육부소속간지疾病五臟六腑所屬干支 96. 빈천흉악貧賤凶惡
97. 수요壽夭 98. 여명女命
99. 소아小兒 100. 육친六親
101. 정부인잉생남녀定婦人孕生男女

〈권8〉

102. 갑일갑자시단지육무일계해시지(甲日甲子時斷至六戊日癸亥時止

〈권9〉

103. 기일갑자시단지육계일계해시지己日甲子時斷至六癸日癸亥時止

〈권10〉

104. 간명구결看命口訣 105. 무함촬요巫咸撮要
106. 옥정오결玉井奧訣

〈권11〉

107. 기상편氣象篇 108. 육신편六神篇
109. 증애부憎愛賦 110. 소식부消息賦
111. 통현자찬집通玄子撰集 112. 명통부明通賦
113. 희기편喜忌篇 114. 계선편繼善篇

〈권12〉

115. 원리부元理賦	116. 진보부眞寶賦
117. 금성옥진부金聲玉振賦	118. 금정신비부金鼎神秘賦
119. 현기부玄機賦	120. 낙역부絡繹賦
121. 금옥부金玉賦	122. 심경오칠부心鏡五七賦
123. 조미론造微論	124. 인감론人鑑論
125. 현묘론玄妙論	126. 정미론精微論
127. 경신론驚神論	128. 골수가骨髓歌
129. 수수가搜髓歌	130. 사언독보·오언독보四言獨步·五言獨步

2) 장남의 『명리정종』

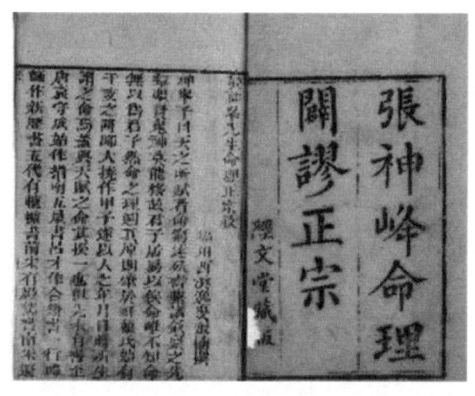

『명리정종命理正宗』은 일명 『신봉통고神峯通考』 혹은 『신봉벽류神峯闢謬』라고도 불리는데, 신봉神峯 장남張楠의 명리학 저술이다. 『명리정종』의 전체 이름은 『신봉통고 벽류 명리정종』이었다. 중국인들은 『명리정종』이라는 이름보다 『신봉통고』라는 책명으로 더 많이 부르는 듯하다. 책 원명에서 '벽류(闢謬 : 오류를 허물다)'라고 적힌 것에서 확인할 수 있듯이 명리학의 여러 가지 오류들을 정리하고 수정하고자 한 부분을 많이 발견할 수 있다.

저자 장남은 자字가 신봉神峯이고 호號가 서계일수西溪逸叟이며, 명대明代에 활동하였으며 임천臨川, 지금의 강서성 임천현臨川縣 사람이었다. 장남의 평생 행적은 알려져 있는 것이 없다.

청清 옹정 년간(1722년~1735년)에 간행된 『고금도서집성古今圖書集成』에는 명대明代의 유명 술사들에 대한 기록, 성명부명류星命部名流라는 항목이 있는데, 거기에 기록된 유명 술사들은 다음과 같다.

류일신劉日新-금화인金華人, 곽경하郭景夏-두록인斗鹿人, 계동季董-처주인處州人, 정희성鄭希誠-온주인溫州人, 진파산陣巴山-항주인杭州人, 첨영달詹永達-복건인福建人, 만기萬祺-남창인南昌人, 금귀명金鬼名-소주인蘇州人, 고평천高平川-영안인永安人, 명일장明日章-가흥인嘉興人, 류흥한劉興漢-소양인邵陽人, 장신봉張神峯-임천인臨川人 등 12명[98]이다. 여기에 장남의 호號인 장신봉張神峯이란 이름이 남아있는 것을 볼 때 장남이 명대明代에 직업적 술사로 명성을 날렸음을 알 수 있다. 그는 자평학 뿐만 아니라 오성학五星學에도 해박한 지식을 가지고 있었다.

현재 항간에 널리 퍼져 있는 『명리정종』은 청清 도광道光 경인년(庚寅年: 1830년) 간행본인데, 모두 6권으로 되어 있다. 장남은 『연해자평』의 학설을 대체로 수용하면서 자평학의 이론적인 부분을 일부 보완하고 있다. 예를 들면, 동정설動靜說, 개두설蓋頭說, 병약설病藥說 등이 그러하다.

동정설動靜說은 대운의 천간이 사주의 지지를 공격할 수 없고, 대운의 지지가 사주에 있는 천간을 공격할 수 없다는 이론이다. 이 이론은 용신用神이 천간에 있으면 대운의 천간을 중시하고, 용신이 지지에 있으면 대운의 지지

---

98) 양상윤, 『연해희기수필(淵海喜忌隨筆)』(대만 항묘(行卯)출판사, 1980년) 참조.

를 중시해야 한다는 뜻이 되며, 사주학四柱學의 운을 보는 방법을 한 차원 높게 끌어올린 것이라고 평가되기도 한다.

개두설蓋頭說은 대운의 천간과 지지의 관계를 보는 이론인데, 대운의 지지에 용신을 생조하는 오행이 있는데 대운의 천간에 대운의 지지를 극하는 오행이 있을 때를 개두蓋頭라고 한다. 이와는 반대로 대운의 천간에 용신을 생조하는 오행이 있을 때 대운의 지지가 이를 극하는 것을 가리켜 절각截脚이라고 한다. 개두가 되거나 절각이 된다면 대운의 용신이 제대로 좋은 작용을 할 수가 없게 된다고 판단하였다.

병약설病藥說은 용신을 극하는 병이 되는 글자가 있을 때는 그 병이 되는 글자를 제거하는 글자가 용신이 되고, 병이 제거되는 운에 성공한다는 이론이다. 병약설은 나중에 서락오徐樂吾[99]에 이르러 용신을 정하는 다섯 가지 방법론 가운데 하나가 되었다.

『명리정종』은 자평학子平學 서적 가운데 최초로 실제 사주를 놓고 길흉을 판단하는 방법을 구체적으로 논술하고 있다는 점이 특징이다. 『연해자평』에서는 격국格局과 그에 합당한 사주를 거론하고는 있지만 그 사주를 풀이하는 구체적인 요령이 기술되어 있지 않았다. 하지만 『명리정종』은 사주 하나하나를 열거해 놓고 구체적으로 사주를 풀어 나가는 기록이 다양하게 수록되어 있다.

이 밖에도 『명리정종』은 오성학五星學에 대한 기록이 매우 풍부하게 수록되어 있다는 점도 특징으로 볼 수 있다. 책의 내용 중에 들어있는 『오성정설五星正說』, 『오성류설五星謬說』 등은 오성학의 이론들을 수록한 것이다. 이것

---

[99] 서락오, 중화민국 초기의 사주학 연구가, 『자평수언(子平粹言)』, 『자평진전평주(子平眞詮評註)』, 『궁통보감평주(窮通寶鑑評註)』, 『적천수보주(滴天髓補註)』 등의 책을 저술하였다. 원수산과 함께 근대 중국 사주학계의 태산북두(泰山北斗)로 인정받고 있다.

을 보면 명대明代의 술사들이 자평학 뿐만 아니라 오성학에도 관심이 많았고 능통하였음을 알 수 있다. 오성학은 서양점성학이 중국으로 유입된 학문으로 칠정사여학七政四餘學이라고도 불렸다.

◎ 『명리정종命理正宗』 목차

〈권1〉

1. 오성정설류五星正說類
2. 오성류설류五星謬說類
3. 남녀합혼설男女合婚說
4. 총론자평류설류總論子平謬說類
5. 동정설動靜說
6. 개두설蓋頭說
7. 육친설六親說
8. 병약설류病藥說類
9. 조고왕약사병설류雕枯旺弱四病說類
10. 손익생장사약설류損益生長四藥說類

〈권2〉

1. 정관격正官格
2. 편관격偏官格(기명종살격棄命從殺格)
3. 시상일위귀격時上一位貴格
4. 관살거류잡격官殺去留雜格
5. 월지정재격月支正財格(기명종재격棄命從財格)
6. 시상편재격時上偏財格(월편재격月偏財格)
7. 상관식신격傷官食神格
8. 상관십론傷官十論
9. 인수격印綬格
10. 양인격陽刃格 (비겁건록격比劫建祿格)
11. 전록격專祿格
12. 잡기재관인수격雜氣財官印綬格 (시묘격時墓格)
13. 금신격金神格
14. 비천록마격飛天祿馬格 (도충록마격倒沖祿馬格)
15. 자요사격子遙巳格
16. 축요사격丑遙巳格
17. 임기용배격壬騎龍背格
18. 정란차격井欄叉格
19. 육을서귀격六乙鼠貴格
20. 육음조양격六陰朝陽格
21. 형합격刑合格
22. 합록격合祿格
23. 곡직인수격曲直仁壽格
24. 가색격稼穡格
25. 염상격炎上格
26. 윤하격潤下格
27. 종혁격從革格
28. 년시상관성격年時上官星格
29. 종화격從化格
30. 협구공재격夾丘拱財格
31. 세덕부살격歲德扶殺格
32. 전재격專財格
33. 일덕격日德格
34. 일귀격日貴格
35. 괴강격魁罡格
36. 육임추간격六壬趨艮格
37. 육갑추건격六甲趨乾格
38. 구진득위격勾陳得位格

39. 현무당권격玄武當權格
40. 재관쌍미격財官雙美格
41. 공록공귀이격拱祿拱貴二格
42. 일록귀시격日祿歸時格
43. 사위순전격四位純全格
44. 천원일기격天元一氣格
45. 천간순식격天干順食格
46. 삼합취집격三合聚集格
47. 복덕격福德格
48. 신취팔법神趣八法
49. 논대운論大運
50. 논태세論太歲
51. 논격국생사총가論格局生死總歌
52. 오성론五星論
53. 금부환간명승척金不換看命繩尺
54. 금부환골수가단金不換骨髓歌斷

〈권3〉

1. 십천간체상전편론十天干體象全編論
2. 십이지영十二支咏
3. 총영總咏

간지소속干支所屬, 천간합天干合, 지지합地支合, 지지회국地支會局, 오행상생五行相生, 오행상극五行相剋, 십간록十干祿, 오행발용五行發用, 지지상충地支相神, 삼형三刑, 육해六害, 십이지중소장법十二支中所藏法, 오행생극제화각유소희기五行生剋制化各有所喜忌

4. 길신류吉神類

천을귀인天乙貴人, 천덕天德, 월덕月德, 학당學堂, 부귀학관富貴學館, 화개華蓋, 장성將星, 역마驛馬, 천사天赦, 복덕수기福德秀氣, 복성귀인福星貴人

5. 흉신류凶神類

육갑공망六甲空亡, 상문조객喪門弔客, 구신교신勾神絞神, 고신과숙孤神寡宿, 격각함지隔角咸池, 반음복음返吟伏吟, 원진겁살元辰劫殺, 파군현침평두破軍懸針平頭, 자암성紫暗星, 유하살流霞殺, 충천살衝天殺, 오귀살五鬼殺, 홍염살紅艶殺, 탄함呑陷, 삼구오묘三坵五墓, 천라지망天羅地網, 마전신살馬前神殺, 유년성요流年星曜, 태백성太白星, 고허신孤虛神

6. 기팔자결起八字訣

연상둔월年上遁月, 일상둔시日上遁時, 간명입식看命入式, 월령상변月令詳辨, 대운법大運法, 자평거요子平舉要, 강호적금江湖摘錦, 남명소운정국男命小運定局, 여명소운정국女命小運定局

7. 천간오양통변天干五陽通變
8. 천간오음통변天干五陰通變
9. 음양통변묘결陰陽通變妙訣
10. 정격국결定格局訣
11. 자평범론子平泛論
12. 십간종화정결十干從化定訣
13. 십단금十段錦
14. 십단화기十段化氣

오음가五陰歌, 천원일자가天元一字歌, 운회가運晦歌, 운통가運通歌, 형극가刑剋歌, 형처가刑妻歌, 극자가剋子歌, 대질가帶疾歌, 표탕가飄蕩歌, 여명가女命歌

15. 월건생극月建生剋
16. 간명첩가看命捷歌

정관격가正官格歌, 칠살격가七殺格歌, 용재가用財歌, 인수가印綬歌, 양인가羊刃歌, 삼기격가三奇格歌

17. 논제격유구論諸格有救
18. 취격지결가단取格指訣歌斷

19. 절기가단節氣歌斷
20. 만상서경기삼반부萬尚書瓊三盤賦
21. 애천남명부崖泉男命賦
22. 여명부女命賦
23. 강명첩경부講命捷徑賦
24. 사언독보四言獨步
25. 신약론身弱論
26. 기명종살격棄命從殺格
27. 오언독보五言獨步
28. 희기편喜忌篇
29. 계선편繼善篇

〈권4〉

1. 육신편六神篇
2. 기상편氣象篇
3. 위경편渭涇篇
4. 정진편定真篇
5. 오행원리소식부五行元理消息賦
6. 오행생극부五行生剋賦
7. 일행선사천원부一行禪師天元賦
8. 첩치천리마부捷馳千里馬賦
9. 낙역부絡繹賦
10. 현기부玄機賦
11. 증애부憎愛賦
12. 만금부萬金賦
13. 상심부相心賦
14. 선기부仙機賦
15. 금옥부金玉賦
16. 인감론人鑑論
17. 연원집설淵源集說
18. 요상부妖祥賦
19. 유미천간부幽微天干賦
20. 인원소식부人元消息賦
21. 지지부地支賦
22. 병원부病源賦

3) 작자미상 『난강망』

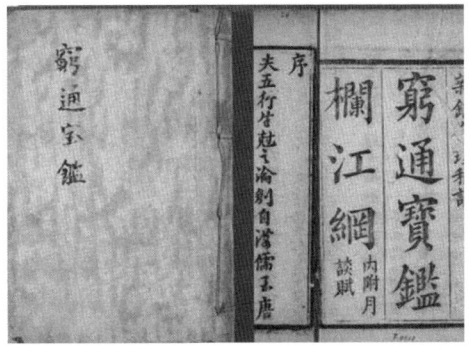

『난강망欄江網』은 일명 『조화원약造化元鑰』 또는 『궁통보감窮通寶鑑』이라

고 한다. 『난강망』은 누가 지었는지 알려져 있지 않다. 다만 그 책에 인용된 사주의 주인공들이 명나라 시대 유명 인사들인 것으로 볼 때 명나라 시대의 저작이라고 추측할 수 있을 뿐이다.

명대의 작자미상 저술 『난강망欄江網』이 청나라 초기 천문학자 직함을 가진 관리의 손에 들어가 『조화원약造化元鑰』이라는 이름을 갖게 되었고, 청나라 말기 여춘태余春台가 다시 한 번 이름을 바꾸어 『궁통보감窮通寶鑑』이란 이름을 가지고 세상에 알려지게 되었다.

『궁통보감』을 출판한 여춘태余春台의 서문에 다음과 같은 구절이 있다.

무릇 오행 생극生剋의 이론은 한나라 때의 유학자들로부터 비롯되었는데, 당의 이허중에 이르러 천간 지지를 팔자에 배정하고 오로지 재관인財官印을 취하여 사람의 득실을 논했다. 그 후에 여러 선현들이 천관天官, 자미紫微, 신금神禽 등의 책을 지어 상호 참용參用하였다. (중략) 나는 시간이 있을 때마다 명학 제서를 두루 섭렵하였다.(중략) 내가 이 책을 읽어보니 의론議論이 정확하고 자세하며 취사取捨가 합당하고 오행 생극과 팔괘착종八卦錯綜의 묘妙가 있었고,(중략) 편집을 할 때 그 번잡한 것은 줄이고 너무 간단한 것을 늘였으며,(중략) 이 책은 진정한 명학命學의 지남指南이고 자평子平의 모범模範이라서 그 이름을 궁통보감窮通寶鑑으로 고쳤다.[100]

이 서문을 보면 여춘태가 『난강망』의 원문을 임의로 줄이고 늘여서 『궁통보감』을 출판한 것을 알 수 있다. 여춘태가 『궁통보감』을 출판한 연도는

---

100) 궁통보감 (1986년 대만 공업서국 발행) 4쪽 참조.

정확히 알 수는 없고, 1937년 서락오가 재출판하여 널리 유포시킨 것이 현재까지 전해지고 있다.

서락오는 1941년에 『조화원약평주造化元鑰評註』를 다시 한 번 발간하였는데, 『궁통보감』의 기존 내용에 근대 중국인의 사주를 추가로 많이 삽입하여 자세하게 해설한 내용을 담고 있다. 결국, 『난강망』, 『조화원약』, 『궁통보감』 모두 이름만 다를 뿐 같은 내용이라고 할 수 있다.

서락오가 출판한 『궁통보감』의 권말 부록에는 여춘태 원편原編 『증보월담부增補月談賦』와 『사서자평四書子平』이 수록되어 있고, 『조화원약평주』의 권말에는 서락오가 삽입한 『명리입문命理入門』이 있는데 그것은 『삼명통회三命通會』 내에 있는 『옥정오결玉井奧訣』의 내용 가운데 일부를 서락오가 해설한 것이다.

『난강망』의 내용은 10개의 일간日干을 12개월個月에 대조하여 필요한 오행 글자를 배정한 내용이다. 사주의 계절적 환경에 대하여 조후의 균형을 위주로 이론을 전개하고 있다. 조후調候란 기후를 조절한다는 의미로 한난조습寒暖燥濕의 조절을 말한다. 사람에게 기후가 미치는 영향이 지대하다는 전제하에 한대지방에 사는 사람과 온대지방에 사는 사람의 삶의 양상이 다르듯이 사주환경에서 성격, 직업, 건강 등 삶의 질이 한난조습에 크게 좌우된다는 것이다. 사주가 한습寒濕하면 화기火氣를 보완하여 따뜻하게 하여주고 사주가 조열燥熱하면 수기水氣를 보완하여 시원하게 하여주는 것이 『난강망』에서 제시하는 한난조습의 조절법이라 할 수 있다.

명리학계 일부에서는 설명이 너무 번잡스럽고 일관된 논리가 결여되어 있으며 정통 자평학의 내용과 거리가 먼 내용이라고 하여 가치를 인정하지 않는 사람들도 있으나, 인간의 생활환경에 많은 영향을 주는 기후의 배합과 득실을 살피는 내용이라고 하여 조후용신의 금자탑이라고 부르기도 한다.

◎ 『난강망欄江網』 / 『궁통보감窮通寶鑑』 목차(서락오평주 목차)

1. 자서自序
2. 원서原序
3. 논목論木
    1) 甲木喜用提要(갑목희용제요)
    2) 三春甲木總論(삼춘갑목총론)
    3) 三春甲木(삼춘갑목)
    4) 三夏甲木(삼하갑목)
    5) 三秋甲木總論(삼추갑목총론)
    6) 三秋甲木(삼추갑목)
    7) 三冬甲木(삼동갑목)
    8) 乙木喜用提要(을목희용제요)
    9) 三春乙木總論(삼춘을목총론)
    10) 三春乙木(삼춘을목)
    11) 三夏乙木總論(삼하을목총론)
    12) 三夏乙木(삼하을목)
    13) 三秋乙木(삼추을목)
    14) 三冬乙木(삼동을목)
4. 논화論火
    1) 丙火喜用提要(병화희용제요)
    2) 三春丙火總論(삼춘병화총론)
    3) 三春丙火(삼춘병화)
    4) 三夏丙火總論(삼하병화총론)
    5) 三夏丙火(삼하병화)
    6) 三秋丙火(삼추병화)
    7) 三冬丙火(삼동병화)
    8) 丁火喜用提要(정화희용제요)
    9) 三春丁火(삼춘정화)
    10) 三夏丁火(삼하정화)
    11) 三秋丁火(삼추정화)
    12) 三冬丁火(삼동정화)
5. 논토論土
    1) 論四季月之土(논사계월지토)
    2) 戊土喜用提要(무토희용제요)
    3) 三春戊土總論(삼춘무토총론)
    4) 三夏戊土(삼하무토)
    5) 三秋戊土(삼추무토)
    6) 三冬戊土(삼동무토)
    7) 己土喜用提要(기토희용제요)
    8) 三春己土(삼춘기토)
    9) 三夏己土(삼하기토)
    10) 三秋己土(삼추기토)
    11) 三冬己土(삼동기토)
6. 논금論金
    1) 庚金喜用提要(경금희용제요)
    2) 三春庚金(삼춘경금)
    3) 三夏庚金(삼하경금)
    4) 三秋庚金(삼추경금)
    5) 三冬庚金(삼동경금)
    6) 辛金喜用提要(신금희용제요)
    7) 三春辛金(삼춘신금)
    8) 三夏辛金(삼하신금)
    9) 三秋辛金(삼추신금)
    10) 三冬辛金(삼동신금)
7. 논수論水
    1) 壬水喜用提要(임수희용제요)
    2) 三春壬水(삼춘임수)
    3) 三夏壬水(삼하임수)
    4) 三秋壬水(삼추임수)
    5) 三冬壬水(삼동임수)
    6) 癸水喜用提要(계수희용제요)
    7) 三春癸水(삼춘계수)
    8) 三夏癸水(삼하계수)
    9) 三秋癸水(삼추계수)
    10) 三冬癸水(삼동계수)

03 淸代 – 명리학의 완성과정
[명리약언, 자평진전, 적천수천미]

1) 진소암의 『명리약언』

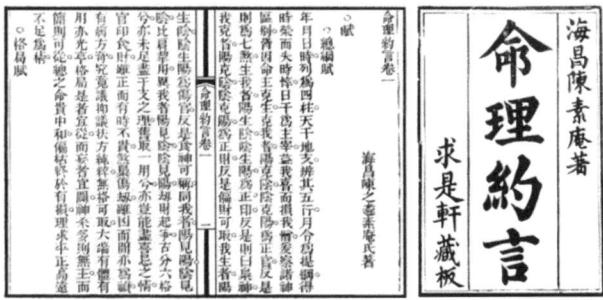

『명리약언命理約言』은 청초淸初 진지린(陣之遴, 1605~1666년)이 지은 명리서이다. 호號는 진소암陣素庵이며 그 이름으로 더욱 많이 알려져 있기도 하다.

진소암陣素庵은 명明나라 만력萬曆 33년(1605년)에 절강성浙江省 해령현海寧縣에서 태어났다. 진지린陣之遴이 본명이며, 자字는 언승彥升이다. 그 조부祖父는 진여상陳與相으로 관직이 귀주貴州의 좌포정사左布政使에 이르렀고, 그 부친은 진조포陳祖苞로 말년에 명나라에서 병부시랑兵部侍郎 겸 순천순무順天巡撫[101]의 직임職任을 행하고 있었다.

그는 명明 숭정崇禎 정축(丁丑 : 1637년)에 방안榜眼으로 급제하여, 왕조가

---
101) 순무 직책은 중국 명청대 2~3개의 성의 군무와 민정업무를 담당하던 총독의 다음 순위 직책으로 총독 대리업무를 보거나, 독립적으로 1개의 성 혹은 일부에 해당하는 부주현을 관리하였다.

바뀌자 청淸의 조정에서 벼슬을 하면서 시독학사侍讀學士, 예부상서禮部尙書, 홍문원대학사弘文院大學士 등을 역임하였고, 후에 죄를 지어 유배되어 강희康熙 병오(丙午 : 1666년)에 유배지에서 사망하였다. 진소암은 어릴 때 혼인하여 한 번 상처喪妻하고 후처後妻를 받아들였는데 명·청시대를 관통하는 유명한 여류시인이며 문장가였던 서찬徐燦이 바로 그녀였다. 그녀는 진소암이 죄를 짓고 문책을 받아 변방으로 유배를 떠나자 관외關外에서 7년 동안 동거하다 남편이 죽자 돌아왔다는 일화가 전해지며, 서화書畵에 능했고, 만년에는 수묵관음화水墨觀音畵를 많이 그렸다. 그녀는 시문詩文도 잘 지었는데, 특히 사詞가 뛰어났다고 전한다.

『명리약언』은 오래 전에 저술된 책이지만 항간에 출판된 것은 1933년 위천리韋千里가 교정을 보아 출판한 『정선명리약언精選命理約言』이 최초였다. 저술에서 출판까지 300년 정도의 격차가 있기 때문에 저자의 진위문제가 논쟁이 되기도 하였는데, 도광道光 4년(1824년)에 최초로 간행되어 유포된 『명리수지적천수命理須知滴天髓』를 순치順治 15년(1658년)에 죄를 지어 낙직하고 유배지에서 사망한 진소암이 읽을 수가 없었기 때문이라는 것이다. 하지만 이에 대하여 대만의 장신지는 "명리약언의 저자 진위 여부의 근거로 고서의 판본板本을 언급하고 있는데, 국가도서관의 선본善本을 열람하면 명말明末 장경관長庚館의 『신계성의백밀수현철통지적천수新鍥誠意伯密授玄徹通旨滴天髓』 간본刊本이 있고, 제목은 도광道光판과 조금 다르지만 그 내용과 편장篇章은 다름이 없기 때문에, 그것을 발견하지 못하고 속단을 하였다고 반박[102]하고 있는 것을 볼 때 『명리약언』을 진소암의 저술로 인정하는 것은 크게 무리가 없다.

---

102) 장신지 논문 『자평학지이론연구』 51쪽 참조.

『명리약언』은 사주학의 격국과 용신 등의 여러 가지 이론을 간단히 하나의 공식으로 귀결시켜 놓았다는 점이 특징이다. 『명리약언』의 간명총법看命總法에 "사주를 보는 것은 생극억부生剋抑扶에 불과할 따름이다."라는 구절이 있다. 사주의 여덟 글자 오행의 생극生剋에서 억제하고 부축하는 억부抑扶가 가장 중요하며, 그것으로 사주를 총체적으로 판단할 수 있다는 것이다. 이것은 용신을 정하는 여러 이론 중 가장 중요시 생각하는 억부용신법抑扶用神法의 핵심을 간단명료하게 지적한 것인데, 사주를 판단할 때 가장 먼저 관찰하게 되는 일간과 격국의 억부抑扶의 문제, 강약의 문제를 정확하게 지적했다고 할 수 있고, 현대 사주명리학의 용신론에 가장 큰 영향을 끼쳤다고 해도 과언이 아니다.

『명리약언』은 법48장法四十八章, 부20장賦二十章, 논48장論四十八章, 잡론24칙雜論二十四則으로 항목을 나누어 사주명리학의 핵심을 간단명료하게 정리하고 있다. 그 목차를 정리해 보면 아래와 같다.

◎ 『명리약언命理約言』 목차

〈제1권 법48장(法四十八章)〉

1. 간명총법1看命總法一
2. 간명총법2看命總法二
3. 간격국법1看格局法一
4. 간격국법2看格局法二
5. 간용신법看用神法
6. 간생년법看生年法
7. 간월령법1看月令法一
8. 간월령법2看月令法二
9. 간일주법看日主法
10. 간생시법1看生時法一
11. 간생시법2看生時法二
12. 간운법1看運法一
13. 간운법2看運法二
14. 간유년법看流年法
15. 간정관법看正官法
16. 간편관법看偏官法
17. 간관살거류법1看官殺去留法一
18. 간관살거류법2看官殺去留法二
19. 간관살거류법3看官殺去留法三
20. 간정편인법看正偏印法

21. 간정편재법看正偏財法
22. 간식신법看食神法
23. 간상관법看傷官法
24. 간식상법看食傷法
25. 간비겁녹인법看比劫祿刃法
26. 간공협법看拱夾法
27. 간잡기묘고법看雜氣墓庫法
28. 간종국법從局法
29. 간화국법看化局法
30. 간일행득기법一行得氣法
31. 간양신성상법看兩神成象法
32. 간암충법1看暗沖法一
33. 간암충법2看暗沖法二
34. 간암합법看暗合法
35. 간육친법1看六親法一
36. 간육친법2看六親法二
37. 간귀천법看貴賤法
38. 간빈부법看貧富法
39. 간길흉법看吉凶法
40. 간수요법看壽夭法
41. 간부귀길수빈흉요총법看富貴吉壽貧賤凶夭總法
42. 간부귀길수빈흉요요법看富貴吉壽貧賤凶夭要法
43. 간과제법看科第法
44. 간성정법看性情法
45. 간질병법看疾病法
46. 간여명법1看女命法一
47. 간여명법2看女命法二
48. 간소아명법看小兒命法

〈제2권 부20장(賦二十章)〉

1. 총강부總綱賦
2. 격국부格局賦
3. 행운부行運賦
4. 유년부流年賦
5. 정관부正官賦
6. 편관부偏官賦
7. 정인부正印賦
8. 편인부偏印賦
9. 정재부正財賦
10. 편재부偏財賦
11. 식신부食神賦
12. 상관부傷官賦
13. 비겁부比劫賦
14. 녹인부祿刃賦
15. 종국부從局賦
16. 화국부化局賦
17. 일행득기부一行得氣賦
18. 양신성상부兩神成象賦
19. 암충암합부暗沖暗合賦
20. 여명부女命賦

〈제3권 논48장(論四十八章)〉

1. 천간론天干論
2. 지지론地支論
3. 간합론干合論
4. 간충론干衝論
5. 지삼합론支三合論
6. 지육합론支六合論
7. 지방론支方論
8. 지충론支衝論
9. 지형론支刑論
10. 지해론支害論
11. 오행왕상휴수론五行旺相休囚論
12. 십간생왕묘등위론十干生旺墓等位論
13. 십이지작용론十二支作用論
14. 지간부재론支干覆載論
15. 제신살론1諸神殺論一
16. 제신살론2諸神殺論二

17. 태세론太歲論
18. 월살론月殺論
19. 천월이덕론天月二德論
20. 귀인론貴人論
21. 월장론月將論
22. 역마론驛馬論
23. 공망론空亡論
24. 겁살론劫殺論
25. 납음론納音論
26. 팔법론八法論
27. 소운론小運論
28. 간지일기론干支一氣論
29. 쌍비양간삼붕론雙飛兩干三朋論
30. 월일시록론月日時祿論
31. 청룡복형등격론靑龍伏形等格論
32. 복덕수기격론福德秀氣格論
33. 삼기론三奇論
34. 쌍미론雙美論
35. 십악대패론十惡大敗論
36. 임기용배론壬騎龍背論
37. 육을서귀론六乙鼠貴論
38. 육음조양론六陰朝陽論
39. 금신론金神論
40. 추건추간론趨乾趨艮論
41. 합록론合祿論 - 형합부刑合附
42. 시격론時格論
43. 요합론遙合論
44. 괴강론魁罡論 - 일덕부日德附
45. 포태론胞胎論 - 태원부胎元附
46. 학당학관론學堂學館論
47. 지속론支屬論
48. 자형론字形論

〈제4권 잡론24칙(雜論二十四則)〉

[부록附錄] 장신봉벽오행제류張神峯闢五行諸謬

2) 심효첨의 『자평진전』(1776년)

『자평진전子平眞詮』은 청대 건륭乾隆 4년 (1739년)에 진사進士를 지냈던 심역번沈燡燔이 지은 명리서命理書이다. 그의 자字는 효첨孝瞻, 호는 산음山陰이었는데, 자字가 널리 쓰여 심효첨沈孝瞻이란 이름이 더 잘 알려져 있다. 절강 산음 사람이었다.

책의 이름이 특별히 없어 자평학을 손으로 필사해 놓은 것이라 하여 『자평수록子平手錄』이라 불렸다. 그 뒤 호곤탁胡熴倬의 높은 평가를 받아 유명해졌다. 호곤탁은 같이 공부하던 명리학 동호인 장군안章君安에게 이 글을 소개하였고, 전39편으로 되어 있던 것을 장군안章君安이 '자평가子平家의 진전眞詮'이라고 숭배하여 간행할 때 책명을 『자평진전子平眞詮』으로 정한 것이 그 책명으로 굳어진 셈이다. 1776년 판각하여 출간되었다. 책에는 건륭 11년(1776년) 호곤탁胡熴倬이 쓴 서문이 있다. 그 서문을 보면 책을 얻게 된 경위와 간행 경과가 다음과 같이 서술되어 있다.

내가 머리를 땋고 글공부를 시작하여 스승을 모시면서부터 제자백가와 역사서 종류를 즐겨 읽었고, 여가가 나면 『자평연해대전子平淵海大全』을 대략 훑어보고 그 의미를 적지 않게 깨달았으나 스승의 지도를 받지 못했기 때문에 오행생극의 이치를 정확히 알지 못하였다. 나중에 『삼명통회三命通會』와 『성평대성星平大成』 등의 책을 구입하여 깊이 연구하고 주야로 골똘히 생각에 잠기다가 홀연히 명命이라는 것을 확신하지 않을 수 없게 되었다.(중략) 무자년戊子年에 내가 부공충보관학교습副貢充補官學敎習으로 있으면서 부성문우阜城門右에서 동리의 장군안章君安과 절친하게 사귀게 되어 업무가 끝난 후에 군안과 함께 삼명三命에 대해 논하였는데 피차 심오한 뜻을 체득하지 못하고 있었다. 3년의 기간이 차서 완평담명부서宛平沈明府署로 옮겼는데 그곳에서 산음山陰 심효첨沈孝瞻 선생이 지은 『자평수록子平手錄』 삼십구편三十九篇을 얻어 읽어 보고는 놀람을 금치 못했으며 진작 발견하지 못한 것을 후회했다. 그 책을 가져가 군안에게 보여주었더니 군안은 감탄하며 이것이야말로 자평가子平家의 진전眞詮이라고 말하였다. 심효첨 선생은 건륭乾隆

기미년(己未年 : 1739년)에 진사進士가 된 분으로 깨달음이 크고 학문이 깊어 이론이 정미하고 밝았으며 변화에 통달한 분이었다. 『자평수록』 39편은 용신用神의 성패득실成敗得失, 용신이 성한 것이 패하게 되고 패한 것이 성하게 되는 이치, 용신을 기신과 겸하여 보는 이치, 용신의 선후先後와 생극生剋을 분별하는 이치, 용신이 투출하고 회합하는 이치, 유정무정有情無情과 유력무력有力無力의 분별 등, 의문점을 상세하게 풀이하여 놓았으며, 선생이 일생 동안 심혈을 기울인 바를 모조리 이 책에 기록한 것이었다. 그 책에 매료된 군안은 그것을 목판에 새겨 출판하여 천하의 명을 논하는 사람들이 심오한 이치를 알게 하고 미혹되는 일이 없도록 하자고 하였다. 그리하여 성현聖賢의 뜻을 책으로 만들어 널리 펴게 되었으니, 이 어찌 명을 논하는 군자들과 동호인들에게 행운이 아니겠으며, 군안의 공이 아니겠는가? 이에 즐거운 마음으로 서문을 쓰는 바이다. 건륭 41년 병신(丙申 : 1776년) 초여름에 동리의 후학後學 호곤탁胡焜倬 운보雲甫 근식謹識.[103]

『자평진전』의 간략한 내용은 호곤탁이 쓴 서문에 기록되어 있고, 서문에서 눈에 띄는 부분은 호곤탁이 부공충보관학교습副貢充補官學教習의 경력을 지니고 있었다는 사실이다. 『삼명통회』의 저자 만민영이 1550년에 진사 급제하고 벼슬을 한 사람인 것을 감안한다면, 16세기 중엽에 사대부층과 지식인들 사이에 자평학이 널리 유행했음을 짐작할 수가 있다.

『자평진전』은 격국론格局論에 있어서 다른 여타의 명리서에 비해 상대적으로 논리적인 체계를 완성해 놓은 책이다. 이 책의 가장 근간이 되는 첫 번

---

103) 『자평진전』 (대만 서성서국, 1985) 1~2쪽.

째 원칙은 "八字用神 專求月令팔자용신 전구월령 : 팔자의 용신은 오로지 월령에서 찾는다."와 "八字格局 專以月令配四柱팔자격국 전이월령배사주 : 팔자의 격국은 오로지 월령을 사주와 배합한 것이다."는 두 문장으로 압축될 수 있다. 월령이 사주의 근간이 된다는 것이며 월령의 지장간支藏干과 이에서 투출된 천간으로 격을 정하고, 그 격의 성패를 좌우하는 것을 상신相神이라 하며 상신의 유입여부에 따라 격과 운의 성패를 논하는 방식으로『자평진전』의 논리는 전개된다.

두 번째 원칙은 격格의 성패와 상신相神을 찾는 방법은 월령에서 구한 쓰임用이나 격국이 정관·재성·인성·식신 즉 사길신四吉神이면 순용順用하여 찾고, 편관·상관·양인·건록 즉 사흉신四凶神이면 역용逆用하여 찾는다는 것이다. 일간日干과 격용格用과 상신相神의 3가지 요소를 살피는 것이 사주를 간명하는 주요 방법이 된다. 독특한 점은 사길신과 사흉신을 구분함에 있어 재성과 인성을 정·편을 나누지 않고 묶어 길신으로 보고 있다는 점, 특히『연해자평』과『삼명통회』에서는 편인을 효신梟神이라 하여 흉신으로 보았는 데 반해『자평진전』에서는 인성를 하나로 묶어 길신으로 보고 있다. 다른 하나는 양인陽刃과 건록월겁建綠月劫을 모두 흉신으로 보고 있는 점이 독특하다.

『자평진전』의 월령용사 격용상신 간명법은『적천수』를 필두로 하고 임철초-서락오로 이어지는 신강신약 억부용신 간명법과 비교되며 명리학의 중심을 관통하는 2대 간명법을 완성하게 된다. 그런데 불행인지 다행인지 억부용신 간명법을 주로 사용하던 서락오에 의해『자평진전』은 증주되어『자평진전평주』라는 책으로 근대에 세상에 널리 보급되게 되었다. 그런 과정에서『자평진전』을 쓴 심효첨의 격용상신 간명법을 독자들이 서락오의 증주와 함께 읽어 내려감으로써 이해에 혼선을 겪는 상황을 자주 겪게 된다. 최근에 들어서는 이런 연유로 중국과 한국의 명리학계에서는 『자평진전평주』에서 서락오의 증주를 삭제하고 심효첨의 『자평진전』 전39편만을 재정리하여 출판하는 경향을 보이고 있다. 어쨌든 『자평진전』은 사주명리학의 가장 중요한 이론서임은 부인할 수 없으며, 『적천수』와 함께 쌍벽을 이루는 책이라고 할 수 있다.

◎ 『자평진전子平眞詮』 목차

〈권1〉

1. 논십간십이지論十干十二支
2. 논음양생극論陰陽生克
3. 논음양생사論陰陽生死
4. 논십간배합성정論十干配合性情
5. 논십간합이부합論十干合而不合
6. 논십간득시부왕실시부약論十干得時不旺失時不弱
7. 논형충회합해법論刑冲會合解法

〈권2〉

8. 논용신論用神
9. 논용신성패구응論用神成敗救應
10. 논용신변화論用神變化
11. 논용신순잡論用神純雜
12. 논용신격국고저論用神格局高低
13. 논용신인성득패인패득성論用神因成得敗因敗得成
14. 논용신배기후득실論用神配氣候得失
15. 논상신긴요論相神緊要
16. 논잡기여하취용論雜氣如何取用
17. 논묘고형충지설論墓庫刑冲之說
18. 논사길신능파격論四吉神能破格
19. 논사흉신능성격論四凶神能成格

〈권3〉

20. 논생극선후분길흉論生剋先後分吉凶
21. 논성신무관격국論星辰無關格局
22. 논외격용사論外格用捨
23. 논궁분용신배육친論宮分用神配六親
24. 논처자論妻子
25. 논행운論行運
26. 논행운성격변격論行運成格變格
27. 논희기간지유별論喜忌干支有別
28. 논지중희기봉운투청論支中喜忌逢運透清
29. 논시설구니격국論時說拘泥格局
30. 논시설이와전와論時說以訛傳訛

〈권4〉

31. 논정관論正官 - 논정관취운論正官取運   32. 논재論財 - 논재취운論財取運
33. 논인수論印綬 - 논인수취운論印綬取運   34. 논식신論食神 - 논식신취운論食神取運

〈권5〉

35. 논편관論偏官 - 논편관취운論偏官取運   36. 논상관論傷官 - 논상관취운論傷官取運
37. 논양인論陽刃 - 논양인취운論陽刃取運
38. 논건록월겁論建祿月劫 - 논건록월겁취운論建祿月劫取運
39. 논잡격論雜格

3) 임철초의 『적천수천미』

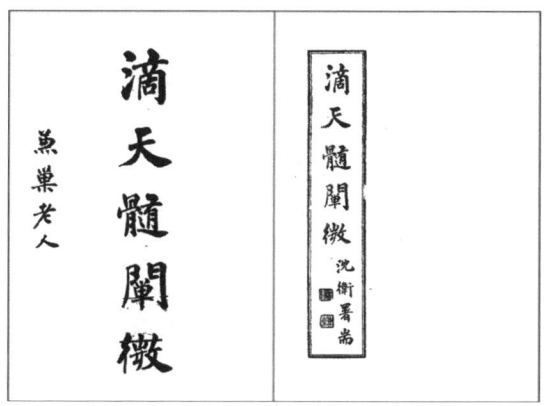

『적천수천미』는 경도京圖가 찬撰하고 유기劉基가 주註를 달고 청淸의 임철초任鐵樵가 증주增註한 것을 중화민국의 원수산袁樹珊이 교정과 편집을 거쳐 출판한 책이라고 기록하고 있다. 여러 학자들의 손을 거쳐 세상에 퍼져나간 책이고 그 내용 또한 여러 학자들의 관심을 이끌어 낼 만큼 명리학命理學 분야에서는 최고의 걸작이자 백미白米임을 부인하는 이는 없다.

명明의 개국공신 유백온劉伯溫이 원말 명초 세상에 흩어져 있던 명리이론들을 집성하여 『적천수』를 만들어 내었고 후대 청대에 이르러 임철초任鐵樵가 그 책을 새롭고 방대한 해석을 첨언하며 주해註解하여 『적천수천미滴天髓闡微』를 저술하였다. 임철초의 증주본은 초본抄本으로만 보관되고 전해지다가 1933년 원수산이 『적천수천미』를 교정하여 간행한 것이다. 그 뒤에 서락오가 출판한 『적천수징의滴天髓徵義』는 『적천수천미』에서 원주原註를 빼고 출판한 것이다. 『적천수천미』의 원수산이 쓴 서문을 보면 다음과 같다.

임신壬申년 10월에 구장句章 형원주인蘅園主人이 그의 총명한 아들 보재簠齋 및 그의 친구 진신장陣莘莊, 임여향林茹香군과 함께 볼일이 있어서 진강鎭江에 왔다가, 못난 나에 대한 헛소문을 듣고는 명리를 논하려고 나를 초대하여 이씨李氏의 강루江樓에서 주연을 베풀었는데, 한눈에 마음이 끌렸고 호걸지사豪傑之士임을 알 수 있었다.(중략) 다음날 손군孫君은 임철초任鐵樵 선생이 증주增註한 『적천수천미滴天髓闡微』의 정본精本을 가져와 나에게 보여주었다. 나는 두 번 열람한 후에 이 책이 고본古本 적천수의 정문正文을 강綱으로 삼고 고주古註를 목目으로 삼았으며, 고주 이외에 또 다시 신주新註를 추가하여 요지要旨를 세밀하게 밝히면서 아울러 각각의 조목에 알맞게 명조命造를 배열하여 증거로 삼은 것임을 알 수 있었다. 진소암陣素庵과 심효첨沈孝瞻 선생의 학문을 종지宗旨로 삼으면서 필력筆力이 용광로처럼 뜨거웠고, 이치는 정미함을 추구하였으며, 언어에 군소리가 없어서, 실로 명학命學 가운데 보기 드물고 희귀한 고본孤本이었다. 나는 관복거사觀復居士가 쓴 원래의 발문跋文을 보고, 이 책이 해녕 진씨海寧 陣氏의 소장본이었음을 알게 되었고, 아울러 마음이 맞는 사람이 있어서 이 책을 인쇄하여 널리 세상에 전하고 싶다는 내용도 읽을 수 있었다.(중략) 금년 초여름에 보재가 과연 영인본 4권을 진강으로 우송하여 왔다. 아울러 예전의 약속대로 서문을 써달라는 편지도 있었다. 나는 이 책을 정독하다가 제2권 45쪽에 임철초 선생의 명조가 계사癸巳년 무오戊午월 병오丙午일 임진壬辰시라고 기재되어 있는 것을 보고 비로소 임철초 선생이 건륭乾隆38년 (1773년) 4월 18일 진시辰時생임을 알았다.(중략) 제2권 74쪽에서는 임자壬子생의 어떤 사람을 논명하면서 '정사丁巳운에 연달아 화재를 만났다.' 라고 한 것을 보고 그 사주를 연구하여 보니 56세에 비로소 정丁대운이 시작되는데, 그때가 도광道光 27년으로 정미丁未년인 것을 알 수 있었는데, 이로써 임철초 선생이 75세의 나이에도 발을 쳐 놓고 정성스럽게 남의 운명을 감정하고 있었음을 알 수 있었다. 관복거사觀復居士의 원래 발문跋文에는 임철초 선생이 어느 때 사람인지 자기가 늦게 출생하여 알 수 없다고 기록되어 있지만, 이것은 그가 책 전체를 읽지 않았거나 명학을 공부하지 않았기 때문일 것이다. 임철초 선생이 어디 사람인지는 원서에 기록이 없어서 억측을 할 수는 없지만, 책의 증주增註에서는 『명리약언』과 『자평진전』에서 많은 이론을 채용하고 있다. 『명리약언』은 해녕 상국海寧 相國 진소암의 저서이고, 『자평진전』은 산음진사山陰進士 심효첨의 저서인데, 두 분 모두 절강인浙江人이다. 그러므로 그 책이 항간에 간행된 것이 없고 개인이 초본抄本으로 소장하고 있었는데, 절강 사람들이 많이 가지고 있었을 것이다. 진소암 상국은 강희康熙 5년에 별세하고 심효첨 진사는 건륭乾隆 4년에 진사가 되었으므로, 임철초 선생이 태어난 건륭 38년과 대조하여 보면 서로의 차이가 많아야 100년이 넘지 못하고 가까이는 몇십 년일 뿐이다. 그러므로 임철초 선생 역시 절강 사람일 것이다. 『명리약언』과 『자평진전』의 학설은 내 가슴속에 있으며, 저번에 내가 『명리탐원命理探原』

을 지을 때 채록採錄한 것이 적지 않았다. 그러나 임철초 선생의 『적천수천미』와 비교하여 보면 태산과 언덕의 차이가 난다. 임철초 선생은 조석으로 정미하게 연구하고 깊이 생각하셨기 때문에 처음부터 끝까지 융회관통하는 문장을 쓰셨고, 오행의 생극生剋, 쇠왕衰旺, 전도顚倒의 이치를 극히 현묘하게 논하였고, '왕한 것은 마땅히 극해야 하지만 왕이 극에 이른 것은 설해야 하고, 약한 것은 마땅히 부축해야 하지만 극도로 약한 것은 극하는 것이 마땅하다.'는 두 가지 조문條文은 가장 정미한 이론이다. 더 나아가, 사람에 따라 깊음과 얕음이 있고, 산천山川의 다름이 있고, 명命에 귀천이 있고, 세덕世德에도 다름이 있다고 하였으니, 이것은 천명天命을 지리地理, 인사人事와 결부하여 말한 것이다.(중략) 옛날의 군자는 죽어 없어질지라도 할말을 전한다고 했으니, 이런 분을 두고 한 말이 아니겠는가? 독자들이 만약 이 책을 명학命學으로만 본다면 하나만 얻고 둘을 잃는 격이고, 한 치만 보고 한 자는 못 보는 격이 될 것이며, 또한 형원주인이 교정을 보고 간행하여 널리 세상에 전하려는 좋은 뜻을 저버리는 셈이 될 것이다. 중화민국中華民國22년 계유癸酉년 5월21일 경술진강庚戌鎭江 원수산袁樹珊 찬撰[104]

위의 서문은 원수산이 『적천수천미』의 서문을 쓰게 된 경과를 설명하고 있다. 원수산이 서문에서 언급한 형원주인의 서문 역시 같은 책에 수록되어 있는데 그 내용은 다음과 같다.

명리학命理學은 역사가 오래 되었다. 옛날에 명을 논한 것을 보면 간단하면

---
104) 임철초 주해 『적천수천미』 (대만 五洲출판사, 1984) 3~6쪽 참조.

서도 충분했다. 그러므로 포희庖犧[105]는 정명正命이라고 했고, 중니仲尼[106]는 천명天命이라고 했고, 노담老聃[107]은 복명復命이라고 하였는데, 이 모두 하늘로부터 얻어서 인간에게 부여된 것이므로, 그 성性을 바르게 하고, 그 리理에 순종하여 그 명命을 평안하게 하고자 할 따름이었다.(중략)『적천수滴天髓』 일서一書는 경도京圖가 저술하고 유성의劉誠意가 주석을 달았다고 전해지고 있다. 통신通神과 육친六親을 양대 강강綱으로 취하고 천도天道로부터 정원貞元에 이르기까지 62개 장章으로 나누어, 이치를 분석하고 원리를 탐구하면서 미묘微妙한 것을 밝혀 놓았다. 다만 그 문장이 너무 고오古奧한 것이 배우는 자들에게 병폐였다. 나 역시 성명학星命學을 좋아하여 여가가 있을 때마다 펼쳐보았지만 역시 소득心得이 적은 것이 탈이었다. 그런데 작년에 누가 가져와 보여주었는데, 임철초任鐵樵 선생의 증주增註를 읽어보니, 기쁘게도 편篇을 나누어 주석을 달면서 하나하나 사주를 들어서 입증을 하였고, 천지음양天地陰陽의 분화分化와 삼원오행三元五行의 추선推旋을 반복하여 풀이했는데, 문장의 뜻이 분명하고 이치에 통달하여, 옛날에 막혔던 것들이 이치에 맞게 이해되었다. 그야말로 원작자에 대해서는 공신功臣의 역할을 한 것이고, 후학들에게는 교량의 역할을 한 것임을 확신할 수 있었다. 관복거사觀復居士의 서후書後를 보고서야 이 책이 해녕진씨海甯陳氏의 장서藏書였는데 관복거사가 진씨에게 빌려 손으로 베낀 것임을 알 수가 있었다. 원본元本이 이미 불타 사라졌다면 이 사본이 해내海內에서 유일한 고본孤本일 것이니 귀한 보배가 아니겠는가? 만약 진씨가 비장하고 남에게 보여주지 않았거나, 비록

---

105) 포희 – 복희씨를 말한다.
106) 중니 – 孔子를 말한다.
107) 노담 – 老子를 말한다.

보여주었다고 해도 관복거사가 손으로 직접 베끼지 않았더라면, 이 책이 어떻게 세상에 다시 나올 수 있었으랴? 지금 다행히 볼 수가 있거니와, 만약 뒷일을 대비함이 없어서 원본을 불태워버린 진씨처럼 되거나, 관복거사가 후서後書에서 언급한 바처럼 발간하여 널리 퍼뜨리지 않는다면, 증주를 한 분과 후학들에게 고서古書의 정온精蘊을 전해주려고 수록手錄한 분의 고심苦心을 저버리는 것이 되지 않겠는가? 그러므로 이 책을 영인影印함에 즈음하여 동호인들과 함께 나누고자 천미闡微라고 제목을 붙였으니, 이는 다른 책들과 다르기 때문이다. (중략) 이 책도 진씨가 여러 해 동안 비장하고 있었는데, 임철초가 증주하고 관복거사의 수록을 거쳐 나에게 와서 간행되기에 이르렀다. 이 몇 사람은 같은 시대에 출생하지 않았지만 뜻이 일치하고 길이 같았던 것이니, 일이 이렇게 되기까지 비록 그것이 사람이 한 일이라고 하지만 어찌 우연이라고만 하겠는가? 중화민국中華民國 22년 계유癸酉 5월 형원주인衡園主人 식識108)

이 두 사람의 서문을 읽고 알 수 있는 것은 비전秘傳되어 내려오던 한 권밖에 없는 희귀본이었던 것을 알 수 있다. 원수산은 임철초의 생존 연대를 건륭乾隆 28년(1763년)에서 도광道光 27년(1847년)까지로 잡고 있다.

『적천수천미』의 중요 내용은 간지를 음양으로 나누지 않고 오행으로 축소하여 음양동생동사설陰陽同生同死說을 취하였고, 512개의 풍부한 사주 실례와 사주 해석의 내용까지 수록하고 있다. 억부抑扶를 위주로 보면서 강약을

---

108) 임철초 주석 『적천수천미』 (대만 오주출판사, 1999) 7~8쪽 참조.

중시하는데 임철초가 주장한 바를 요약하면 "너무 왕한 것은 마땅히 힘을 빼내야 하지만, 왕성함이 극極에 이른 것은 생조해야 하고, 너무 쇠약한 것은 마땅히 생조해야 하지만 극도로 쇠약한 것은 극剋해야 한다."라는 것이다. 일체의 신살神殺을 배제하고 생극제화生剋制化의 원리에 입각하여 사주를 설명하고 있어 간결하고 정확하다.

그런데 신살을 완전히 부정하는 내용, 종격從格으로 많이 치우친 사주 실례와 풀이, 기존의 사주학의 육친론과 다르게 육효의 육친론을 채용하여 부친을 인수라고 하고, 자녀를 식상으로 본 것 등은 오류로 평가되고 있다. 하지만 식신과 상관의 중요성에 대해 그 이전의 선현先賢들이 파악하지 못했던 것을 임철초가 분명하게 밝혀 놓았고, 일행득기격一行得氣格에서 인수보다 식상을 용신으로 정한다는 학설을 주창하였다.

임철초는 종격從格을 설명함에 있어서 그 전부터 사용되어 오던 종재격, 종살격, 종아격 외에 그가 새로 창안한 종왕격從旺格, 종강격從强格, 종기격從氣格, 종세격從勢格을 추가함으로써 새롭고 독창적인 종격이론 체계를 완성하기에 이른다. 일반적으로 격국은 내격內格과 외격外格으로 나뉘며 정격正格과 변격變格이라고도 부른다. 『자평진전』에서는 정격 외의 것을 잡격雜格이라 하여 마지막 편에 짧게 묶고 외격外格이라는 용어도 같이 사용하고 있다. 『자평진전』과 『적천수천미』를 비교하여 말할 때 『자평진전』은 정격正格의 이치를 설명한 책이며, 『적천수천미』는 주로 변격變格을 논한 책이라고 칭한다.

『적천수천미』의 원본 고서인 『적천수』의 명리학적 위상과 그 영향은 대단하다. 진소암, 임철초, 서락오 등에게 직접적으로 영향을 주었고 그들을 통해 주해서가 쓰여졌으며 출간되었다. 이들을 통해 고전 『적천수』는 발전하고 대중화되었으니 이른바 '적천수학파'라 부를 만하다. 현장의 역술가들이 가장 즐겨 탐독하고 가장 많이 연구하는 책이 바로 『적천수천미』인 것만 보아도 그 대중성과 인기는 실감할 수 있다.

◎ 『적천수천미滴天髓闡微』 목차

〈1권 통신론(通神論)〉

1. 천도天道	2. 지도地道	3. 인도人道
4. 지명知命	5. 이기理氣	6. 배합配合
7. 천간天干	8. 지지地支	9. 간지총론干支總論
10. 형상形象	11. 방국方局	12. 팔격八格
13. 체용體用	14. 정신精神	15. 용령用令
16. 생시生時	17. 쇠왕衰旺	18. 중화中和
19. 원류源流	20. 통관通關	21. 관살官殺
22. 상관傷官	23. 정기精氣	24. 탁기濁氣
25. 진신眞神	26. 가신假神	27. 강유剛柔
28. 순역順逆	29. 한난寒暖	30. 조습燥濕
31. 은현隱顯	32. 중과衆寡	33. 진태震兌
34. 감리坎離		

〈2권 육친론(六親論)〉

1. 부처夫妻	2. 자녀子女	3. 부모父母
4. 형제兄弟	5. 하지장何知章	6. 여명장女命章
7. 소아小兒	8. 재덕財德	9. 분울奮鬱
10. 은원恩怨	11. 한신閑神	12. 종상從象
13. 화상化象	14. 가종假從	15. 가화假化
16. 순국順局	17. 반국反局	18. 전국戰局
19. 합국合局	20. 군상君象	21. 신상臣象
22. 모상母象	23. 자상子象	24. 성정性情
25. 질병疾病	26. 출신出身	27. 지위地位
28. 세운歲運	29. 정원貞元	

04 中華民國 - 명리학의 근대화

[명리탐원, 자평수언, 명학강의]

1) 원수산의 『명리탐원』(1912년)

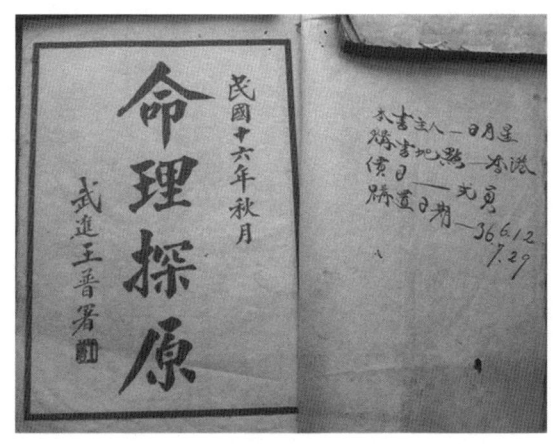

원수산袁樹珊은 근대의 명리학 연구가이자 직업적 술사였다. 1881년 중국 대륙에서 출생하여 1912년에 『명리탐원命理探原』을 저술하였다.

『명리탐원』은 명리학의 연원을 탐구하고 역사를 정리했으며 명리학의 기본적인 이론을 일목요연하게 정리한 책이다. 하지만 명리학 연원과 역사를 살피기 위해 기록해 놓은 「선현명론先賢名論」은 자평원류고, 낙록자삼명지미부, 명통부, 원리부, 육친편 … 논십간유득시불왕실시불약, 논납음오행 등으로 구성되어 있는데 출처도 불분명하고 『삼명통회』, 『적천수』 등 고전과 여러 명리서적에서 부분 부분을 일관성 없이 발췌하여 열거하고 있을 뿐이라

아쉬움이 있다. 명리학 이론 부분도 고전책에서 많은 부분을 가져와 정리해 놓았을 뿐 그 이상의 가치를 찾기는 힘들다.

원수산은 중국 역사상 유명한 인물들의 사주를 역사서의 기록에 근거하여 사주를 적고 격국 용신과 대운과 유년을 설명한 내용의 『명보命譜』를 저술하기도 했고, 육임책 『대육임탐원大六壬探原』과 택일학 서적 『선길탐원善吉探原』을 저술하기도 하였다.

그의 가장 중요한 업적은 그 이전까지 대중에게 공개되지 않았던 명리학의 최고 고전 중의 하나인 『적천수천미』를 발행했다는 점이다. 원수산이 없었다면 현대 명리학자들이 가장 즐겨 애독하는 『적천수천미』는 어쩌면 영원히 자취를 감추었을지도 모른다.

◎ 『명리탐원命理探原』 목차

1. 본원本原
    1) 천간지지天幹地支
    2) 간지음양幹枝陰陽
    3) 지지생초地枝生肖
    4) 간지오행급사시방위幹枝五行及四時方位
    5) 육십화갑자납음오행六十花甲子納音五行
    6) 오행오합五行五合
    7) 육합오행六合五行
    8) 삼합오행三合五行
    9) 육충六衝
    10) 육해六害
    11) 삼형三刑
    12) 십이월건十二月建
    13) 이십사절기二十四節氣

2. 기례起例
    1) 추년법推年法
    2) 추월법推月法
    3) 년상기월검사표年上起月檢查表
    4) 추일법推日法
    5) 추시법推時法
    6) 일상기시검사표日上起時檢查表
    7) 추대운법推大運法
    8) 추야자시대운교탈법推夜子時大運交脫法
    9) 오행상생五行相生
    10) 오행상극五行相剋
    11) 지장인원오행枝藏人元五行
    12) 십간생극정명十幹生剋定名
    13) 십간생극검사표十幹生剋檢查表
    14) 추명궁법推命宮法
    15) 추소한법推小限法
    16) 심산명궁소한법心算命宮小限法

17) 명궁검사표命宮檢査表
18) 추유년법推流年法
19) 추태원법推胎元法
20) 추식법推息法
21) 추변법推變法
22) 추통법推通法
23) 추소운법推小運法

3. 강약强弱
1) 천간생왕사절명사天干生旺死絶名詞
2) 생왕사절정국生旺死絶定局
3) 오행용사五行用事
4) 사시휴왕四時休王

4. 신살神煞
1) 천덕天德
2) 월덕月德
3) 월장月將
4) 천사天赦
5) 천을귀인天乙貴人
6) 문창文昌
7) 화개華蓋
8) 장성將星
9) 역마驛馬
10) 삼기三奇
11) 육갑공망六甲空亡
12) 사대공망四大空亡
13) 십악대패十惡大敗
14) 사폐四癈
15) 천지전살天地轉煞
16) 겁살劫煞
17) 망신亡神
18) 천라지망天羅地網
19) 함지咸池
20) 양인羊刃

5. 의기宜忌
1) 논사주총망論四柱總網
2) 논천간의기論天幹宜忌
3) 논간지복재論幹枝覆載
4) 논간지이동論幹枝異同
5) 논오행생극제화의기論五行生剋制化宜忌
6) 논사시지목의기論四時之木宜忌
7) 논사시지화의기論四時之火宜忌
8) 논사시지토의기論四時之土宜忌
9) 논사시지금의기論四時之金宜忌
10) 논사시지수의기論四時之水宜忌
11) 논오행구주분야의기論五行九州分野宜忌
12) 논비견의기 겁재패재동(論比肩宜忌 劫財撤財同)
13) 논식신의기論食神宜忌
14) 논상관의기論傷官宜忌
15) 논재성의기論財星宜忌
16) 논정관의기論正官宜忌
17) 논칠살의기論七殺宜忌
18) 논인수의기論印綬宜忌

6. 용신用神
1) 논병약論病藥
2) 논쇠왕論衰旺
3) 논명총법論命總法1
4) 논명총법論命總法2
5) 논용신법論用神法
6) 논생년법論生年法
7) 논월령법論月令法1
8) 논월령법論月令法2
9) 논일주법論日主法
10) 논생시법論生時法1
11) 논생시법論生時法2
12) 논사길신능파법論四吉神能破法
13) 논사흉신능성격論四凶神能成格
14) 논용신성패구응論用神成敗救應
15) 논용신인성득패인패득성論用神因成得敗因敗得成
16) 논용신배기후득실論用神配氣候得失

17) 논생극선후분길흉論生剋先後分吉凶

7. 화합충형化合衝刑
1) 논십간화기論十幹化氣
2) 논화기오행생극지명사論化氣五行生剋之名詞
3) 화기오행생극명사표化氣五行生剋名詞表
4) 논십간배합성정論十幹配合性情
5) 논형충회합해법論刑衝會合解法
6) 논합충형해의기論合衝刑害宜忌

8. 평단評斷
1) 논대운길흉論大運吉凶1
2) 논대운길흉論大運吉凶2
3) 논대운길흉論大運吉凶3
4) 논행운희기論行運喜忌
5) 논행운성격변격論行運成格變格
6) 논지중희기봉운투청論校中喜忌逢運透淸
7) 논유년길흉論流年吉凶1
8) 논유년길흉論流年吉凶2
9) 논태세論太歲
10) 논월건論月建
11) 논운세論運歲
12) 논궁한論宮限
13) 논소운論小運
14) 논귀천論貴賤
15) 논빈부論貧富
16) 논수요論壽夭
17) 논성정論性情
18) 논질병論疾病
19) 논정원論貞元

9. 육친六親
1) 논육친論六親1
2) 논육친論六親2
3) 논육친論六親3
4) 논궁분용신배육친論宮分用神配六親
5) 논처자論妻子

10. 부유婦幼
1) 논여명論女命1
2) 논여명論女命2
3) 논여명論女命3
4) 논여명論女命4
5) 논소아명論小兒命1
6) 논소아명論小兒命2
7) 논소아명論小兒命3

11. 격국格局
1) 논팔격論八格
2) 논격국고저論格局高低
3) 논종화論從化
4) 논종국論從局1
5) 논종국論從局2
6) 논화국論化局1
7) 논화국論化局2
8) 논일행득기論一行得氣1
9) 논일행득기論一行得氣2
10) 논양신성상論兩神成象1
11) 논양신성상論兩神成象2
12) 논암충암합論暗衝暗合
13) 논암충論暗衝
14) 논암합論暗合
15) 논외격용사論外格用舍
16) 논시설구니격국論時說拘泥格局
17) 논잡격論雜格
18) 논성진무관격국論星辰無關格局

12. 선현명론先賢名論
    1) 자평원류고子平源流考
    2) 낙록자삼명지미부珞琭子三命指迷賦
    3) 명통부明通賦
    4) 육신편六神篇
    5) 논삼재論三才
    6) 논체용論體用
    7) 논강유論剛柔
    8) 논순역論順逆
    9) 논한난조습論寒暖燥濕
    10) 논청탁論淸濁
    11) 논진가論眞假
    12) 논형상論形象
    13) 논방국論方局
    14) 논개두論蓋頭
    15) 논음양생극論陰陽生剋
    16) 논십간유득시불왕실시불약論十幹有得時不旺失時不弱
    17) 논납음오행論納音五行

13. 잡설雜說
    1) 논쌍생論雙生
    2) 논평상명論平常命
    3) 논부귀論富貴命
    4) 논야자시여자시정부동論夜子時與子時正不同
    5) 정인시법定寅時法
    6) 정일출일몰시법定日出日沒時法
    7) 정월출월입시법定月出月入時法
    8) 간일정시법看日定時法
    9) 간월정시법看月定時法
    10) 논남녀합혼법論男女合婚法
    11) 고금지명이동가결古今地名異同歌訣
    12) 중기해中氣解
    13) 지지자형변地支字形辨
    14) 이허중추명비불용시고李虛中推命非不用時考
    15) 양인변羊刃辨
    16) 논유년신살급월건길흉論流年神煞及月建吉凶
    17) 간지오행지수학幹枝五行之數學
    18) 상동지명보구법相同之命補救法
    19) 정명논여련생자定命論與孿生子

14. 윤덕당존고潤德堂存稿
    1) 갑목사칙甲木四則
    2) 을목육칙乙木六則
    3) 병화사칙丙火事則
    4) 정화삼칙丁火三則
    5) 무토육칙戊土六則
    6) 기토사칙己土四則
    7) 경금오칙庚金五則
    8) 신금사칙辛金四則
    9) 임목사칙壬木四則
    10) 계수사칙癸水四則

15. 성가십요星家十要
    1) 학문學問
    2) 상변常變
    3) 언어言語
    4) 돈품敦品
    5) 권면勸勉
    6) 경려警勵
    7) 치생治生
    8) 제빈濟貧
    9) 절의節義
    10) 계탐戒貪

16. 성명총담星命叢譚
    1) 의론삼십일칙議論三十一則
    2) 기사이십사칙紀事二十四則

2) 서락오의 『자평수언』(1938년)

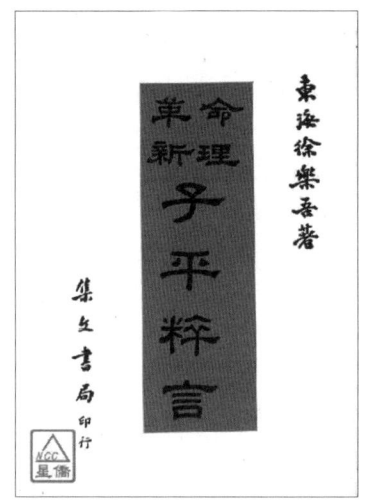

서락오는 1886년 4월 6일 출생하여 1948년까지 생존하였는데, 근대 중국 사주학계의 최고 거두였다. 1938년에 사주학의 내용을 일목요연하게 정리한 『자평수언子平粹言』을 저술하였다.

서락오는 『자평수언』 외에도 1937년 『궁통보감』을 출판하였고 1941년 『조화원약평주』를 저술하였으며, 1935년 『명리심원命理尋源』과 『잡격일람雜格一覽』을 저술하면서 『적천수징의滴天髓徵義』를 출판하였고, 1936년에 『자평진전평주子平眞詮評註』를 저술하였고, 1937년에 『적천수보주滴天髓補註』를 저술하였으며, 그 밖에도 『자평일득子平一得』, 『명리입문命理入門』, 『명리일득命理一得』, 『고금명인명감古今名人命鑑』 등을 저술하였다.

사주학의 삼대 필독서라고 평가되는 『적천수』, 『자평진전』, 『궁통보감』을 평주하고, 고금의 유명 인물들의 사주를 해설하고, 사주학의 이론을 정리하고 사주학의 연원을 밝히는 등의 일련의 저술 활동을 했던 서락오의 공로에 의해서 근대와 현대의 사주학은 체계적인 논리구조를 가진 학문으로 정립될 수 있었다고 할 것이다.

무엇보다도 서락오의 가장 큰 업적은 용신을 정하는 다섯 가지의 원칙을 최초로 정립했다는 데 있다. 억부용신, 통관용신, 병약용신, 조후용신, 전왕용신의 다섯 가지 용신 정하는 법을 『자평수언』에서[109]확실하게 밝혀 놓았고, 이것이 현대까지 그대로 공식처럼 전해지고 있다.

서락오는 원수산을 선의의 경쟁자로 생각하여, 원수산의 『명리탐원』에 필적하는 『명리심원』을 저술하였고, 원수산의 『명보』에 필적하는 『고금명인명감』을 저술하였으며, 원수산의 『적천수천미』에 필적하는 『적천수징의』를 출판하고 『적천수보주』를 저술한 것이었다. 선의의 경쟁자 두 사람에 의해서 명리학의 이론과 역사가 잘 정리되는 좋은 결과가 생겼다고 할 수 있다.

◎ 『자평수언子平粹言』 목차

〈권1〉

第一篇 자평학리子平學理
   1. 하위음양何謂陰陽　　　　　　2. 하위오행何謂五行
   3. 하위십간천원何謂十干天元　　4. 하위십이지지원何謂十二支地元
   5. 하위지지중장용인원何謂地支中藏用人元

第二編 배연정식排演程式
   1. 육십갑자六十甲子　　　　　　2. 월건月建
   3. 사주四柱　　　　　　　　　　4. 야자시夜子時
   5. 육신六神

---

109) 자평수언 (1986년 대만 무릉출판사 발행) 295~341쪽 참조.

6. 간지배합육신干支配合六神　　　　7. 추대운법推大運法
　　8. 추소운법推小運法　　　　　　　　9. 류년流年
　　10. 추명궁법推命宮法　　　　　　　11. 추태원법推胎元法
　　12. 추소한법推小限法

第三編 회합변화會合變化
　　1. 천간오합天干五合　　　　　　　　2. 지지육합地支六合
　　3. 삼합회국三合會局　　　　　　　　4. 지지사방地支四方
　　5. 육충六冲　　　　　　　　　　　　6. 지지삼형파부地支三刑破附
　　7. 지지륙해地支六害　　　　　　　　8. 록인祿刃
　　9. 논왕쇠강약論旺衰强弱　　　　　　10. 논오행생극급반생극論五行生剋及反生剋
　　11. 논팔법생긍제화회합형충論八法生競制化會合刑冲

〈권2 上〉

第四編 명체립용明體立用 上 변체용辨體用
　一. 체성體性
　　1. 사시지목체성四時之木體性　　　　2. 사시지화체성四時之火體性
　　3. 사시지토체성四時之土體性　　　　4. 사시지금체성四時之金體性
　　5. 사시지수체성四時之水體性　　　　6. 부석: 팔정격(附釋: 八正格)

第四編 명체립용明體立用 中
　二. 용신用神
　(甲) 용신지정의用神之定義　　　　　　사시지목의기四時之木宜忌
　　　갑을목성질지분별甲乙木性質之分別　사시지금의기四時之金宜忌
　　　경신금성질지분별庚辛金性質之分別　육경조화六庚造化
　　　육신조화六辛造化　　　　　　　　사시지수의기四時之水宜忌
　　　임계수성질지분별壬癸水性質之分別　육임조화六壬造化
　　　육계조화六癸造化

〈권2 中〉

第四編 명체립용明體立用 中 속續
　二. 용신用神 속續
　(乙) 십간선용법十干選用法　　　　　　갑목선용법甲木選用法
　　　을목선용법乙木選用法　　　　　　병화선용법丙火選用法
　　　정화선용법丁火選用法　　　　　　무토선용법戊土選用法
　　　기토선용법己土選用法　　　　　　경금선용법庚金選用法

　　　　신금선용법辛金選用法　　　　　　임수선용법壬水選用法
　　　　계수선용법癸水選用法
　　(丙) 취용지방식取用之方式
　　　1. 부억일원지취용법扶抑日元之取用法
　　　　　재관왕용인才官旺用印　　　　　　관살왕용인官煞旺用印
　　　　　재왕용겁상관격才旺用劫傷官格　　살인격煞刃格
　　　2. 부억용신지취용법扶抑用神之取用法
　　　　　관인상생격官印相生格　　　　　　재자약살격才滋弱煞格
　　　　　재왕생관격才旺生官格　　　　　　식신생재격食神生才格
　　　　　인왕용재격印旺用才格　　　　　　살왕식제격煞旺食制格
　　　　　인설관살격印洩官煞格　　　　　　인제식상격印制食傷格
　　　　　재설식상격財洩食傷格
　　　3. 통관지취용법通關之取用法
　　　　　관상량정용재官傷兩停用才　　　　재인량정용관財印兩停用官
　　　　　제과칠살용재制過七煞用才　　　　비발탈재용식신比敓奪財用食神
　　　4. 병약지취용법病藥之取用法
　　　5. 조후지취용법調候之取用法

第四篇 명체립용明體立用 下
　　1. 전왕專旺
　　　　곡직인수격曲直仁壽格　　　　　　염상격炎上格
　　　　가색격稼穡格　　　　　　　　　　종혁격從革格
　　　　윤하격潤下格
　　2. 종왕從旺
　　　　종살격從煞格　　　　　　　　　　종재격從才格
　　　　종아격從兒格　　　　　　　　　　모왕자쇠母旺子衰
　　3. 합화合化
　　　　갑기화토甲己化土　　　　　　　　을경화금乙庚化金
　　　　병신화수丙辛化水　　　　　　　　정임화목丁壬化木
　　　　무계화화戊癸化火

〈권3〉

第五編 감별등차鑒別等差
　　논격국고저잡격부論格局高低雜格附
　　　　일진가一眞假　　　　　　　　　　이허실二虛實
　　　　삼청탁三淸濁　　　　　　　　　　사유력무력四有力無力
　　　　오유정무정五有情無情　　　　　　육단결六團結

논징험論徵驗 논태원중어명궁論胎元重於命宮
논세운상論歲運上 논세운하論歲運下
논인원용사다과論人元用事多寡 논분야상論分野上
논분야하論分野下

〈권4〉

第六編　고법론명古法論命
　一. 인언引言
　二. 신살기례神煞起例
　　　이십팔숙화요二十八宿化曜　　칠정사여화요七政四餘化曜
　　　천간제성기례天干諸星起例　　지지제성기례地支諸星起例
　　　월건길흉신살기례月建吉兇神煞起例　삼태성三台星
　　　공망空亡　　　　　　　　　　진교퇴복進交退伏
　　　괘기(납갑)납음(卦氣納甲)納音　오행장생기례五行長生起例
　三. 논명방식論命方式
　　(一) 인신사해조寅申巳亥組　　　실중포살煞中包煞
　　　　망신취귀亡神聚貴　　　　　분산영령分散英靈
　　　　취감정신聚歛精神　　　　　장생대귀長生帶貴
　　　　망겁대귀亡劫帶貴　　　　　고겁동진孤劫同辰
　　　　극출극입剋出剋入　　　　　주전살후主前煞後
　　　　파댁살破宅煞　　　　　　　록마충합綠馬冲合
　　　　파쇄살破碎煞　　　　　　　쌍진살雙辰煞
　　(二) 자오묘유조子午卯酉組　　　함지살咸池煞
　　　　천자귀인天子貴人　　　　　진신進神
　　　　백호살白虎煞　　　　　　　음착양차살陰錯陽差煞
　　　　양인陽刃　　　　　　　　　찬취분산攢聚分散
　　(三) 진술축미조辰戌丑未組
　　(四) 전두복강형충파합戰鬪伏降刑冲破合　전두위복격戰鬪爲福格
　　　　전두위화격戰鬪爲禍格　　　복강위복격伏降爲福格
　　　　복강위화격伏降爲禍格　　　충파위복격冲破爲福格
　　　　충파위화격冲破爲禍格　　　제형위복격制刑爲福格
　　　　야형위화격惹刑爲禍格　　　육합위복격六合爲福格
　　　　육합위화격六合爲禍格　　　생왕위복격生旺爲福格
　　　　생왕위화격生旺爲禍格　　　사절위복격死絶爲福格
　　　　사절위화격死絶爲禍格
　　(五) 류년월건流年月建
　　　附: 子平法與神煞(부: 자평법여신살)

2) 위천리의 『명학강의』(1934년)

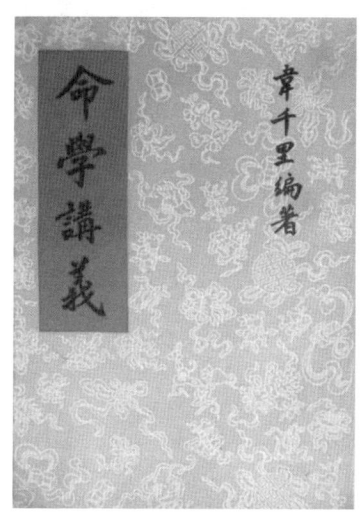

위천리는 1911년 3월 31일 중국 절강성에서 출생하였다.

1933년 진소암의 『명리약언命理約言』 교정본을 출판, 1934년 『명학강의命學講義』 초판을 저술 발행, 1936년 『명학강의命學講義』 재판을 발행, 1935년 『천리명고千里命稿』를 저술, 1941년 『천리명초千里命鈔』를 저술, 1946년 『팔자제요八字提要』를 저술, 1963년 『고고집呱呱集』을 저술하였다.

특히 이 책들 중에서 진소암의 『명리약언命理約言』이라는 고전은 주목할 만하다. 위천리가 그 고전을 찾아 가치를 발견하고 후대를 위하여 출판 발행한 것은 명리학 연구에 큰 공헌을 한 것이라 할 수 있다.

그의 대표 저술 『명학강의命學講義』는 한국의 저명한 사주 대가로 평가받고 있는 박재원朴在玩이 1974년 『명리요강命理要綱』을 저술할 때 책 중간에

『명학강의』를 번역한 내용을 '위천리 선생 명리강론'이라는 한 개의 장으로 삽입하여 소개함으로써 한국에 널리 알려지게 되었으며, 『팔자제요八字提要』는 박재완이 번역하고 일지론日支論과 한국인들의 사주를 추가로 삽입해서 『명리사전』이라는 이름으로 발행하였는데 이를 통해 위천리는 한국에 더욱 친근한 명리학자가 되었다.

위천리의 학설은 한국의 박재완을 통하여 직간접적으로 한국에 전파된 셈이다. 박재완의 『명리요강』과 『명리사전』은 한국에서 명리학계의 베스트셀러가 되었고 결국에는 위천리의 학설이 그를 통해 한국에 널리 유포되었다고 할 수 있다.

◎ 『명학강의命學講義』 목차

소언小言
자서自序
명학강의신편상집命學講義新編上集
1. 기례문답起例問答
2. 천간편天干篇
3. 지지편地支篇
4. 인원편人元篇
5. 오행편五行篇
6. 강약편强弱篇
7. 육신편六神篇
8. 비겁록인편比劫祿刃篇
9. 팔격편八格篇 - 용신부용神附
10. 외격편外格篇
11. 외격결론外格結論
12. 행운편行運篇
13. 유년편流年篇
14. 월건편月建篇
15. 육친편六親篇
16. 여명편女命篇
17. 부귀길수편富貴吉壽篇
18. 빈천흉요편貧賤凶夭篇
19. 보충편補充篇
20. 평단편評斷篇

명학강의신편하집命學講義新編下集
1. 분석법分析法

Part 3
7장 한국 명리학사
[중국과 함께 한국 명리학 역시 발전하다]

01 삼국시대와 남북국시대 – 천문학과 명리학의 시작

한국의 국가형태는 고대 단군조선을 시작으로 부여와 그 이남은 각 지방의 강한 세력을 가진 씨족을 중심으로 집결되는 도시국가들이 발생하게 된다. 기원전 1세기 중엽에 접어들며 한반도 도시국가들은 크게 3~4국가로 최종 이산 회합되는데 그 국가들은 고구려, 백제, 신라, 가야라고 칭하며 우리는 이 시기를 삼국시대라고 칭한다. 역사적으로 가야는 일찍 신라에 병합되어 버렸기 때문이다.

동시대의 중국은 한나라의 통일왕조를 바탕으로 학문과 문화의 전성기를 맞는 듯 보였으나 한국과 마찬가지로 위·촉·오 삼국의 분할과 전쟁을 겪게 되며 위나라에 의해 통일되고 진나라로 이어지지만 한 세대가 고작이고 다시 5호16국과 남북조시대로 또 다시 분열의 시기를 겪게 된다. 한국과 중국 모두 인류의 발전 사이클 중에 힘들고 고단한 분열과 전쟁의 시기를 지나가야 할 운명이었나 보다. 중국은 수·당의 통일왕조가 다시 재건되기 이전까지를 고대시대라고 하며, 한국의 역사도 굳이 세계사적 흐름으로 고대를 분류한다면 단군조선부터 삼국시대까지를 고대라고 보는 것이 맞다.

삼국시대의 천문학 기록들은 고분벽화 등에 그려진 그림 혹은 물품에 형체로 나타낸 것들인데 대체적으로 중국 천문학의 영향을 받은 것들로 알려져 있다. 주나라에서부터 춘추전국시대에 이르기까지 발달된 천문학이 한대에 이르러 주변국가와의 활발한 교류를 중시했던 만큼 한국의 삼국에도 전래되었고, 중국 천문학에 대한 지식이 도입되면서 한국적 색깔을 띠며 발전해 나갔다.

고구려 때의 고분 무용총의 고분벽화에 청룡, 주작, 백호, 현무의 사신도와 태양과 달을 상징하는 금오金烏와 섬여蟾蜍의 그림, 그리고 삼원과 28수의 별자리 그림의 일부가 그려져 있다. 이러한 벽화의 그림들은 고구려가 중국의 천문사상의 음양과 사상 그리고 천체에 대한 지식이 전래되어 사용되었음을 알 수 있다. 천문현상에 대한 직접적인 관측기록은 『삼국사기』에 기록이 남아있는데 주로 일식, 혜성, 유성, 운석, 객성 등과 5행성과 달의 변화, 금성의 출현 등에 관한 직접적인 관찰기록들이다.

『삼국사기』와 『삼국유사』에 60갑자로 연도를 표기한 기록들이 나타나고 있으며, 두 역사서 모두에서 빈번하게 발견된다. 한편 삼국시대에 사용되었던 역법曆法 중 고증 가능한 연대는 고구려 광개토대왕비 비문에 나타난 연대가 중국 북위北魏의 역으로 기록되어 있는 것이 확인되었다. 남북조시대가 끝나고 당대에 이르러 중국에는 619년에 무인력戊寅曆이 사용되었고, 665년에는 인덕력麟德曆이 반포되었다. 중국의 역사학자 사마광이 편찬한 『자치통감』에 의하면 624년 고구려 왕이 당나라에 사신을 보내어 역서를 얻어 갔다고 적혀 있다. 어떤 역서라는 기록은 없으니 시기를 살펴 보건대, 고구려 사신은 당나라에서 무인력을 가져다 사용하였다고 볼 수 있다. 참고로 당시의 무인력은 1년을 365.24일로, 1월을 29.53일로 하였으니 아주 정확한 역법이었고 정삭법定朔法을 써서 역일과 월상을 맞추었던 것이 특징이었다.

백제의 역법에 대한 기록은 더욱 구체적으로 남아있는데, 백제는 중국 남조의 첫 번째 왕조인 송宋의 원가력元嘉曆을 사용하였다. 원가력은 남조 송의 역학자 하승천何承天이 직접적인 관측을 통하여 그 전에 삼국 위나라에서 사용하던 경초력을 개정한 것인데, 5성五星의 계산 기점을 각각 달리하였고, 조일법調日法을 사용하였다는 점이 특징이다. 『후주서後周書』「열전이역조列傳異域條」에 "百濟 解陰陽五行 用宋元嘉曆 以建寅月爲歲首백제 해음양오행 용송원가력 이건인월위세수 : 백제는 음양오행을 해석하여 송의 원가력을 사용하였고 이를 세워 寅月을 한해의 첫 달로 삼았다."라고 기록되어 있다.

백제는 원가력을 660년 백제가 패망할 때까지 사용하였는데, 554년 백제의 역박사 왕도량王道良, 왕보손王保孫 등이 일본으로 건너갔고 602년 백제의 관륵觀勒스님이 역본曆本과 천문지리지를 전달하였다. 일본은 원가력을 604년부터 사용하였다. 원가력의 흔적은 공주의 무령왕릉에 함께 묻혀 있던 묘지석墓誌石에서도 발견되는데, 60갑자로 연월일을 표기하고 있고 이것이 1,500년 전 백제의 기록이라는 것은 놀라운 일이다.

寧東大將軍 百濟斯麻王 年六十二歲 癸卯年五月丙戌朔 七日壬辰崩
영동대장군 백제사마왕 연육십이세 계묘년오월병술삭 칠일임진붕
到乙巳年八月癸酉朔 十二日甲申 安曆登冠大墓 立志如左
도을사년팔월계유삭 십이일갑신 안력등관대묘 입지여좌

영동대장군 백제사마왕, 즉 백제의 무령왕은 나이 62세로 계묘년(523년) 오

월 병술일이 초하루니 7일 임진일에 세상을 떠났다. 을사년(525년) 팔월 계유일이 초하루니 12일 갑신일에 3년이 지난 후 길일吉日을 택하여 대묘를 안치하니 뜻을 받들 것이다.

또 하나의 지석은 무령왕비의 묘지석인데

丙午年十一月 百濟國大妃 壽終 居喪在酉地
병오년십일월 백제국대비 수종 거상재유지
己酉年二月癸未朔 十二日甲午 改喪還大墓誌如左
기유년이월계미삭 십이일갑오 개상환대묘지여좌

병오년(526년) 11월에 백제의 왕비가 생을 마감하니 장례를 시작하고 기유년(529년) 2월 계미일이 초하루니 12일 갑오일에 왕의 묘로 돌아와 합장한 기록을 남긴다.

무령왕릉의 두 지석을 통해 백제가 원가력元嘉曆을 사용하고 있다는 증거로 삼는 것은 중국 역사서 『송서宋書』의 역법 기록을 토대로 삭(朔 : 초하루)의 일수와 일진日辰의 반복주기를 찾고 계산해 보면 묘지석의 지석문과 삭의 일진이 일치하는 것을 확인하게 된다. 이는 중국의 역법이 삼국에 전파되어 실제 사용되었다는 실증적 기록이므로 연구 자료로서의 가치가 크다고 할 것이다.

신라는 역법의 전래 또한 조금 늦은 시기에 이루어진다. 백제가 남북조시대의 원가력을 사용하였고, 고구려가 당 초기의 무인력을 사용한 것에 반하여 신라는 그 이후에 개발된 '인덕력麟德曆'과 '대연력大衍曆'을 사용하였다. 『삼국사기』에 따르면 674년 문무왕 때 대나마복덕大奈麻福德이 당에서 역술을 배워와 책력을 만들었다고 기록되어 있다. 중국 당 초기에 무인력, 인덕력, 대연력으로 이어지는 변화는 삭(朔 : 초하루)을 결정하는 것이 이슈였고, 어떻게 정하느냐에 따라 정삭법定朔法, 진삭법進朔法 등으로 불렸는데 이를 통해 대월을 삽입하거나 윤달을 삽입하는 방식으로 지구의 공전주기와 달의 공전주기를 맞추면서 최대한 정확한 1년과 1달의 역법 계산식을 만들려고 노력하였다. 대연력大衍曆은 역易의 대연수大衍數에서 따온 이름인데 역수易數를 가지고 역수曆數를 푼다는 뜻으로 사용한 듯 보인다.

중국의 신화시대를 대표하는 삼황오제三皇五帝의 삼황三皇은 태호 복희太皞伏羲, 염제 신농炎帝 神農, 황제헌원黃帝 軒轅을 칭하며, 오제五帝는 소호 금천, 전욱 고양, 제곡 고신, 제요 도당, 제순 유우를 칭하는 것이다. 신화의 시대라고 하였듯이 역사의 기록이 남아있지 않은 시대이니 증명할 길은 없으나 복희를 비롯하여 삼황오제가 한국의 고대족을 칭하였던 동이족이라는 사실은 중국 역사가들에 의해서도 여러 차례 언급된 적이 있다. 신라가 삼국을 통일하는 과정에서 전쟁의 폐해로 단군조선의 역사가 많이 소실되었고 더욱이 당의 군사력이 동원되는 과정에서 그 현상은 더욱 잦아진 것으로 추측할 수 있다. 천부경과 삼일신고에 나타난 천天 · 지地 · 인人 삼원三元 사상의 원류와 음양오행을 수리로 표시한 흔적들은 역易의 역사가 단군조선 시대까지 거슬러 올라갈 수 있고, 중국의 역의 시작과 그 맥을 같이 한다고 할 수 있다. 그런데 그 흐름이 단절된 채 그저 명리학은 고려 후기에 중국 송宋 · 원元으로부터 유입된 외래문화라는 인식은 한국명리학의 연구에 있어서 풀어나가야 할 과제라고 할 수 있다.

02 고려시대 - 원나라를 통한 자평명리학의 유입

중국에서 일간日干을 중심으로 팔자八字를 살피는 학설을 제시하면서 등장한 서자평徐子平의 추정 생몰연대는 오대십국五代十國에서 송宋대 초 사이로 본다. 서자평 이후 자평이론을 계승한 사람이 송宋대의 서승徐升이며, 그의 저서로 『연해자평』이 전해지고 있다. 이러한 자평명리학이 근대명리학으로서 확고한 학문적 이론체계를 갖추어 갈 즈음 한국은 고려시대에 접어들어 있었다. 하지만 한국에서는 사주명리학의 유입을 알 수 있는 정확한 기록을 찾아 볼 수는 없다.

한국의 역사기록은 앞서도 언급하였듯이 약소국의 슬픔인지라 잦은 전쟁으로 인한 기록의 훼손과 부재로 삼국시대에 대한 유일한 역사 기록은 『삼국사기』와 『삼국유사』뿐이다. 삼국시대와 남북국시대의 기록에서 사주명리학에 대한 기록은 찾아볼 수 없고 송나라 및 원나라와 교류가 잦았던 고려시대에는 명리학의 기록이 남아있을 것을 기대하지만 그 기록이 많지는 않은 실정이다.

고려시대에는 복학卜學과 복업卜業이 잡과雜科에 포함되어 있어서 이 분야에 종사하는 관리들이 있었다. 이들은 일식日蝕, 월식月蝕, 성변星變, 가뭄과 홍수 등 천문과 기상을 관찰하였으며 이를 통해 임금과 왕실의 운명을 기복하는 복사를 행하였다. 하지만 『고려사』 「선거지選擧志」에 다른 잡과들에 대한 내용은 자세히 기록되어 있는 반면, 복업卜業에 대한 기록이 미흡하여 그 당시의 모습을 살피기에는 부족함이 있다.

『고려사高麗史』「열전列傳」에는 역학易學과 이학理學 그리고 성명학星命學에 능한 인물로 소개되는 분들이 몇 명 눈에 띈다. 13세기 후반에 활동하였던 오윤부伍允孚는 25대 충렬왕 때 여러 관직을 거쳐 판관후서사判觀候署事로 활동하였고 점후占候에 정통하여 밤이 다하도록 잠도 자지 않으며 천문을 관측하였다고 하였다. 점을 잘 본다고 이름이 알려져 원元나라 세조(世祖, 쿠빌라이 칸)가 불러 시험하였고 이로 인해 더욱 유명해졌다고 전한다.

伍允孚, 復興郡人, 世爲太史局官. 忠烈朝, 累遷判觀候署事. 允孚精於占候, 竟夕不寐, 雖祁寒盛暑, 非疾病不廢一夕. 有星犯天樽曰, "當有飮者, 奉使來" 有星犯女林曰, "當有使臣來, 選童女" 皆驗. 又善卜筮, 元世祖召試之, 益有名. 允孚言, "國家嘗以春秋仲月遠戊日爲社. 按宋舊曆及元朝今曆, 皆以近戊日爲社. 自今, 請用近戊日." 從之.

오윤부는 부흥군復興郡 사람으로 집안 대대로 태사국太史局110)의 관리를 지냈다. 충렬왕대에 거듭 승진해 판관후서사判觀候署事가 되었다. 그는 천문을 보고 길흉을 점치는 일에 정통하여 밤이 새도록 잠도 자지 않고 천문을 관측했는데, 아무리 춥거나 덥더라도 병들었을 때만 제외하고는 하루 저녁도 빠지지 않았다. 어떤 별이 천준(天樽 : 왕의 술단지)의 자리를 침범하자, 술을

---

110) 정확히 언제 설치되었는지 알 수 없지만 태복감(太卜監)과 함께 천문(天文)·역수(曆數)·측후(測候)·각루(刻漏) 등의 일을 담당했던 기록이 나타난다. 이 가운데 태복감은 현종 14년(1023)에 사천대로 개칭했다가 예종 11년(1116)에는 사천감(司天監), 충렬왕 1년(1275)에 관후서(觀候署)로 바꾸었다가 다시 사천감이라 불렀다. 태사국은 충선왕 즉위년(1308) 이후로 사천감에 병합되었다가 다시 독립한 것으로 보아 두 기관 사이의 기능에서 차이가 있었던 것으로 보인다. 관원으로는 판사(判事)·국지사(局知事)·영(令)·승(丞) 각 1명과 영대랑(靈臺郎) 2명, 보장정(保章正) 1명, 계호정·사신(司辰)·사력(司曆)·감후(監候) 각 2명을 두었다.

잘 마시는 자가 사람이 사신으로 올 것이라고 예언했고, 또 어떤 별이 여상림女孀林 자리를 침범하자, 중국 사신이 와서 동녀童女를 뽑아 갈 것이라고 했는데 모두 들어맞았다. 또 점복에 능해 원나라 세조世祖가 불러 시험해보자 더욱 이름이 나게 되었다. 오윤부가 왕에게 "나라에서 과거 봄과 가을철의 2월과 8월에 지구가 태양에서 먼 위치에 있는 날을 사일(社日: 토지신에게 제사하는 날)로 정했습니다. 송나라의 옛 책력과 원나라가 지금 쓰고 있는 책력을 살피건대, 모두 지구가 태양에서 가까운 위치에 있는 날을 사일社日로 하고 있으니 이제부터는 가까운 무일戊日을 사일로 정하는 것이 좋겠습니다." 하고 건의하자 왕이 그 말을 따랐다.

오윤부伍允孚를 비롯하여 『고려사高麗史』「열전列傳」의 기록에 묘사된 몇몇 인물들의 행적을 통하여 고려시대에 행해지던 역학易學과 성명학星命學에 대한 내용을 살펴볼 수 있는데, 주역을 칭하는 것으로 보이는 역학易學에 조예가 깊고 그것을 활용하여 점을 잘 보았다는 인물로 우탁禹倬이라는 분의 기록이 남아있고 그 내용은 아래와 같다.

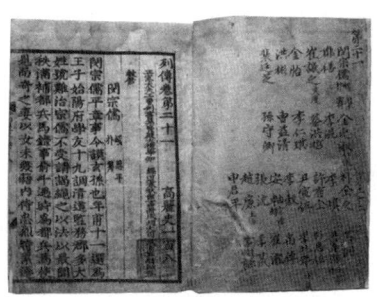 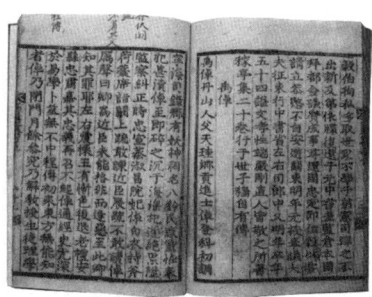

『고려사高麗史』「열전列傳」 – 우탁禹倬편

禹倬, 丹山人, 父天珪鄕貢進士. 倬登科, 初調寧海司錄, 郡有妖神祠名八鈴, 民惑靈怪, 奉祀甚瀆. 倬至卽碎之, 沉于海, 淫祀遂絶. 累陞監察糾正, 時忠宣蒸淑昌院妃, 倬白衣持斧荷藁席詣闕, 上疏敢諫, 近臣展疏不敢讀, 倬厲聲曰, "卿爲近臣, 未能格非而逢惡至此, 卿知其罪耶?" 左右震慄, 王有慙色. 後退老禮安縣, 忠肅嘉其忠義, 再召不起. 倬通經史, 尤深於易學, 卜筮無不中. 程傳初來東方, 無能知者, 倬乃閉門月餘, 叅究乃解, 敎授生徒, 理學始行. 官至成均祭酒致仕, 忠惠三年卒, 年八十一.

우탁禹倬은 단산(丹山: 충청북도 단양) 사람으로 부친 우천규禹天珪는 향공진사鄕貢進士를 지냈다. 우탁은 과거에 급제해 처음에 영해사록寧海司錄으로 임명되었다. 그 고을에 팔령八鈴이라고 하는 요망한 귀신을 모신 사당이 있었는데 백성들은 그것이 영험하다고 떠들며 독실하게 제사를 지내고 있었다. 우탁이 부임하자 바로 그것을 부숴 바다에 던져버리니 부정한 제사가 근절되었다. 여러 번 승진하여 감찰규정監察糾正이 되었다.… (중략) 뒤에 예안현(禮安縣: 경상북도 안동)으로 은퇴하자 충숙왕이 그의 충의를 가상히 여겨 재차 불렀으나 나아가지 않았다. 우탁은 경서와 사서에 정통하였고 더욱이 역학易學에 조예가 깊어 점을 치면 신통하게 다 맞추었다. 정호程顥·정이程頤[111]의 학문이 처음 우리나라에 들어왔으나 이해하는 사람이 없자 우탁이 문을 닫아걸고 한 달 남짓 깊이 연구해 마침내 해득한 후 학생들을 가르치니 그때부터 성리학이 비로소 널리 알려지게 되었다. 성균제주成均祭酒까지

---

111) 정호(程顥: 1032~1085)는 자는 백순(伯淳), 호는 명도선생(明道先生)이다. 그의 아우 정이(程頤: 1033~1107)는 자가 정숙(正叔)이고, 낙양(洛陽) 이천(伊川) 사람이기 때문에 흔히 이천선생(伊川先生)으로 불렸다. 이 두 사람을 '이정(二程)' 이라 한다. 이들은 이른바 '낙학(洛學)' 이라고 불리는 새로운 학파(學派)를 창시하여 훗날 주희(朱熹)가 성리학(性理學)을 집대성하는 데 중요한 토대를 제공했다.

지내다 관직에서 물러난 후 충혜왕 3년(1342년)에 죽으니 나이 81세였다.

우탁이 복서에 맞추지 아니함이 없었다는 내용에서 말하는 복서의 내용이 정확히 무엇인지는 알 수 없으나, 우탁이 27대 충숙왕 때(고려 말, 14세기 전반) 사람이고 고려가 중국 원나라의 영향을 많이 받던 시기라는 점을 감안하면 이 시기에 송대에 발달했던 사주명리학이 유입되어 사용되기 시작하였다는 점은 추측할 수 있다.

「열전」에 소개된 내용으로 보면 오윤부는 점후占候에 정통하였다고 하였고, 우탁은 역학易學에 조예가 깊어 점을 잘 쳤다고 하였고, 고려에서는 사주명리학이 아닌 별점이 주류였음을 알 수 있습니다. 고려 말 32대 우왕 때 고위직을 지냈던 박상충朴尙衷 역시 운명 예측에 탁월하였는데 그 또한 "성명星命" 즉 별점으로 길흉을 잘 맞춘 것으로 나온다.

朴尙衷, 字誠夫, 羅州潘南縣人. 恭愍朝登第, 累遷禮曹正郞. 凡享祀, 禮儀司悉掌之, 舊無文簿, 屢致錯誤. 尙衷叅證古禮, 序次條貫, 手寫之, 以爲祀典, 後之繼是任者, 得有所據. 丁母憂, 授典校令, 時士夫服父母喪, 百日卽除. 尙衷欲終三年不得, 遂就職. 然不食肉終制. … (중략) 諫官李詹·全伯英, 亦疏論仁任之罪, 下詹等獄鞫之. 尙衷辭連逮獄, 杖流道死, 年四十四. 性沈黙寡言, 慷慨有大志, 博該經史, 善屬文. 燕居但觀書, 言不及產業. 兼通星命, 卜人吉凶多中. 居家孝友, 莅官勤謹. 視人不義富貴, 蔑如也.

박상충朴尙衷은 자가 성부誠夫이며 나주羅州 반남현(潘南縣: 지금의 나주시 반남면) 사람이다. 공민왕 때 과거에 급제한 후 누차 승진해 예조정랑禮曹正郎

이 되었다. 당시 모든 향사享祀를 예의사禮儀司에서 관장하였으나 종전에는 의례를 기록해 둔 궤범이 없었으므로 자주 착오를 일으켰다. 박상충이 옛날의 의례를 참고하고 고증해 순서별로 정리한 뒤 손수 써서 제사의 궤범으로 삼으니 뒤에 이 업무를 이어 받은 사람들은 이를 근거로 삼게 되었다. 모친상 중에 전교령典校令으로 임명되었는데, 당시 사대부들은 부모상을 1백 일만에 마치는 것이 상례였다. 박상충은 삼년상을 치르려고 작정했다가 부득이 부임했으나 고기를 입에 대지 않고 삼년상을 마쳤다.… (중략) 간관 이첨과 전백영도 이인임의 죄를 논하는 소를 올렸다가 옥에 갇혀 국문을 당했다. 박상충이 그들의 공술에 언급되어 수감되었다가 곤장을 맞고 유배되었는데 도중에 죽으니 나이 마흔넷이었다. 성품이 침착 과묵했고 의기와 큰 뜻을 지녔으며 경서와 사서에 해박하고 글을 잘 지었다. 한가할 때는 책만 들여다 볼 뿐, 살림살이에 대해서는 말도 꺼내는 일이 없었다. 아울러 천문과 점복에 밝아 사람의 길흉을 점치면 대개 적중하였다. 집안에서는 부모에게 효도하고 형제에게 우애가 있었으며 관직에 임해서는 부지런하며 신중하였다. 또 의롭지 못한 행동으로 부귀를 쌓은 사람을 보면 탐탁지 않게 여겼다.

고려 중기에 남송南宋으로부터 자평명리학 사상이 건너 들어왔을 가능성은 충분히 있다. 송나라는 목판인쇄물이 매우 발달해 있었고 중국 내에서 서적의 유통이 활발하여 고려와의 무역품 중 많은 품목이 서적이었다는 점, 당시 송으로부터 학문의 수용이 급격하게 이루어지고 있었다는 점들은 충분히 그 가능성에 무게감을 실어준다.

그러나 문무文武 중 문을 더 숭상하던 사회분위기상 군사력의 우위는 이미 북방 몽골에게 넘어가 있었고 송과 고려는 13세기 초 몽골의 침략을 받아 심각한 전란의 시기를 겪게 된다. 전란이 끝나고 중국 전체를 지배하게 된 원元은 고려로부터 조공무역을 요구하게 되고, 조공무역의 중심에는 강제적, 자의적 인적 교류가 있었고 13세기 말 이후에는 원과의 인적 교류에서 비롯된 문물의 수입이 빠르게 이루어진다.

성리학의 유입이 본격적으로 이루어지던 때가 이 시기였으며, 자평명리학도 송宋보다는 원元을 통해 유입되었을 것이라는 시기 산정에 무게감이 실린다. 특히『고려사』인물 중 성명학星命學을 사용한 기록이 고려 후기에 나타난 점이라든지, 천문·역법·측후·점복 등의 기능을 수행하던 기관이 서운관으로 통폐합된 시기(1372년), 고려 후기의 문학가인 이제현과 이색의 저술에 성명학과 관련된 내용이 나타나는 점 등은 자평명리학의 한국 유입이 고려 후기 원元나라를 통하여 이루어졌을 것이라는 점을 뒷받침하게 된다.

이제현(李齊賢, 1287~1367년)이 그의 장인 권보(權溥, 1262~1346년)를 위해 지은 묘비문이 그의 문집인『익재난고益齋亂藁』에 수록되어 있다.

以中統三年仲冬十有一日日將 晡 而生公, 戊子 己未, 虛拱壬己之祿, 而互衝發之, 天機之妙如此.

중통中統 3년(1262년, 壬戌年) 11월(壬子月) 11일(己未日) 신시(申時) 무렵에 공을 낳았는데, 戊子(壬子의 오기), 己未가 壬의 祿(亥), 己의 祿(午)이 사주에 없는 가운데서 공협으로 갖고 있다(亥子, 午未순이므로 亥, 午가 없어도 子, 未 바로 옆에 亥, 午가 있다고 본다). 그런데 서로 충돌하였음에도 불구하고 발복하였으니 천지조화의 기밀이 이처럼 오묘하다.

이는 1253~1258년 무렵 남송의 서대승이 저술한 『자평삼명통변연원』에 수록된 '공록拱祿'과 '공록격拱祿格'의 설명을 응용한 것이다. 이런 사실을 볼 때 14세기 중엽 고려 말에는 사주명리가 이미 널리 유포되어서 지식인들이 두루 활용하고 있었을 뿐만 아니라, 당시 학자들이 사주명리에 관해 상당히 박학한 지식을 갖추고 있었음도 알 수 있다. 그러나 서거정(徐居正, 1420~1488년)은 『필원잡기筆苑雜記』에서 권보의 사주는 "壬戌년 壬子월 己未일 己巳시"라고 하여 생시를 다르게 표기하고 있는데, 『필원잡기』의 기록이 보다 정확한 것으로 생각한다.

이색(李穡, 1328~1396년)의 문집인 『목은집牧隱集』이 현재로는 '팔자八字'라는 용어가 처음으로 나타나고, 사주명리에 관한 내용이 보다 구체적으로 등장하는 최초의 문헌이다. 수록된 시구 중에 이색이 앞날의 운수를 알려고 성관星官이나 역옹歷翁에게 자신의 '팔자'를 물어보고, 태어난 날짜인 '생신生辰'을 적어서 자신의 장차 운수를 물어보고 싶다는 내용이 나온다.

> 지난 운수 분명하여 참된 술수 징험했는데, … 성관이나 역옹에게 팔자를 물어보나니. 우연히 병세가 찾아와 사람을 어지럽히니 태어난 날을 적어서 역옹에게 묻고 싶구나.

지금까지 살펴본 사실들로 미뤄볼 때 이미 14세기 고려 말에는 관료·학자 등 지식인들이 사주명리에 관한 해박한 지식을 갖추었거나 전문적으로 활용하고 있었음을 알 수 있다.

03 조선시대 – 『서운관지』를 통해 보는 명과학과 과거시험

고려시대에는 역학易學, 성명학星命學이라는 기록은 있으나 사주四柱라는 용어가 기록에 남아있지는 않다. 사주四柱에 대한 언급은 조선 초기에 이르러서 사료에 나타나기 시작한다. 조선 정사正史에서 사주를 맨 처음 언급하고 있는 것은 『조선왕조실록 태종太宗편』이다.

> 태종공정성덕신공문무광효대왕太宗恭定聖德神功文武光孝大王의 휘諱는 이방원李芳遠이요, … 태조太祖의 다섯째 아들이요, … 어머니는 신의왕후 한씨韓氏이다. … 고려 공민왕 16년(1367년) 정미 5월 16일 신묘에 함흥부 귀주歸州 사제私第에서 탄생하였다. 한씨가 점치는 사람[卜者] 문성윤文成允에게 물었더니, 대답하기를, '이 사주四柱¹¹²⁾는 귀하기가 말할 수 없으니 조심하고 점장이[卜人]에게 경솔히 물어보지 마소서' 하였다.

당시 이방원의 아버지 이성계가 비록 고려의 무장이긴 하였지만 그 당시 고려 핵심 실세가 아니었다는 점과 개경이 아닌 변방 함흥에서 살았던 점을 고려한다면, 사주명리학 이론이 이미 수도뿐만 아니라 지방 도시의 유력자들에게까지 알려져 있었음을 알 수 있다.

조선시대에는 천문학을 '제왕의 학'으로 간주하는 전통적 관념이 왕실

---

112) 조선 태종 이방원의 사주 : 丁未年 丙午月 辛卯日 甲午時

과 관료층에 퍼져 있었기 때문에 각종 천재지이天災地異를 살피고 기록하는 일이나 해마다 역서를 편찬하는 일 등 천문학과 관련된 주요 활동들을 국가기관에 독점하도록 하였는데 이 일을 맡아 수행하던 곳이 관상감이었다. 관상감은 천문학 업무와 더불어 왕실이나 조정을 위해 풍수를 통해 길지吉地를 선정하거나 택일擇日하는 일 또한 담당하였다. 관상감은 조선시대 풍수지리, 명과학, 역법 등에 대한 연구를 담당했던 기관이었다.

관상감觀象監의 원래 명칭은 서운관書雲觀이었는데, 1392년(태조 1년)에 설치하여 처음에는 서운관이라고 하다가, 1466년(세조 12년)에 관상감으로 개칭하였다. 연산군燕山君 때 사력서司曆署로 낮춰 불리다가, 중종中宗 때에 다시 관상감으로 환원하여, 1894년(고종 31년)에 관상감은 폐지하고 다음해에 관상소觀象所를 두었다.

서운관과 관상감에 대한 중요한 사료로 남아있는 것이 『서운관지書雲觀志』인데 이는 관상감의 관서지로 1818년 조선 후기에 편찬되었다. 편찬자는 정조와 순조 때 관상감에서 활동한 천문학 관원 성주덕成周悳이다. 그는 10년 가까운 작업을 통해 『서운관지』를 편찬하였다고 하였다. 조선시대의 천문학과 명과학을 연구하던 관상감의 모습을 살필 수 있는 현존하는 유일한 사료인 관계로 매우 중요한 자료가 된다. 하지만 조선 후기에 작성된 책이므로 조선 전기 부분에 대한 기록이 상대적으로 소략되어 있다는 점이 아쉽다. 아마도 조선 중기 전란으로 인해 관상감의 문헌도 많이 소실되었고 남은 자료만으로 정리를 하였기 때문이 아닌가 생각된다.

『서운관지』 권4에는 관상감에서 사용하고 보관하고 있는 책과 기구에 대한 기록이 남아있는데, 이중에서 풍수지리와 명과학에 관련된 책들을 살펴보면 명나라 서지막의 『탁옥부』 25권, 서유지·서유사 형제가 저술한 『인자수지』52권, 서지막의『나경정문침』5권, 당나라 원천강의『원천강오성삼명지남』10권, 송나라 서대승의『서자평삼명통변연원』2권, 명나라 조영이 편찬한『범위수』2권, 송나라 곽정이 편찬한『응천가』4권, 명나라 하앙이 교정한『소강절심역매화수』1권을 들었다. 이밖에 우리나라 학자인 이순지가 일진으로 길흉을 가리는『선택요략』3권, 원저는 명나라 임소주가 지었으나 지백원과 그의 손자 지일빈이 증보한『천기대요』2권, 위감의『상길통서』와 매곡성의『협기변방서』를 통합하여 민종현이 편집한『협길통의』22권 등에 대한 설명이 있다.『서운관지』에는 상기 책들에 대한 간략한 설명과 소개만 나와 있지만, 상기 책들은 대부분 규장각에 잘 보관되어 있어 현재 국립중앙도서관 전자문서로 찾아볼 수 있는 것들이다.

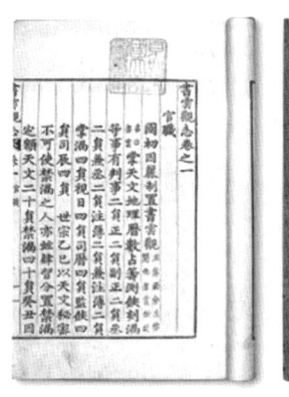 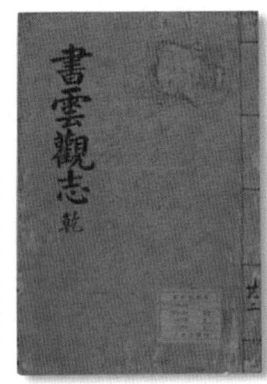

한편 조선 시대에는 잡과 시험에 사주명리학 서적들이 정식 고시과목으로 채택되는데, 조선 성종 16년(1485년)에 완성된『경국대전』에 나와 있는 음양과에 소속된 명과학命課學 고시과목은 다음과 같다.

경국대전(1485년)

初試 : 袁天綱(背講), 徐子平, 應天歌, 範圍數, 剋擇通書, 經國大典(臨文)

取才 : 袁天綱(背講), 三辰通載, 大定數, 範圍數, 六壬, 五行精記, 剋擇通書, 紫微數, 應天歌, 徐子平, 玄輿子平, 蘭臺妙選, 星命總話(臨文)

그로부터 약 300년 후인 영조 46년(1770년)에 반포된 『속대전』에는 다음과 같은 과목들이 명과학의 고시과목으로 지정되었다.

속대전(1770년)

初試 : 袁天綱(背誦), 徐子平, 應天歌, 範圍數, 經國大典(臨文), 天文曆法(臨文)

取才 : 初試와 같음

위에서 서울대학교 규장각에 소장되어 열람 가능한 책들은 『원천강袁天綱』, 『서자평徐子平』, 『응천가應天歌』, 『육임六壬』이며, 중국의 『고금도서집성古今圖書集成』에 수록되어 있어 역시 그 내용이 파악 가능한 것은 『삼진통재三辰通載』, 『오행정기五行精記』, 『난대묘선蘭臺妙選』 등이다.

이들 명과학命課學 고시과목들 가운데 사주명리학의 내용을 담고 있는 것은 『원천강』, 『서자평』, 『응천가』이며 그 밖의 것들은 육임점, 별점, 자미두수 등의 내용을 담고 있다. 『원천강』, 『서자평』, 『응천가』 등의 내용을 간략하게 살펴보면 다음과 같다.

『원천강袁天綱』은 수말·당초에 활동한 원천강의 저서 『원천강오성삼명지남袁天綱五星三命指南』을 줄여 칭하는 책명이다. 조선시대 규장각과 장서각에 각각 보관되어 있었다. 『원천강』에서 주목할 만한 내용은 육신론의 초기 모습을 띠고 있다는 점이다. 권2에 식신류食神類가, 권4에 인류印類와 재고류財庫類 등이 나오는데, 육신의 식신, 정인과 편인, 그리고 정재와 편재의 이론을 내포하고 있다. 이와 더불어 삼합, 천간합, 지지합을 비롯하여 역마驛馬, 학당學堂, 공망空亡 등을 비롯하여 현재에도 통용되는 신살神煞로 보는 사주 내용을 망라하고 있다.

『서자평』은 사주 서적 가운데 가장 중요한 책으로 꼽히는데, 송대 사주이론의 완성자인 서자평의 이름을 그대로 책명으로 한 것이다. 원명은 『자평삼명통변연원子平三命通辯淵源』으로 줄여서 『자평연원』이라고 불리기도 한다. 이 책의 편찬자 서대승이 서문을 쓴 날짜를 '보우寶祐 10월 망일望日'이라고 밝히고 있다는 점에서 이 책의 출간 시기를 추정해 볼 수 있는데, 보우寶祐는 중국의 남송(南宋, 1253~1258년)의 짧은 기간에 사용된 연호로서 고려 고종 임금 재위기간에 해당된다. 따라서 고려 고종, 즉 13세기 중엽까지는 이 책이 한반도에 들어오지는 않았을 것이다.

서대승의 대표 명리저술 『연해자평』의 초기 원본격에 해당하는 책으로 현대 명리학자들이 대부분 수용하고 있는 주요 핵심 이론들을 모두 수록하고 있다. 주요 내용을 정리해 보면 ① 당나라의 사주학이 태어난 년을 중심年柱 爲主으로 하였음에 반해 이 책은 태어난 날을 중심日柱 爲主로 하고 있다. ② 태어난 해를 조상과 뿌리, 달은 부모와 싹, 날은 자신과 꽃, 시는 자식과 열매로 보는 근묘화실론根苗花實論의 논리를 소개하고 있다. ③ 육십갑자납음오행론六十甲子納音五行論을 비판하고 있다. ④ 18가지의 격국格局과 더불어 당대의 유명 인사들의 사주 사례를 소개하고 있다.

『서자평』의 내용은 신법명리학을 완성시킨 서자평의 이론을 집대성한 것인 만큼 현대 명리학의 내용에서 크게 벗어나지 않고 있다. 즉, 조선왕조 초기부터 중국 송대에 유행했던 사주명리학의 핵심 내용이 그대로 수용되었음을 확인할 수 있다.

『응천가』는 송나라 담천태사 곽정郭程이 지은 것으로 알져져 있으나, 곽정에 대해서는 별로 알려진 바는 없다. 이 책은 인간의 사주명과四柱命課를 7언七言으로 풀이한 것으로 현대 시중에서 유통되는 사주명리학에서는 별로 신뢰하지 않는 '육십갑자납음오행六十甲子納音五行'을 토대로 하고 있다. 그 밖의 내용들은 '포태법', '신살神煞', '오행의 상생상극'을 기본 토대로 하는 것으로 오늘날 사주명리학의 내용과 크게 다르지 않다.

여기서 다음과 같은 의문이 제기될 수 있다. 고려왕실에서 '사주'가 전혀 언급되지 않다가 왕조가 바뀌면서 갑자기 조선 왕조의 명과학命課學 고시과목으로 '사주명리학'이 채택될 수 있는가? 두 가지로 생각해 볼 수 있다.

첫째, 사주이론이 송나라 말엽인 13세기 후반에 완성된 체계를 갖추어 비록 고려 말엽에 고려에 유입되었을지라도 복업卜業의 새로운 고시과목으로 채택하기에는 몰락의 길을 걷고 있던 고려왕조로서는 너무 무력하였다.

둘째, 고려 왕조를 멸망시킨 조선 왕조의 새로운 '이념정책'이다. 고려를 멸망시킨 조선은 백성들에게 '새로운 세상'이 들어섰음을 주지시킬 필요가 있었다.

제도와 이념에서 새로운 것들을 도입하지 않을 수 없었다. 국교國敎를 불교에서 유교로 바꾼 것도 바로 그 하나의 예이다. 국교뿐만 아니라, 풍수학

(지리학)의 고시과목도 고려왕조에서 채택한 것들은 모두 폐기 처분하고 새로운 과목으로 대체한 사실을 『고려사』와 조선의 법전 『경국대전』을 비교해보면 쉽게 확인할 수 있다. 명과학 역시 그러하였다. 그렇다면 조선왕조에서 사주의 수용은 주로 어떤 모습이었을까?

조선 초기부터 사주명리학은 당시에는 한문과 음양오행설에 정통해야 했던 만큼 관상감 산하 명과학 소속의 전문기술인들 뿐만 아니라 당시 학식이 높았던 대신들이 수용했다. 조선 세종 당시(1425년) 변계량卞季良이 사주를 볼 줄 알았다는 기록이 왕조실록에 나타난다.

> 임금이 대제학 변계량을 불러서 명하기를, '유순도庾順道와 더불어 세자의 배필을 점쳐서 알려라.' 하였다. 계량이 약간 사주의 운명을 볼 줄 알았고, 순도는 비록 유학에 종사하는 자이나 순전히 음양 술수와 의술로 진출한 자였다.

세종이 세자의 배필을 정하는 데 사주를 활용하였음을 보여주는 대목이다. 또 다른 예가 정조의 경우이다. 정조는 세자빈을 정하는 데 사주를 결정 근거로 삼는다. 당시 정조가 국복國卜 김해담金海淡에게 세자빈 후보들의 사주가 어떠한가를 묻는 대목이 나온다.

> 오늘 간택한 처자들의 사주에 대해 묻는 것이니 그대들은 상세하게 아뢰어라. 기유년 5월 15일 유시酉時면 그 사주가 어떤가? 이에 김해담이 답변하기를 "그 사주는 기유·경오·신미·정유이온데 바로 대길 대귀의 격입니다. 이 사주를 가지고 이러한 지위에 있게 되면 수와 귀를 겸하고 복록도 끝

이 없으며 백자천손을 둘 사주여서 다시 더 평할 것이 없습니다."

이 사주의 주인공은 안동 김씨 김조순의 딸로서 훗날 순조비가 된다. 사주는 단순히 한 개인의 운명이나 배필을 구하는 데 활용되었을 뿐만 아니라, 권력 장악의 도구로서 활용된다.

조선 13대 명종에게는 아들이 하나뿐이었다. 당시 조정은 명종의 어머니 문정왕후가 좌지우지하던 참이라 명종은 평생 눈물로 보낸 왕이다. 이때 문정왕후의 친정 동생 윤원형은 언젠가 자기 누나인 문정왕후가 죽게 되면 자신의 권력도 끝이 날 것을 두려워하여 일을 꾸민다.

명과학 소속 국복國卜 김영창金永昌과 모의하여, 황대임黃大任이란 사람의 딸의 생년월일을 좋은 사주로 고쳐서 세자빈으로 문정왕후에게 적극 추천한다. 이때 왕과 왕비는 황대임의 딸이 별로 마음에 들지 않았지만 문정왕후의 분부에 눌려 할 수 없이 그대로 하였다. 그러나 황대임의 딸이 너무 병약함이 드러나 훗날 세자빈이 교체된다.

조선 왕조에서는 이 밖에도 사주가 역모사건에 자주 언급되는데, 실제로 역모나 반정을 도모할 때 내세우게 될 주동인물의 사주가 중요하다고 여겨졌기 때문이다.

지금까지 살펴본 것에서 고려왕조에서는 인간의 운명을 예측하는 것으로 주로 별점星命이 활용되었다면, 조선왕조에서는 사주명리학이 주류를 이루고 있음을 알 수 있다. 그러나 그것이 왕실과 사대부에 국한되었지 일반 백성들에게까지 보급되지는 않았던 듯하다. 그렇다고 하여 일반 백성들이 자신과 집안의 운명이 어찌 될 것인가에 대한 궁금증을 갖지 않았던 것은 아니다. 빈천하게 살기에 더욱 더 행운을 바랐을지도 모른다. 그와 같은 욕구를 충족시켜 주기 위해서 나온 것이 당나라 때 유행하였다 하여 이름 붙여진 '당사주唐四柱'와 토정 이지함의 이름을 가탁한 '토정비결'의 유행이다.

조선시대 서운관과 관상감의 관료체계 속에 명과학이 자리 잡고 발전하였다는 것은 한국의 명리학사에 있어 큰 의미를 가진다. 하지만 아쉬운 점은 중국 송나라 이후 명나라와 청나라 때 이르러 더욱 눈부시게 발전해 온 명리학의 이론들이 조선의 공식적인 사주명리학 역사에는 들어와 있지 않다는 점이다. 더 아쉬운 점은 조선에는 중국과 달리 사주명리학을 심도 있게 연구하여 나름의 독자적인 체계를 만들어낸 학자나 술가가 존재하지 않았다는 점일 것이다. 조선의 명과학은 일제강점기를 거쳐 근대화 시대까지 답보 또는 정체 상태였다고 할 수 있다.

04 한국 고유의 사주명리서 『오행총괄』과 『협길통의』

1) 오행총괄五行總括

1458년(세조 4년) 세조의 명을 받아서 서거정徐居正이 저술한 『오행총괄五行總括』은 사주四柱를 토대로 한 녹명설祿命說을 다루었다는 점에서 우리나라에서 저술된 최초의 사주명리서로 추정된다. 그러므로 『오행총괄』은 15세기 무렵 우리나라 사주명리학의 내용과 수준 그리고 사주명리학에 대한 당시 사람들의 인식을 가늠해 볼 수 있는 중요한 문헌이다. 그러나 『오행총괄』이 소장된 곳을 확인할 수가 없는 점으로 미루어 볼 때 아마도 산실散失된 것으로 추정되어 아쉽다. 다만 서거정의 문집인 『사가문집四佳文集』에 『오행총괄』의 서문이 수록되어 있어 그 대략적인 내용은 파악할 수가 있다.

『성종실록』이나 『한국민족문화대백과사전』에서는 서거정이 예조참의로 있던 1458년에 『오행총괄五行總括』을 저술한 것으로 되어 있지만, 『오행총괄』 서문의 '창룡정해蒼龍丁亥'란 기록과 『세조실록世祖實錄』의 기록으로 볼 때는 1466년(세조 12년) 10월 2일에 세조의 명을 받아서 1467년 정해년에 저술을 완료하고 진상하였던 것으로도 추정할 수가 있다. 『오행총괄』의 보다 정확한 저술 연도에 대해서는 앞으로 좀더 연구가 있어야 하겠지만 서거정이 세조의 명으로 지은 『오행총괄』이 우리나라에서 저술된 최초의 사주추명서四柱推命書인 것은 거의 확실하다. 서거정이 『오행총괄』을 저술하게 된 경위에 대해서는 『성종실록成宗實錄』과 그의 수필집인 『필원잡기筆苑雜記』에 기록되어 있으며, 『오행총괄』 서문에 자세히 표현되어 있다.

성상(세조)께서 신(서거정)에게 이르시기를 '녹명祿命의 책은 그대가 궁리해야 하는 한 가지 일인데도, 세간에서 고인古人의 언행을 논하는 자들은 선비는 마땅히 공자와 맹자, 이윤伊尹과 주공周公의 가르침을 배우고 익혀야지 감히 사마계주司馬季主와 곽박郭璞의 행위를 본받을 수가 있겠는가라고 말한다. 내가 그 말을 들어본 즉 옳았다. 하지만 좀 더 생각을 해보니 그렇지가 않다. 이로 인해 녹명祿命의 설은 그 문門을 아는 자가 매우 드물었으니 하물며 그 깊은 뜻에 있어서는 어떠하겠는가. 옛날의 명가命家는 하나가 아니었으며 그 설도 번잡하여 뒤섞이고 흩어져서 그 계통이 없어졌다. 그래서 지금 가령假令하여 한 책을 지어서 초학자들의 지침이 되고자하니 그대는 마땅히 이 것을 지어야 한다.' 고 하셨다. 신이 견문도 적고 식견도 얕은데 어찌 성상의 뜻을 우러러 받들 수가 있겠는가마는 겨를이 있는 날에 여러 책을 모아서 지요至要를 뽑고 분류하여 책을 만들었는데, 맨 앞에는 범례凡例를 놓고 다음에는 길신살吉神殺과 흉신살凶神殺을 놓고 마지막에는 길흉吉凶을 논단하는 것으로 책을 엮어서 올렸다. 성상이 웃으며 '이것이 바로 나의 뜻이다. 다만 명명을 점치는 데 있어 귀한 바는 길러내는 것을 찾고 감춰진 것을 들춰내며 옛것을 근거로 미래를 추측하며 천지의 비밀을 드러내고 음양의 속내를 발휘하는 것인데, 그 오묘함을 헤아릴 수가 없다.…' 마침내 『오행총괄五行摠括』이란 이름을 하사하시면서 신에게 서문을 지으라고 명하셨다.

그리고 『필원잡기筆苑雜記』에는 "내(세조)가 녹명祿命의 책을 숭상하고 믿는 것이 아니라, 한 책을 만들어서 궁중의 사람들로 하여금 번거롭게 가르쳐주지 않아도 책을 펴면 스스로 알게 하고자 해서이다"라고 기록되어 있다. 이런 사실들로 볼 때 『오행총괄』을 저술하게 된 목적은 세간에 이미 유행하고 있는 녹명祿命에 관한 수많은 설들을 취사선택하고 그 체계를 세워서 궁중에서 누구나 손쉽게 활용할 수 있도록 하는 것이었음을 알 수가 있다.

『오행총괄』의 체제는 「범례凡例」, 「길흉신살吉凶神殺」, 「길흉논단吉凶論斷」으로 구성되었음도 알 수가 있는데, 「범례」는 명命을 세우는 기본에 관한 내용이며, 「길흉신살」은 신살을 통해 선악과 길흉을 분별하는 내용, 「길흉논단」은 신살을 통해 드러난 선악과 길흉의 이치를 스스로 알 수 있도록 하는 내용이었다. 따라서 『오행총괄』은 신살神殺을 가지고 일의 성사여부와 명命의 길흉여부를 누구나 손쉽게 추리할 수 있도록 한 단식單式 판단법이었으며, 오행의 생극제화生剋制化를 살피고 일간日干을 주로 해서 다른 천간지지와의 상호 관련성을 추리하여 명命을 예단豫斷하는 현대 명리학과는 내용과 체제, 그 수준이 전혀 달랐을 것으로 생각된다. 사주명리에 대한 당시 유학자들의 인식을 알아보기 위해 『사가문집四佳文集』에 수록된 『오행총괄』 서문과 『필원잡기』에 수록된 사주에 관한 내용들을 좀 더 알아보면 다음과 같다.

신臣이 홍범구주를 살펴보니 오행五行은 하나에 있으며 사람은 천지간에서 태어나고 형기形氣 중에 국한되어 있으니 오행五行은 곧 상象이다. 올바른 이치가 있으니 올바른 상象이 있으며, 올바른 상象이 있으니 올바른 수數가 있으며, 올바른 수數가 있으니 길흉선악이 말미암는 바가 생긴다. 이 때문에 성인이 역易을 지어서 사람들로 하여금 상象을 관찰하고 점占에 능숙하여서 길흉소장吉凶消長의 이치를 밝히고 진퇴존망進退存亡의 기미를 자세히 살펴서 올바른 성명性命에 순응하도록 하였던 것이다. 그런데 후세의 술가術

家 무리들은 말을 많이 하다 보니 혹 적중하는 것에 견강부회하여 삼명三命의 책을 지었다. 대개 일자日者의 설이란 것은 한사漢史와 백가百家를 모방하고 잇달아 일어나서 제각기 성요星曜・금연禽演・현여玄輿・명경明鏡・진결眞結이라 말하면서 각자의 견해에 집착한다. 이 때문에 이치가 서로 어긋나서 그 어지러움이 이루 말할 수가 없다. 경서를 버리고 천하의 명命이 다될 지경에 이른 것과 같으며 미리 정해진 운수運數에 고착되어 두루 통하지 않아 세상의 백성들을 속이고 있는데 그 속이는 바가 매우 심하다. 이는 여재呂才가 깊이 탄식한 바이며 송의 주렴계가 글로써 분명히 한 것이다.… 모아서 책을 만들어보니 녹명祿命이란 것은 술사術士가 세상 사람들의 돈주머니를 탐내는 것이므로 그것을 억제해서 그 간사로움이 행하여지지 않도록 해야 한다는 것을 알게 되었다.… 사람들이 피흉추길하는 것에 대해 나의 전하께서 보여준 염려는 옳으며, 대역大易과 부합하여 어긋남이 없다. 아! 말하기 어려운 것이 천天인데 명命은 천天에 근본하며, 지극히 드러내는 것이 상象인데 도道는 상象에 있다. 그러므로 옛날의 군자들은 명命은 천天에서 일순一循하며, 도道는 자신으로부터 밝히어 이루어진다고 했으니 지금의 학자들은 진실로 삼명三命의 이치를 탐구하여서 삼명三命의 설에 현혹되지 않을 수가 있고, 모든 것이 나의 도道에 있으니 천명天命을 기다릴 수 있는 것이다. 그리하여 아래로는 배우는 데 짐이 되지 않고 위로는 성상聖上께서 백성들을 계몽하려는 깊은 뜻에 짐이 되지 않기를 바라는 바이다.

지금 항간의 백성들 중에는 진실로 사주四柱는 모두 똑같으나 화복禍福은 전혀 다른 자가 있습니다. 신臣이 직접 보고 들은 바로도 오히려 한두 명이 있사오니, 신臣이 직접 귀로 듣지 못하고 눈으로 보지 못한 자가 어찌 천백

千百 명뿐이겠습니까. 또 천리千里에는 풍風이 같지 않고 백리百理에는 속俗이 같지 않사온데, 사주四柱는 중국中國과 먼 사해四海의 사람들이 모두 똑같습니다. 중국에는 공公·후侯·백伯·자子·남男의 작위爵位와 경卿·사士·대부大夫·서리胥吏·서인庶人의 구분이 있어서 작위와 품계의 높고 낮음을 모두 일일이 구분할 수가 있사오나, 먼 사해의 풍속風俗은 혹 금수禽獸와 같아서 귀천의 구분이 없사오니, 이 어찌 51만 8천 4백 명의 운명에 국한되면서 그 다름이 이와 같이 분분하겠습니까. 녹명祿命의 책은 믿을 것이 못됩니다. 혹자는 말하기를 '이순풍李淳風과 이허중李虛中·소요부邵堯夫·서자평徐子平과 같은 사람들은 사주四柱를 보면 백발백중 맞았으니, 어찌 모두 그르다 할 수 있겠는가'라고 말합니다. 그러나 신臣의 생각에는 비유하건대 여기에 밝은 거울이 있는데, 물건이 와서 비추면 곱고 미운 모양이 스스로 나타나는 것과 같다고 여겨집니다. 이순풍과 소요부 같은 사람들은 마음이 본래 비어있고 신령스러우므로 밝은 거울과 같아서 사물이 오면 길흉화복이 저절로 나타나 도피하기 어려웠던 것일 뿐이니, 후세의 술사術士들이 한갓 고인古人의 책자만을 가지고 51만 8천 4백 명의 운명으로 천하 억조의 운명을 결단하는 것과는 같지 않습니다. 신臣은 녹명祿命의 책은 믿을 수 없다고 여기옵니다. 이에 성상聖上은 웃으며 '자네 말이 옳다'고 하였다.

위의 내용을 통해 볼 때 사주四柱에 대한 서거정의 인식은 '녹명祿命은 혹세무민惑世誣民하는 사술詐術'이라는 인식하에서 상당히 부정적이었으며, 같은 사주를 가지고도 빈부귀천이 각기 다르므로 사주명리는 도저히 믿을 수가 없는 것이며, 혹 적중하는 경우도 어떤 논리적인 체계에 의해서라기보다는 단지 영통靈通해서라는 생각을 갖고 있었다. 하지만 사주명리에 대한 서거정의 이런 부정적인 인식은 결국 당시 술사들의 잘못으로 인한 바가 훨씬 크므로 지금 명리학에 관련하는 이들에게도 시사하는 바가 매우 크다고 할 수 있다. 또한 마음을 항상 밝은 거울처럼 갈고 닦아야 한다는 서거정의 생각에도 직관력直觀力을 필수 요소로 하는 명리학의 특성을 감안할 때 동감되는 부분이다. 다만 명나라와 조선을 제외한 모든 이민족을 짐승과 같은 오랑캐로 보는 '화이사상華夷思想'으로 사주명리학의 타당성을 논하는 점은 문제가 있으며, 당시 유학자들의 사상세계를 고려할 때 이해는 되지만 재고할 필요가 있다.

2) 협길통의協吉通義

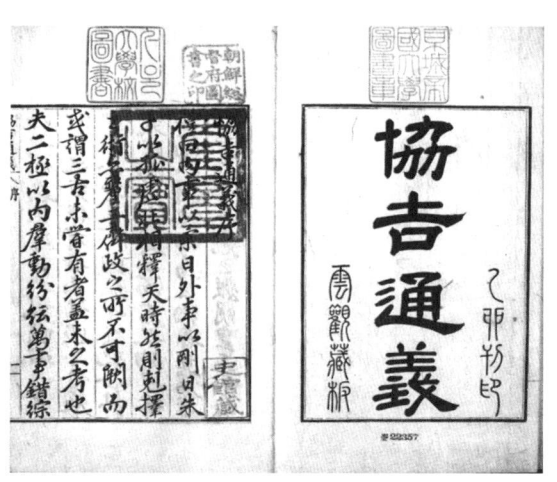

『협길통의協吉通義』는 정조(1752~1800년)가 지시하여 학자들이 공동집필한 책이다. 관상감 제조 자헌대부 예조판서 겸지경연사觀象監提調資憲大夫 禮曹

判書兼知經筵事 민종현(閔鍾顯, 1735~1798년)이 교찬집을 맡았고, 정헌대부 호조판서 겸지경연사正憲大夫戶曹判書 兼知經筵事 심이지(沈頤之, 1720~1780년)와 관상감 제조 자헌대부 이조판서 겸지경연 의금부 춘추관사동지 성균관사 규장각검직 직제학觀象監提調資憲大夫 吏曹判書兼知經筵 義禁府春秋館事同知 成均館事 奎章閣 檢校直提學 서유방(徐有防, 1741~1798년)이 교정을, 통훈대부 행평구 도찰방通訓大夫 行平丘 道察訪 지일빈池日賓, 통훈대부 전행와서 별제通訓大夫 前行瓦署 別提 지경철池景喆, 통훈대부 전행 명과학 겸교수通訓大夫 前行 命課學兼敎授 지경필池景泌 등이 휘편을, 지일빈池日賓 등이 감인을 맡았다.

서문은 서유방徐有防이 썼다. 『홍재전서弘齋全書』에는 정조가 쓴 서문이 보이기도 한다. 이 책은 10책 22권으로 구성되어 있다. 본원本原 [권1~2], 의례義例 [권3~7], 공규公規 [권8~9], 용사用事 [권10~11], 의기宜忌 [권12], 입성立成 [권13~14], 이용利用 [권15~18], 총론總論 [권19], 변위辨僞 [권20], 부록附錄 [권21~22] 등이다. '본원'은 기초 이론과 원리에 속하므로 이를 살펴보면 다음과 같다.

하도 / 낙서 / 선천8괘 / 후천팔괘 / 갑력 / 십간십이지 / 사서 / 육신 / 십이월벽괘 / 십이신이십팔수성상 / 이십팔수배일 / 오행 / 오행용사 / 오행생왕 / 간지오행 / 삼합 / 육합 / 오서둔과 오호둔 / 오합화기 / 납음 / 납음오행응선천도 / 납음오행 응후천도 / 납음간지 기수합오행 / 오행오음 / 납갑 / 납갑 직도 / 납갑 원도 / 납갑십이지도

이상은 〈본원 권1〉로 상수학의 기본적인 지식이 담겨있다. 이 지식에 의하여 18세기 이후 명리학이 진행된다는 사실은 짚고 넘어갈 부분이 아닐 수

없다. 〈본원 권2〉는 풍수학 관련 지식이다. 현재 국립중앙도서관에 초간본이 보관되어 있다.

『협길통의協吉通義』는 두 저서의 제목에서 따온 합성어이다. 즉 매곡성의 『협기변방서協紀辨方書』에 '협'과 위감의 『상길통서象吉通書』의 '길통'을 딴 것이다. 거기에 '의義'를 붙여서 완성된 단어가 되었던 것이다. 이 책의 제목은 1795년 정조 17년에 나라에서 내린 것이라 하였다.

정조는 곽박의 『현경玄經』과 조진규의 『역사명원曆事明原』 그리고 매곡성의 『협기변방서協紀辨方書』와 위감의 『상길통서象吉通書』를 높이 평가하고 또 중요한 저서로 여기고 있었다. 따라서 여기에는 『협길통의協吉通義』를 편찬하는 데 있어서 『협기변방서協紀辨方書』와 『상길통서象吉通書』의 내용 중에서 서로 중복되는 것을 삭제하고 중국을 기준으로 저술된 역법 등의 내용을 우리의 실정과 부합하지 않는 내용은 수정 보완하라는 정조의 의지가 담겨 있다. 서운관에서는 이렇게 해서 편찬된 『협길통의協吉通義』를 1795년(정조 19년)에 반포하게 된다.

『조선왕조실록 정조 42권』, 1795년(정조 19년 乙卯) 3월 16일 정묘丁卯에 다음과 같은 기록이 있다.

이에 앞서 상이 서운관에 일가日家의 서적들을 모아 편집하되 번거로운 내용은 삭제하고 잘못은 바로잡은 뒤 10문門으로 분류해 참고하는 데 편하게 하도록 하였다. 모두 22편으로 『협길통의協吉通義』라는 이름을 하사하고 중외中外에 간행하여 반포케 하였다.

인용문의 내용으로 보아서 『협길통의協吉通義』는 1793년 정조의 명에 의

해서 편찬 작업을 시작하는데, 『협길통의協吉通義』를 편찬하는 데 참여한 신하와 관리들의 본래의 직책과 편찬과정에 부여된 바의 임무는 교찬집敎纂輯, 교정校正, 휘편彙編, 감인監印 등으로 이루어졌다. 『협길통의協吉通義』의 편찬에 참여한 관리官吏는 매년 총 15명이었으며, 중복된 인원을 감안하더라도 순수 참여 인원만 해도 10명이나 된다. 이 인원이 1793년에 편찬 작업을 시작하여 1795년에 완성한 것으로 보아 『협길통의協吉通義』의 책 분량이나 편찬 작업의 난이도 등에 비해서 많은 인원이 투입되었던 것으로 생각된다.

『서운관지書雲觀志』에는 정조가 1793년 서운관 관리들에게 『협길통의協吉通義』를 왜 만들어야 하는지 설명한 대목이 비교적 상세하게 기록되어 있다. 당시 정조의 발언을 살펴보면 아래와 같다.

"길흉을 가리는 것은 역서를 수찬하는 중요한 일이고 하늘을 공경하는 큰 도리이다. 예전에는 역관이 귀갑을 안고 남쪽으로 하고 천자가 곤면을 갖추고서 북쪽으로 한 것은 감히 판단할 수 없음을 보여서 하늘을 존경한 것이다. 하늘과 땅이 신들이 돕는 바와 일월성신이 임하는 바에는 따르거나 혹은 피했다. 이는 조정에서 흠준하여 분명히 섬기는 정성을 나타낸 것이다. 또한 백성에게 널리 알려 기운을 여는 것이 어찌 하늘을 존경하여 감히 판단하지 않는 뜻이 아니겠는가? 제사, 연하, 조회, 봉책, 힐융(군사를 다스림), 행행(넓은 의미에서 임금의 거동)은 나라의 큰일이다. 또한 관혼, 거사, 입학, 교우는 백성의 큰일이다. 사연을 보고 점치는 방법으로 삼을 한 부의 완성된 책이 없을 수 있겠는가?"

『협길통의』에서 소개한 명리학적 이론 중에는 일반적으로 논의되는 내용도 있고, 기존의 명리서적 등에서 간단하게 소개한 이론에 자세하게 설명을 덧붙인 경우도 있다. 그리고 현대의 명리 관련 서적에서 거의 논의되지 않는 이론이나 원리도 있다. 예를 들어 십간십이지론十干十二支論, 오행의 상생상극론相生相剋論, 육친론六親論, 오행용사五行用事, 오행생왕五行生旺 등의 이론은 대부분 현재 논의하는 내용과 대동소이하다.

하지만 하도河圖와 낙서洛書, 선후천팔괘先後天八卦, 십이월벽괘十二月辟卦 등의 이론은 주역周易과 관련된 저서 또는 기문둔갑奇門遁甲 등 일부 술수 관련 책에서만 수록하고 있었는데 『협길통의』는 10책 중 1책의 앞부분인 〈본원 권1〉 첫머리에서 그림과 함께 구체적인 설명을 붙여서 소개하고 있다. 이러한 점은 모든 명리풍수 이론의 근원이 하도낙서와 선후천팔괘에 있다고 보았기 때문이다.

『협길통의』의 명리이론은 거의 '상수'로 이루어져 있다는 것이 특징이다. 연월일시의 사주를 세우는 데 숫자, 즉 '상수'를 활용한다. 소위 년年은 '태세수太歲數'라 하고, 월月은 '월건수月建數', 일日은 '일진수日辰數', 시時는 '시진수時辰數'를 만들게 된다. 그런데 각 수들은 단위가 달라 0단위, 10단위, 100단위 등으로 괘를 만들어 풀 수 있다는 것이다. 대표적인 상수명리학의 하나가 주역점이다. 이들 상수명리학은 길흉, 수명, 녹, 남·녀 등의 사주를 세우는 것이 모두 다르다. 이와 비교하여 간지명리학은 음양과 오행의 생극제화로 사주를 풀이하게 된다. 이상이 현대명리학과 고전명리학의 다른 점이다.

납음納音과 납갑納甲, 육십화갑자이론六十花甲子理論 등은 오늘날 일부 명리서적에만 수록되어 있다. 그리고 이론이 성립되는 원리와 과정에 대한 설명도 없다. 『협길통의』에서는 이 이론들이 성립되는 과정과 원리를 상세히 설명하고 있다. 따라서 이러한 이론들을 새로운 관점으로 재해석하여 현대 명리학과 접목시키는 데 활용할 수 있을 것으로 기대된다.

『협길통의』의 또 한 가지 특성은 선택응용이론選擇應用理論이다. 오늘날 명리학은 사주팔자의 해석을 위주로 논의한다 해도 과언이 아니다. 이에 반해서 『협길통의』는 선택이론에 더 중점을 두고 있다. 개인이나 국가나 마찬가지로 매사를 결정할 때 선택하는 방법을 중요하게 생각했다는 것을 의미한다. 『협길통의』에서 신살神殺을 설명하는 데 많은 지면을 할애한 것도 이와 관련이 있다. 선택은 백성과 나라의 안녕과 직결되기 때문일 것이다. 선택은 오늘날도 혼인, 이사, 개업 등에 활용되고 있으며 심지어 출산일까지도 택일하는 경우도 늘어나고 있다.

『협길통의』는 기존의 명리 고전과 근본적으로 다른 특성이 있다. 명리학계에서 회자膾炙되는 유명 명리 고전들의 구성은 일반적으로 간지론干支論, 오행론五行論, 격국론格局論, 용신론用神論, 육친론六親論, 질병론疾病論, 조후론調候論, 신살론神殺論 그리고 과거 유명 인사들의 사주명조 해석 등으로 구성되어 있다. 다시 말해 이 내용들은 이미 세워진 명조를 풀이하고 적용하는 데 쓰이는 이론들이다. 반면에 『협길통의』의 명리이론은 사주명조를 세우기 위한 원리를 설명하거나 사주를 해석하는 데 필요한 이론들의 기본적인 원리를 설명하고 있다는 것이다. 즉, 『협길통의』의 명리이론을 우선 터득한 후에 기존 명리 고전의 이론을 접하는 것이 보다 효율적인 연구방법이 될 수 있다는 것이다. 이러한 의미에서 『협길통의』의 명리학 이론들은 향후 한국 명리학 발전에 많은 영향을 미칠 것으로 기대해 본다.

Part 4

현대 명리학의 발전과 미래상

8장 현대 명리학사
9장 현대 한국 명리학계의 현황
10장 미래 사회를 위한 명리학의 진화

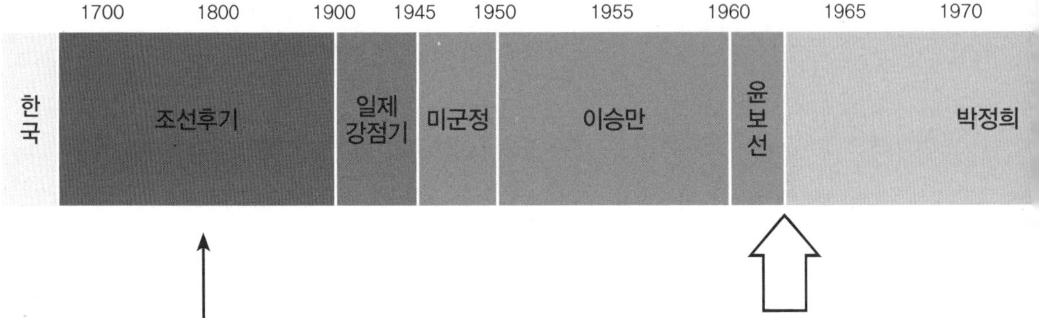

1700
1800
1900
1945
1950
1955
1960
1965
1970
한국
조선후기
일제 강점기
미군정
이승만
윤보선
박정희

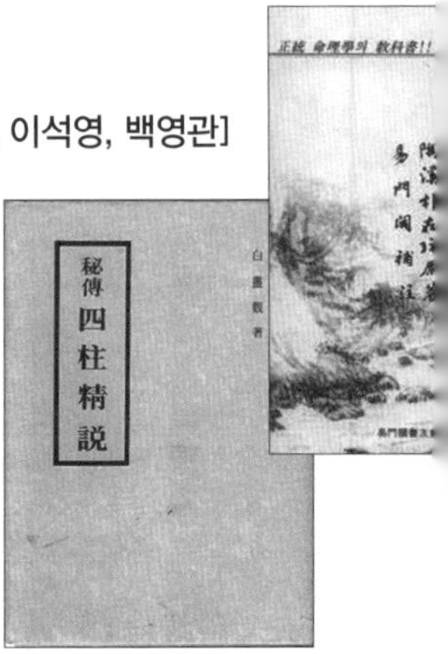

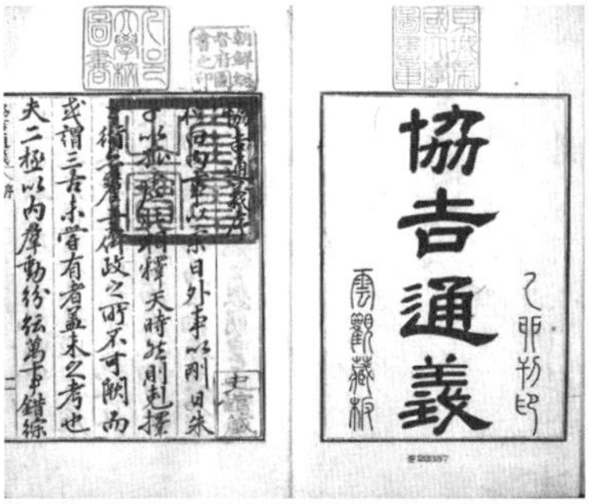

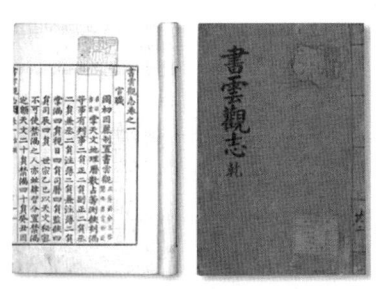

韓國 [박재완, 이석영, 백영관]

秘傳四柱精說

協吉通義

협길통의(정조, 1795)

中國 [반자단, 오준민, 하건충]

命學新義
木
火
水
命理新論
八字
心理推命

書雲觀志

서운관지(순조, 1818)

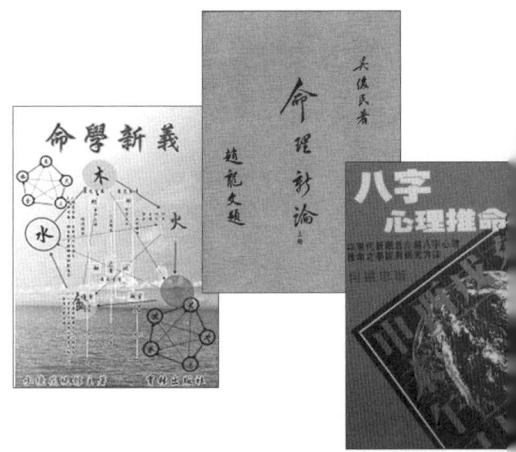

1980	1985	1990	1995	2000	2005	2010	2015	2020
최규하	전두환	노태우	김영삼	김대중	노무현	이명박	박근혜	문재인

60~80년대 명리번역서

日本 [아부태산, 고목승, 좌등육룡]

Part 4 8장 현대 명리학사
[동아시아 현대 명리학을 살펴보다]

01 현대 한국 명리학계의 저명인물

현대 한국 명리학계의 저명인물이 누구인가라고 한국인들에게 묻는다면 열이면 열은 도계 박재완, 자강 이석영, 제산 박재현 3명을 꼽을 것이다. 현대 한국 전직 대통령에서부터 대기업 회장들에 이르기까지 그들이 큰 결정을 할 때마다 찾았다는 여러 가지 일화로 가득한 인물들이다. 하지만 이 세 사람의 명리학에 대한 연구성과나 명리학을 대하는 자세는 사뭇 다르다.

박재완과 이석영은 명리학의 학문적 연구와 저술 활동 그리고 제자 육성에 힘을 쏟은 반면, 박재현은 도가적 수양론에 더욱 집중하였으며 역술 활동에 집중하여 업적을 기록하기에는 부족한 면이 있다.

한편 본인은 필명 뒤에 감추고 일체 공식적 활동을 하지 않아 알려진 것이 전혀 없지만 한 권의 책으로 후학들에게 작은 빛을 비춰준 준 명리학자가 있으니 백영관이라는 필명을 사용했던 최영철이다.

도계 박재완은 박정희 대통령 당시 중앙정보부장이던 김재규에게 '楓飄落葉 車覆全破풍표낙엽 차복전파 – 단풍이 질 무렵 차가 엎어져 전파된다.' 라고 이야기했다는 일화가 널리 알려져 있다. 이는 '차지철은 죽을 때 화장실에서 죽을 것이고, 김재규는 전두환에 의해 판이 뒤집어질 것이다.' 는 뜻을 함의한 한자성어였다고 하니 놀라운 일이다. 그는 후일 노년에 『명리요강』이라는 책을 남기고 떠났다.

자강 이석영은 『사주첩경』이라는 책의 저자이다. 한국 명리학계에 많은 후학들을 길러냈고, 그들을 위해 지은 책이 바로 『사주첩경』이다. 이 책은 현대 한국 명리학도들에게는 한 줄기 빛과 소금과 같은 존재라 할 수 있다. 총 여섯 권으로 이루어진 책인데, 3권 248개의 추명가推命歌와 6권 112개의 문답집問答集은 한자성어로 이루어져 있어 한자에 익숙하지 않은 세대가 읽기는 좀 어렵지만 많은 후학들에게 사주통변의 지름길을 알려준 책 중의 백미白米이다.

제산 박재현은 1972년 박정희가 유신維新을 계획하고 자문을 구했을 때 담뱃갑에 '귀신이 된다' 는 의미로 유신遺神이라는 동음어 한자를 적어 보낸 뒤 정보기관에 끌려가 곤욕을 치르기까지 했다는 일화로 유명하고 '부산 박도사' 라는 역술인 별칭으로 더 잘 알려져 있다.

백영관(본명 최영철)은 현직 검사출신이라는 소문이 있었으나 확인된 바는 없으며 1963년 국내에 명리를 공부하고 싶어도 잘 정리된 이론서가 하나 없어 힘들던 시절 『사주정설』이라는 명리 이론서를 출간하여 내놓음으로써 한국의 명리학도들에게 교과서를 갖게 해 주었다.

1) 도계 박재완의 『명리요강』과 『명리사전』

도계陶溪 박재완(朴在玩, 1903~1992년)[113]은 대구에서 태어나 독립운동가이자 선도 수련을 한 곽면우 선생으로부터 〈사서삼경〉을 수학하였고, 일제 치하에 중국으로 건너가 잠시 독립운동에도 몸 담았으나 중국 무송현의 역학의 대가였던 왕보王甫 선생을 만나 문하에서 태을수, 황극수, 명리를 사사하였다. 귀국 후 금강산 돈도암을 비롯한 명산대찰에서 영대靈臺를 밝게 하는 수련을 하였다. 그 후 1948년부터 작고할 때까지 대전에 살면서 수많은 사람들의 팔자를 살펴주며 생활하였다. 1960~1980년대에 걸쳐 한국의 어지간한 정치인, 사업가라면 한 번쯤은 도계를 만나지 않은 사람이 거의 없을 정도였다.

그가 사주를 봐주었던 간명지看命紙들은 지금도 이 분야의 입문자들에게

---

113) 도계 박재완 사주 : 癸卯年 甲子月 乙亥日 丁亥時

교과서로 읽히고 있다. 그렇다면 다른 사람의 인생을 상담해 주던 도계 박재완의 팔자는 어떠하였을까? 그는 스스로 돈이 붙지 않는 '무재팔자'였다고 말한다. 도계는 자신의 팔자를 겸허하게 받아들이고 살았다고 한다.

1970년대 후반, 대전 인근지역이 신도시로 개발될 무렵, 여러 사람들은 앞다퉈 땅을 사들였고, 평당 몇천 원에 사두면 2~3년 후 몇만 원이 되는 투자였다. 주변 사람들이 찾아와 도계 박재완에게 말하였다. "선생님 지금 땅 좀 사 놓으시면 앞으로 땅값이 엄청 뜁니다." 그러나 도계는 이 권유를 거절하였다. "나는 무재팔자라네. 재물이 없는 무재팔자가 갑자기 큰돈이 생기면 화를 입게 되지! 나에게 돈이 들어오면 제 명에 못 살고 죽어!" 그러고는 땅을 사 두었던 다른 사람들이 큰돈을 버는 모습을 조용하게 지켜보았을 뿐이다.

그러나 자신의 팔자가 무재팔자라는 것을 알고 있다고 하더라도 이를 겸허하게 받아들이는 것은 굉장한 수양이 필요하다. 자신의 빈곤을 운명으로 알고 담담하게 받아들이기는 쉬운 일이 아니다. 도계는 그러한 수양을 이루고, 시대를 풍미했던 역술가였다. 도계는 인생의 오묘한 비밀을 깨닫고 담담하게 자신의 명을 받아 들였고 베풀지 않은 사람이 재물에 욕심을 부리면 하늘의 징벌이 내린다는 확연한 이치를 깨달은 인물이었다.

그는 1992년 9월 29일 새벽 4시 대전시 중구 대흥동 자택에서 노환으로 향년 90세에 별세하였다. 자신이 세상을 떠날 것으로 예견한 날을 제자들에게 말하고 그날을 넘겨야 할 것인데 라고 하였다고 한다. 그런데 진짜 그날 별세하였다.

평생을 역학 연구에 정진해 온 그는 평소 "역학은 귀신에게 사람의 운명을 묻는 점술이 아니라 자연의 이치를 밝혀 자신을 성찰하는 학문"이라는 지론을 가진 든든한 한국의 학자學者였다.

풍표낙엽楓飄落葉 차복전파車覆全破

10.26 사태의 주범인 김재규가 박재완을 찾아가 자신의 미래 운명을 점쳐 물었고, 그때 나온 김재규의 1979년 운세풀이가 '풍표낙엽 차복전파'였다. 이 문구는 보통 '단풍잎이 떨어져 낙엽이 될 즈음에 차가 엎어져서 전파된다.'로 해석된다. 김재규는 이 글자를 받은 후 차車, 즉 교통사고에 굉장히 민감하게 반응했다고 한다. 그래서 매번 자동차를 탈 때마다 자신의 차를 모는 운전기사에게 조심히 운전하라고 여러 번 주의를 주곤 하였다. 그러나 김재규의 인생을 놓고 볼 때 '차복전파'에 대한 해석이 잘못되었다. '차車'는 자동차가 아니라 차지철을 가리키는 말이고, '전全'은 전두환을 가리키는 말이라고 후일 해석되었다. 차지철은 죽을 때 화장실에서 엎어져 죽었으니 '차복車覆'이고, 박정희 대통령이 암살된 10.26 사태 이후, 주범인 김재규는 전두환에게 심판을 받는 처지가 되었으니, '전파全破'은 전두환에게 격파된다는 것이었다. 이 일로 인해서 박재완의 명성은 한층 더 유명해졌다.

고시생 인연

어느 날 한 고시생이 사법고시를 너무 자주 낙방하고 인생이 너무 고단하여 도계 선생에게 사주상담을 받으러 그를 방문하였다. 박재완은 그 고시생에게 몇 년 후에는 고시에 반드시 합격할 것이니 조금만 더 노력을 하라고 하였다고 한다. 그리고 몇 년 후 그 고시생은 정말 고시에 합격하고 현직 검사로 활동하였다. 그 고시생은 명리학이라는 것이 참 오묘하고 신기한 학문이구나라고 여기게 되었고, 현직 검사직을 수행하는 중에 검사조직의 보수적 성향 때문에 본명을 사용하지는 못하고 '백영관'이라는 필명으로 명리학 이론서를 집필한다. 그 책이 바로 현재까지 명리학 초급자들에게 사랑받고 있는 『사주정설』이다.

『명리요강』과 『명리사전』

『명리요강命理要綱』은 국내에 출시된 명리학 서적 중 초급에서 중급 정도 수준의 내용을 간결하게 기술해 놓고 있어 오랫동안 명리학 학습 서적으로 활용되어온 베스트셀러이다. 1975년 초판이 출간된 이래 40년이 넘은 지금도 명리 학습자들이 꾸준히 애독하여 왔고 이제는 명리학을 공부하는 사람이라면 반드시 읽어야 하는 정통 명리학의 교과서로 자리매김하였다. 『적천수』, 『명리정종』, 『궁통보감』, 『연해자평』, 『삼명통회』 등의 명리학 주요 고전의 핵심적 이론과 학리의 정수를 선별하고 체계적으로 정리하여 초학자가 학습하기에 쉽고 편하도록 기술되어 있다. 책의 곳곳에서는 명리학 외에도 동양의 여러 학문이 인용되어 있고 문장 자체에서 도계의 높은 학문과 인품을 느낄 수가 있다.

도계 박재완의 글은 고전의 심오하고 난해한 내용들을 쉽고 간명하게 설명하면서도 원전의 진의를 벗어나지 않고 있다. 자의적으로 해석되거나 새롭게 혹은 변질된 내용으로 기술하지 않고 있다는 뜻이다. 학문에서는 이런 점이 인정되어야 비로소 정통이라는 이름을 얻을 수 있다 할 것이다.

『명리사전命理事典』의 가장 큰 특징은 대만의 위천리의 『팔자제요』에 담겨있는 1,440개의 사주명조를 불필요하고 난해한 것은 삭제하고 중요한 것은 추가하여 8,640개의 명조로 다시 정리하였고, 이 과정에서 월건月建을 추가하여 학문적인 발전을 이루었다. 그는 서문에서 "이를 정해精解 연구하면 능히 518,400개의 모든 사주를 통효通曉하리라"하였고 이는 사주 구조상 나타날 수 있는 모든 사주 구조를 구체적으로 해석하고 학습할 수 있도록 작성되어 있다.

『명리사전』의 하편 부록으로 나오는 「명리용어사전」에 나오는 내용은 명리학 전문용어의 이해도를 높이고 명리학 고전들에 산재된 용어와 이론을 망라하여 소개하고 있어 사실 국내에서는 최초의 명리용어사전이라고 부를 만하며 그 내용 또한 정확하게 잘 정리되어 있다.

◎ 『**명리요강**命理要綱』 **목차**

제1편 기초이론
    제1장 명리의 음양오행　　　　제2장 사주조직의 대계
    제3장 절기의 기상원리　　　　제4장 신살의 길흉
    제5장 육신의 희기　　　　　　제6장 간명대요

제2편 격국총설
    제1장 격용론　　　　　　　　제2장 십정격
    제3장 변격　　　　　　　　　제4장 기타제격

제3편 명리요결
    제1장 일주희기총론　　　　　제2장 간명요결
    제3장 고서개요

제4편 도계실관

제5편 고금참조명조 증보

2) 자강 이석영의 『사주첩경』

『사주첩경』의 저자 자강自彊 이석영(李錫暎, 1920~1983년)[114]은 1920년 평안북도 삭주군 삭주면 남평리에서 부농의 아들로 태어났다. 어린 시절부터 한학과 역학에 조예가 깊었던 조부 이양보李揚甫로부터 훈도를 받았다. 1948년 월남하여 충북 청주에서 몇 년간 살다가 그 후 서울로 옮겨와 1983년 사망하였다. 자강이 본격적으로 명리를 연구하게 된 시기는 1948년 월남한 후에 생계수단으로 명리를 보면서부터이다. 『사주첩경』 6권은 1969년에 완성되었다. 1948년부터 대략 20년간의 연구와 실전체험을 정리하여 저술한 것임을 알 수 있다.

이석영의 이력에서 눈여겨봐야 할 부분은 그가 평안도 출신이라는 점이다. 조선시대 동안에 남쪽 지역 사람들보다는 이북 지역 사람들이 차별을 받았다고 알려져 있다. 이북사람들은 고급관료의 배출 숫자가 훨씬 적었으

---

114) 자강 이석영 사주 : 庚申年 壬午月 壬子日 己酉時

므로 알게 모르게 소외감을 가지고 있었다. 이석영이라는 걸출한 명리학자의 출현은 서북지역의 소외감과 명리학의 대가였던 조부의 영향이 함께 작용하였던 것으로 보인다. 1927년 집안에서 누님의 혼사가 있었고 이석영의 조부가 혼사를 앞둔 손녀딸과 손녀사위의 궁합을 보았는데 좋지 않다며 손녀딸 혼사를 반대한 일이 있었다.

나의 조부님께서 우리 누님과 신랑 될 사람의 궁합을 보시고 나의 아버님께 하신 말씀이 "그 청년이 지금은 돈도 있고 명망도 있고 학교도 중학까지 나왔으니 나무랄 데가 하나도 없으나 단명할 게 흠이다. 거기에 혼사하지 말거라. 만약하면 길레[吉女]가 삼십을 못 넘어 과부가 된다. 그러니까 안 하는 것이 좋겠구나."라고 하셨다. 그러나 현실에 좋은 사윗감을 놓치고 싶지 않은 것이 나의 아버님과 어머니의 심정이었고 또 누님도 매우 그곳에 출가하고 싶어 했기 때문에 결정짓기로 하여 마지막으로 조부님의 승낙을 청하였을 때의 일이다. 조부님께서는 "허…, 명은 할 수가 없구나, 너희들이 평소에 내말을 잘 듣더니 왜 이번에는 그렇게도 안 듣느냐. 저 애가 팔자에 삼십 전에 과부가 될 팔자이다. 그 청년은 서른 셋을 못 넘기는 팔자이고 보니 기어코 팔자를 못 이겨 그러는구나. 이것이 곧 하늘이 정한 배필인가 보다. 이 다음 저 아이가 일을 당하고 나서 나의 사당 앞에서 울부짖으면서 통곡할 것을 생각하니 참 가엾구나. 하고 안하고 하는 것은 너희들 마음에 있는 것이 아니겠느냐."라고 말씀하셔서 혼인은 성사되었다. 그 후 그 부부는 금슬 면에서는 부러울 것이 없이 행복하게 살았는데, 다만 자손에 대해서는 애가 태어나면 죽고, 나면 죽고 하여 6남매를 모두 실패하였다. 마침내 기묘년 9월 14일에 득남하고 매형은 그해 12월 30일에 별세하고 말았다. 조부님은 이미 2년 전인 정축년에 작고하셨고, 누님은 기묘년에 남편을 잃고 과연 조부님의 사당 앞에 가서 울부짖으며 통곡하였다. 누님의 모습이 지금도 눈에 훤하고 귀에 쟁쟁하게 들려오는 것 같다. 나의 매형 사주는 무신년 정사월 기묘일 경오시였다.

그는 어린 시절에 누님의 운명에 관한 참담한 광경을 목격하였다. 그의 조부가 누님의 사주를 통해 예언하며 '나의 사당 앞에서 울부짖으며 통곡할 것이다.' 라고 말하였고 그 예언이 현실로 들어맞았을 때 그 장면을 목격하던 이석영의 심정은 어떠하였겠는가. 고인들이 탄식하면서 '명막도어오행命莫逃於五行' 이라하여 운명이 오행으로부터 도망갈 수 없다고 한 이치를 그는 어린 시절 깨달았던 것이다.

조선말기와 일제강점기에 생존했던 전백인全白人이라는 역술가가 있었다. 전백인은 말 그대로 온몸이 흰 사람이라는 뜻으로 본명은 재학, 아호를 백사白蛇라 하였다. 지금으로 말하면 알비노인데 이런 특이한 몸의 특징으로 인해 약재로 쓰인다 하여 왕실에 잡혀 갔다가 눈동자가 검어서 효험이 없다하여 풀려났다는 일화까지 있는 인물이다. 그 뒤 삼각산 밑으로 숨어들어가 명리학을 익혔는데 공부를 마친 후 대륙으로 가서 군벌들의 사주를 풀어주었다고 한다. 그 후 몇몇 제자를 키웠는데 그의 수제자로 알려진 맹인 역술가가 김선영(김선형으로 기록된 곳도 있음)이다. 그는 사람들이 사주팔자를 불러주면 서너번 그 사주 간지를 읊조린 뒤 곧바로 점사가 입에서 튀어나왔다고 하니 그 실력이 어느 정도인지 짐작할 수 있다. 『사주첩경』 4권 일화에서 김선생이라는 맹인 역술가가 나오는데 그가 바로 김선형이라고 한다. 이석영에게 '남방에 가서 사주 보아 먹을 사주요 사주 보면 이름 높이 날 거요.'라고 말하였다고 하니 그분이 보시기에 이석영 선생이 후대 명리학계의 빅3로 남을 것이라는 것을 미리 예측하셨던 모양이다.

자강 이석영이 한국 명리학계에 기여한 최대 공로는 『사주첩경四柱捷徑』 총 6권을 저술하였다는 데 있다. 『사주첩경』 6권의 비중을 비유하자면 『동의보감』에 해당된다. 『사주첩경』은 한국 명리학계의 『동의보감』이라 해도 과언이 아니다. 조용헌은 허준이 『동의보감』을 저술함으로써 조선의 의학이 중국의 권위로부터 독립할 수 있었듯이, 조용헌은 이석영의 『사주첩경』이 성립되면서 한국의 명리학계는 중국의 권위로부터 독립할 수 있었다고 평가하였다. 독립이란 바로 토착화가 이루어졌음을 말한다. 토착화 없이는 로열티를 지불하면서 영원히 끌려 다닐 수밖에 없다.

그동안 한국에서 사주명리학을 배우려면 철저히 중국의 원전에 의지하여야만 하였다. 『연해자평』, 『명리정종』, 『삼명통회』, 『적천수』, 『궁통보감』 등 한문으로 된 중국 고전들을 해독하느라고 고생해야만 하였다. 이들 고전들을 해독하려면 여간한 한문 실력 없이는 불가능하고, 단순히 글자만 해독한다고 되는 것이 아니며 완벽하게 이해하기는 더욱 어려운 일이다. 더군다나 이들 고전들에 등장하는 사례들이 거의 중국사람들일 뿐더러, 시대적으로도 몇백 년 전 상황이라서 산업화, 정보화 시대로 접어드는 지금의 한국적인 상황과는 격세지감이 있었다. 『사주첩경』은 중국의 고전들의 요점들만을 요령 있게 적출하여 이를 한글로 정리하였으므로 원전 읽기의 부담을 덜어주었다. 또한 한국 사람들을 상대로 한 임상사례들을 예화로 들었기 때문에 훨씬 현장감과 생동감이 느껴진다.

『사주첩경』의 최대 장점은 이른바 '통변通辯'이라고 일컫는 실적해독 능력을 배양해 준다는 데 있다. 사주공부의 어려운 점은 통변에 있다. 이론은 달달 외우는데 막상 생년월일시를 적어놓고 실전에 들어가면 어디서부터 해석해야 할지 도무지 감이 잡히지 않는 경우를 누구나 체험한다. 실전문제를 푸는 능력인 통변이 그래서 중요하다. 통변이야말로 사주의 해석능력이기 때문에 보통 사주 책들은 기본이론들만 나열하지 정작 중요한 통변에 관한 부분은 노출시키지 않는다. 어찌 보면 자신의 노하우가 공개되는 것이므로 프로들은 이를 꺼려하기 때문이다. 자강은 이 통변에 관한 부분을 처음으로 공개함으로써 누구나 쉽게 사주에 입문할 수 있도록 하였다. 노하우를 공개한 태도, 바로 이 부분을 높게 평가받는 것이다. 학자적인 양심이라고 하는 부분이 바로 자강의 이러한 공개적인 태도이다.

자강 이석영이 활동하던 시절에는 학력고사가 치러지던 시대였는데 하루에도 3~400명이 몰려들어서 문전성시를 이루었다고 한다. 근데 융통성이 없는 성격인지라, 손님들의 의도는 어차피 대학이었으니 적성에 맞는 학과나 실력에 어울리는 대학과 합격불합격 여부만 알려주면 되었을 것을 한 사람 들어오면 그 손님의 평생운로까지 봐주고 있다가 손님들이 기다리다 지쳐 되돌아가기 일쑤였다고 하니 그의 성향을 알 수 있다. 그래서 손님이 많지는 않았으나 많은 제자들을 길러내었고 한국 명리학사에 영원히 남을 『사주첩경』 6권을 남겼다. 하지만 애석하게도 50대에 치매가 오고 60대에 풍으로 수년을 고생하다 1983년 63세 나이로 별세하였다.

◎ 『사주첩경命理要綱』 표제

  권1 - 신살神殺 · 육친론六親論
  권2 - 응용추명편應用推命篇

권3 – 신살육친종합편神殺六親綜合篇 · 추명가推命歌

권4 – 총론總論

권5 – 격국용신편格局用神篇

권6 – 112문답집112問答集

3) 제산 박재현의 「선불가진수어록」

국내 역술계의 전설로 일컬어지는 제산霽山 박재현(朴宰顯, 1935~2000년)115)은 '부산 박도사'라는 칭호로 더 잘 알려져 있고 역학에 조금이라도 관심이 있다면 많이 들어본 이름일 것이다. 다른 역술인들이 3천원~5천원 받던 시절에 20만원~30만원을 받았음에도 그의 집 앞에는 항상 수많은 사람으로 문전성시를 이루었다고 하니 대단한 존재감이었다.

박재현은 지리산 줄기의 하나인 함양군 서상면 극락산 밑의 산동네에서 태어났다. 그의 가문에는 '을해乙亥명당'이라 불리는 터가 있었는데 그곳에

---

115) 제산 박재현 사주 : 乙亥年 戊子月 丁酉日 己卯時

제산의 7대조 할아버지가 묘를 썼고 그 후손 중에서 을해乙亥년에 큰 인물이 날 것이라고 전해져 내려왔는데 제산이 바로 1935년 을해년 동짓달에 태어났다. 태어날 때 모습은 시커멓고 볼품 없었지만 자라면서 그의 총기는 빛을 발했다고 한다. 성격은 내성적이었지만 한 번 글자를 보면 바로 외워버리는 일람첩기一覽輒記의 소유자였고 머리가 아주 좋았다고 한다.

고등학교를 졸업한 후에는 정상적인 학업을 더 진행하지는 않았고 이 산 저 산을 떠도는 생활을 시작하였고 청년 시절 지리산 일대를 10여 년간 떠돌아다니면서 수많은 기인과 달사들을 만나 영기靈氣에 눈을 떴던 것 같다. 그 과정에서 유교·불교·도교를 섭렵하게 되었고 유교의 사서삼경과 불교의 '금강경', '화엄경', '능엄경'을 비롯한 제반 불경과 도교의 벽곡辟穀·도인導引을 비롯한 호흡법과 '성명규지性命圭旨' 같은 비서秘書들을 접하게 된다. 뿐만 아니라 말로만 듣던 천문·지리·인사로 통칭되는 재야의 학문에 대해서도 눈을 뜨게 된다.

이러한 기인·달사들과 만나면서 제산은 어느새 영기靈氣가 개발되었던 것 같다. 제산의 지리산 시절을 계산해 보니 대략 10년 정도 된다. 31세에 결혼하면서 지리산 시절을 마감하였다고 보면 대략 20대 초반부터 30세까지 지리산 일대를 방랑한 셈이다. 후에 박도사라 불리는 명성을 가진 제산을 키워낸 것은 지리산이었다고 해도 과언이 아니다.

1950년대 후반 부산의 군수기지사령관 시절 이미 제산의 능력을 파악했던 박정희 대통령은 70년대 초반 10월 유신을 감행할 무렵 제산에게 사람을 보낸다. 유신을 하려고 하는데 유신에 대해 어떻게 생각하느냐는 물음이었다. 이때 박 대통령의 메신저로 제산을 찾아온 사람이 청와대의 비서관이었다고 한다. 비서관은 제산을 찾아와 '유신維新'의 앞날에 대해 점괘를 물어보았다. 비서관과 이야기를 나누던 제산은 담뱃갑에 '유신幽神'이라고 볼펜으로 끄적거렸다. 저승 '유幽' 자에 귀신 '신' 神' 자 아닌가. 만약 유신維新을 하면 그 결과는 저승의 귀신이 된다는 무서운 의미의 예언이었다.

비서관으로부터 이야기를 전해들은 박 대통령은 격노하였고 제산은 남산 지하실로 끌려가 며칠 동안 죽도록 얻어맞았다. 기관원들은 팔을 뒤로 묶어 놓고 사정없이 두들겨 팼다고 한다. 1970년대는 민주투사만 남산 지하실로 끌려간 것이 아니라, 지리산의 솔바람이 키워냈던 박도사도 초대받아야만 했던 시대였다.

대구 검찰청의 권모 검사장은 자신을 갈치장수라고 속였다가 금세 들통이 났고 이 이야기를 들은 삼성그룹 이병철 회장이 제산의 능력을 높이 평가하고 삼성의 각종 인사와 사업 확장 때마다 자문을 구했다고 한다.

삼성의 이병철 회장이 삼성의 후계자를 정할 때도 제산에게 자문을 구하였다고 한다. "후계는 누가 가장 적통이 될 것인지 깊이 살펴주시게"라고 이 회장은 낮은 음성이었지만 단호하게 물었다고 한다. 이 문제는 구두로 하지 말고 답이 나오면 내용을 봉하여 일주일 후에 전해달라는 것이 이 회장의 요청이었다.

제산은 정확히 일주일 후 이병철 회장을 만나 함봉緘封한 흰 봉투 하나를 건네주었다. 제산이 건넨 봉투에는 '삼성대운 삼남건희'라는 여덟 글자가 적혀 있었다고 한다. 이병철 회장은 봉투를 열어보지 않고 금고 속에 깊이 넣어두었다가 한참의 시간이 흐른 뒤에 개봉하였는데 아마도 당시 이병철 회장은 장남을 후계자로 생각하고 있었던 것 같다.

박재현에 대한 일화들을 가장 많이 수집하고 정리한 사람은 조용헌이다. 그는 그의 책 『사주명리학 이야기』에서 제산 박재현을 생전에 만났던 이야기를 생생하게 기록하고 있다.

그는 제산을 만나 나눴던 별에 대한 선문답禪門答에 대해서 "이제 책 좀 그만 보고 기도와 선禪을 할 시기가 되었다."는 충고로 이해하면서 그때의 강한 인상을 기록해 두고 있다. 그리고 그때 제산이 꺼내 보여 주었던 『성명규지』라는 책에 대하여 상세히 기록하고 있다.

『성명규지』는 중국 명대明代의 내단서內丹書로서 유·불·선儒佛仙 삼교합일三敎合一의 입장에서 성명쌍수性命雙修를 강조하는 일급 비서로 알려져 있다. 『성명규지』에서 강조하는 성명쌍수는 성性과 명命을 모두 닦아야 한다는 주장이다. 성性은 불교의 주요 이론으로 자기의 마음을 관찰하는 방법이고, 명命은 도교의 주요 이론으로 호흡법을 통하여 몸을 강철같이 단련하는 방법이다. 성만 닦고 명을 닦지 않으면 지혜는 밝지만 몸이 아프고 신통력이 나오지 않는 경향이 있고, 반대로 명만 닦고 성을 닦지 않으면 몸은 건강하고 장수할지 몰라도 궁극적인 지혜는 얻을 수 없다고 한다. 그러므로 불교의 장점과 도교 수련의 장점을 모두 겸비해야만 진정한 도인이 된다는 입장이 성명쌍수이며 『성명규지』의 주요 내용이다.

제산 박재현이 『성명규지』를 통해 도교에 심취해 있었다는 것과 함께 또 하나의 단초를 제공하는 것은 그의 이름으로 발행된 『선불가진수어록』이라는 책이다.

무오년(1978년) 3월 20일에 발행된 이 책은 저자가 백운산인白雲山人 윤일봉尹一峯으로 되어 있고, 발행인은 계룡산인鷄龍山人 박제산朴霽山으로 인쇄되어 있다. 윤일봉은 제산의 선도 수련의 스승으로 알려져 있는 청허선사의 본명이며, 당시 제산은 계룡산 신도안의 법정사에서 공부하던 중이었는데 그래서 자신을 계룡산인으로 자처하였다.

『선불가진수어록』은 경북 문경 희양산의 대머리 바위에서 수도한 개운조사(開雲祖師, 1790~?)를 추종하는 개운조사파開雲祖師派에서 사용하는 수련서이다. 『성명규지』와 마찬가지로 성명쌍수가 그 핵심 내용이다. 제산이 『선불가진수어록』을 발행했다는 사실은 그가 한국 선맥仙脈의 인물들과 교류하고 있었거나 그 일원이었을 것이며 도교를 깊이 있게 공부하고 있었음을 알 수 있다.

제산은 성명쌍수의 수련법과 함께 수행하였던 수련법으로 주문수행을 하였던 것으로 알려져 있다. 제산이 활용했던 주문은 '구령삼정주九靈三鼎呪'라는 주문이었다.

구령삼정주는 조선 후기 민간도교에서 유행했던 『옥추경玉樞經』에 포함되어 있는 주문이다. 주문은 기도나 참선보다 효과적이고 빠르게 작용한다는 장점이 있는 반면 잘못하면 부작용이 크다고 알려져 있다.

제산의 말년 제자인 청담淸潭이 병원에서 그의 병수발을 든 노고로 비전秘傳으로 전해 받은 것이 '구령삼정주九靈三鼎呪' 수련법이라고 한다. 제산이 '부산 박도사'라는 별칭으로 역술가의 전설로 알려진 데는 명리학습과 연구도 큰 몫을 하였겠지만 더불어 '구령삼정주'와 같은 선도의 수련도 큰 역할을 한 것이라고 알려져 있다.

'구령삼정주'가 어떤 내용을 담고 있는지 궁금해 하는 분들이 계실 것 같아 다음에 수록해 본다.

구령삼정주 九靈三精呪

天有 貪狼 巨文 祿存 文曲 廉貞 武曲 破軍 左輔右弼 九星
천유 탐랑 거문 녹존 문곡 염정 무곡 파군 좌보 우필 구성

人有 天生 無英 玄珠 正中 子丹 回回 丹元 太淵 靈童 九靈
인유 천생 무영 현주 정중 자단 회회 단원 태연 영동 구령

天有 虛精 六旬 曲生 三台 人有 太光 爽靈 幽精 三精
천유 허정 육순 곡생 삼태 인유 태광 상령 유정 삼정

天人爲一 星靈不移 相隨人間 守護吾身 上照下應
천이위일 성령불이 상수인간 수호오신 상조하응

道氣團圓 延壽長生 福祿無邊 三尸以滅 九蟲亡形
도기단원 연수장생 복록무변 삼시이멸 구충망형

與天同德 與日月同明 與時順序 與物會合 江山不老 九州淵源
여천동덕 여일월동명 여시순서 여물회합 강산불로 구주연원

上天下地 無不通明 觀形察色 無不通知 遠報近報 無不通達
상천하지 무불통명 관형찰색 무불통지 원본근보 무불통달

禍福如應 外淸內淨 九竅光明 保護我身 如谷有聲 如影隨形
화복여응 외청내정 구규광명 보호아신 여곡유성 여영수형

我今神兮 感應感應 一如所願 事事明示 吾奉吾奉
아혜신혜 감응감응 일여소원 사사명시 오봉오봉

九天應元 雷聲普化 天尊 玉淸眞皇 如律令 來助我 娑婆訶
구천응원 뇌성보화 천존 옥청진황 여율령 내조아 사바하

4) 백영관(본명 최영철)의 『사주정설』(1963년)

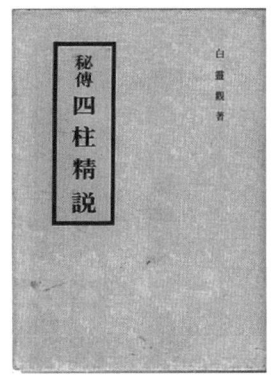

　한국 현대 명리학을 대표하는 인물로 앞서 언급한 3명의 역술인 외에 한 명을 더 꼽아보라고 한다면 모두들 백영관[116]을 들 것이다. 그는 다른 사람들에 비해 잘 알려져 있지도 않거니와 백영관이라는 이름도 가명이라고 하니 철저히 본인의 신분을 감추고 평생을 보낸 분이다. 하지만 그가 저술한 『사주정설』 만큼 한국 현대 명리학계에서 널리 읽힌 책도 별로 없다. 사실 얼굴도 이름도 널리 알려지지 않은 저자의 1963년도에 쓰인 책이 현재까지 교정 한번 없이 단행본으로 판매되고 있으니 말이다.

　사주를 오행의 생극제화를 중심으로 풀어가는 소위 '자평학'을 해방 후 국내에 처음으로 출간한 『사주정설』은 크게 입문, 원리, 응용 3부분으로 구성되어 있다. 입문편은 사주 정하는 법, 오행, 제합 및 제살 등으로, 원리편

---

116) 백영관 사주 : 癸酉年 丙辰月 癸亥日 丁巳時

은 육신 및 십이운성, 용신 및 격국, 간명비법 등으로, 응용편은 육친, 빈부, 관록, 직업 및 출신, 수요 및 질병, 성격, 여자의 운명, 행운 및 기타, 실제 감정 등으로 구성되어 있다.

백영관의 『사주정설』 가운데 주목할 만한 내용은 ① 입춘설을 제시하였고 그 원리를 설명하고 있다는 것이다. 구년과 신년의 구별은 정월 초하루를 표준으로 하는 것이 아니라 입춘立春을 기준으로 하는 것이라고 제시하고 있다. ② 육신六神을 정리하고 '육신표출법'을 제시하고 있다. 중국 명리고전 『삼명통회』나 『자평진전』에서 이미 정리되어 있었지만 그 책들이 국내에 소개되기 이전이었으므로 나름 의미가 있다. ③ 후반부에 간명비법을 제시하고 있는 점이다. 중화, 통관, 조후, 정신기, 진가, 한신, 유정무정, 기반, 청탁, 천복지재, 길신태로 등 간명에 중요한 요소를 설명하고 있다.

◎ 『사주정설四柱精說』 목차

[입문편]
    제1장 서론
    제2장 사주를 정하는 법
        1) 십간과 십이지, 2~5) 생년 · 월 · 일 · 시 간지, 6) 대운법
    제3장 오행
        1) 정오행, 2) 생극과 왕쇠
    제4장 제합 및 제살
        1) 사주의 단식 판단, 2) 간합, 3) 육합과 삼합, 4) 형, 5) 충, 6) 파,
        7) 해, 8) 공망, 9) 양인, 10) 비인, 11) 괴강, 12) 금여, 13) 암록,
        14) 천을귀인, 15) 천덕귀인 및 월덕귀인, 16) 장성 및 화개,
        17) 역마, 18) 도화(일명 함지 또는 패신), 19) 문창성

[원리편]
    제1장 육신 및 12운성
        1) 육신(10종: 비견 · 겁재 · 식신 · 상관 · 편재 · 정재 · 편관 · 정관 · 편인 · 인수),

2) 그 표출법(육신조견표, 장간분야표), 3) 비견, 4) 겁재, 5) 식신,

  6) 상관, 7) 편재, 8) 정재, 9) 편관, 10) 정관, 11) 편인, 12) 인수,

  13) 12운성(장생, 목욕, 관대, 건록, 제왕, 쇠, 병, 사, 묘, 절, 태, 양)

제2장 용신 및 격국

  1) 강약, 2) 용신 및 격(억부, 병약, 조후, 전왕, 통관),

  3) 관살(재자약살격, 살중용인격, 식상제살격, 제살태과격, 관살혼잡격),

  4) 재성, 5) 인성, 6) 식상(용인격, 생재격, 식상격), 7) 비겁,

  8) 종격(종강격, 종관살격 및 종재격, 종아격, 종세격), 9) 가종격,

  10) 화격 및 가화격, 11) 일행득기격, 양신성상격

제3장 간명비법

  1) 중화, 2) 통관, 3) 조후, 4) 정신기, 5) 진가, 6) 한신,

  7) 유정·무정, 8) 기반, 9) 청탁, 10) 천복지재, 11) 길신태로

[응용편]

제1장 육친

  1) 해설, 2) 조상, 3) 부모, 4) 처첩, 5) 결혼, 6) 궁합, 7) 형제, 8) 자식

제2장 빈부(가난과 부유)

제3장 관록

제4장 직업 및 출신

제5장 수요(장수와 단명) 및 질병

제6장 성격

제7장 여자의 운명

제8장 행운 및 기타

제9장 실제 감정

02 현대 중국·대만 명리학계의 저명인물

중국 본토에 공산당 정권이 들어오고 난 이후 1966년부터 1976년까지 10년간 당시 중국 최고지도자였던 모택동은 문화대혁명이라는 미명하에 극렬한 사회주의 운동을 일으킨다. 문화대혁명은 전근대적인 문화와 자본주의를 타파하고 사회주의를 실천하자는 목표를 전면에는 내세우고 있었지만 중국 공산당 내부의 정치적 이슈 때문에 일어난 사건이었고 결과론적으로는 사회·문화 파괴운동이 되어버렸고 중국문화를 10년 동안 막장으로 만들어 버린 혁명이었다. 모택동의 지지층으로 구성된 홍위병이라는 조직이 문화대혁명을 주도하였는데 이들은 절과 사당 등의 문을 부수고 약탈하였으며 낡은 사상의 소유자들이라는 이유로 사상가들을 구타 및 살해를 일삼았다. 90년대 나왔던 '패왕별희'라는 영화의 배경이 바로 이 문화대혁명 시대였다. 중국 문화예술의 첨병이라고 할 수 있었던 경극 예술인들까지 모두 말살하고 있는 판이었으니 당시 중국에 전수되고 있던 명리, 점술, 방술 사상가들을 모조리 멸종시켰다는 것도 과장이 아니었다.

중국은 공산당이 지배하면서 특히 문화대혁명 기간의 명리학 말살 정책을 편 결과 현재는 한국, 일본, 중국 중에서 가장 명리학 수준이 뒤떨어진 상황에 이르고 말았다. 중국 본토 공산당의 핍박을 피해 대만으로 피난해 내려온 명리학자들이 연구를 지속해 나가면서 청대 말기에 태어나 중화민국 그리고 공산혁명의 변혁기를 관통하는 중국 근대 3대 명리학자 원수산, 서락오, 위천리의 맥脈을 이어가고 있다.

대만 명리학계의 대표적인 인물들은 수요화제관주水繞花堤館主라는 필명으로 더 잘 알려진 반자단潘子端과 대만의 명리학계 원로이자 대학교수까지 역임한 오준민吳俊民, 진취적 성향의 명리학 이론을 체계화한 하건충何建忠을 손꼽을 수 있다. 대만은 한국, 일본과 달리 자미두수가 사주팔자와 더불어 역술가들 사이에서는 많이 활용되는 추세이며 현업 계파로 장요문張耀文을 수장으로 하는 '투파(透派 : 명징파明澄派)'와 맹인들 사이에서 비전되어 왔으며 단건업段建業을 수장으로 하는 '맹파盲派'가 2대 계파로 현업 역술계 계파를 주도하고 있다.

1) 반자단의 『명학신의』

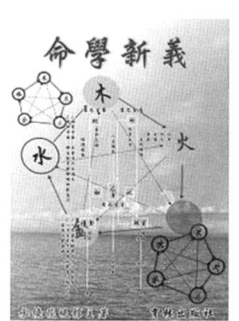

반자단(潘子端, 1902~1969년)은 수요화제관주水繞花堤館主라는 필명으로 더 잘 알려진 대만의 명리학자이다. 필명을 그대로 해석해 보면 '수요화제'라는 여관을 운영하는 주인이라는 뜻인데, 실제로 그가 운영하던 관館의 이름이었는지, 명리에서 격을 표현할 때 사용하는 '두 개의 木이 안에 있고 두

개의 水가 밖에 있다'는 수요화제격을 상징하여 사용한 필명인지는 알 수는 없다. 그는 1902년 청 말기 끝 무렵에 안휘성安徽省 경현涇縣 무림반촌茂林潘村에서 태어났다. 본명은 반서조潘序祖, 필명은 앞서 언급했듯이 수요화제관주를 사용했는데 환유반여차還有潘予且라는 필명도 그를 칭하는 것이었다.

반자단潘子端은 근대 3대 명리학자 중 하나인 원수산袁樹珊과 노우老友 관계를 맺고 지냈다. 원수산이 1881년 출생으로 나이는 스물한 살이나 차이가 났지만 서로의 학문적 동지이자 친구로서 서로를 인정하고 격려하며 학문의 의견을 나누었다. 원수산袁樹珊의 저서『명보命譜』의 서序에는 반자단이 직접 서문을 남기었고, 그의 저서『명학신의命學新義』서문을 보면 '신명학사자경新命學四字經'의 문장을 원수산이 다듬어 주었고 이에 원수산에게 감사의 뜻을 전한다고 하고 있다.

『명학신의命學新義』는 총 4편으로 구성되어 있고, 이 중 제1편 수화집水花集은 육신六神의 성정性情을 반자단의 새로운 시각으로 다시금 논하고 있는데, 육신을 설명하며 그가 그려놓은 '육신상호관계표六神相互關係表'를 보면 명리학을 공부하는 사람들은 무릎을 탁하고 치게 만든다. 더불어 팔격八格을 논함에 있어 서양의 정신분석학精神分析學에서 말하는 인간의 심리유형을 명리학에 접목시킴으로서 사주심리학四柱心理學 연구에 도화선 역할을 하였다. 하건충何建忠의『팔자심리추명학八字心理推命學』은 수요화제관주의〈수화집水花集〉의 직접적인 영향을 받았고 하건충도 그의 연구 성과에 대하여 공功의 많은 부분을 수요화제관주에게 돌리고 있다.

정신분석학	사상파(思想派)		감각파(感覺派)		직각파(直覺派)		지각파(知覺派)	
	외향	내향	외향	내향	외향	내향	외향	내향
명 학	정관	칠살	상관	식신	정인	효신	정재	편재
	관(官)		식(食)		인(印)		재(財)	

〈수화집水花集〉에서는 육신六神과 육친六親에 대하여 논하는 것이 주요 내용인데, 인성과 재성을 정正과 편偏으로 나누지 않고 비겁을 크게 중요시 다루지 않고 있다는 점이 논쟁이 되기도 한다. 하지만 무엇보다도 육신을 정신분석학에 최초로 비교하여 논했다는 점, 즉 사주심리학의 효시이자 토대가 되었다는 점에서 매우 중요한 가치를 지니고 있다고 할 것이다.

〈적천수신주滴天髓新註〉는 유백온의 『적천수』를 독특하고 한편 깔끔하게 자칭하듯이 신주新註 새로운 주석을 달고 있다. 『적천수』 원문 중에서도 군더더기라며 삭제해야 한다고 자신 있게 주장하는 부분은 일견 놀랍지 않을 수 없다. 〈명학습령命學拾零〉은 반자단이 평소에 독서를 하면서 간략하게 기록해 두었던 것을 옮겨 쓴 것이라고 하는데, 명리학에 관한 단편적인 여러 가지 견해를 피력해 놓은 내용이다. 〈신명학사자경新命學四字經〉은 명리학의 이치를 네 글자로 운율을 맞추어 시적으로 간략하게 표현한 내용이며, 한자성어로 이루어진 사자경四字經 문장을 다듬는 데 원수산의 도움을 받았다고 기록되어 있다.

◎ 『명학신의命學新義』 목차

제1편 수화집水花集
    제1장 들어가는 말　　　　　　　제2장 육신총론六神總論
    제3장 육신각론六神各論　　　　　제4장 육친론六親論

제5장 팔격론八格論　　　　　　제6장 여명론女命論

제2편 적천수신주滴天髓新註
　　제1장 통천론通天論
　　　　제1절 천도天道　　제2절 지도地道　　제3절 인도人道
　　제2장 간지론干支論
　　　　제1절 논천간論天干　제2절 논지지論地支　제3절 간지총론干支總論
　　제3장 형상론形象論　　　　　　제4장 방국론方局論
　　제5장 팔격론八格論　　　　　　제6장 체용론體用論
　　제7장 정신론精神論　　　　　　제8장 쇠왕론衰旺論
　　제9장 중화론中和論　　　　　　제10장 원류론源流論
　　제11장 통관론通關論　　　　　　제12장 관살론官殺論
　　제13장 상관론傷官論　　　　　　제14장 청탁론淸濁論
　　제15장 진가론眞假論　　　　　　제16장 강유순역론剛柔順逆論
　　제17장 한난조습론寒暖燥濕論　　제18장 은현중과론隱顯衆寡論
　　제19장 진태감리론震兌坎離論　　제20장 육친론六親論
　　제21장 여명론女命論　　　　　　제22장 소아론小兒論

제3편 명학습령命學拾零

제4편 신명학사자경新命學四字經

2) 오준민의 『명리신론』

　　오준민吳俊民은 대만에서 1960년대 명리학계의 원로로서 오랫동안 활동하였으며 대학교수를 역임하였다. 그는 20여 년 동안 명리학을 연구하고 명리학을 대학에서 강의하였으며 명리학 교육에 대하여 현대적 교육방식을 채택해야 한다고 주장한 인물이다. 체계적으로 고전 정통 명리학을 정리함과 동시에 격국, 용신, 개운 등, 특히 용신 강약에 대하여 깊이 연구하여 『명리신론命理新論』을 저술하였다. 학습자들이 쉽게 이해할 수 있도록 실제 경험을 많이 탑재하였고 미래 명리학의 발전을 위해 끊임없는 연구와 개발이 계속되어야 한다고 주장을 지속적으로 펼쳤다.

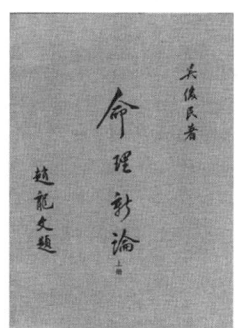

『명리신론命理新論』은 선현의 각종 고전 명리서적의 기록들을 일목요연하게 정리하는 것으로부터 시작한다. 특히 일간의 강强, 왕旺, 쇠衰, 약弱에 대하여 개별 상황에 대한 통일적 이론 연구를 진행하고 있다. 먼저 강약과 쇠왕을 구분하여 설명하고 있는데 왕旺함은 극강함을 칭하는 것이며, 쇠衰함은 극약함을 칭하는 것이다. 고전에서 강왕과 쇠약이 서로 혼용되어 사용되었고 강약은 불가분의 관계에 있다고 하더라도 강왕이나 쇠약의 차이를 정확히 구분해 놓고 있지는 않다는 것이다. 그래서 현대 명리학의 목적은 다양한 실증과 연구자료 집적을 통해서 강왕쇠약에 대한 표준을 정해야 한다고 말하고 있다.

이 책의 구성 및 내용은 실제로 다각적 시각을 가지고 있는데 『삼명통회』, 『적천수』, 『자평진전』 등의 고전을 정리하면서 선대 저자의 이론과 의견을 기록하고 거기에 더불어 오준민 자신의 의견을 추가하여 적는 방식으로 기록하고 있다.

◎ 『명리신론命理新論』 목차

1. 천간지지개설天干地支槪說
2. 음양오행개설陰陽五行槪說
3. 천간충극합화개설天干衝剋合化槪說
4. 지지충합회형천급생초地支冲合會刑穿及其生肖
5. 십이시진十二時辰, 이십사절기급십이월건二十四節氣及十二月建
6. 십천간주행십이지지적생사력정十天干週行十二地支的生死歷程
7. 지지장천간급월령분일용사개설地支藏天干及月令分日用事槪說
8. 오행용사급사시왕상사수휴五行用事及四時旺相死囚休
9. 사주팔자배열법四柱八字排列法
10. 일간생극정명급함의日干生剋定名及其涵義
11. 명궁안치법급기여사주적관계命宮安置法及其與四柱的關係
12. 명국적관살급길흉성개설命局的關煞及吉凶星槪說
13. 대운유년배열법大運流年排列法
14. 십천간적성질급기희기개설十天干的性質及其喜忌槪說
15. 사시오행의기개설四時五行宜忌槪說
16. 논명적방법급기정서개설論命的方法及其程序槪述
17. 격국적종류급기선정법格局的種類及其選定法
18. 명주일간쇠왕강약적변인법命主日干衰旺强弱的辨認法
19. 천간생극합화급지지충합회형적관계天干剋化合及地支冲合會刑穿的關係
20. 비比・겁劫・상傷・식食・재財・관官・살殺・인적일반작용印的一般作用
21. 보통격국적용신급희기普通格局的用神及其喜忌
22. 보통격국적성패득실普通格局的成敗得失
23. 특별격국적성패득실特別格局的成敗得失
24. 격국용신적변화급기고저적간법格局用神的變化及其高低的看法
25. 대운유년급소운적추론법大運流年及小運的推論法
26. 부귀길수빈천흉요적간법富貴吉壽貧賤凶夭的看法
27. 부모형제처자적간법父母兄弟妻子的看法
28. 여명적간법女命的看法
29. 성정적간법性情的看法
30. 질병적간법급체격검사疾病的看法及體格檢查
31. 조명론造命論
32. 할자산명적방법瞎子算命的方法

3) 하건충의 『팔자심리추명학』

하건충何建忠은 서양 심리학과 중국 명리학의 접목 및 비교를 통한 '팔자심리학' 혹은 '사주심리학'이라는 명리학의 새로운 분야를 개척한 대만의 대표적 현대 명리학자이다. 반자단潘子端의 『명학신의』가 명리학의 십성을 정신분석학 이론과 접목함으로써 사주심리학의 효시 역할을 하였다면 하건충은 팔자의 심리분석을 더욱 세밀하게 분석할 수 있도록 체계화시켜 나갔고 실제 사주간명을 통해 심리분석을 한 예시들을 보여주고 있다. 팔자八字에서 일간은 마땅히 한 사람의 정신주체인 자신으로 기능하며 아울러 일간과 다른 천간의 상호작용으로 말미암아 개인의 심리상태가 투영되어 나오는 것이라는 것이다. 그는 식사의 미적 감각, 음악의 미적 감각, 미술의 미적 감각 등이 인간의 사고방식에 따라 다르게 표출되며, 팔자심리분석을 통해 팔자를 세밀하게 분석하면 심리상태의 범위와 깊이까지 분석도 가능하다고 하였다. 그의 책 『팔자심리추명학八字心理推命學』에서 팔자심리분석 예시를 300개 이상 함께 실어 제시하면서 실증적 연구를 진행하고 있다.

그는 팔자심리분석 외에도 정통 명리학에 대해서 일부 이론을 수정을 하고 있는데, 특히 궁위에 대한 이론과 궁위 변화에 따른 해석을 현대적으로 새롭게 수정하고 있는 것이 눈에 띈다. 운명에 대한 그의 사고도 팔자심리의 영향 아래 있다. 인간의 운명에는 두 종류가 있는데 심리상태에 따라 바뀌는 명운(예를 들어 결혼, 사교, 사업 등)과 심리상태에 영향을 받지 않는 명운(예를 들어 교통사고, 뜻밖의 큰 재물, 사망 시기 등)으로 구분되며, 전자는 팔자를 통한 추명의 정확성이 90% 이상 높고 후자는 팔자 추명의 정확성이 비교적 낮다고 하였다.

◎ 『팔자심리추명학八字心理推命學』 목차

자서自序
본서소발명리논간법일람표本書所發明理論看法一覽表
1장. 팔자오행간지적소상식八字五行干支的小常識
2장. 팔자급대운적배법八字及大運的排法
   1. 팔자적배법八字的排法   2. 대운적배법大運的排法
3장. 십천간십이지지적창설원유十天干十二支地的創設源由
   1. 태극분화원칙太極分化原則   2. 태극하강분화원칙太極下降分化原則
   3. 성경진칠원칙聖經盡七原則   4. 우주약간원칙宇宙約簡原則
   5. 십천간십이지지적창립경과十天干十二支地的創立經過
   6. 성경진칠원칙적탐토聖經盡七原則的探討―육간지적발현六干支的發現
   7. 간지모형지확건급기공식干支模型之擴建及其公式
4장. 천간지지간적관계天干地支間的關係
   1. 천간여천간간적관계天干與天干間的關係   2. 지지여지지간적관계地支與地支間的關係
   3. 천간여지지간적관계天干與地支間的關係   4. 간지간관계지거례干支間關係之擧例
5장. 여하분석일개팔자적호괴如何分析一個八字的好壞
   1. 촉사일간강약중화적용신취법促使日干强弱中和的用神取法―대용신
   2. 촉사팔자음양기함균평적용신취법促使八字陰陽氣含均平的用神取法―중용신
   3. 촉사팔자간지간평화적용신취법促使八字干支間平和的用神取法―소용신

    4. 희용신여팔자간적관계喜用神與八字間的關係
    5. 즘양재시호팔자怎樣才是好八字　　　6. 즘양재시괴팔자怎樣才是壞八字
    7. 특수팔자급기해법特殊八字及其解法

6장. 십성적함의十星的含義
    1. 정관적함의正官的含義—극아차아흡剋我且我吸　2. 칠살적함의七殺的含義—극아차아척剋我且我斥
    3. 정재적함의正財的含義—아극차아흡我剋且我吸　4. 편재적함의偏財的含義—아극차아척我剋且我斥
    5. 상관적함의傷官的含義—아생차아흡我生且我吸　6. 식신적함의食神的含義—아생차아척我生且我斥
    7. 정인적함의正印的含義—생아차아흡生我且我吸　8. 편인적함의偏印的含義—생아차아척生我且我斥
    9. 겁재적함의劫財的含義—조아차아흡助我且我吸　10. 비견적함의比肩的含義—조아차아척助我且我斥

7장. 십성적잡담급기여십간적관계十星的雜談及基與十干的關係
    1. 십성적잡담十星的雜談　　　　　　2. 십성여십천간적관계十星與十天干的關係

8장. 여하종팔자분석일개적심태如何從八字分析一個的心態
    1. 여하분별팔자중부동적십성대일간적친밀도如何分別八字中不同的十星對日干的親密度
    2. 여하간출팔자중적십성하자피파괴하자피가강如何看出八字中的十星何者被破壞何者被加强
    3. 여하판별십성력도대소如何判別十星力度大小　4. 유팔자분석심성적방법由八字分析心性的方法

9장. 여하종팔자중분석각종명운사상如何從八字中分析各種命運事象
    1. 여명운사상유관적보조성與命運事象有關的補助星　2. 육친적간법六親的看法
    3. 전재적간법錢財的看法　　　　　　4. 지위적간법地位的看法
    5. 천동적간법遷動的看法　　　　　　6. 연애급혼인적간법戀愛及婚姻的看法
    7. 신체적간법身體的看法　　　　　　8. 직업적간법職業的看法

03 현대 일본 명리학계의 저명인물

　사주명리학을 필두로 동양학을 연구하는 대표 국가 중 하나인 일본의 현황도 잠깐 살펴보자. 일본에 명리학 서적이 전해진 것은 1635년 11월로 타니무라쇼슈지種村肖推寺가 당시 토쿠가와 가문에 헌정한 문헌 중 중국 장남張楠의 『명리정종命理正宗』이 포함되어 전해졌으며 현재 나고야시에서 관리하는 토쿠가와엔德川園에 소장되어 있다고 한다. 그 후 일본인에 의해서 명리학 서적이 직접 번역 소개된 것은 에도시대에 들어와서 유학자 사쿠라다 코몬櫻田虎門이 1818년 발간한 『추명서推命書』가 있는데 이는 서승徐升의 『연해자평淵海子平』을 번역한 것이라고 한다.

　그래서 일본의 경우 에도시대에 명리학이 유입되었다고 보는데 그 이후 근대에 들어서 아부태산阿部泰山과 고목승高木乘이라는 걸출한 두 인물을 중심으로 일본 명리학계가 틀을 갖추어 나간다. 여기에 좌등육룡佐藤六龍을 포함시켜 일본의 명리학 3대 명인이라 부른다.

　이 중 특히 아부태산阿部泰山은 전통 사주명리학을 혁신시킨 학자로 평가받고 있다. 그는 중일전쟁 이후 중국 명리고서들을 수집하여 일본으로 가져왔고 일본에 사주명리학의 학파를 구성한다. 특히 '월령분일용사법月令 分日 用事法'을 이론적으로 정립하였는데 이는 대담하고 훌륭한 착상着想으로 역학계에서 인정받았다. 한국에서도 해방 이후 직간접적으로 아부태산의 영향을 받지 않은 역학자들이 없다고 해도 과언이 아닐 정도로 영향력이 컸던 인물이다.

그의 역술 지식체계 전반은 1950년대 중국으로부터 빠르게 유입되어 1960년대를 거쳐 일본 전역에 급속도로 전파된다. 이때부터 일본 역술계의 지식 체계는 점진적인 발전과 재해석 과정을 거쳐 명리학뿐만 아니라 육임, 풍수에 이르기까지 중국에 범접하는 수준에 이르렀다. 1970~1980년대 일본은 경제가 급속도로 성장하는 시기를 거치면서 학술분야보다는 실생활의 이사나 이동에 필요한 방위와 의상과 자동차 등 색깔 선정 그리고 주거문화의 개선에 따른 풍수까지 역술계의 영향력은 일본인들 삶에 깊이 뿌리 내리기 시작한다. 종교적으로도 기독교 문화권이라기보다는 조상숭배의 대표격인 신사문화가 중심을 이루는 국가라는 점이 명리학이 대중들에게 흡수되는 속도가 동북아 3국 중 가장 빠르게 나타나는 한 가지 이유가 된다.

1) 아부태산의 『아부태산전집』

일본에서 가장 유명한 사주명리학계인 아부태산학파의 수장으로 1888년 칸사이 아와지시마 출신의 아부태산(阿部泰山, 아베타이잔, 아베오야마:

1888~1969년)은 1954년부터 1968년 사이에 22권으로 구성되어 있는 『아부태산전집阿部泰山全集』을 발간했으며 수많은 제자들을 배출했다. 신살, 12운, 지장간, 용신을 활용하는 고전적인 추명법을 채용하고 있다.

아부태산阿部泰山이라는 걸출한 명리학자의 등장으로 일본 명리학의 수준은 분명하게 확연히 업그레이드 됐다. 메이지明治대학 출신으로 중일 전쟁 때 종군기자로 베이징北京에 주재하면서 명리학의 방대한 자료와 문헌 등을 입수하여 일본으로 가져와 종래의 학설에서 한 단계 진보된 지식체계를 선보이며 기존의 명리학계를 강타하였다. 이후 점술占術 분야인 육임六壬에 관련한 저작을 무릉출판사에서 10여 권 가까이 선보이면서 명리뿐 아니라 육임에 관한 아부태산의 저작은 역易의 본고장인 중국에서도 감히 그 경계를 범접하지 못할 정도로 확고한 입지를 구축하였다. 국내에서 명리학 입문서로 가장 많이 읽히는 『사주정설四柱精說』은 바로 아부태산 이론의 요약본이라고 할 수 있다. 그의 저서 『아부태산전집阿部泰山全集』은 총22권으로 이루어져 있으며 그 각권의 표제는 아래와 같다.

◎ 『아부태산전집阿部泰山全集』 표제

1권 사주추명학 입문四柱推命學 入門
2권 사주추명학 감정법四柱推命學 鑑定法
3권 사주추명학 오비전 상권四柱推命學 奧秘傳 上卷
4권 사주추명학 오비전 중권四柱推命學 奧秘傳 中卷
5권 사주추명학 오비전 하권四柱推命學 奧秘傳 下卷
6권 사주추명학 조후용신대법四柱推命學 調候用神大法
7권 사주추명학 행운간법四柱推命學 行運看法
8권 사주추명학 실천법 상권四柱推命學 實踐法 上卷
9권 사주추명학 실천법 하권四柱推命學 實踐法 下卷
10권 천문역학 육임신과 길흉정단법天文易學 六壬神課 吉凶正斷法

11권 천문역학 육임신과 실천감정법天文易學 六壬神課 實踐鑑定法
12권 천문역학 육임신과 세부감정극비전天文易學 六壬神課 細部鑑定極秘傳
13권 신비성학 천문자미운명학神秘聖學 天文紫微運命學
14권 사주추명학 간명원칙과 실천四柱推命學 看命原則と 實踐
15권 사주추명학 적천수화해 상권四柱推命學 滴天髓和解 上卷
16권 천문역학 육임신과 초학상해天文易學 六壬神課 初學詳解
17권 사주추명학 극의비밀개전四柱推命學 極意秘密皆傳
18권 육임천문역 칠백이십과 감정비건 상권六壬天文易 七百二十課 鑑定秘鍵 上卷
19권 육임천문역 칠백이십과 감정비건 중권六壬天文易 七百二十課 鑑定秘鍵 中卷
20권 육임천문역 칠백이십과 감정비건 하권六壬天文易 七百二十課 鑑定秘鍵 下卷
21권 사주추명학 적천수화해 중권四柱推命學 滴天髓和解 中卷
22권 사주추명학 적천수화해 하권四柱推命學 滴天髓和解 下卷

2) 고목승의 『사주추명학』

쇼와昭和시대인 1909년 출생의 고목승(高木乘 : 다카키죠)은 아부태산과 더불어 근대 일본 명리학계의 쌍두마차로서 간토지역關東地域에서 많은 제자를 배출하였다. 고목승高木乘이 저술한 『사주추명학四柱推命學』의 특징은 아래와 같다.

- 지지地支보다 천간天干을 중요시한다.
- 대운大運으로 최초의 대운수를 대운주기로 채용하고 있다.
- 아래 표와 같은 천덕귀인을 발굴하여 활용하고 있다.

생월지	寅	卯	辰	巳	午	未	申	酉	戌	亥	子	丑
천덕귀인	丁	申	壬	辛	亥	甲	癸	寅	丙	乙	巳	庚
천덕합	壬	巳	丁	丙	寅	己	戊	亥	辛	庚	申	乙

천덕귀인과 천덕합을 합쳐 천덕귀인성이라 불렀으며 조상의 음덕이 유전적으로 자손에게 전해져 그 영향이 문제해결이나 사고 등에 대한 커다란 구원을 하여주는 귀인이라 하였다. 사주에 천덕귀인성이 없는 경우도 있으며 유전적으로 부모 또는 조상으로부터 물려받지 못하는 경우도 있으나 이를 이용하여 행운을 잡을 수도 있다고 한다.

천덕귀인은 대운, 유년, 월운, 일운에서 사용된다. 예를 들면, 이 날을 이용하여 문제 해결 등에 활용함으로써 일을 자신에게 유리하게 진전시킬 수 있다. 또한 질병의 경우 천덕귀인 방위의 의사나 병원을 선정하면 빠른 쾌유가 가능하다. 천덕은 壬의 천덕, 丁의 천덕 양쪽을 대운, 유년, 월, 일에 사용할 수가 있다. 그리고 사주명식에 천덕귀인성이 있는 경우는 여러 공덕을 받을 수 있다고 하였다.

한편, 고목승高木乘의 제자인 안전정安田靖은 1972년에 〈일본추명학연구회〉를 설립하고 사주명식의 오행을 원형의 오행도五行圖에 분포시키는 방법을 고안하여 강약을 한눈에 파악하는 방법으로 명식 분석을 하고 있다. 안전정安田靖은 위 〈일본추명학연구회〉를 2006년 말에 해산하고 2007년에 〈오성술실천연구회〉를 설립하여 고목승의 맥을 이어가고 있다.

◎ 『사주추명학四柱推命學』 목차

전편前篇
  1. 사주추명술推命術과 나   2. 라이프 · 메카닉크

본편本篇
  1. 명리학命理學의 성질   2. 사주추명四柱推命의 조직
  3. 사주팔자八字의 조사조직   4. 十二운의 작용作用
  5. 변통성變通星의 작용   6. 대운大運을 일으키는 법
  7. 십간일干日十二개월 정국定局   8. 내십팔격內十八格
  9. 외십팔격外十八格   10. 간지길흉성의 배치干支吉凶星 配置
  11. 길흉성吉凶星의 작용을 봄   12. 특수特殊한 생일
  13. 육친총론六親總論   14. 성정性情
  15. 십간동정十干動靜

[附錄] 간지표 서기一八六八년부터 – 서기一九八五년까지

3) 좌등육룡의 『사주추명십간비해』

일본 명리학계 대표인물로 아부태산과 고목승 외에 1명을 더 꼽으라고

한다면 대부분의 인사들은 좌등육룡(佐藤六龍 : 사토로큐류)을 꼽을 것이다. 그리고 그와 함께 따라다니는 꼬리표는 중국 투파(透派 : 명징파明澄派) 13대 장문 장요문張耀文의 일본 제자라는 것이다.

투파透派는 명징파明澄派라고도 하는 중국의 비밀 술사집단이다. 이 명리학파는 명나라 말기에 시작되어 문파 내부적으로만 비밀스럽게 비전을 장문에게만 전수되어 대를 이어 내려왔다. 그런데 투파(명징파)의 13대 장문인 장요문張耀文이 비밀스럽게 전해 내려오던 문파의 명리이론을 책으로 출간하여 세상에 공개해 버림으로써 문제가 발생한다. 명예와 신뢰를 중시하는 중국인들에게 장요문은 중국 역학계로부터 사문師門의 비전秘傳을 함부로 팔아먹는 자라고 크게 비판 받기에 충분하였다. 일본인 좌등육룡佐藤六龍은 중국의 투파(명징파)를 신봉하여 투파 장문인 장요문張耀文의 제자가 되기를 청하였고 스승을 일본으로 모셔오게 된다. 특히 1980년대는 일본의 경제가 최대 호황이던 시절이었고 대만의 유능한 술사들이 대거 일본으로 건너가 귀화歸化하여 활동하였던 시대적 분위기가 있었기에 투파(명징파)의 일본 유입은 자연스러워 보였다. 중국의 장요문과 일본의 좌등육룡이 공동으로 저술한『사주추명십간비해四柱推命十干秘解』는 투파透派에서 대대로 내려오던 십간용신 체계, 우리가 흔히 보는 십간론 이론과는 조금 다른 주로 천간 위주로 감명하고 억부도 천간을 중심으로 살피는 십간론을 소개하고 있다. 그 외에 좌득육룡 독자로 저술한『중국사주추명비결中國四柱推命秘訣』이라는 책도 있다.

일본 역학계는 아부태산과 고목승이라는 든든한 명리학자와 좌등육룡이라는 출중한 현장 술사를 가짐으로써 20세기 후반 명리학 최고의 전성기를 누리게 된다.

현대 한국 명리학계의 현황

[지식의 요람, 대학에 명리학전공이 개설되다]

01 해방 이후 〈한국역술인협회〉의 연구성과

명리학은 조선시대 과거시험 음양과(천문·풍수·명리)의 하나로 치러지는 학문 분야였으며 역과(통역), 의과(의학), 율과(법학)와 어깨를 나란히 하는 높은 수준의 학문이었다. 조선시대 내내 학문으로서 인정을 받고 있던 명리학은 대한제국 시기에는 기독교 영향을 받았던 계몽운동가들의 비난을 받기도 하였으며, 일제강점기에는 한국인의 문화와 역사 그리고 교육 분야 전반에 걸쳐 민족말살정책이 시행되는 과정에서 명리학은 미신이라고 치부되는 굴욕을 당하기도 하였다.

해방 이후 한반도는 남북으로 나뉘어 전쟁을 치르게 되고 한치 앞도 내다볼 수 없는 암흑기를 맞이하게 된다. 사회 혼란기에 사람들은 자신의 운명과 미래에 더욱 불안감을 가지게 되고, 점복행위의 수요공급이 급격히 늘어나게 되면서 가짜 술사들이 시장에 넘쳐나는 현상이 생겨난다. 사주명리학이 그 본연의 깊이를 잃고 점술과 미신으로 사회인식이 굳어버리는 부작용을 맞이하게 되니 한국근대사에 씁쓸한 아쉬움을 갖지 않을 수 없다.

　한국전쟁 시기에는 전국의 술사들이 부산에 모여 들기 시작하였고, 한국 최초의 연륙교인 영도다리 주변에서 노복路ト을 하거나 쪽방에서 점을 봐주는 사람들이 늘어나기 시작하였다. 대구 달성공원, 서울 남산공원, 미아리 점복거리 등도 60~70년대 사회적 변혁기에 술사들이 밀집하는 현상을 보여준 지역들이라고 할 수 있다. 한국전쟁 이후 생업에 종사하는 술사들이 급격히 늘어나고 시장에서 경쟁이 발생하는 과정에서 혹세무민惑世誣民이라는 사회적 비난을 받는 부작용도 있었지만 반대급부로 명리를 간명하는 실력이 있어야만 경쟁에서 살아남을 수 있다는 현실적 이유로 실력이 있는 역술인들이 등장하고 이론적 축적과 연구도 더불어 나타나게 된다.

사진출처
① 서울역사박물관
② kocca 문화콘텐츠닷컴
③ 정영신의 〈한국의 장터〉

[해방직후 '사주쟁이' 모습]

　일제강점기 사주명리에 종사하며 이름을 날렸던 인물로 전백인全白人이라는 역술가가 있었다. 본명은 전재학全在鶴이었는데 그의 제자로 알려진 맹인 역술가 김선영(김선형이라고 적힌 기록도 있음)이 있었으며 이들로부터 많은 후학들이 나왔다. 도계 박재완과 자강 이석영도 이들과 인연이 있었던 것으로 보인다. 전재학은 잡지와 신문에도 이름이 나올 정도로 개성 일대에서는 사주를 잘 보는 것으로 유명하였고, 김선영은 이석영의 『사주첩경』에 그의 대한 일화가 남아있기도 하다. 그 이후 한국 명리학계의 개별 인사들로는 앞서 언급하였듯이 도계 박재완, 자강 이석영, 제산 박재현 등이 등장하며 활동하였다.

몇몇 유명세를 떨치던 명리가들의 왕성한 활동과 더불어 60~70년대 역술업에 종사하는 이들의 숫자는 급속도로 증가하는데, 90년대 후반 '한국역술인협회'에 가입된 이들만 5만 명이 넘었고 실제로는 전국적으로 40만 명에 이른다는 추산을 하고 있으니 해방 이후 명리학계의 양적 증가와 역술인들의 시장 확대는 문화적, 사회적 현상이라고 하지 않을 수 없다. 이 시기 역술인들의 구심점 역할을 하였던 곳이 바로 1968년 설립된 〈한국역술인협회韓國易術人協會〉였고 이를 통해 역술인들을 결집시켜 나갔고 〈한국역리학회韓國易理學會〉를 개설하여 각 분야별 연구인들을 양성하고 다양한 역리 저술활동을 지원하기에 이른다.

1971년 한국역리학회 이사 및 최고위원 양성우梁成宇와 한국역리학회 학술위원장 정관운鄭觀雲이 공저한 『한국역학전서韓國易學全書』는 〈한국역술인협회〉와 〈한국역리학회〉의 당시 연구 성과를 여실히 보여주는 대표적인 저작이라고 할 수 있다. 양성우梁成宇는 법학을 전공하고 현직 경찰서장 총경이라는 독특한 이력을 가지고 있었고 〈한국역학자협회〉를 창설하였다가 이후 〈한국역리학회〉로 통합되어 활동하였다. 『한국역학전서』의 책 구성은 수상학手相學이 주요 내용을 이루고 있지만 그 외에도 관상학, 골상학, 성명학, 사주학 내용을 다루고 있으며, 수상학 부분이긴 하지만 역학에 대한 객관화 통계화의 노력이 돋보이는 저작이었다.

[양성우·정광운의 『한국역학전서』]

이 책은 서두에서 〈인물편〉, 〈중요 범죄인편〉, 〈각 질환에 대한 의학편〉, 〈홍등가편〉, 〈쌍생아편〉으로 시작하는데 역학의 과학적 접근법과 통계연구 방법론을 제안한 한국 최초의 연구성과물이라고 할 수 있다. 인물편에 보면 IQ 210의 천재소년부터 시작하여 풍운아 김두한, 여배우 문희, 가수 이미자, 105세 장수 노인에 이르기까지 다양하고 독특한 특징을 지닌 유명인들의 생년월일시와 수장문手掌紋 탁본을 사진과 함께 싣고 있다.

중요 범죄인편과 각 질환에 대한 의학편은 법무부 교도소와 국가 의료기관인 나병환자 병동 등을 직접 방문하며 그들의 생년월일시와 손금 탁본을 정리하면서 역학적 설명을 기록하여 자료로 보존하고 있는 것을 볼 수 있다. 이는 70년대 초 〈한국역술인협회〉와 〈한국역리학회〉의 위상을 들여다 볼 수 있는 자료이며 사회적으로 혹은 정치적으로 이들의 대표단체성을 인정받고 있었다는 것을 확인할 수 있는 내용이다.

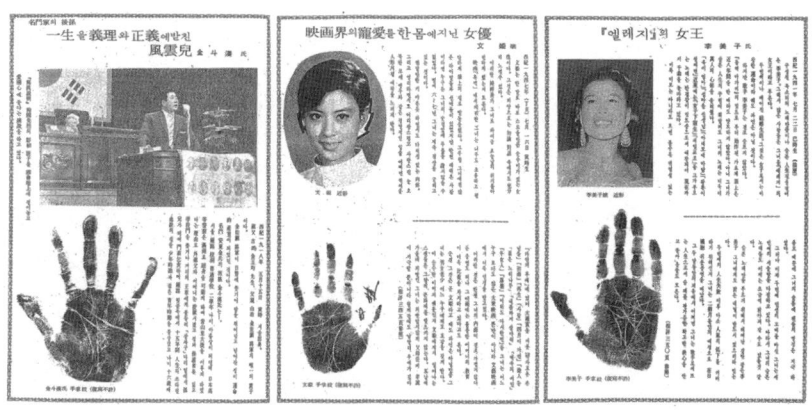

[김두한, 문희, 이미자의 생년월일시와 수장문]

그러나 당대 동양권의 국가들과 국제학술교류를 여러 차례 실시할 만큼 한국을 대표하던 〈한국역술인협회〉는 1990~2000년대에 이르러 인터넷 등의 정보화가 밀려들고 대학에는 정규학과가 개설되며 학문의 연구가 본격적으로 이루어지는 과정에서 문호를 개방하고 확장하지는 못한다. 즉, 다양한 신생 학파를 수용하거나 연대는 물론, 제도권 학계나 교수들과도 산학협동관계 등에 대하여 매우 폐쇄적으로 운영됨으로써 결국 한국의 대표성을 갖지 못하고 말았다.

앞으로 한국명리학의 진정한 발전을 이루기 위해서는 〈한국역술인협회〉와 같은 여러 유관기관이 연대하여 민간국가공인자격증을 발행하고 학계와의 유기적인 산학협동관계를 통하여 학술연구를 공유하고 정기적인 학술세미나 등으로 집단지성이 함양되도록 공동체 발전을 꾀하여야 할 것이다.

02 1960년~1980년대의 한국 명리학계

1960대에 접어들면서 중국의 명리학 고전들이 국내에 소개되기 시작한다. 60~70년대 한국 명리학계의 대표적인 명리서적들은 앞서 소개한 『사주정설』(1963), 『사주첩경』(1969), 『명리요강』(1975) 등을 꼽을 수 있다.

이 장에서는 위 한국 대표 명리서들을 제외한 중국 명리고전에 대한 번역작업을 소개해 보고자 한다.

이 시기에 유명한 명리 고전들의 번역서가 많이 나타나기는 하지만 대부분 원전을 그대로 번역한 것이라기보다는 역자가 나름대로 분류하고 재구성하는 경향을 띤다. 중국 고전을 번역하여 제자들을 양성하기 위한 교재로 사용하기 위한 성격을 가지고 있었기 때문으로 추정된다. 하지만 명리고전을 번역하는 일은 방대한 작업인 데다가 명리학에 대한 지식이 없으면 쉽지 않은 관계로 이 시기에 이루어진 『연해자평』, 『명리정종』, 『삼명통회』 등의 번안 서적들은 1990년대까지 명리고전을 필요로 했던 명리학도들에게는 꾸준히 읽히는 서적이 되었다는 점에서 중요한 의의를 가진다.

더불어 이 시기에 출간된 음양오행과 역학 관련 국내서적 중 독특한 성격을 띠는 책을 한 권 발견할 수 있는데 바로 한동석의 『우주변화의 원리』가 그것이다. 1966년도에 출간된 이래로 동양역학을 공부하는 한의학도들과 명리학도들에게 읽히며 현재까지 50여 년 동안 탐독되고 있는 도서라는 점도 의미가 있지만 그 내용 또한 주역과 음양오행을 넘나들며 우주의 원리를 동양적 시각으로 설명하고 있는 매우 흥미로운 내용을 담고 있어 한국의 대표적인 음양오행 연구의 반열에 올라 있다고 해도 과언이 아니다.

음양오행을 포함한 음양가 이론 연구를 모두 포괄하기에는 지면의 제약과 더불어 명리학 서적을 소개하는 취지를 조금 벗어날 수 있어 다음 기회로 미루고자 한다.

1) 심재열의 『연해자평』 번역(1966년), 『명리정종』 번역(1967년)

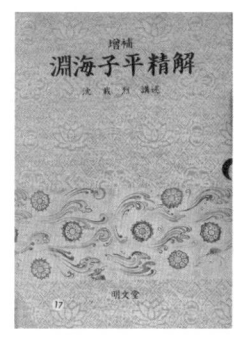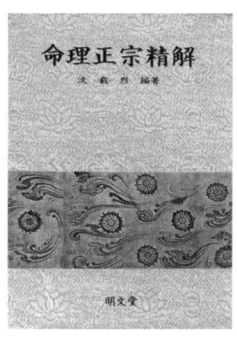

연해자평과 명리정종을 최초로 번역한 심재열(1932~2012년)은 국내에서 중국 명리학 고전을 본격적으로 번역하기 시작한 사람이라고 할 수 있다. 그는 불교와 명리학 연구에 관심이 많았고, 불교학 중에서는 특히 원효사상을 집중 연구하며 원효사상연구소장을 지내기도 하였다. 대표 저서로는 『연해자평정해』, 『명리정종정해』, 『초발심자경문』, 『보조법어』 등과 여러 연구 논문을 발표하였다. 2012년 향년 81세로 타계하였다.

『연해자평』의 번역서인 『연해자평정해』는 1966년 창원사에서 출판되었고 1979년 삼신서적, 1982년 명문당으로 출판사를 옮겨 현재까지 판매되고 있다. 『연해자평』은 송나라 서승이 쓴 『연해淵海』라는 책과 비결집 『연원

淵源』이라는 책을 명대 당금지가 합본하여 1600년에 초판을, 1634년 중판을 출간한 것으로 되어있다.

심재열은 『연해자평』을 출간한 이듬해 『명리정종정해』라는 이름으로 번역서를 또 하나 출간한다. 『명리정종』의 전체 이름은 『신봉통고 벽류 명리정종』이었다. 중국인들은 『명리정종』이라는 이름보다 『신봉통고』라는 책명으로 더 많이 부르는 듯하다. 하지만 국내에서는 심재열의 번역서 이름을 『명리정종정해』라고 시작해서인지 『명리정종』으로 일반화된 책이기도 하다. 1967년 창원사에서 출판하였고 1972년 삼신서적, 1997년 명문당에서 출판되었다.[117] 원 저자는 명대의 장신봉이라고 불렸던 장남張楠이며, 책 원명에서 '벽류(闢謬 : 오류를 허물다)' 라고 적힌 것에서 확인할 수 있듯이 명리학의 여러 가지 오류들을 정리하고 수정하고자 한 부분을 많이 발견할 수 있다.

그 뒤를 이어 여러 명이 『연해자평』과 『명리정종』의 번역서를 내어 놓고 있다.

2) 박일우의 『삼명통회』 번역(1973년)

삼명통회를 최초로 번역한 박일우(1940~2015년)는 서울에서 활동한 현대 역술가이자 여러 저술을 출간한 명리학자이다. 본명은 박석봉이며, 기존 명리학에 신살법과 인연법을 연구 발전시켰고 독특한 개운법을 고안하여 현역에서 역술인으로 활동하였으며 많은 제자들을 양성하였다. 대표 저서로는

---

117) 구중회, 『한국명리학의 역사적 연구』, 국학자료원, 265~266쪽.

『삼명통회(번역)』와 『명리학 강의』, 『방향을 바꾸면 운이 열린다』 등이 있으며, 사후 제자들이 그의 강의록을 통해 출간한 『명리일진내정법』이 있다.

한국의 명리학자들 중에는 법학을 공부한 사람들이 많은데, 박일우도 국제대학교 법학과를 졸업하였고 〈한국역술인협회〉, 〈한국역리학회〉 등에서 활동하였으며, 평생을 강의와 직접 철학원을 운영하며 역술인으로 살았던 인물이다. 특히 신살을 활용한 개운법으로 유명세를 탔는데 대표적인 것이 "개운開運을 하려면 반안살攀鞍殺 방향으로 머리를 두고 잠을 자야 한다." 등이 있다.

박일우는 1973년 철암사에서 『삼명통회』를 번역 출간하였다. 1978년부터 명문당에서 출판되었고 현재까지 판매되고 있다. 이 책은 고전 원본의 일부만 번역한 것인데 너무나 오역이 많다. 명리학의 문헌 이름조차 틀린 부분도 있다.[118] 또한 번역본의 범위가 『삼명통회』 원본의 절반에도 못 미치며 임의적으로 필요한 부분만 번역한 것으로 보인다.

『삼명통회』는 명대의 만민영萬民英이 작성한 명리학 백과사전이라고 보

---

118) 구중회, 앞의 책, 268쪽.

면 된다. 그는 육오라는 호를 사용하였기에 만육오라는 이름으로도 많이 알려져 있다. 『삼명통회』는 명리학 고법에서 신법에 이르기까지 방대한 자료가 수집되어 있고, 특히 신살론 부분이 잘 정리되어 있어 후대 명리학자들 중 신살을 공부하거나 연구하는 분들에게는 중요한 자료로 활용된다. 박일우도 그런 연유로 『삼명통회』를 번역한 것으로 보이나 필요한 부분만 번역하고 완역되지 않은 부분은 많이 아쉬움이 남는다.

이후 『삼명통회』의 완역은 2011년 김이남·이명산에 의해 이루어졌다.

3) 최봉수의 『궁통보감』 번역(1973년)

궁통보감을 최초로 번역한 최봉수는 1924년 강원도 금화군 출생으로 2017년 현재 94세의 나이에도 불구하고 '(주)최봉수 월드'라는 사주 교육기관을 만들어 대표이사로 활동하고 있는 역술인 겸 명리학자이다. 그는 〈한국역리학회〉 창설회원으로 활동하였고 독특하게 통일문제에 관심이 많아 '공산주의 몰락', '통일건국이념' 등에 관련된 글을 학술지에 게재하고 '통일학회', '통일건국민족회' 등의 학회활동에 집중하는 모습을 보였다. 80년대부터 '심명철학'이라는 이름으로 사주명리학을 지칭하며 학파를 일궈내는 작업을 하고 있다. 심명철학이라는 이름에서 알 수 있듯이 사주명리학을 인간의 마음과 생명현상으로 연관지어 설명하고, 사주가 인간이 태어나면서 받는 우주의 정기精氣라고 하며 우주와 인간 상호관계를 계측하는 공식이자 학문이라고 설명하고 있다. 대표 저서로는 『궁통보감정해(번역)』, 『역과 철학』, 『인연법칙과 조화론』, 『천명의 문, 심명철학』, 『심명철학 상, 중, 하』 등이 있다.

최봉수의 명리학 성향에서 알 수 있듯이 사주명리학을 우주와 기후론에 연관시키는 명리학자에게 가장 관심이 갔을 법한 명리 고전은 단연 『궁통보감』이었을 것이다. 『궁통보감』은 현대 명리학 3대 고전으로 불리며 『적천수천미』, 『자평진전』과 더불어 가장 널리 읽히는 책이 되었다.

이후 궁통보감, 난강망, 조화원약 등의 제목으로 10여 권의 후속 번역서가 출간되어 왔다.

4) 김동규의 『적천수』 번역(1983년)

적천수를 최초로 번역한 김동규는 충남 서천에서 태어나 40여 년 동안

명리학과 풍수지리 등 다양한 역학 분야에서 현재까지 80여 권 이상의 다작을 하고 있는 명리학 전문 저술가이다. 공무원 연수원, 금융계, 대학원 등에서 활발하게 강사활동도 하고 있으며 다양한 학회활동도 왕성하게 하고 있다. 대표 저서로는 『명리학 대사전』, 『토정비결』, 『만세력 대백과』, 『사주비전 적천수』, 『적천수천미(번역)』, 『인자수지』, 『천문을 알면 풍수지리가 보인다』, 『구성정변혈격가』, 『이정표 경반도해』, 『풍수지리학 이정표』, 『복서정종해설』, 『택일은 동양철학의 꽃이다』, 『나경투해』, 『풍수지리 수첩』, 『한자 이름짓기 사전』 등 많은 서적을 출간하였다.

김동규가 1983년 처음 번역한 『음양오행의 원리: 사주비전 적천수』는 민족문화사에서 출판되었다가 『적천수 사주비전』으로 1993년 이름을 바꿔 명문당에서 출판되었다. 이 번역책은 『적천수』 원문을 중심으로 번역을 한 책이며, 2002년 김동규는 임철초의 『적천수천미』를 다시 완역하여 출간하였다.

『적천수』는 명대의 개국공신이자 책사인 유기劉基의 저작으로 『삼명기담적천수』, 『명리수지적천수』 등의 이름으로 기록이 남아있고, 진소암이 『적천수집요』라는 이름으로 간행하였다. 하지만 사실 이 책이 유명해진 것은 후대 청나라 명리학자 임철초가 유기의 『적천수』에 주석을 달아 증주를 해 놓았기 때문이라고 해도 과언이 아니다. 중화민국에 들어와서는 이 증주본을 원수산이 『적천수천미』라는 이름으로, 서락오가 『적천수징의』라는 이름으로 출판 경쟁을 하기도 하였으며, 국내에서도 명리학 번역서 출판으로는 가장 많은 번역서 및 강독서가 나와 있는 실정이다. 참고로 서락오가 출간한 『적천수징의』보다는 원수산이 출간한 『적천수천미』가 임철초 증주 원본으로 인정받고 있다.

이후 『적천수』는 다양한 형태로 가장 많은 번역서가 출간되어 왔다.

03 1990년~2000년대의 한국 명리학계

한국의 명리학계는 1990년대~2000년대에 들어서면서 명리서적 출판의 풍년의 시기를 맞이한다. 이 시기에 출간된 명리학 관련 서적을 찾아보면 500여 권을 훌쩍 넘는다. 명리학을 처음 배우는 초급자들을 위한 기초 이론서부터 시작하여 개별 이론을 더 자세하게 연구해 놓은 연구 서적, 그리고 고전 명리서적을 중심으로 번역과 더불어 새롭게 주석을 하거나 사례를 들어 설명하고 있는 고전 강독 서적에 이르기까지 그 유형 또한 다양해졌음을 알 수 있다.

하지만 우후죽순 쏟아져 나온 명리서들 중에서 옥석을 가려내는 것 또한 쉬운 작업은 아니며, 인터넷의 발달로 명리학 소모임의 카페나 개인들의 블로그를 통해 양산되는 명리학 관련 전자문서들은 홍수라는 표현이 더 어울릴 만한 양상을 보여 긍정적인 측면과 더불어 부정적 영향도 동시에 가지게 된다.

그러한 과정에서 최소한 한국 명리학의 시대적 발전이라는 공익적 측면에서 명리학의 주요고전을 번역하여 학문적 발전에 도모하였거나, 대중들의 관심을 이끌어낸 저술서로 명리학을 일반화시키는 데 역할을 하였거나, 자평명리학의 진화 및 발전시킨 패러다임 역할을 하였거나, 학문연구에 단초를 제공하였다고 인정되는 의미 있는 연구결과물과 함께 그 인물들을 소개한다. 이는 필자의 주관적 견해임을 밝힌다.

1) 1990년대의 주요저서와 인물 소개

변만리의 『음양오행의 진리』(1993년)

변만리(1920~2001년)는 충남 태생으로 본명은 최병주이다. 일간 「사회일보」 사장, 일간 「음양과 한방」 사장을 역임하였고, 한국음양연구회장, 만리천명의학회장을 역임하였다. 그는 역학과 한의학 두 가지 분야 모두에서 뛰어난 역량을 발휘했다.

국내 수많은 대학과 기업체, 그리고 여러 국가기관 연수원에서 수천 번의 강연을 진행하였고 주요 강연내용은 음양과 건강관리, 국운전망, 한국사주, 천명의학, 생활역학 등 다양한 분야에 이르렀다. 그의 제자들 중 독특하게 역술인이나 명리학자들보다는 한의학에 종사하거나 강연자로 활동하는 사람들이 많은 것도 생전에 그의 성향을 반영하는 부분이다.

대표 저서로는 『만리의학』, 『오상의학』, 『만리사주』, 『육신대전』, 『한국사주 입문』, 『음양오행의 진리』 등이 있다.

변만리의 독특한 사주간법은 '만리사주' 혹은 '한국사주' 등으로 불렸는데 음양오행의 상생상극론을 일반적인 방법과 전혀 다르게 바라보고 있다. 그의 주장은 음양오행의 근본원리는 우리 조상인 동이족의 것이었는데 그것을 중국인들이 변질시켜 놓아 사주를 간명하거나 한의학으로 병을 진단함에 있어 어려움이 따른다는 것이다.

水극火하고 金극木하는 것이 아니라 우주의 본체와 작용은 한 몸이므로 水생火기도 하며 火생水하기도 한다는 것인데, 이것이 홍익인간의 정신이며 한국사주의 기본이 된다는 논리이다.

그런 연유로 변만리의 한의학 저서인 『만리의학』을 이해하려면 그의 독특한 음양이론의 원리를 다시 정립하고 시작하여야 한다. 그래서 변만리의 대표 저서로는 『만리의학』이 가장 널리 읽히는 책이기는 하나, 사주명리학의 이론이 담겨있고 그의 음양오행이론을 살필 수 있는 『음양오행의 진리』를 대표 저서로 소개한다.

『음양오행의 진리』는 음양오행과 상생상극의 진리를 알기 쉽게 상세히 풀이함으로써 글자대로 풀이하는 중국의 음양오행의 상생상극이 터무니없는 가짜임을 논리적으로 파헤침과 동시에 중국 사주와 의학이 왜 오판과 오진투성이고 세인의 불신과 외면을 당하고 있는 이유를 철저히 밝혀냈다. 진리 위주의 만리천명과 만리의학을 상세히 소개함으로써 무엇이 참다운 사주요 의술인가를 생생하게 설명한다.

이 책은 음양오행의 상생상극의 진리와 십간십이지와 십이운성 등 한국사주의 기초가 되는 여러 가지 원리를 다양하고 알기 쉽게 풀이했다.

한중수의 『운명학 사전』(1995)

　한중수(1936~2014년)는 충남 서천 출생으로 호는 운봉을 사용하였다. 30여 년간 역학 및 동양고전에 관한 연구 활동에 집중하였고, 70여 권 이상의 번역서 및 저서를 출간하며 역학 외길 인생으로 열정적으로 저술활동을 하였다. 대표 저서로는 『비전 당사주요람』, 『삼주 만능 만세력』, 『운명학 사전』, 『궁합대백과』, 『한자이름짓기 사전』, 『한글판 대한민력』, 『관혼상제례대전』, 『자미두수』, 『택일전서』, 『육효학전서』, 『선도』, 『대명당보감』, 『명당전서』, 『마의상법역해』, 『기문둔갑비급법』, 『지리대전』, 『경문대전』, 『영부작대전』, 『변증방약정전』 등이 있다.

　명리학 서적을 다작하여 대표 저술 하나를 손꼽기 쉽지는 않으나 역술인들은 1970년 김혁제·한중수가 공동저술한 『비전 당사주요람』으로 많이들 그의 이름을 기억한다. 채색된 그림과 암송 시결로 신살을 설명하고 있는 부분은 상당히 인상적이다. 하지만 그의 명리학 저술의 대표작으로 보기에는 무리가 있고, 1995년 출간한 『운명학 사전』을 꼽았다. 이 책은 2004년 개정판이 『사주학 대강의』라는 이름으로 바꾸어 다시 출간되기도 하였다.

　초보자부터 전문가에 이르기까지 쉽게 이해할 수 있는 운명학 길잡이라는 타이틀로 소개하고 있으며, 누구나 쉽게 읽을 수 있도록 구성한 명리학 기초 교재라고 볼 수 있다.

『운명학 사전』은 제1편 기초학, 1) 서설, 2) 육갑법, 제2편 일반사주학, 1) 사주학 기초, 2) 사주 단식판단, 제3편 전문적 추명, 1) 전문적 추명을 위한 예비지식, 2) 모든 격과 용신, 3) 특징술어와 형상 분류, 4) 사주총론 순으로 구성되어 있으며, 특히 '서설緖說'에 적힌 사주명리학을 바로 보는 그의 시각은 명리학을 접하는 이들에게 많은 화두를 남긴다.

박주현의 『왕초보사주학』(1995년), 『알기쉬운 시리즈』(1997년)

박주현은 1957년 경북 청도에서 태어났다. 낭월 스님이라는 이름으로 더 잘 알려진 스님이자 명리학자이다. 공주에서 가까운 계룡산 감로사에서 생활하며 집필 활동과 후학 양성을 하고 있다. 대표 저서로는 『왕초보사주학』, 『적천수강의』, 『사주문답』, 『놀라운 현공풍수』, 『사주심리학』, 『오주괘』, 『오주괘관법』, 『자평명리학』 등이 있다. 개별 각론을 여러 권의 시리즈로 출간한 『알기쉬운 시리즈[음양오행·천간지지·합충변화·용신분석]』, 『시시콜콜 명리학』 등도 있으나 그의 대표 저술로 『왕초보사주학』과 『알기쉬운 시리즈』

를 꼽은 이유는 일반인들이 읽기 편한 문체로 음양오행과 사주를 설명하고 있으며 당시에 사주 학습을 대중화시키는데 크게 기여하였기 때문이다.

『왕초보사주학』은 박주현이 1993년 온라인 하이텔 역학동호회에서 활동을 시작하며 게시판에 올렸던 강의 자료들을 모아 출간한 책이다. [입문편], [연구편], [심리편] 총 3권으로 구성되어 있다. 그중에서 입문편은 음양오행, 천간지지, 왕상휴수사, 통근, 합충, 육친을 아주 쉽게 풀어 쓰고 있으며 제목 그대로 왕초보가 소설책을 읽듯이 읽어 내려가면 사주에 대한 개념을 잡을 수 있도록 도와주고 있다.

다만, 이 책에는 합충형파해 중에서 합충을 제외한 나머지는 쓸모가 없다거나, 12운성과 신살의 무용론, 대운의 무용론, 야자시에 대한 의견 등 자평명리학이 시작된 이래로 계속되는 여러 명리학 논쟁들을 강한 어조로 단정하고 있는 부분들이 눈에 띈다. 초보자들이 읽는 책이라는 점을 감안할 때 각 논쟁 이론들에 대한 선입관을 갖고 접근하게 될 수 있다는 점에서는 아쉬움이 남는다. 하지만 사주학의 대중화에 기여를 한 부분이나, 1990년대에서 2000년대에 접어들면서 다양해진 사회 환경에 접목하여 사주 통변의 변화를 꾀하고자 한 시도들은 높이 살 만하다.

박영창의 『자평진전평주』 번역(1997)

자평진전을 최초로 번역한 박영창은 강원도 홍천에서 태어났다. 공주대학교에서 교육학박사를 취득했으며, 현재 글로벌사이버대학교 동양학과 교수로 재직하고 있다. 그는 80년대 김용의 무협 장편소설 중 『비호외전』, 『연성결』, 『천룡팔부』, 『소오강호』, 『녹정기』, 『월녀검』 등 다수를 번역하였고, 『무림파천황』, 『구마경』 등의 번역 작가로 활동하였다.

그는 90년대 초반부터 한 권의 명리학 고전 번역작업에 몰두하기 시작하였고, 1996년 말 5년여 만에 탈고하여 1997년 한국 명리학계에 선보인 책이 바로 『자평진전평주』 번역본이다. 중국에서는 1776년에 장군안章君安에 의해 『자평진전』 판각본이 출간되었고 1936년 서락오가 평주와 더불어 『자평진전평주』가 출간되어 명리학 기본서로 읽혀 내려왔지만, 한국에 번역되어 소개된 것은 1997년 박영창에 의해서이다. 그의 명리 번역 및 저술서로는 『사주학 강의』, 『명리학개론』, 『명리특강』 등이 있다.

『자평진전』은 청대 심효첨의 저술인데, 그의 원래 이름은 역번燡燔이며 절강 산음 사람이었다. 청 건륭 4년(1739년)에 진사를 지냈다. 원래 심효첨이 필사한 본은 총 39편이었고, 책의 이름이 특별히 없이 자평학을 손으로 적어둔 것이라 하여 '자평수록'이라고 불리었다. 그 뒤 호곤탁胡焜倬에게 높은 평가를 받아 유명해졌다. 호곤탁이 같이 공부하던 명리학 동호인 장군안章君安에게 이 글을 소개하였고 장군안이 『자평진전』이란 이름을 붙여 1776년에 판각하여 출간하였다. 유통되는 판본은 조서교趙舒翹와 이성과李星科가 1895년 45편으로 출판한 것이다.[119] 근래 서락오가 1936년에 출판한 『자평진전평주』가 널리 읽힌다.

이후 『자평진전평주』는 여러 사람에 의해 추가 번역서가 발행되어 오고 있다.

2) 2000년대의 주요저서와 인물 소개

조용헌의 『사주명리학 이야기』(2002)

---

119) 구중회, 앞의 책, 271쪽 참조. 박영창은 그의 책 16쪽에 기록하기를 심효첨의 원저서는 39편이었는데 후세 사람이 취운편을 따로 분리하는 등 44편으로 증보하였다. 이 책의 제1부에 수록된 내용 가운데 후세 사람이 첨가한 부분이 많이 있다고 하여 증보된 편수가 구중회와 박영창의 기록에 차이가 있다. 참고로 서락오가 또 첨부하여 자평진전평주는 총 53편으로 늘어나 있다.

조용헌은 1961년 전남 순천에서 출생하였다. 원광대학교에서 불교학으로 박사학위를 취득하였으며 불교문화와 동양사상을 연구하였다.

조용헌의 『사주명리학 이야기』는 사주명리 이론서가 아닌 그야말로 일반 사주팔자의 길흉화복에 대한 이야기, 인간의 삶과 운명 그리고 점이란 무엇이가에 대한 조망과 당대 유명한 명리학자들을 소개하고, 당시 대선후보 5명의 관상을 논하여 놓은 책으로 역술인들은 물론 일반인들도 쉽게 읽고 역술이나 사주, 관상 등에 관심을 이끌어내는 역할을 하였다. 이 책은 베스트셀러가 되었고, 저자는 이를 계기로 기업, 공공기관 등 사주명리이야기에 대한 특강이 쇄도하였으며, 조선일보에 기고를 시작하였고, 현재 원광대학교 동양학대학원 교수로 재직하고 있다.

현재까지도 조용헌의 『사주명리학 이야기』는 끊임없이 많은 사람들에게 읽히고 있다. 일반인들에게 사주명리학이 무엇이고 이를 통해 세상을 어떻게 해석하는가에 대한 이야기를 하고 있으며 수백 수천 년 동안 우리 땅에서 살아남아 내려온 명리학 전통이 유구히 이어지기를 바라는 희망을 알려 주고 있다.

심규철의 박사학위 논문 「명리학의 연원과 이론체계에 관한 연구」(2003)

이 논문은 국내 최초로 '명리학의 연원'을 연구한 업적을 높이 인정받아 후학들에게 널리 읽히고 있는 논문이다. 심규철은 조선시대 왕실 도서관이라고 불리는 '장서각'을 현재 관리하고 있는 한국정신문화연구원(현 한국학중앙연구원)의 부설 한국학대학원에서 연구활동을 하였고 박사학위논문으로 상기 주제를 가지고 연구를 진행하였다. 이후 논문을 작성하는 후학들과 명리학 종사자들에게 명리학사에 대한 중요한 참고도서가 되어왔다.

개략적인 논문 구성을 살펴보면, ① 명리학의 형성과 발전(중국에서의 형성과 발전, 이허중 삼주설의 오류, 한국적 수용과 전개) ② 명리학 운명론의 연원(제가의 운명론, 유가의 운명론, 불가의 운명론, 도가의 운명론) ③ 천문·역법적 연원(천문 성숙의 운행좌표적 해석, 목성 기년법과 간지력, 육십갑자의 성립배경과 납음오행) ④ 역학의 삼재론과 길흉론 ⑤ 역수천명으로서의 명과 운(숙명으로서의 사주, 동적 천명으로서의 운, 음양오행론과 자장) ⑥ 간지론의 구성체계(천지인 삼원구조의 간지론, 천간과 지지의 법칙, 간지론의 구성요소) ⑦ 간지론의 응용체계(체용론, 격국론, 중화론) 등으로 구성되어 있다.

김기승의 『사주심리치료학』(2004), 『명리직업상담론』(2009)

김기승은 1958년 충남 청양에서 태어났다. 국제문화대학원 대학교에서 교육학 박사를, 경기대학교에서 직업학 박사를 받았다. 현재 국제뇌교육종합대학원대학교 동양학과 교수로 재직하고 있다. 그는 서울 소재 경기대학교 국제대학원에 순수 명리학 전공의 석사과정을 국내 최초로 2002년 개설하였다. 또한 국제문화대학원대학교에 명리문화교육과 석·박사과정을

2004년 개설하여 명리+직업+교육학을 융합하는 새로운 패러다임의 실용학문을 실현시킨 결과로 '사주를 이용한 성격 및 적성검사방법'의 특허를 취득하였다. 이로써 인지능력이 없어 일반적성검사가 불가능한 1세~초등학생까지 성공확률이 매우 높은 자신의 타고난 선천적성을 찾아줄 수 있게 되었다. 또한 중·고등학생 및 대학생, 성인에 이르기까지 선천적성검사를 통한 자신만의 성공유전자라 할 수 있는 직업체질을 탐색할 수 있는 길을 열게 되었다.

대표저서로는 『음양오행론의 역사와 원리』, 『과학명리』, 『명리직업상담론』, 『사주심리치료학』, 『격국용신정해』, 『명리학정론』, 『사주심리와 인간경영』, 『타고난 재능이 최고의 스펙이다』, 『놀라운 선천지능』, 『자원오행 성명학』 등과 번역서로는 『적천수천미』, 『궁통보감』, 『명리약언』 등이 있다.

그의 저서 중 2004년 발행한 『사주심리치료학』은 당시 사주분야에서 새로운 용어생산과 분석적 패러다임으로 선풍적인 인기를 얻었다. 또한 『명리직업상담론』은 과학명리의 산실인 특허 '선천적성검사AAT'[120]의 이론적 배경으로서 학문적 융합기술의 정수를 보여주었다.

이 두 권의 저술서는 고전 자평명리학의 이론을 적용하여 현 과학시대를 해석하고 상담할 수 있는 용어생산과 직업진로상담이 가능하도록 시스템화시킨 자평명리 발전을 선도하는 저술서이다.

특히 『명리직업상담론』은 '명리학은 수천 년 동안 직업상담을 해온 한문이다'라는 타이틀처럼 명리직업상담론에 입각하여 적성계발과 자신의 흥미, 성격, 지능에 대한 고찰을 하고 직업유형과 업무수행기능검사의 원칙과

---

[120] 선천적성검사(AAT) : 특허 제10-0834389호 "사주를 이용한 성격 및 적성검사 방법"(2008.058.27. 김기승)

적합한 직업군을 선택하는 기준을 안내하고 있다. 무엇보다도 이 책의 두드러진 특징 중 하나는 우주의 기운을 받은 개개인의 사주도구에 나타난 선천 적성을 면밀히 검사해 '자신에게 가장 적합한 적성'이 무엇인지를 밝혀 성공가능성이 높은 방향으로 진로지도가 가능하도록 한 것이다.

임정환의 『명리약언』 번역(2006)

임정환은 성균관대 법대를 졸업하였으며 현역 술사이자 명리학자이다. 더불어 자강 이석영이 설립한 〈한국역학교육학원〉에서 이석영의 2대 제자인 김석환의 후속 제자로서 당 학원의 강사로 활동하였다. 아버지의 영향으로 역학을 공부하기 시작하였다고 회고하는 그는 2006년 『명리약언』 번역을 시작으로 『자평진전』, 『적천수천미』, 『궁통보감』을 번역하는 작업을 진행한다. 명리학 고전 3대 텍스트북에 하나를 더 붙여 『명리약언』을 선정하고 한국에 처음으로 번역하여 출간하였다.

『명리약언』은 청나라 초기 진소암이 쓴 명리서이다. 진소암은 조부가 귀주貴州의 좌포정사에 이르렀고, 부친은 명대에 병부시랑 겸 순천순무의 직임을 맡았던 학식과 덕망이 있는 해령 진씨 집안에서 태어난 인물로 명나라가 멸망한 후 청의 조정에서 벼슬을 하여 누관예부상서, 홍문원대학사를 역임했던 인물이다. 개인 장서에 수천의 책을 모았다고 전해지며 그중 다양한 술수류 명리학 비본을 소장하였다고 한다. 그의 다양한 학식과 다독은 명리학 연구에서도 드러나는데 『명리약언』은 송·명대를 대표하는 『연해자평』, 『삼명통회』와 달리 많은 내용을 장황하게 열거하는 방식이 아니라 중요한 핵심 내용들을 각 십성들의 특징으로 예리하게 요약정리하고 있으며, 명리이론의 기본인 천간, 지지, 간합, 지지합, 형, 충, 파, 해 등과 고전 격국과 신살 등 이전 이론 중 이치에 맞지 않은 것을 예를 들어가며 반박하고 있다. 장신봉의 병약설과 여재의 합혼서 등도 비평하고 있다.

『명리약언』은 그 이후 청대에 나온 『자평진전』과 『적천수천미』에 직접적인 영향을 끼치고 있으며 이 두 고전을 학습하기 전에 선행하여 읽어둘 필요가 있는 주요 명리서적이 되는 셈이다. 임정환의 『명리약언』 번역서는 이런 의미에서 한국 내 최초 번역이라는 의의를 갖는다.

최국봉의 『삼명통신』 번역(2009)

: 『낙록자삼명소식부주』, 『옥조신응진경주』, 『명통부』를 묶은 번역서

최국봉은 1945년 충남 공주 출생으로 어린 시절부터 한문과 서예에 조예가 깊고, 주역을 공부하였으며, 현재 〈한국동양운명철학인협회〉 명예총재직을 맡고 있다. 그의 대표 저서로는 『계의신결』, 『훈민정음 성명학』, 『삼명통신』, 『태중설』 등과 시집 『꿈에 본 맹자』, 『같은 것 같아』, 에세이집 『네가 세상을 아느냐』 등이 있다.

2015년 『태중설太中說』이라는 책을 출간하면서 명리학과 중화사상에 대한 그의 주장을 정리하는 작업을 하고 있다. 그의 한국 철학에 대한 새로운 시각과 주장을 간단히 정리해 보면 土가 木火金水의 조화를 이루고 지구의 생명체의 중심이라는 태중설이 한국철학의 뿌리이며 사상이라는 것이다. 세부적으로는 명리학과 성리학을 비교분석하며 성리학 중심의 사고를 끝내고 명리학의 중화사상으로 한국의 철학을 바로 세워야 한다는 것이다.

그의 대표 저서로 『삼명통신』을 꼽은 것은 이 책이 명리학, 특히 자평학의 초기 이론 문서를 합본하여 번역한 것이라는 점 때문이다. 이 책은 소위 서자평의 저작으로 알려진 『낙록자삼명소식부』, 『옥조신응진경』, 『명통부』를 묶어서 번역한 것이다. 최국봉이 이들 세 권을 묶어서 삼명이라고 한 것은 편역한 것이니 특별히 뭐라고 할 수는 없다. 그러나 저자나 판본 등을 깊이 있게 다루지 못한 점이 아쉽다.

『낙록자삼명소식부』는 『영락대전』과 『사고전서』에 수록되어 있다. 저자 낙록자는 출몰연대가 미상이나 전국시대 인물로 추정된다. 후대 왕정광, 이동, 석담영, 서자평 네 사람이 주해하였다. 『옥조신응진경』은 동진시대의 곽박이 쓴 명리학 고서이며 서자평이 주해하였다. 마지막으로 『명통부』는 서자평이 직접 저술한 명리서이다. 최국봉의 시도는 자평학의 시조인 서자평의 유작 세 권을 한 권의 책으로 번역 합본하여 한국 명리학계에 널리 출판

보급하여 알리고자 하였다는 데 의의를 갖는다.

구중회의 『한국 명리학의 역사적 연구』(2010)

구중회는 1946년 전북 완주에서 태어났으며 경희대학교에서 문학박사를 받았다. 풍속지식학을 전공한 민속학자이자 명리학자이다. 『한국 명리학의 역사적 연구』는 공주대학교 사범대학 교수를 역임하고 있던 저자가 2003년부터 2010년 사이에 역학에 대해 강의해 오던 내용을 정리한 것으로 최초로 '한국 명리학'의 역사를 다룬 책이다. 명리학이라고 하면 대다수는 중국의 명리학만을 떠올리던 시대 기류에 일침을 놓으며 한국에 나름의 명리학 역사가 존재한다는 인식을 심어주었고 명리학 연구자들에게 명리학 연구의 새로운 방향을 제시하였다는 데 의의가 있다.

다만 한국 명리학을 주장하는 과정에서 중국 명리학과 너무 의도적으로 구분 짓고자 하는 부분은 다소 아쉬움이 남는다. 명리학은 한·중·일 동북아시아의 공통된 문화와 음양오행을 다루는 동양철학의 한 기류라는 차원으로 이해하는 것이 타당하기 때문이다. 저자의 의도는 한국의 민속학자이자 명리학자로서 한국 명리학에 자긍심을 갖고 그 고유의 영역을 찾고자 하는 의도라고 사료되며 최초로 한국명리학사를 정리하여 후학들에게 유용한 참고도서를 제공하고 있다.

『한국 명리학의 역사적 연구』는 '한국 명리학'의 역사와 더불어 그 이론과 체계를 정리한 책이다. 기초적인 용어의 지식학, 국가 독점의 역법과 하늘의 직영 체제, 전통명리학의 변천과 전개, 현대명리학의 성립과 전개, 명리학의 학습 방법과 외국문헌 유입 등의 주제로 구성되어 있다.

구중회는 그의 책에서 명리학이라는 용어보다는 '명과학'이라는 용어를 더 자주 사용하고 있는데 이는 조선시대에 명리학을 '명과학'이라고 칭하던 전통에 따른 것이다. '명과학'은 한자로 '命課學'인데, 즉 '명'을 '과제'로 삼는 '학문'이란 뜻이다. '명과학'은 주로 조선 왕실과 고급 관리들이 많이 활용하였고 정조 때에는 나라에서 6칸 짜리 관공서 건물을 배정하여 최고의 명과학자인 취길관들에 의해 운영하게 하였다. 명과학은 영조부터 독립된 직종으로 조선이 망할 때까지 총 197명을 배출하였다.

그의 저서로는 『공주지방의 민속신앙』, 『계룡산 굿당 연구』, 『충청도 설위설경』, 『옥추경 연구』, 『능묘와 풍수문화』 등이 있다.

04 명리학 교육현황 및 제도권 진입

조선시대에는 중인들을 대상으로 과거시험을 치러 명리·풍수·천문을 연구하고 국가업무를 수행할 관리들을 선발하였으며, 이들을 국가기관의 관리 하에 엄격한 교육을 통해 전문인력으로 양성하였다. 조선이 패망하고 일제 강점기와 한국전쟁을 치르고 난 후 역학易學은 호구지책으로 활용되는 등 천박해질 수밖에 없었지만, 국가의 재건과 함께 명리학 또한 새로운 전기의 틀을 마련하게 된다. 그 초석을 다지며 명리학 교육을 수행하는 유관기관으로 1968년 설립된 〈한국역술인협회〉와 1970년 자강 이석영이 설립한 〈한국역학교육원〉 그리고 1985년 설립된 〈한국동양운명철학인협회〉 등을 대표적으로 꼽을 수 있다.

한편 개개인의 역량에 따라 후배 역술인들을 양성하는 개인교습소를 운영하는 이들도 있었다. 특히 1990년~2000년대에 들어서는 대학의 평생교육원과 문화센터 등에 강좌가 개설되어 명리교육의 대중화를 이루게 되었으며, 이에 힘입은 명리교육은 대학에 명리학 계열 학과와 전공들이 개설되면서 제도권 진입을 시작하게 된다. 우선 대표적인 교육 유관기관과 평생교육원 등을 살펴보면 다음과 같다.

1) 대표적 유관기관과 교육현황

1968년 설립된 〈한국역술인협회〉

서울 소재로 1968년 〈한국역리인협회〉를 문화공보부에 처음 등록하였다. 그리고 1972년 〈한국역술인협회〉로 전환한 후 1992년 〈사단법인 한국역술인협회〉로 최종 전환하였다. 전국에 지부를 두고 있으며, 부설교육기관으로 〈한국역학대학철학학원〉을 설치하여 설립 초기부터 현재까지 꾸준히 역술인을 양성해 오고 있는 기관이다.

1970년 설립된 〈한국역학교육원〉

관인학원으로는 자강 이석영(1920~1983년)이 1970년 〈관인 한일역리학원〉을 처음 설립하였다. 이후 1982년 〈관인 한국역학교육학원〉으로 개칭하였으며 자강의 문하인 2대 제자 김석환 등이 뒤를 이어 『사주첩경』을 교재로 삼아 현재까지 수천 명의 역학인들을 양성해 왔으며, 현재도 운영하고 있는 교육기관이다.

1985년 설립된 〈한국동양운명철학인협회〉

충남 대전 소재로 1985년 설립된 〈한국동양철학회〉는 1987년 〈사회단체 한국동양철학인협회〉를 창립하였으며 이후 2001년 〈사단법인 한국동양운명철학인협회〉로 전환하였다. 1999년 '동양철학사' 예상문제집을 발간하고 제1회 '동양철학사' 민간검정 자격시험을 실시한 후 현재까지 매년 자격시험을 일간지에 공고한 후 시험에 통과한 자에 한하여 민간자격을 발행하고 있다. 한국에서 가장 공정하게 민간자격을 발행하는 유일한 기관이다.

이 명리학 유관기관들을 중심으로 한국 명리학이 70~80년대 발전의 원동력을 갖추어 나아갈 수 있었다는 것은 부인할 수 없다. 다만 위 기관들이 각자의 역할에는 충실하였으나 유기적인 상호교류나 협동체계를 통하여 한국 명리학 전반을 이끌어가는 집단지성의 리더십을 보여주지 못한 것은 아쉬운 부분이다. 현재도 전국에 역학 관련 협회나 학술단체가 무수히 생겨나고 사라지고 있지만 개인의 영리목적이나 친목단체 형식을 벗어나지 못하고 있는 것은 아쉬움이 남는다.

2) 평생교육기관의 명리교육

1990년~2000년대는 한국사회에 명리학이 새롭게 조명되고 정착되는 변화의 시기라고 할 수 있는데, 이는 컴퓨터와 인터넷이 보편화되고 이를 바탕으로 기존의 폐쇄적 활동이나 교육방식이 무의미해지면서 동시에 새로운 인물들이 나타나고 명리 교육현장은 급변화의 물살을 탄다.

그중에서도 1990년대 후반부터 한국 명리학의 대중화를 주도한 한양대, 동국대, 경기대 3개 대학의 평생교육원과 강의를 담당한 인물들을 살펴본다.

한양대학교 평생교육원

한양대학교 평생교육원에 사주명리과정을 개설하여 많은 후학들을 양성하고 명리교육 대중화를 이끈 사람은 정창근이었다. 그는 육군 중령으로 예편하였고 주역, 명리, 성명학 등을 연구해 왔다. 한양대학교에서 사주오행과 질병관계를 연구하여 의학박사를 받았으며 한국명리학회 회장, 동방대학원대학교 미래예측학과, 한양대학교 등의 외래교수를 역임하였고, 『명리학 통론』, 『명리학의 현대적 이해』 등의 저술서가 있다. 현재도 후학양성에 힘쓰고 있다.

동국대학교 평생교육원

동국대학교 평생교육원에는 백민 양원석이 사주명리과정을 개설하여 많은 명리학도들을 교육하였다. 그는 동국대학교에서 철학박사를 받았고 〈백민역학연구원〉과 온라인 동영상강의 학원을 운영하면서, 경기대학교 예술대학원 동양학전공의 석사과정을 교육하고 있는 등 현재까지 후학을 양성하고 있다. 저술서로 『명리학 개론』 등이 있다.

경기대학교 평생교육원

경기대학교 평생교육원에는 김기승이 명리상담 교육과정을 개설하여 현재까지 많은 후학들을 양성해 왔다. 특히 '명리교육강사 양성과정'을 국내 최초로 개설하여 미래 명리교육강사를 육성하고 명리교육을 확대하여 집단지성을 높이는 노력을 하였다. 현재 〈사단법인 한국작명가협회〉 이사장과 온라인교육기관 〈오행스쿨〉, 국제뇌교육종합대학원 동양학과 명리진로상담 전공 주임교수로 재직하며 석·박사를 배출하고 있다.

기타(백화점 문화센터 등)

롯데백화점 및 신세계백화점 등의 문화센터에서는 박용성이 생활역학과정을 개설하여 사주명리교육을 대중화시키는 역할을 하였다. 그는 여러 권의 강의 교재를 편찬하고 개인교습과 문화센터 등에서 활발하게 교육활동을 하고 있다. 그 외 다른 몇몇 분들을 통해 언론사 부설교육기관 등에서도 생활역학 강의가 개설되어 인기를 얻기도 하고, 전국 여러 시설에서 생활역학 강의가 개설되고 하였지만 주도적인 역할은 박용성이 하였다고 볼 수 있다. 이후 전국의 백화점 문화센터로 명리교육이 확산되었다.

이후 전국의 수많은 대학 평생교육원에 사주명리과정이 개설되어 퍼져 나갔고, 평생교육시설인 백화점 문화센터나 언론사 교육시설 등에서 명리교육의 대중화가 이루어졌다.

그렇다고 해서 명리학 관련 학원운영 및 교습소 등이 자취를 감춘 것은 아니다. 그 나름대로의 명리교육에 대한 진보한 노력과 역량에 따라 여전히 많은 부분에서 명리학 발전과 대중화에 역할을 해 왔다고 할 수 있다. 일일이 다 거론할 수는 없지만 과거나 현재도 보이지 않는 곳에서 왕성하게 활동한 분들이 많으며, 또한 음으로 양으로 한국 명리학의 발전에 기여하고 현재도 노력하고 있는 많은 분들이 있다. 그 모든 분들에게는 이 지면을 빌어 감사하는 마음으로 대신한다.

3) 명리학의 제도권 진입과 학교현황

평생교육과 인터넷의 혁명

신문이나 잡지, 텔레비전이 정보수단의 전부였던 과거에는 사주명리 공부는 대부분 인연이 닿는 개인교습을 통해 이루어졌다. 그리고 간혹 TV방송 출연이나 일간신문에 오늘의 운세를 기고하는 사람이 유명세를 타는 정도였다. 내담자들도 입소문을 통하여 유명 사주감정사를 찾아다니는 등 많은 정보를 접할 기회가 없었다.

그러나 우리나라가 급속한 경제성장을 하면서 선진국에서 활발하게 운영되는 평생교육 제도를 도입하게 된다. 그 후 1990년대 들어 대학의 평생교육 설치와 백화점 문화센터 운영이 확산되면서 명리학습시장이 급변하는 전기가 마련되었다. 그리고 인터넷이 도입되어 확산되는 동안 사주명리 상담분야는 르네상스시대를 맞이하게 된다. 각 포털사이트에 명리토론장이 개설되어 난상토론이 이루어지며 실력자가 수면 위로 드러나고, 카페가 개설되어 자신을 홍보하는가 하면 나름의 정형화된 이론들을 쏟아내기도 하였다. 이와 같은 과정에서 허접한 술사가 운 좋게 방송이나 한 번 타고 유명세를 누리거나 허풍떨며 과신한 술사들은 슬그머니 사라지는 계기도 되었다. 결과적으로 평생교육제도와 인터넷은 한국사회 명리시장의 틀을 완전히 바꾸어 놓은 혁명이라고 할 수 있다.

IMF와 명리시장 패러다임의 변화

한편 1997년 경제위기 IMF를 맞은 이후 기업의 줄지은 도산으로 수많은 고급 인력들이 직장을 잃거나 전업을 하였는데, 이들 중 상당 부분이 명리업계로 유입되는 계기가 되었고 그로 인하여 명리업계의 집단지성은 급속도로 높아지는 계기가 되었다. 2000년대는 전국 방방곳곳에서 철학원 간판을 걸고 오직 스승에게 배운 지식으로 사주영업을 하던 수많은 업자들이 대학의 평생교육원에 등록하여 학습하였고, 백화점의 문화센터에는 주부들이 몰려들어 중흥을 이루었다.

이와 함께 명리상담시장의 패러다임은 또 급물살을 타고 변하게 된다. 사무실에서 찾아오는 고객을 상담하는 시스템을 타파하고 전화 상담이 전국적으로 확산되었다. 내담자들도 멀리 찾아다니지 않고 집에서 밤낮 구별 없이 전화로 편리하게 상담할 수 있으니 자연스럽게 상담 횟수는 늘어나고 명리시장은 호황을 맞게 된다. 그리고 또 찾아가는 상담서비스를 하는 이들도 생겨났다. 사람들이 많이 다니는 곳이라면 어디든 상담 부스를 설치하고 여러 명의 사주상담사와 타로상담사들이 즉석에서 상담을 하는 방식이었다. 이는 일종의 로드샵이지만 상당히 구조적으로 운영되는 형태로 시장성을 확보하게 된다.

IMF로 인하여 퇴출된 직장인들이 쉽게 사주공부를 할 수 있었고, 나아가 신속하게 진출할 수 있는 거대한 직업시장이 형성된 것이다. 이 당시 사주명리가 한국의 실업시장 위기를 감당한 공이 매우 큰 것임에도 불구하고 아쉽게 이를 제대로 인식하는 사람이나 보도했던 언론은 없다.

결과적으로 '평생교육과 인터넷의 혁명시대' 와 'IMF와 명리시장 패러다임의 변화'는 명리시장의 양적 팽창을 주도하였으며, 양적 팽창은 새로운 교육시장을 형성할 수 있는 계기를 제공하게 된다. 그것이 바로 정규 대학의 명리전공 개설로 나타난다. 2002년, 한국 명리학사에 한 페이지를 장식할 만한 일이 생기는데, 서울의 중심부인 충정로 소재 경기대학교 국제대학원에 동양철학과 명리전공이 국내 최초로 개설된 것이다.

제도권 학과 개설의 현황

1980년대에 들어오면서 한국사회 제도권의 대학들은 대학원, 전문대학원, 특수대학원을 설치하여 석사·박사학위 과정을 본격적으로 확대해 가기 시작하였다. 이는 산업발전과 경제규모가 커지면서 사회적 인재의 필요성에 따라 대학의 심화연구 기능을 위한 학위과정의 확산으로 볼 수 있다. 한편 대학도 경영이라는 차원에서 볼 때 직장인을 위한 특수대학원을 설치하여 운영하는 것은 수요공급의 원리에 맞아 떨어지는 현상이었다.

이후 90년대에 들어서면서 비록 전공학과는 아니지만 음양오행, 사주명리학, 풍수지리에 관련된 석사논문들이 종종 발표되기 시작하는 고무적인 현상이 나타나기 시작한다. 이어서 풍수, 음양오행, 사주명리를 접목한 박사학위 논문도 발표되었다. 특히 1999년 원광대학교에 동양학대학원이 설치되어 술수역학을 수용하여 동양철학, 주역, 역술, 사주명리, 풍수 관련 석사논문들이 동양학이라는 전공 아래 발표되기 시작한다.

2002년도에는 경기대학교 국제대학원 동양철학과 명리전공과 공주대학교대학원 역리학과가 거의 동시에 개설된다. 두 학교는 상호간 경쟁을 한 것도 아니었고 서로 모르는 상태에서 2003학년도 첫 학생들을 선발한다. 이는 시대의 부응에 응답하는 동시성의 효과로 볼 수 있다.

명리학 계열 학과 및 전공 국내 개설현황

개설연도	학교명	전공	소재	주도
1999년	원광대학교 동양학대학원 (석사)	동양학과 동양철학전공	전북 익산	양은용
2002년	경기대학교 국제대학원 (석사) (현, 경기대학교 예술대학원)	동양학과 명리전공 (현, 문화콘텐츠학과 동양철학전공)	서울	김기승
2002년	공주대학교 대학원 (석박사)	역리학과 (현, 동양학과)	충남 공주	정종호
2004년	동방대학원대학교 (석박사) (현, 동방문화대학원대학교)	미래예측학과	서울	박영창
2004년	국제문화대학원대학교 (석사)	미래명리문화교육과 (현, 학과폐지)	충남 청양	김기승
2005년	서경대학교 경영대학원 (석사) (현, 서경대학교 경영문화대학원)	풍수지리전공 (현, 동양학과)	서울	이길헌
2005년	원광디지털대학교 (학부)	얼굴경영학과 동양학과(2009년)	전북 익산	주선희 조인철
2007년	대불대학교 (학부) (현, 세한대학교)	예술학과 명리전공 (현, 학과폐지)	전남 영암	김기승
2011년	글로벌사이버대학교 (학부)	동양학과	충남 천안	박영창
2011년	대구한의대학교 대학원 (석박사)	동양사상학과(계약학과) (현, 학과폐지)	대구	이강대 백남대
2012년	국제뇌교육대학원대학교 (석박사)	국학과 명리풍수전공 (현, 동양학과)	충남 천안	박영창 김기승

　　명리학 계열 학과 및 전공을 개설한 대학들은 2003년부터 신입생들을 모집하기 시작하였고 기존의 동양철학 학과를 운영하고 있던 몇몇 대학원(동국대학교대학원, 대전대학교대학원)에서 명리학을 주제로 하는 논문을 지도하고 심사하면서 명리학의 제도권 수용에 동참하기도 하였다. 그 후 학과전공이 정착하는 과정에서 학과가 폐지되기도 하고 신설되기도 하면서 발전과 후

퇴를 반복하며 변화의 시기를 지나 현재에 이르게 되었다.

2017년 기준 명리학 계열 학과 및 전공의 개설현황은 다음과 같다.

(현재 : 2017년 11월 기준)

소재	학교명	학과 전공	구분
충남	공주대학교 대학원	동양학과	석·박사과정
서울	동방문화대학원대학교	미래예측학과	석·박사과정
충남	국제뇌교육대학원대학교	동양학과	석·박사과정
전북	원광대학교 동양학대학원	동양학과	석사과정
전북	원광대학교 일반대학원	한국문화학과	박사과정
서울	경기대학교 예술대학원	문화콘텐츠학과	석사과정
서울	서경대학교 경영문화대학원	동양학과	석사과정
전북	원광사이버대학교	얼굴경영학과 동양학과	학사과정
충남	글로벌사이버대학교	동양학과	학사과정

이와 같이 여러 대학에 명리전공의 동양학과가 개설되어 있다는 점은 고무적이다. 다만 명리학이 동양학 술수분야의 한 과목이니 동양학과로 칭하는 것이 잘못된 것은 아니나 아직도 학과 명칭에 당당하게 '명리학과'를 사용하지 못하는 것은 진정한 명리학 발전을 위해서는 매우 아쉬운 부분이다.

미래사회를 위한 명리학의 진화

[21세기 온고지신, 실사구시를 담아내다]

01 명리학의 학문융합과 집단지성

1) 학문융합의 필요성

"살아남는 종은 강한 종도 우수한 종도 아닌 변화하는 종이다."는 말이 있다. 그리고 세상의 모든 것은 변화하며 오직 "변화하지 않는다."는 문장만이 변화하지 않는다고 한다. 아이러니한 2가지 문장이지만 변화에 대한 중요성을 강조하고 있다는 것을 쉽게 알 수 있다.

수천 년 동안 인류와 함께해 온 명리학은 문명이 진화한 첨단 과학사회에서는 사라질 것 같았으나 실상은 더욱 발전하고 있으며 시장성의 크기 또한 더욱 커지고 있다. 왜일까? 한마디로 과거에서부터 지금까지 인간은 볼 수 없는 미래가 궁금하고 불안하기 때문이다. 즉, 그 궁금하고 불안한 미래를 과학의 시스템이 해결해 주고 있지 못하기 때문이다.

우주 천체의 중력이 입력된 부호인 사주는 타고난 선천적인 것과 어쩔 수 없는 운명론적인 것을 포함하고 있다. 그것에 대한 예측 분석은 오직 명리학만이 가능하다. 또 명리는 과거에서부터 현대까지 문명의 발전과 함께 진화해왔다. 그러나 빛과 같이 빠른 속도로 발전하는 첨단 과학사회를 이해하고 해석하기 위해서는 명리학 또한 더욱 진화의 속도를 높여야 하는 숙제를 안고 있다.

많은 학문은 현 창조기반 사회에서 상상할 수 없는 분야까지도 융합을 시도하고 있다. 그러한 융합은 스마트폰을 필두로 하여 구글, 페이스북, 카카오톡 등 고부가가치를 만들어내는 원동력이 되고 있다. 이제는 고인이 되었지만 스마트폰 시대를 열었던 장본인 스티브 잡스는 자신이 일궈놓았던 회사에서 한때 쫓겨나기도 했던 인물이다. 그러나 스마트폰이라는 새로운 발상과 변화를 가지고 불멸의 아이콘이 되었다. 그의 성공 키워드는 바로 '융합'이었다. 뿐만 아니라 다가올 4차 산업혁명은 인공지능AI이라는 융합의 결정체가 주도하며 수많은 변화를 예고하고 있다. 약 20~60년 후 그 시대를 살아가야 하는 아이들은 공부, 직업, 생활, 정치, 인간관계 등 변화의 물결을 받아들이게 될 것이다.

이제 사주명리의 변화를 고민해 보자. 과거 사농공상이 직업의 전부이고 오직 효와 가족주의였던 것과 달리, 현재는 개인의 독립성과 개인의 역량이 중요하고, 직업종류는 2만 개나 된다. 그러므로 사주는 사회를 의식하고 살아가는 시대의 사람들에 초점을 맞춰 상담해 왔다면, 그것이 바로 명리의 진화인 것이다. 다만 현대는 더욱 혁혁한 많은 진화가 요구되고 있으며 겸하여 스피드를 필요로 한다. 이는 명리는 여러 학문과의 융합을 통하여 시대를 해석하고 지식사회를 분석 상담할 수 있도록 똑똑해져야 한다는 명제를 갖게 된다.

다행히 여러 학문은 명리와의 융합을 원하고 있다. 또 명리는 여러 학문들과의 융합을 실현한 결과물들을 조금씩 내어 놓고 있다. 하지만 아직은 많이 부족한 현실이므로, 공부하는 사람들은 비판을 두려워하지 말고 매우 창조적이어야 한다는 것이다. 학문 융합에 대한 필요성에 대하여 설명하면 다음과 같다.

① 명리학의 일반화를 위해서는 절대적으로 사회과학을 이해하고 적용시켜 나가야 한다. 이는 통계를 적용한 연구를 중요하게 인식해야 한다는 말이다.
② 동양에서 열 길 물속은 알아도, 한 길 사람 속을 모른다고 할 때, 서양의 심리학은 설문문항을 통하여 대상자의 마음을 수치로 환산하였다.
③ 사주의 오행 분포가 마음의 구조를 내포하고 있다. 이를 수치로 보여줄 수 있다면 일반인들은 더 신뢰하게 된다.
④ 명리로 진로상담이 가능하다. 그러므로 진로상담에 필요한 사주의 언어생산과 함께 교육학적인 소양을 갖춰야 한다.
⑤ 명리로 직업체질과 적성분석이 가능하다. 그러므로 적성검사와 직업심리학 등을 이해해야 한다.
⑥ 명리로 미래를 예측하여 대안을 제시하기 위해서는 경제나 경영학적인 소양과 미래학을 이해해야 한다.
⑦ 명리로 학습코칭이 가능하다. 그러므로 학습코칭에 관한 전반적인 이해가 필요하다.

⑧ 명리로 섭생과 건강예측이 가능하다. 오행 푸드에 대한 상식과 한방학적인 소양이 필요하다.

⑨ 명리로 대인관계(궁합, 채용, 인사, 동업)의 판단이 가능하다. 이에 따른 인간관계론, 성격심리 등의 상식이 필요하다.

상담은 상품이다 - 상품의 가치는 질과 희소성이다

과거의 내담자들은 30%만이 대학 진학을 하였고 여러 명의 자식을 낳았다. 하여 내담자의 지성이 낮아 사주상담이란 결정 대행을 원하는 것이었다면, 미래의 내담자들은 70%이상 대졸자로 지식층이다. 이는 높은 수준의 상담을 원하는 동시에 예전과 달리 한두 자녀만을 낳았기 때문에 아이들의 진로문제는 초관심사일 수밖에 없다. 사주를 통한 아이의 미래 진로, 직업상담은 갈수록 좋은 상담시장이 될 것을 예측할 수 있다.

또한 초복잡성의 사회에서는 심리적, 정신적인 문제의 상담이 확산된다. 사주 구조는 개인의 심리를 판단하기에 매우 유용한 도구이다. 그러므로 사주를 통한 심리분석으로 정서적 안녕을 제공하는 시장은 그 파이가 클 것이다. 이외에도 전술한 내용과 같이 많은 부가가치의 범주를 확산시켜야 한다. 즉 명리는 변화되는 새로운 시장을 개척해 나가야 한다.

문제는 수준 높은 소비자들을 상담하기 위해서는, 명리상담자가 더 많은 지식과 정보를 갖춰야만 소비자의 욕구를 채우는 상담을 할 수 있다는 것이다. 이와 같이 왜 명리학이 용어를 생산해야 하며, 타학문과 융합이 필요한지에 대하여 정확하게 설명해주고 있다.

2) 집단지성의 방향성 논단

 데카르트René Descartes의 형이상학적 사색은 방법적 회의懷疑로부터 출발한다. 데카르트는 매우확실하고 한 치도 의심할 여지가 없는 진리를 찾으려고 했다. 그런데 이와는 반대로 베이컨Francis Bacon의 경험론은 '모든 지식은 오로지 경험에만 기초해야 하며, 그렇게 얻은 지식으로 자연을 정복해야 한다'고 주장했다. 즉, 합리주의자였던 데카르트는 진리를 찾기 위해 의심이 필요하다는 논리의 철학자였고, 경험주의자였던 베이컨은 자연을 정복하기 위해 경험을 우선시하는 철학자 정도로 구분할 수 있을 것이다.

 이와 같은 합리주의와 경험주의는 사주명리에서도 예외가 없다. 전통명리의 가치를 추구하는 연구자는 합리주의자로 볼 수 있고, 점술가[신비가]는 경험주의자라고 볼 수 있다. 경험주의자들은 운명상담의 이익실현을 위해 '내담자'와 '점술[신비]'의 절대성을 수시로 경험하면서 자신만의 경험적 통계로 나타난 자기 확신을 대비시켜 나간다. 즉 내담자를 자기경험으로 끌어 들여 관찰하며 '神과 殺'의 방편 명목이 붙은 단기적 이익을 위해 상담한다. 이와 같이 단기 수익만을 꿈꾸는 점술가들은 '진리'라는 불변의 법칙을 가급적 인정하지 않고, 철저하게 모든 길흉사는 개인 운명론에 단시 점과 신살 적용을 고수하는 것일지도 모른다.

 그러나 과학적 프레임의 전통명리학자는 명리의 미래 성장성을 믿는다고 볼 수 있다. 과학명리는 명리의 진화를 통한 미래성장성을 '불변의 법칙'으로 인식하고, 신비주의의 절대선인 종교적, 신비적, 점술 상담 형식을 과감하게 유예시킨다. 그러므로 굳이 종교나 신살과 같은 추상적 시스템의 운명상담을 그다지 신뢰하지 않는다.

　여기서 전통명리이든 점술이든 동 업종의 종사자들이 먹고사는 문제, 각자의 능력과 자질, 처해 있는 입장차 그리고 장단기적인 관점에까지 찬반공방이 있다. 전통명리는 그 특성상 '미래의 꿈'을 자주 제시한다. 플라톤의 이데아처럼 달콤한 '사탕의 꿈'을 목표(=불변의 진리)로 제시하며 함께 장기적 성장을 가보자고 다독이는 것이 자연스러운 행동이다. 필자도 그 범주에 속한다.

　여기서 전통명리의 미래 성장성은 확실하다고 주장하는 과학명리 연구자들을 성선설性善說에 비유하면 어떨까? '사람의 본성은 착하다'고 주장하는 사람 앞에 나치의 대명사인 히틀러나 괴벨스를 데려다 놓으면 어찌 될까? 그런 악인이 원래는 착한 사람이었다는 이론을 세우고 증거를 제시하기 위해 엄청 진땀을 흘리게 될 것이다. 성선설 앞에 악인 한 명을 제시했을 뿐이지만, 성선설의 기반이 흔들리게 된다. 그것이 바로 경험의 힘이다.

　따라서 종교적, 신비주의적 점술가들이 최근 하락하고 있는 명리시장을 '경험'으로 들이대면서 전통명리의 진화를 통한 미래 성장성이 엉터리라고 주장한다면, 과학명리 연구자들이 아무리 많은 연구논문 등 근거를 제시해도 현재의 명리상담 시장이 종교적, 신비주의적 운명상담만이 통한다는 경험을 절대로 설득하지 못한다.

　바로 이런 이유 때문에 '사주심리학', '놀라운 선천지능,' 선천적적성검사', '과학명리' 등이 세상에 나와 세인들의 관심을 받을 때는 코빼기도 안 비치고 베끼기 바쁜 잡술가들이, 삼류 오락프로에 얼굴 한 번 내밀거나 잡지사에 돈 주고 기사 하나 띄워 놓으면 어김없이 코 내밀고 마치 유명한 식자識者인 양, 최고수인 양 온갖 잡설을 풀어놓는다.

현실적으로 잡술가들은 자기의 포지션을 상황에 따라 쉽게 바꿀 수 있지만, 시간을 투자하는 연구의 과학명리는 그렇지 못하다. 잡술로 쉽게 돈 버는 술사들의 시각에서는 당장 돈이 안 되는 과학명리가 미련하게 보일 수 있다. 그러나 이것은 분명하다. 잡술가는 과학명리 학자가 되는 것이 매우 어렵지만, 과학명리는 언제든지 마음만 바뀌면 술사도 될 수 있다는 '변신의 가능성'이 있다는 것이다.

과학명리 연구자는 과학적 연구의 목적을 이루기 위해서 매우 합리적인 의심을 한다. 특히 펀더멘탈에 영향을 주는 팩트를 찾아내기 위해서 매우 집중하고 예민하게 반응한다. 그리고 언제든지 술사로 돌변하는 가능성이 열려 있다. 그러나 잡술가는 내담에 따라 기계적인 운명론적 상담을 해야 하므로 합리적인 의심을 할 필요가 없다. 경험을 우선시하는 잡술사가 합리적인 의심을 한다는 것은 과학명리연구자 코스프레에 지나지 않는다.

저급한 잡술사가 합리적인 의심을 한다는 것 자체가 어불성설이다. 왜냐면 명리업계에 훌륭한 연구결과가 나올 때 본받아야 한다거나 박수는 못 칠망정, 남 잘되는 것을 보면 배가 아파서 비꼬거나 진실을 은폐한다. 또 자기 긍정을 위해 타인을 욕하는 왜곡된 행동 현상이 결국 자평명리의 정당성과 사회적 가치실현을 위한 과학적 진화를 왜곡하는 것이며, 이는 결국 명리업계에 부메랑으로 돌아온다는 진리를 알지 못하기 때문이다.

누구는 사주명리업은 오직 수입에 비례한다고 말하지만, 필자는 그동안 명리의 과학적 발전은 단기수입으로 평가할 수만 없다고 주장해 왔다. 필자는 분명히 말한다. 현 사회를 직시할 때 장기적으로 과학명리의 연구 성과는 수입에 비례하겠지만 잡술은 자료부재로 바닥을 칠 날이 곧 다가올 것이라고.

지금 자평명리의 전통성과 진실을 왜곡하고 있는 형편없는 잡술사들과 사주명리를 평가하는 언론이 정상이 아니듯, 연구실적에 비례하는 과학명리의 수익 가치를 구경하려면 전제 조건부터 선행되어야 한다. 명리업계 종사자의 인성人性교육 향상, 포퓰리즘 언론보도의 정상화, 자평명리의 과학적 연구에 대한 긍정적 태도. 무엇이 비정상인지는 사주명리업계 종사자는 자기 스스로 규정해야 한다. 무엇이 진실이고 무엇이 비정상이냐는 사주명리 분야 종사자가 선택할 몫이기 때문이다.

명리학계의 고질적인 폐단은 바로 잡술가들이 자평명리학문을 포장하고 있는 것이다. 이는 명리업계의 집단지성을 지극히 훼손시키고 있다. 명리학의 미래 성장 동력을 위해서 운명술 업계는 보다 양심적인 행동이 요구된다.

3) 과학적 수용의 태도

과학은 무엇이든 증명할 수 있는가? 그 대답은 물론 한마디로 '아니다.' 이다. 우리가 어떤 논쟁에서 이기기 위해 어떤 것이 과학으로 증명되었는가 또는 증명되지 않았는가를 질문하는 사람들이 있다. 이 경우 그들은 과학의 본질을 이해 못하고 있는 사람이거나 아니면 그들은 과학이라는 것이 절대적인 증명이 가능하다는 것을 암시하여 우리를 오도하려는 뜻이 있는 사람들일 수 있다는 것이다.[121] 실로 과학과 물리학 화학분야에는 많은 법칙이 존재한다. 그러나 생태계나 기상학 분야 등에는 그러한 과학적 법칙

---

121) Miller Jr, 1996; 장동순 외, 2000.

이 절대적일 수가 없다. 즉, 수없이 복잡한 에너지와 관계되어진 보이지 않는 역학적 작용의 변수들을 오직 법칙에 입각한 과학으로 설명할 수는 없는 것이다.

동양의 술수학에서 사주명리는 역법과 같이 하며 일정한 규칙성과 논리를 가지고 있다. 그렇더라도 개인의 생리학적 유전자, 그리고 에너지와 환경이라는 역학적 작용의 복잡한 변수들과 맞물려 있으므로 절대적 증명에 의한 과학성을 입증할 수는 없을 것이다. 그러나 사주명리학은 동양인들이 최소한 수천 년 이상 심리적 상담으로 의지해왔고, 비록 과학이라는 잣대로 입증할 수는 없을지라도 명쾌하게 설명할 수 있는 시스템의 과학적 팩트를 가지고 있다. 이를 부정한다면 과학은 상상력으로부터 시작되며, 불확정성 원리를 수용한 현대과학의 이해가 없다고 할 수밖에는 없는 것이다.

이에 대한 부연 설명을 하자면 다음과 같다.

서양에서 적극적으로 발현된 과학은 전통적으로 자연의 물질만을 대상으로 하여 왔다. 과학의 강력한 힘은, 과학의 대상이 되려면 동일한 조건에서 동일한 실험을 하면 동일한 결과가 나와야 한다는 원칙을 기본으로 하며, 가정과 결론 사이에 논리적 모순이 없어야 한다는 원칙을 고수한다. 이러한 원칙은 논리적 사고에 따라 결과의 예측을 가능케 함으로써 현재의 물질문명을 구축하였다. 여러 가지 현상들을 분석하여 그 중심을 관통하는 법칙을 발견하는 귀납적歸納的 방법에 의해서 본질에 가까운 원리를 밝혀내고, 그 본질에 가까운 원리가 밝혀질수록 현상에 적용할 수 있는 연역적 기술의 진보가 대칭적으로 발전한 것이다.

진리를 알고자 하는 서양인들의 욕망은 철학, 수학, 과학을 동시에 태동하였고, 지식의 축적에 따라 각기 고유의 영역으로 발전하였다. 논리적 사유를 기본으로 하는 서양의 학문은 과학을 통해 현대의 물질문명을 구축하였고, 이에 논리적 사유의 가치를 알게 된 인류는 모든 분야에 과학적 사고, 즉 논리적 사유를 적용하게 되었다. 그래서 현재에는 과학과는 거리가 먼 인문학은 물론 정치 분야에서조차 '정치과학' 혹은 '정치공학'이라는 용어를 쓰게 된 것이다. 이는 정치가 과학의 대상이라는 의미가 아니라 논리적으로 정치를 하겠다는 의미인 것이다.

그러므로 현대에 있어서 과학적이라는 말은 전통적인 의미의 물질을 대상으로 하는 학문으로서의 의미와, 물질이 대상이 아닌 모든 분야에 과학의 특징이었던 논리적 사유를 적용하는 것을 의미하는 것을 말하기도 한다. 후자의 경우, 동일한 조건하에 동일한 실험을 할 경우 동일한 결과가 나오지 않는 대상들도 과학적인 대상이 될 수가 있는 것이다. 한편, 이러한 비과학적 대상들이 과학적 대상으로 전환되는 이유는 순수한 과학적 대상만으로는 복잡한 이 세상, 특히 인간과의 관계에서 일어나는 일들을 설명할 수 없기 때문이다. 이러한 예는 순수한 과학적, 물리적 원리에 의해서 작동하는 스마트폰이지만, 이를 사용해서 발생하는 인간들의 복잡다단한 사건들은 예측할 수 없는 것을 들 수 있다. 최근에는 이러한 것들조차도 예측해 보려 빅데이터, 패턴 분석 등을 활용하지만, 완벽한 예측은 영원히 불가능할 것이다.

그렇다면 동양의 위대한 학문적, 정신적, 문화적 유산인 명리학은 고전적 의미와 현대적 의미에서 과학이라고 말할 수 있을까?

분석을 통해 진리를 밝히고자 하는 서양과학과는 다른 동양사상의 특징은 통찰을 수단으로 하고 통합을 목적으로 삼는 경향이 많았는데, 명리학의 경우 누군가의 통찰에 의해 음양사상이 발현되고, 이후 오행사상의 출현, 음양과 오행의 통합, 음양오행을 인간의 인생에 적용하려는 노력으로 사주가 발생하게 되었다. 이후 서자평에 의한 일간을 중심으로 하는 신법 사주가 정착하게 되었다. 이러한 과정을 볼 때, 고전적 의미의 과학이라는 측면에서 명리는 비과학적이라고 말할 수 있다. 명리의 기본이 되는 음양오행에 대한 원리가 분석을 바탕으로 이루어진 것이 아니기 때문이다. 그러나 이는 비과학이라기보다는 오히려 초과학이라고 봐야할 것이다. 왜냐하면 현대 과학의 한계로 인해 음양오행이 잘못되었다는 것에 대한 과학적 분석을 해내지 못하고 있기 때문이다.

한편, 현대적 의미의 과학이라는 측면에서 보면, 논리적 사유체계라는 의미에서 명리는 과학적이라고 말할 수 있다. 음양오행을 기본 원리로 논리적 추론을 통해 결론을 이끌어 내는 연역적演繹的 방식이 과학과 동일하기 때문이다. 이는 현대의 대부분 사회과학과 방식을 같이한다. 현재 동양 술수학, 명리학에 종사하고 있는 많은 사람들이 논리적 추론 등을 적용한 과학적 명리를 진행하고 있는가에 대해서는 회의적일 수는 있다. 위와 같은 의미에서 그 대상이 비물질적이기는 하지만 과학의 논리적 사유를 명리에 적용한다는 의미로 봐야 할 것이다. 특히, 언젠가 서양과학자들의 분석에 의해 음양오행이 고전 과학의 엄격한 원칙에 따라 진실임이 밝혀진다면, 명리는 고전적 의미이든 현대적 의미이든 모두를 충족하는 과학임이 증명될 것이다.

그렇다. 모든 과학은 상상력으로부터 시작된다는 사실을 통하여 명리학을 연구하는 사람들은 보다 당당할 수 있어야 한다. 그리고 변화와 융합을 통한 무한한 활용가능성을 열어 놓아야 하며, 불모지와 같은 명리학계의 인재양성에 이제는 눈을 뜨고 힘써야 한다. 왜냐면 집단지성이 향상되어야만 명리학의 미래가 밝기 때문이다.

02 상담학 및 검사도구로서의 명리학

1) 심리상담의 역할

　서양에서 심리학이 발전하여 사람들의 정신적, 정서적 문제를 담당해 왔다면, 동양에서는 사주명리가 심리상담 역할을 해왔다고 볼 수 있다. 서양의 심리학은 주로 인간의 인지행동심리를 연구하며, 개인을 측정하기 위해 일정한 행동의 관찰을 통하여 분석하거나, 또 설문문항을 개발하여 개인에게 나타나는 심리적 특정현상에 대한 유의미한 결과를 얻어낼 수 있으므로 수치로 확인할 수 있는 과학적 프레임을 발전시켰다.
　그러나 동양에서는 효孝와 신의信義 등 절대 인내를 요구하거나 인지상정人之常情과 같은 봉건적 사상에 기인된 비교 잣대를 통해 개인을 판단하는 문화였다. 그와 같은 사회에서 주역이나 기타 점술, 무속신앙 등이 민초들의 마음을 위로받을 수 있는 수단이었다고 볼 수 있다. 그리고 사주명리는 불안하고 두려운 사람들의 길흉화복과 미래와 인간관계의 고민을 들어주고 상담해 줌으로써 훌륭한 심리상담 역할이 되었다고 본다.
　예컨대, 과거에서부터 오늘날까지 정치인들이나 기업가들은 물론 법조인, 연예인 등 모든 분야에 이르러 자신의 성공과 안위를 위해서 사주명리를 적극 활용해왔다는 것은 부인할 수 없는 현실이다. 그들의 성공과 실패의 결과를 떠나 그들이 걷는 진로 과정에서 수없이 많은 승진기회, 창업기회, 투자, 도전, 선택 앞에서 불안과 두려움에 직면했을 것이다. 그럴 때마다 출생정보(사주)를 들고 나름대로 인연이 닿거나 유명하다는 점집이나 운명상담소 등을 찾아서 해답을 구했다면, 그것은 훌륭한 심리상담이라 하지 않을 수 없다.

문명이 과학사회로 급속하게 발전한 현재, 놀랍게도 사주명리는 한층 더 인간의 깊이 있는 심리상담의 역할을 하고 있다. 왜냐하면 서양의 심리학은 수십에서 수백 문항의 질문에 답하는 결과로 측정되기에 개인의 기분상태와 환경상태 그리고 질문 문항의 인지능력에 따라 결과가 다르게 나온다는 한계점을 가지고 있다. 그러나 사주는 정확한 출생정보가 도구이니 개인의 인지능력과 감정 상태나 환경에 영향을 받지 않는 장점이 있기 때문이다. 그리고 오행의 분포로 구성되는 사주의 십신은 개인의 마음구조를 정확하게 설명해준다는 사실이며, 대운이나 세운이 사주원국에 개입되는 과정에 의하여 그 심리구조의 변화를 읽어낼 수 있는 장점이 있다. 다만, 사주구조를 통한 심리를 분석할 수 있는 개인능력의 차이가 있다.

그리고 십성의 기질과 심리적 성분(性分)을 설문문항으로 작성하여 타당도와 신뢰도를 구한다음 대상자에게 출생정보와 함께 간략한 설문을 받을 경우(사주+설문) 매우 효과적인 심리상담 및 적성검사결과를 도출하게 된다.

2) 진로상담의 역할

칸트Kant가 말한 행복의 조건은 첫째 어떤 일을 잘 할 것과, 둘째로 어떤 사람을 사랑할 것, 셋째는 어떤 일에 희망을 가질 것이라고 하였다. 그리고 그중에 잘할 수 있는 일이 가장 첫 번째라고 강조한다. 즉, 현대사회를 살아가는 데에 가장 중요한 것이 진로 직업이라는 것이다. 이는 인간행복에 가장 중요한 것이 경제력이고 그 문제를 해결하는 것이 바로 잘할 수 있는 직업을 갖는 것이다.

그러나 자신의 재능을 살려 능률적으로 일하기 위해서는 어떤 직무의 일자리를 찾느냐는 중요한 문제가 있다. 그동안 청소년들은 진로과정에서 자신에게 맞는 직업을 선택하기 위해 다양한 적성검사를 실시해 왔다. 그럼에도 여전히 청년실업률의 증가와 높은 이직률employment separation rate은 고민스러운 사회적 문제가 되고 있는데, 이는 여러 가지 사회구조적 문제가 있겠으나 진로과정의 적성 및 흥미검사 등에서도 문제를 찾아볼 수 있다. 즉 국가와 공기관이 실시하는 개인의 감정emotion상태와 환경environment, 인지능력recognition capability 등에 영향을 받는 질문지법 적성검사의 단점을 들 수 있다.

전술하였듯이 그러한 질문지법 적성·흥미검사의 단점을 보완할 수 있는 방법의 하나가 개인이 검사에 개입하지 않는 사주명리학이다.

사주는 인간의 운명론과 선천적 자질을 포함하고 있으므로 가장 큰 해석적 기대치는 인간의 내면적 심리 및 성격특성, 직업체질, 행동특성 등과 대상에 대한 길흉화복의 예측이라 할 수 있다. 특히 진로과정에서 개인이 지향하는 사회성과 행운, 흥미적성에 대한 목적달성의 가능성을 예견하는 장점이 있으므로 진로상담에 있어서 전공 및 직업직무선택 등의 탐색과 예측적인 면에 상당 부분 도움을 줄 수 있다.

사주명리는 정교한 규칙과 논리가 수천 년 동안 축적되어 오며 운명적인 측면天性으로 나타나는 개인의 성격, 적성, 지능, 직업정신과 행동성향 등에 대한 일정 부분 예측이 가능하므로 청소년들의 진로 예측변인으로서 적용이 가능하다는 견해이다. 왜냐하면 개인의 타고나는 소질(재능)은 성장과정에서 우연히 발견되는 경우도 있으나 대부분은 잠재되어 있는 경우가 많기 때문이다. 그러한 잠재성을 파악하기에는 사주만한 도구가 없다고 단언하는 이유는 충분하다.

여기서 타고난 선천재능을 통한 진로의 중요성을 살펴보자.

잭 햄브릭 미시간주립대 교수 연구팀은 노력과 선천재능의 관계를 조사한 88개 논문을 대상으로 연구를 진행했다. 지금까지 진행된 이 분야 연구 중 가장 광범위한 것이다. 논문의 결론은 아래의 표가 보여주는 바와 같이 아무리 노력해도 선천재능을 따라잡기 힘들다는 것이다.

전체 성과에서 노력과 선천재능의 비중

구분	게임	음악	스포츠	교육
선천재능	74%	79%	82%	96%
노력	26%	21%	18%	4%

이와 같은 결과는 어떤 분야든 선천재능이 없으면 아무리 노력해도 대가가 될 수 있는 확률은 그리 높지 않다는 의미다. 그리고 잭 햄브릭 교수는 "한 분야에서 최고가 되기 위해서는 꾸준한 노력이 필수적이지만 선천재능과 비교했을 때 대부분의 사람이 생각하는 것만큼 절대적인 요소는 아니다"고 설명했다.[122]

---
122) 미국 심리학회, 인터내셔널뉴욕타임스(INYT) 2014년 7월 16일자.

노력만으로 타고난 재능을 앞설 수 없다는 이러한 연구결과는 개인의 자신의 선천적 재능을 찾아가는 진로가 중요하며, 자신의 선천적 재능을 고려한 노력이 효과적이라고 해석할 수 있다. 진로직업선택의 과정에서 미래를 전망하고 예측하는 것은 당연한 것이며 그 예측이 자신의 행복을 결정짓는 결과로 이어진다면, 사주명리가 가지는 개인의 선천적 자질을 포함한 예측적인 장점을 접목하여 효과적인 진로결정에 도움을 주어야 할 필요가 있는 것이다. 나아가 진로와 직업문제는 사회의 전반적인 면이 동시에 고려되어야 할 것이다.

　글로벌 시대의 직업occupational은 시대적 변화를 맞이하여 개인은 보다 자신의 장단점을 파악하고 사회에 적응할 강점능력을 획득하여야 하는데, 그 중요한 것 중 첫째가 직업선택이므로 자신의 강점능력이 될 수 있는 명리직업선천성의 선천적 직업체질occupational constitution에 대한 정보가 중요할 수 있다.

　현재 각 기업은 자체적으로 적성검사를 실시하여 필요한 인재人才를 채용하고 있으며, 개인도 평생직장이 아닌 평생직업의 개념으로 자신이 잘할 수 있는 분야를 찾아 직업을 선택하고 있다. 그러므로 직업선택도 중요하지만 직무에 대한 구체적인 사전정보 및 자신의 적성에 대한 입체적이고 다각도에서 평가하는 노력이 중요하다. 기존의 외면적 설문지 검사법의 역할은 인정하지만, 그 단면적인 부분을 보완할 수 있는 새로운 내면적 적성검사가 필요하며 그것이 바로 사주명리임을 강조하는 것이다.

　그렇다면 사주로 어떻게 진로상담을 할 것인가?
　사주명리 이론에는 고전에서부터 현대의 저술서에 이르기까지 모두 진로 직업 문제를 가장 많이 다루고 있다는 것이다. 단순하게 점이니 신수니 운명감정 등을 논하는 소비자들의 생각과는 다르게, 명리학은 너무나 차원 높은 인간의 선천적인 많은 면을 이해하고 있다. 그러므로 명리학을 공부하여 사주를 감정할 수준이 되면 누구나 길흉화복은 물론 성격이나 직업적성 등의 진로상담을 하게 된다. 그것은 매우 커다란 장점이 아닐 수 없다.

하지만 그것은 사주분석을 통하여 무엇을 잘할 수 있겠다고 랜덤하게 해석해주는 것이 될 수 있다. 즉 진로문제를 사주에서 분류되는 단순한 패턴을 몇 가지 알려주는 것이 전부가 된다는 말이다. 이는 자칫 좋은 상담을 하면서도 주먹구구식이 될 수 있다. 그러므로 명리로 보다 전문적인 진로상담을 하기 위해서는 첫째 사주로 분석하는 기준, 즉 공신력 있는 검사 툴이 있어야 한다. 둘째 진로시장과 진로직업분야의 다양한 정보와 상식을 끊임없이 습득해야 한다.

이와 같은 문제는 매우 고무적이고 희망적이다. 이미 사주를 이용한 공신력 있는 검사도구가 개발되어 활용되고 있으며, 또한 많은 학위논문들 중에는 상당 부분 진로문제를 연구하여 발표하고 있다.

과거에도 그랬으나 미래는 더더욱 진로가 가장 중요한 시대이며, 명리학계로서는 가장 파이가 큰 새로운 시장이 될 것이다. 명리학은 그 거대한 시장을 공략하기 위해서, 인간의 타고난 재능을 살려주기 위해서, 진로상담의 방법에 대한 공신력과 신뢰도를 갖춘 도구와 이론 생산이 지속되어야 한다.

3) 검사도구로서의 역할

명리고전에 나타난 진로직업 내용

사주명리가 왜 검사도구로써의 메커니즘을 갖게 되는가에 대한 근원을 제시한다면, 바로 고전에서 사주명식을 통한 진로 직업문제를 가장 많이 다루고 있다는 점이다. 이는 개인의 사주가 검사도구로 활용되어 왔음을 증명한다. 물론 과거에 비하여 현대의 진로직업 분야는 비교할 수 없을 만큼 발전해 있다. 그렇더라도 사주라는 동일한 구조방식을 적용하여 진화해온 명리학이라는 것을 간과해서는 안 된다.

먼저 명리고전에 나타난 진로직업 문제를 다룬 내용을 간략하게 살펴보면 다음과 같다.

『궁통보감』의 진로 직업 문제를 논하는 일부 내용이다.

癸丁과 庚金이 천간에 나란히 투출하면 이 사람은 과거에 합격한다고 말할 수 있으며 비록 풍수의 도움이 얕고 작더라도 역시 뽑히어 발탁되는 재주가 있다. 癸水가 투출하지 않고 비록 庚金 丁火가 있으면 부자로서의 귀함만 있을 뿐이고 과거에 합격하지 않는 관직을 맡게 된다. 壬水가 투출하면 한 고을의 부자이다. 만약 하나의 水라도 없고 다시 庚金과 丁火가 없으면서 한 무리의 丙戊만 있다면 이는 쓸모없는 인간이다.[123]

---

[123] 或癸丁與庚齊透天干, 此命可言科甲, 卽風水淺薄, 亦有選拔之才, 癸水不出, 雖有庚金丁火, 不過富中取貴.

『옥조정진경』에서는 다음과 같이 직업진로문제를 논하고 있다.

丙戊丁甲, 時運戌亥, 道士僧人.
丙·戊·丁·甲 생이 時나 運에 戌亥가 있으면 도사나 승려가 된다.

魁罡上見, 往來加臨, 獄官屠訟.
괴강이 上에 나타나 왕래 가임하면 옥관이나 도살하고 송사하는 사람이 된다.

寅申庚甲, 商路吏人.
寅申과 庚甲이 있으면 상인이나 관리가 된다.

子午逢之, 他鄉外立.
子午가 (庚甲을) 만나면 타향에서 立身한다.

癸乙壬加卯酉, 男女私情.
癸乙壬에 卯酉를 가하면 남녀가 私情이 있다.

乙辛丁巳亥酉, 官事陰人常有.
乙辛丁巳亥酉는 관청일과 부녀자에게 항상 있는 것이다.[124]

『명통부明通賦』의 일부 내용이다. 여러 가지 작용을 설명하지만 부귀와 관직, 부귀영화라는 진로문제를 논하고 있다.

寅·酉가 巳를 만나면 서로 좋은 모양이다. 돼지가 말을 쫓으면 뱀이 뒤에서 응원한다. 물쥐가 불거북의 늪에 들어가지 못한 것이어서 말하기를 神祿이 말을 탄다고 말한다. 그렇게 되면 資財와 官職이 다 좋다. 왕성한 가운데 더욱 本元[본기]을 돕게 된다. 이것이 부귀영화의 제일 좋은 격이다. 예를 들면 己丑, 丁卯, 壬午, 癸卯의 命造에서 壬은 己를 官으로 하고, 丁을 財로

異途官職而已, 壬透可云一富, 若全無點水, 又無庚金丁火, 一派丙戊, 此無用之人也. 窮通寶鑑, 여춘태, 서락오평주, 臺灣, 武陵出版社.

124) 玉照定眞經, 郭璞撰·張顒註, 김혜정 역, 예담, 2016. 30~34쪽 참조.

한다. 丁·己는 午에 歸祿되는 것이 바로 이 격이다. 그래서 크게 귀하다고 한다.125)

『자평진전』의 진로문제를 다룬 일부 내용이다.

劫財나 羊刃이 官殺運에 임하면 臺閣의 대신이 되고, 歸祿格과 倒沖格이 羊刃과 傷官을 만나면 조정의 權貴를 얻는다. 身旺하고 七殺이 있는데 印綬를 만나면 權斷을 내리는 고관이 되고, 日干이 身弱하고 印綬가 있는데 財星을 보면 평상인에 불과하다. 羊刃과 傷官이 制伏되면 兵權이나 刑權을 장악하는 벼슬직을 맡는다. 正官과 正印의 손상이 없으면 出仕하여 牧民官이 되고, 財星이 왕하여 稼穡格이 되면 군량을 공급하는 관리가 된다. 飛祿祿馬格과 六陰朝陽格이 되면 조정에서 임금을 모시는 재상이 된다. 金神格이 火運으로 들어갔는데 殺刃을 만나면 貴格을 이루는데 의심할 여지가 없고, 七殺이 중중하고 印綬가 있는데, 食傷을 만나면 부귀영화가 스스로 있게 된다. 正官과 正印이 있으면 관직에는 오르나 顯達하지 못하고, 羊刃과 七殺이 있으면 牧民官으로 나아가 이름을 떨친다. 身旺한데 의지할 곳이 없으면 승려의 무리가 되고, 桃花나 滾浪126)이 있으면 娼妓의 부류가 된다. 金이 약한데 火가 강하면 土木匠이나 철공업 기술자가 되고, 土가 많은데 水가 약하면 行商人이 되거나 침구업바느질기술자가 된다. 馬頭인 羊刃이 劍七殺을

---

125) 寅酉見巳喜相宜。豬逐馬兒蛇後援。水鼠未人火龜池。又曰。神祿飛來就馬騎。資財官職兩相宜。旺中更得本元助。上格榮華第一奇。如己丑丁卯壬午癸卯。壬用己爲官。丁爲財。丁己歸祿於午。是此格也。故主大貴。김훈, '徐子平의 明通賦에 對한 四柱學의 硏究', 국제문화대학원대학교 석사논문 (2006)

126) "滾浪"이라 함은 干合支刑이 되는 경우를 말한다. 四柱에 干合支刑이 있으면 신분의 상·하를 막론하고 색정을 밝혀 곤란함을 당하는데, 重하면 패가망신하고 輕하면 질병을 얻게 된다.

차면 변방을 지키는 장수가 되고, 印綬가 華蓋를 만나면 한림원 학사가 되어 존경받는다.127)

『적천수천미』의 진로직업문제를 다룬 일부 내용이다.

그 사람이 부자인 것을 어찌 아는가? 財氣가 門戶에 통했다. 財旺하고 日干이 身强하면 官星이 財를 호위하고, 印綬를 꺼리면 財가 印綬를 능히 剋하고, 印綬가 喜神이면 財가 능히 官을 生하고, 傷官이 중중하면 財神이 傷官을 流通시키고, 財神이 중첩하면 傷官이 有限하고, 財가 드러나 있지 않으면 地支에서 財局을 이루고, 財가 드러나 있고 傷官 역시 드러나 있는 者는 이 모두 財의 氣가 門戶를 통한 것이니, 이러하면 부자이니라.128)

그 사람이 귀한 것은 어찌 아는가? 官星의 理會이치를 깨달아 앎함이 있어야 한다. 官이 旺하고 日干도 旺하면 印綬가 官을 호위하고, 劫財를 꺼리면 官星이 능히 劫財를 制剋하며, 印綬를 기뻐하면 官이 능히 印綬를 生하고, 財神이 旺하면 官星으로 洩하며, 官星이 旺하면 財神이 有氣하고, 無官일때는 地支에서 官局을 이루며, 官星이 암장되어 있고 財神 역시 암장되어 있는 사람은, 이 모두가 官星의 理會함이 있는 것이니, 이러하면 귀하게 되느니

---

127) 徐升, 『淵海子平評註』, 「挈要捷馳玄妙訣」: 劫財羊刃入官殺, 臺閣之臣, 歸祿倒沖逢刃傷, 廊廟之貴, 身旺有殺逢印綬, 權斷之官, 主弱逢印見財星, 尋常之客, 羊刃傷官有制, 膺職掌於兵刑, 正官正印無傷, 出仕牧其士庶, 財旺稼穡, 給餉之官, 飛祿朝陽, 侍廷之相, 金神入火逢殺刃, 貴而無疑, 七殺重有印逢食傷, 榮而自有, 正官正印, 居官不顯, 羊刃七殺, 出牧馳名, 身旺無依, 僧道之例, 桃花滾浪, 娼妓之流, 金弱火强, 土木消溶之匠, 土多水淺, 行商針線之工.; 「造微論」: 馬頭帶劍鎭壓邊疆印綬逢華蓋居翰苑; 徐昇(2011), 淵海子平評註. 臺北: 武陵出版有限公社.

128) 任鐵樵, 『滴天髓闡微』, 「何知章」: 何知其人富? 財氣通門戶, 財旺身强官星衛財, 忌印而財能壞印, 喜印而財能生官, 傷官重而財神流通, 財神重而傷官有限, 無財而暗成財局, 財露而傷亦露者, 此皆財氣通門戶, 所以富也.; 任鐵樵 增注(2011), 滴天髓闡微. 臺北: 武陵出版有限公社.

라.129)

그 사람이 가난한 것을 어떻게 아는가? 財神이 도리어 不眞한 것이다. 財神이 不眞하다는 것은 단지 財神이 洩氣되거나 比劫으로 인하여 財가 피해를 입는 것만을 말하는 것은 아니다. 傷官이 가볍고 財가 무거워 氣가 얕고, 財가 가볍고 官星이 무거워 財神의 氣가 洩氣되고, 傷官이 무겁고 印綬가 가벼워 身弱하고, 財星이 무겁고 比劫이 가벼워도 身弱이 된다. 이러한 것은 다 財神이 不眞한 것이다. 그러나 그 중에 하나의 淸氣라도 있으면 가난하지만 賤하지는 않다.130)

그 사람이 천한 것을 어떻게 아는가? 官星이 도리어 보이지 않는 것이다. 官星이 보이지 않는다는 것은 단지 官이 失令하고 상해를 입은 것만이 아니다. 자신이 가볍고 官이 重하거나, 官이 가벼운데 印綬가 重하거나, 財가 무거운데 無官이거나, 官이 무거운데 印綬가 없거나, 하는 것 등은 모두 다 官星이 보이지 않는 것이다. 그 중에 하나라도 濁財가 있으면 가난하지는 않다는 것이다. 用神이 힘이 없고 忌神이 너무 많아서 적을 항복시키지 못하고, 旺한 것을 돕고 弱한 것을 업신여기거나, 主從이 마땅하지 않으면 歲運의 도움이 없이는 가난하면서도 천하다.131)

---

129) 任鐵樵, 『滴天髓闡微』, 「何知章」: 何知其人貴? 官星有理會. 官旺身旺, 印綬衛官, 忌劫而官能去劫, 喜印而官能生印, 財神旺而官星通達, 官星旺而財神有氣, 無官而暗成官局, 官星藏而財神亦藏者, 此皆官星有理會, 所以貴也; 任鐵樵 增注(2011), 앞의 책.

130) 任鐵樵, 『滴天髓闡微』, 「何知章」: 何知其人貧? 財神反不眞. 財神不眞者, 不但洩氣被劫也, 傷輕財重氣淺, 財輕官重財氣洩, 傷重印輕身弱, 財重劫輕身弱, 皆為財神不眞也, 中有一味淸氣, 則不賤; 任鐵樵 增注(2011), 앞의 책.

131) 任鐵樵, 『滴天髓闡微』, 「何知章」: 何知其人賤? 官星還不見. 官星不見者, 不但失令被傷也, 身輕官重, 官輕印重, 財重無官, 官重無印者, 皆是官星不見也, 中有一味濁財, 則不貧, 至于用神無力而忌神太過, 敵而不受降, 助旺欺弱, 主從失宜, 歲運不輔者, 既貧且賤: 任鐵樵 增注(2011), 앞의 책.

적성검사도구의 개발

과학은 인간의 상상력에서부터 시작되었기에 어떤 시대와 때를 단정할 수 없다. 하지만 호모사피엔스인 현생인류는 과거에서부터 지금 이 순간까지 미래를 예측해야 하는 숙제를 안고 살아간다. 왜냐면 인간에게 미래는 언제나 두려운 대상이고, 잘 살아가고 싶기 때문이다. 현명한 인류는 미래를 예측할 수 있는 방법으로 하늘의 기운(별자리, 행성 : 음양오행)을 활용하여 오늘날 서양의 점성학과 동양의 사주명리학을 만들었다. 이는 불확실한 미래를 살아가기 위하여 인류가 만든 최초의 과학 작품이라 해도 과언이 아닐 것이다.

사주명리는 오래전부터 인간의 심리적인 문제와 진로문제를 가장 많이 다루어 왔기 때문에 이미 적성검사 도구로서의 역할을 해 왔다고 할 수 있다. 하지만 초복잡성의 사회에서 보다 발전된 적성검사 도구의 역할을 할 수 있기를 기대하는 것이며 현재 사주를 통한 상당히 진보된 검사도구들이 개발 되었고, 지금도 개발되고 있다.

다만, 명리로 개발되는 개인의 독창적인 방법과 시스템이 비법처럼 활용되어서는 한 점의 객관성도 확보할 수 없음을 간과해서는 안 된다. 반드시 도구에 대한 타당성과 신뢰도를 확보하여야 하며, 공익적 가치를 위한 객관적인 검사도구로 승화시켜 나가야 명리학계가 바로 설 수 있으며 한층 국민들의 사랑을 받게 될 것이다.

다음은 〈주간인물〉에 실린 '사주를 이용한 도구 개발'에 대한 기사이다.

고대 중국의 학자인 맹자는 인간은 태생적으로 선하게 태어나 외부적 요인에 의해 악해진다는 '성선설'을 주장했고, 순자는 악하게 태어나 교육과 규율에 의해 선해진다는 '성악설'을 주장했다. 즉, 인간은 선천적인 특성과 소질을 가지고 있으며, 외부적 요인에 의해 후천적으로 변화한다는 것이다. 이를 현대적으로 정립한 것이 바로 한국 선천적성평가원이 개발한 '선천적성검사AAT'로 사주를 통해 개개인의 체질과 적성을 미리 알아볼 수 있도록 돕고 있다.

우리는 자주 '적성(체질)에 안 맞아'라는 말을 쓴다. 이것은 자신이 가지고 있는 능력이나 재능에 맞지 않는다는 것을 표현하는 것으로 타고난 소질이나 능력을 무시한 결과라고 할 수 있다.

개개인의 체질과 적성을 찾는 '선천적성검사'

인간은 누구나 부모의 유전자를 받아 태어나고, 외부적인 요인으로 그 모습과 습관이 형성된다. 김기승 교수는 "지구의 모든 생명체는 천체, 즉 우주로부터 자유로울 수 없습니다"라고 강조하며, "어머니의 뱃속에서 탯줄로 영양을 받고, 호흡을 하지만 자궁 밖으로 나오는 순간 우주의 기를 체내에 흡수하게 되는 동시 태어난 년, 월, 일, 시에 육십갑자를 배속하여 구성된 부호를 우리는 '사주'라고 말합니다"라고 이야기했다.

그러한 사주는 그동안 인간의 운명예측과 길흉화복을 점치는 것으로만 활용되어 왔으나, 김기승 교수는 사주의 타고나는 선천성을 활용하여 '사주를 이용한 성격 및 적성감사 방법'의 발명특허를 취득하였다. 특허 프로그램 검사명칭은 '선천적성검사AAT'이다. 이는 사주를 통해 개인의 타고난 선천지능과 체질적 적성을 미리 알아볼 수 있는 획기적인 검사 방법이다.

이 검사의 장점 중에 하나는 질문지 검사법의 문제점인 인지능력의 한계와 세계적으로 불모지와 같은 조기적성검사를 가능케 한 것이다. "직업을 몇 번씩 바꾸면서 힘들어 하는 경우는 외부적 요인보다는 자신의 적성과 체질에 맞는 직업을 찾지 못했기 때문입니다. 특히 시대가 급변하면서 평생 직업이라는 개념이 사라지고 있는 시점에서 자신에게 주어진 적성을 살리고, 그에 대한 자존감과 자신감을 갖는 것이 매우 중요합니다"라고 피력하며, 선천적성검사를 통해 많은 사람들이 자신에게 맞는 적성을 찾기를 바랐다.

그동안 시행되어 왔던 적성검사 시스템은 경험과 견학을 위주로 한 판단에 기인한 것으로 각자 개인이 타고나는 선천적인 성격과 흥미, 재능, 체질 등이 적용 되지 않아왔다. 이 같은 변수를 '사주'를 통해 해결한 '선천적성검사'는 눈으로 확연히 보이는 체질이라는 '사실'을 기반으로 자기의 본성적인 재능을 정확히 파악할 수 있다는 장점을 가지고 있는데, 이에 대해 김기승 교수는 "예를 들어 미대교수와 소매치기범죄자의 사주가 같다면, 솜씨가 좋다는 선천적인 재능이 동일한데 성장환경과 동기부여로 각자 다른 삶을 살게 된다고 볼 수 있으며, 사주는 그들의 인생에 솜씨가 좋은 재능과 같은 25% 정도의 영향을 미칩니다"라고 설명하며, 선천적성검사는 과학적인 원리가 적용된 최고의 적성검사 시스템이라고 자부했다.

현재 한국선천적성검사평가원은 더욱 완벽한 검사를 위해 대학원 석·박사 과정의 제자들과 연구에 전념하고 있다. 그리고 매년 초등학교 및 교육박람회, 대학의 취업지원팀 등에서 학생들을 대상으로 선천적성검사를 실시하고 있는데, 최근에는 선천적성검사를 국내를 넘어 세계적으로 일반화시키기 위해 일본 진출도 계획하고 있다.

실제 필자가 개발한 선천적성검사 도구는 수만 명의 실험 데이터를 통하여 특허를 취득하였고, 두 편의 박사논문을 통하여 도구개발 및 검증을 실시하였다. 그리고 이 검사 도구를 적용한 여러 편의 박사학위 논문이 발표되면서 그 신뢰도 및 타당성을 후속적으로 입증하였다.

이 지면에 그와 같은 수준의 검사 도구를 더 소개하지 못하는 것이 안타깝지만, 앞으로는 더 많은 검사도구가 개발될 것을 기대하며, 현 과학사회를 설명하고 해석하여 인간에게 도움을 줄 수 있다면 새로운 패러다임의 과학적 방법론을 창조할지라도 칸트의 주장대로 이미 구성된 세계의 형식(자평명리의 틀)을 모두가 계승·공유하며 뒤따르게 된다는 것이다. 그러므로 명리학계 종사자들은 비판을 두려워하지 말고 인간 사랑이라는 대의명분 앞에 명리학의 과학적 연구결과는 매우 창조적이어야 한다는 것을 인식해야 한다.

03 4차 산업혁명과 명리학

1) 4차 산업혁명과 일자리변화

4차 산업혁명 시대란?

　4차 산업혁명을 요약해서 설명하자면 인공지능과 로봇기술, 생명과학이 주도하는 차세대 산업혁명을 말하는 것이다. 1차 산업혁명은 1784년 영국에서 시작되었던 증기기관과 기계화이다. 2차 산업혁명은 1870년 전기를 이용하여 대량생산이 가능하게 한 것을 말하고, 3차 산업혁명은 컴퓨터와 인터넷 정보화, 그리고 자동화시스템이 산업을 주도하게 된 것을 말한다. 그리고 다가올 4차 산업혁명은 로봇과 인공지능을 통하여 가상과 실재가 통합될 수 있는 가상 물리시스템이 새롭게 구축될 수 있는 것을 말하는 것이다. 그리고 4차 산업혁명시대의 가장 커다란 변화는 바로 직업이다.

4차 산업혁명 시대의 가장 큰 변화, 일자리 트렌드

　한국과학기술기획평가원(이승규, 지선미 연구원)의 KISTEP INI 2017년 4월호 보고서를 인용하면, 미래일자리 변화의 핵심은 '인간을 둘러싼 다양한 경계의 붕괴'라고 한다. 이와 같은 변화를 주도하는 것은 새로운 기술 DNA로 요약되는 기술발전으로 데이터(D), 네트워크(N), 아키텍처(A), 알고리즘(A)을 의미한다. 이들의 놀라운 발전은 데이터가 갖는 콘텐츠와 매개수단으로서의 가치를 크게 높여주면서 기존의 다양한 경계를 분괴시킬 것으로 예상하는 것이다. 아래 그림은 경계붕괴로 인한 대표적인 미래사회 변화를 보여주고 있다.

그리고 미래 일자리 환경변화 트랜드에서 미래 일자리 환경은 노동환경, 사회 환경, 산업구조, 고용환경, 기업문화 등의 5가지 관점에서 매우 커다란 변화가 나타날 것으로 본다.

노동환경은 모바일mobile, 클라우드cloud, 심리스컴퓨팅seamless computing 등의 기술발전으로 업무수행 시스템간의 경계를 붕괴시켜 근무공간이나 시스템에 상관없는 유연성으로 재택근무와 원격근무제도가 활성화될 전망이다.

사회 환경은 개인과 기업의 네트워크가 연결되어 필요할 때마다 구인, 구직이 이루어지는 새로운 구인, 구직시스템이 구축되고, 온라인상에서 언제라도 필요한 사람과 연결되는 휴먼 클라우드Human Cloud의 활성화로 업무를 수행하는 사람들 간의 경계가 바뀌게 된다.

산업구조에서는 소비자 수요가 반영된 새로운 생산형태가 강화되어 1인 서비스 제공을 위한 인터넷 기업 등 자기고용 비중이 높아지고, 상상력의 가치 증가와 스마트 기술의 발전으로 창조서비스 시장이 증가하게 된다. 제품의 생산과 서비스 제공을 위한 다양한 자원들을 필요에 따라 손쉽게 이용할 수 있는 빅 이코노미가 활성화 되면 핵심역량만을 바탕으로 활동서비스를 위한 1인기업과 자가 고용비중이 높아질 것이다.

고용환경에는 일자리의 양극화가 심해지고, 우수한 인재 영입 및 관리를 위한 데이터기반 인적관리가 강화 될 것으로 예상된다.

기업문화에서는 평생직장에서 평생 직업으로, 조직중심에서 개인중심으로 변화하고, 열린 소통을 중시하며, '일이 곧 행복'이 되는 사람 중심 기업에 대한 수요가 증가할 것이다.

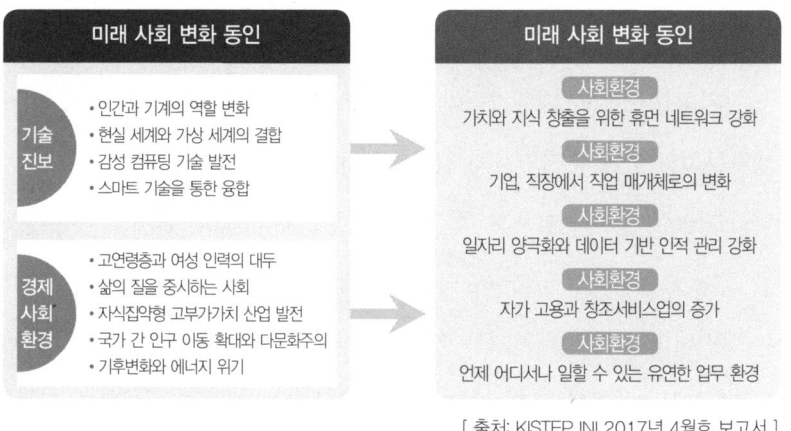

[출처: KISTEP INI 2017년 4월호 보고서]

4차 산업혁명에 따른 가장 큰 부작용

먼저 4차 산업혁명의 부작용에 대하여 알아보자.

한국고용정보원에 의하면, ① 양극화 심화 61.7% ② 대량실업 14.7% ③ 인간의 효용가치 하락 8.82% ④ 기계의 인간지배 2.9%로 인공지능 사용자가 늘어날수록 대량실업률로 이어진다. 하지만, 4차 산업혁명이 지금 바로 나타나는 것은 아니다. 수십 년간의 단위로 산업이 변화되기 때문에 미리 대비가 필요하다는 것이다.

자동화 대체 확률 높은 직업은 ① 콘크리트공 ② 정육점(육가공) ③ 제품조립원 ④ 청원경찰 등의 순위로 높게 나타났고, 자동화 대체 확률 낮은 직업은 ① 화가 ② 사진가 ③ 작가 ④ 작곡가 등으로 나타났다.

한편, 이코노미스트지(영국 경제주간지)에 의하면 20년 안에 사라질 확률의 직업들은 ① 텔레마케터(99%) ② 회계사(94%) ③ 소매점계산원(82%) ④ 속기사(89%) ⑤ 단순제조업종사자(65%) ⑥ 파일럿(상업비행기 - 55%) ⑦ 배우(37%) ⑧ 소방관(17%)으로 나타났다.

인공지능으로 인한 대체가능한 직업으로 ① 택시운전사, 대리기사 : 자율주행자동화로 인해 운전기사의 일자리 대체(차 한 대로 온 가족이 모두 사용). 우리나라도 2020년부터 상용화 예정이다. ② 텔레마케터 : 현재도 대부분 안내를 기계가 대신하고 있다. ③ 약사 : 현재처럼 처방전에 따라 약을 조제해 주는 방식이라면 바로 대체가능할 직업이다. ④ 기자 : 이미 프로야구분야에서는 인공지능이 기사를 작성하고 있다. 개인 SNS 서치도 사람보다 로봇이 더 정확하고 빠르게 처리한다. ⑤ 통·번역가 : 현재 번역기의 수준이 높아져서 웬만한 번역과 대화가 가능하게 되어 있다. ⑥의사 : 현재 인공지능인

닥터 왓슨이 활약하고 있다. 2011년 미국 퀴즈쇼(제퍼디 Jeopardy)에서 인공지능 왓슨이 우승하였다. 인공지능으로 암 진단 정확도가 50%에서 90%로 향상되었다. ⑦ 군인: 보조관절 로봇으로 군인의 신체능력을 강화시키는 장비 엑소스켈레톤Exoskeleton의 등장으로 여러 명의 군인의 역할을 대신한다.

그렇다면 단순노무직은 모두 인공지능으로 대체될까? 단순노무직 중에서도 복잡한 도로나 건물에서 쓰레기를 치우는 환경미화원이나 이동이 많은 직업 등은 대체가 쉽지 않다. 폐쇄된 공간이 아닌 개방된 공간에서는 예기치 않은 돌발 상황이 발생하기 때문에 일정한 대체가 어렵다. 하지만 일정한 루틴routine으로 반복되는 작업은 프로그램만 깔면 얼마든지 대체가능하게 된다.

일자리 변화

4차 산업혁명으로 인한 일자리 변화로, 사라지는 직업이 710만 개이며 새롭게 만들어지는 직업이 210만 개로 예측되고 있다. 즉, 500만 개의 직업이 사라진다고 관측되고 있다. 그중 관리직이나 사무직 등은 줄어들거나 사라질 확률이 높다고 한다.

갈수록 산업혁명은 급속하게 이루어지는 추세이니 단정지어 예측하기가 어렵게 되었다. 우리는 이미 시작된 인공지능 시대를 올바로 인식하고 젊은 이들에게 준비할 수 있도록 하는 역할의 의무를 갖게 된다.

그렇다면 미래에 줄어들거나 사라지는 직업과 늘어나거나 새로 생기는 직업은 무엇인지 간략하게 알아보자. 그리고 4차 산업혁명시대의 직업변화가 명리학에 어떤 영향을 미치는지, 무엇을 준비해야 하는지 일자리 차원에서 살펴보면 다음과 같다.

먼저 미래 유망직업 분야로는, 데이터분석가와 전문화된 세일즈 분야가 유망하게 예측되고 있다. 이는 빅데이터에 기반한 비즈니스가 대량 증가하므로 맞춤형 소품종 시대가 열릴 것이라고 전망하기 때문이다.

이밖에도 미디어, 엔테테인먼트, 정보산업, 에너지 관련 직업이 유망하게 부각되고 새로운 직업으로는 컴퓨터, 수학, 건설 분야 방면이 많을 것으로 예측하고 있다. 따라서 앞으로 사무직 등은 사라질 것으로 보이고, 시대에 맞는 기술을 갖춰야 하는 것이 매우 중요하다. 즉, 시대기술을 갖지 못하면 살아남기 힘든 사회가 된다고 본다. 이로 인하여 일자리를 잃는 사람이 많아지는 것이 바로 4차 산업혁명시대의 커다란 문제점이 될 것이다.

4차 산업혁명의 변화에 적응할 수 있기 위해서는 많은 노력이 필요하고 변화되는 기술에 적응하고, 스스로 기술을 업그레이드시켜야 한다. 특히 과거의 지식만으로는 힘들게 되므로 멀티 커리어Multi Career에 도전할 수 있는 배움이 중요하다. 즉, 멀티플레이어multiplayer가 되어야 한다는 것이다. 새로운 지식을 받아들이는 자세와 정신이 중요하며 상호간 협력하는 능력이 필수이다. 여러 사람과 협력, 협업하고 힘을 모아 강한 집단지성으로 모여야 한다.

즉 4차 산업혁명시대에 주요 직업의 변화는

대학교수, 외환딜러, 증권, 학습지, 사진작가, 학원강사, 교사, 택시운전사 등은 줄어들거나 사라질 것으로 예측되며, 고령화 사회로 인하여 간병인, 물리치료사, 영양사, 간호사 등은 늘어날 것으로 판단된다. 또한 직업상담사, 사회복지상담사 등의 전문가 등도 늘어날 것으로 전망하고 있다.

그렇다면 4차 산업혁명시대에 동양역술분야의 명리상담은 어떤 위치에 있을까?

'직업상담사'가 앞으로의 유망직업이라면 명리상담의 가장 훌륭한 가치가 바로 타고난 선천성을 통한 직업진로상담이 가능한 것으로 볼 때 방향설정을 잘할 경우 유망직업이 될 수 있다. 또한 데이터도 중요하지만 인간의 어쩔 수 없는 운명론적 관점과 직관력이 필요한 부분도 고려한다면 최소한 사라질 직업은 아니라고 본다. 다만, 앞서 논한 대로 구태지식으로는 안되며 갖춰야 할 조건인 새로운 시대기술과 그에 맞는 학습과 정보를 소유해야 한다는 전제가 있다.

2) 명리학의 진화 방향성

인구학과 미래예측

사주명리는 개인의 대운을 통한 길흉을 예측할 수 있는 것이 최대의 장점이다. 그러나 사회적인 여러 가지 현상을 예측할 수는 없다. 사회적 현상에 대한 예측은 과거에서부터 인구학적인 미래예측이 가장 정확하였음은 부인할 수 없다. 그러므로 사주명리의 미래를 바로 볼 수 있기 위해서는 인구학적 분석이 필요하다.

우리나라의 인구변화를 보면 1990년부터 저출산으로 접어들고 계속되는 인구 감소에 직면해 있다. 이는 고령화 사회로 접어든 우리나라의 일자리와 경제구조에 영향을 미쳐 결국 국가경쟁력에 커다란 적신호가 켜진 것이다.

신생아 출산율을 살펴보면 1970년 100만 6천 명, 1980년 86만 2천명, 1990년 64만 4천 명, 2010년 47만 명, 2015년 43만 8천 명, 2017년 상반기 18만 8천 명으로 급감하고 있다. 즉 16년 전부터 100만 명의 절반 수준으로 저출산이 지속되어 왔다. 이것을 인구절벽이라고 한다. 현재 대학정원이 55만 명이며 지원자가 70만 명인 점을 감안할 때, 그들이 대학을 들어가는 2021년부터는 대학정원보다 약 10만 명이 부족한 셈이다. 그리고 그들이 대학을 졸업하고 사회로 진출하는 시점으로부터 이후 일할 수 있는 청년이 현재의 절반으로 줄어들게 된다. 우리도 머지 않아 최근 일본의 기업들이 구인란에 어려움을 겪는 것처럼 일할 사람이 부족하게 될 것을 예견하게 된다. 한편 젊은층의 소비는 줄어들게 되고 노인층 관련은 활성화되어 많은 사회경제구조와 일자리 변화를 예측할 수 있다.

동양역술분야 명리상담 시장도 인구학적으로 볼 때 젊은 고객층이 절반으로 줄어들게 된다. 현재 젊은 층을 대상으로 성업하고 있는 타로상담이나 궁합시장은 사람이 많이 모인 곳 외에는 어려움을 겪을 수 있다. 신생아 출산이 줄어드는 것은 작명업에 영향을 주게 된다. 특히 과거에는 국민들의 집단지성이 낮아서 결정대행을 해주는 점술문화에 의존을 많이 했다면, 미래에는 대부분 대학을 졸업한 고객층으로 집단지성이 높아져서 시대수준에 맞는 사주 분석 및 해석과 다양한 고급 정보를 제공할 수 있는 수준 높은 명리상담사만이 살아남게 될 것으로 전망된다.

1997년 IMF 이후 명리를 공부하는 인구의 증가는 급속도록 팽창되어 왔다. 역술 및 명리상담업 종사자는 약 50만 명으로 추정되고, 종교 및 유사 운명상담업과 학습자까지 포함하면 100만 명에 이른다는 것이 공론이다. 이와 같은 추정치로 볼 때 소비층의 젊은 고객인구가 절반 이하로 급감하는 것에 비교하여 심각한 수요공급의 불균형이 나타나고 있다.

4차 산업혁명시대와 맞물린 이러한 수요공급 문제를 올바로 인지하고 명리상담사는 무엇을 공부해야 하며 어떻게 타개해 나갈 것인가를 준비해야 하는 시대적 과제가 주어졌다는 점을 간과해서는 안 된다.

진화와 집단지성

미래사회는 사회를 해석할 수 있고, 다양하고 정확한 정보와 멀티플레이어가 가능함으로써 지적 충족이 가능한 상담이 요구되고 또 필요하다. 그런 자와 그런 팀이 살아남게 된다. 그렇게 수행하기 위해서는 무엇보다 관계가 매우 중요하다. 협업, 협동을 통한 집단지성이 모여 다양한 정보를 공유하고 새로운 지식과 기술을 창출해내어 희소가치를 극대화시켜 나가는 우수한 팀만이 살아남을 것이 예견된다.

아쉽게도 사주명리분야는 그동안 개인과 집단지성이 하위수준에 머물러 있었다. 그러나 과거 일반 내담자들도 역시 대학진학을 많이 할 수가 없었으니 스스로의 정보가 부족하여 결정이 쉽지 않았기 때문에 사주상담으로 결정을 대행하는 의존율을 보였다고 본다. 하지만 지금은 역술가들보다 내담자들의 지성이 월등히 높아져서 불균형이 되는 시점이다. 즉 내담자들의 학력이 높아져서 정보와 판단능력이 우수하다 보니 운명상담의 결정대행의 필요성이 적게 된 것이다. 이를 포함하여 여러 가지 이유로 최근에는 명리상담 철학원 간판을 내걸어도 유지할 수 없는 실정이고, 그동안 운영해 왔던 운명 철학원들도 속속 문을 닫는 곳이 많아졌다.

하지만 여러 대학의 학부와 대학원에서 우수한 자원이 배출되고 있으니 미래는 그렇게 어둡지 만은 않다고 본다. 단 그렇게 공부한 명리학도들이 창업을 해도 내담자들은 일반 상담소와 구별할 수 없고 동일시 취급하는 것이 문제가 될 것이다. 여기서 이와 같은 집단지성의 차별성을 해결하기 위해서는 바로 브랜딩파워를 실시해야 한다. 즉 명리전공으로 일정 수준의 석·박사 학위를 소지한 일정 수준의 집단지성이 하나의 브랜드를 사용하는 것이다. 그렇게 되면 내담자들은 그들이 사용하는 브랜드를 믿고 고급상담을 받게 되고 집단지성이 높은 명리전공자의 팀은 살아남게 된다. 집단지성과 브랜딩파워를 통한 명리상담 진화를 미래사회에서 볼 수 있을 것이다.

이론과 상담의 진화

자평명리학의 고전은 그 학문적 가치에 대하여 존중되어야하며, 깊이 연구해야할 사명을 갖는 것은 당연하다. 1000년 동안 발전해온 과정을 거쳐온 빛나는 이론들로 인하여 현 사회에서 인정받게 되었고 대학과 대학원의 정규과목이 될 수 있었다.

사주명리학은 시대의 변화에 따른 역사 속에서 인류의 사회적 문화적 지식활용의 수준이 이론과 해석방법을 발전시켜 왔다. 특히 2000년대에 들어 인터넷으로 인한 정보공유화에 힘입어 자평명리의 전파와 이론연구 및 사주 분석, 해석 방법 등 빛나는 발전을 해온 것이 사실이며, 명리학의 일반화에 기여한 부분도 크니 매우 고무적인 현상이 아닐 수 없다.

그러나 앞에서 설명한 바와 같이 인구절벽시대를 맞아 고객은 절반으로 줄어들고 수준 높은 집단지성과 맞닿는 현실에서 어떻게 대처해야 할지를 고민해야 한다. 결론적으로 공부하고 변화해야 하는 것이 답이다. 변화의 방향을 제안하면 다음과 같다.

① 현대사회를 해석하고 설명할 수 있도록 명리이론의 재해석이 필요하다. (과거시대와 현대는 사회, 문화, 생활, 의식의 차이가 매우 크다)
② 일반인들에게 해석 적용할 수 있는 용어를 생산해야 한다. (명리용어를 교육학적 상담학적용어로 적용 및 생산)
③ 검사도구로서 가능할 수 있도록 데이터를 축적하여 툴을 만들어야 한다. (툴이 없으면 공인된 기관에 적용할 수 없고, 인정받기 어렵다)
④ 사회과학적 연구를 통한 입증, 즉 타당도와 신뢰도를 확보해야 한다. (어느 정도는 수치로 보여줄 수 있어야만 객관화가 가능)
⑤ 다양한 학문과 융합하여 활용 범위를 넓힘으로써 활동범위를 확보해야 한다. (섭생요리, 직업학, 경영학, 건강, 교육학, 상담학 등 무한 융합으로 시장 확보)
⑥ 직업학적이고 진로상담적용의 이론 및 실기능력을 배양해야 한다. (한 두 자녀만 낳게 되므로 아이들의 진로와 직업상담이 가장 중요)
⑦ 사주를 통한 초·중·고·대학생들의 집단상담기법을 학습하고 훈련해야 한다. (개인 고객의 수축, 집단 상담은 부가가치와 시장 확보에 반드시 필요)
⑧ 사주분석에서 사주구조분석을 통한 심리분석방법이 필요하다. (과거 신살 법 보다 미래는 인간의 마음을 세밀하게 분석해야 한다)
⑨ 언어심리학과 진화심리, 인지심리 등 정치경제 모든 분야의 공부가 필요하다. (수준 높은 내담자를 상담할 수 있는 지식과 정보를 갖춰야 함)

⑩ 컴퓨터와 어플리케이션 등의 정보를 수집할 수 있는 능력을 키워야 한다. (정보는 수준 높은 상담을 이끄는 원동력이다.)

4차 산업혁명의 일자리 변화와 인구절벽시대를 맞이하게 된 우리사회가 감당해야할 몫이 있으나 명리학계 입장에서도 시대의 소명으로 받아들이고 철저하게 준비하는 자와 팀만이 살아남을 수 있다. 이러한 수준 높은 상담 자질과 정보력, 미래시간에 대한 전망을 이 시대의 명리학도들은 결코 가벼이 여겨서는 안 된다는 것을 명심해야 한다.

| 맺음말 |

    명리학사를 정리하기 시작한 지 어언 2년의 시간이 흘렀고 탈고를 한 이후에도 수정과 고민을 계속 반복하고 있다. 명리학사를 정리하여 책으로 내놓으면 명리를 공부하는 동인들이 명리학의 역사적 흐름을 일견 취득할 수 있고, 현재 그들이 읽고 있는 명리 고전이 어떤 시대에 위치하고 있는지 알 수 있게 될 것이라는 작은 목적의식이 있었다. 하지만 명리학사를 이렇게 활자로 남겨 놓는다는 것에 일말의 책임의식이 함께 따르는 것도 같이 느끼게 된다.

    이 책의 내용을 다시 한 번 정리해 보면, 고대 천문학의 시작과 역법의 개발, 주역의 시대를 시작으로 명리학의 시원인 전국시대 '귀곡자'를 출발점으로 삼아 명리학사를 기록해 나갔다. 명리학의 시작이 중국을 필두로 하였다는 것은 부정할 수 없는 일이므로 중국의 역사 연대에 따라 중국의 명리학사를 살펴보았고 더불어 서양의 천문학과 점성학의 흐름도 함께 살펴보며 세계사적 비교도 함께 하였다. 고대명리학과 자평명리학 사이 변화의 포인트를 연구자의 견해에 따라 중국 당대 불교와 함께 들어온 서양점성학의 유입과 중국 송대 성리학적 사상 변화가 그 사회적 배경이 되었음을 피력하였다. 한국의 명리학사는 고려 후기와 조선 초기에 유입된 중국 명리학의 영향을 중심으로 살펴보았지만 그 이전의 역학의 흔적도 함께 찾아보았고, 현대 명리학은 동아시아 한중일 3국의 명리학 현황과 추가로 1960년대 이후 한국의 명리학자들을 중심으로 그들의 행적을 짧게나마 많은 분들을 다뤄보려고 노력하였다.

한편 명리학사를 정리하며 느꼈던 문제점들을 여기 몇 가지 적어놓고자 한다. 독자들의 이해를 구하고자 함이기도 하며 향후 연구를 위한 예비적 차원에서이기도 하다.

첫째, 명리학은 중국 내에서도 정사正史의 사료가 많지 않고 대부분 『영락대전』, 『고금도서집성』, 『사고전서』에 남아있는 서책 위주의 자료가 중심이 될 수밖에 없는 상황이니 본 책에 정리된 자료들도 서책 위주의 명리고전을 중심으로 설명하고 있다. 같은 포맷을 유지하다 보니 근현대 명리학자에 대한 내용도 출간된 서적을 중심으로 정리하였다.

둘째, 고대명리학의 시원으로 전국시대 '귀곡자'를 언급하였고, '낙록자'를 동시대인으로 정리하였다. 명리학자들 사이에서 『귀곡자유문』의 내용이 후대에 기록으로 남겨지며 많이 변질되어 있고 후대인들에 의한 취합이나 가탁이라고 말하는 이도 있다. 하지만 춘추전국시대 제자백가들의 저서들이 제자들과 후대인들에 의해 취합 정리되어 온 사례는 쉽게 발견할 수 있으니 이례적이진 않으며 그 안에 담겨진 사상의 원류를 이해하는 데 집중하는 것이 옳다. 『낙록자부』의 경우 저자의 생몰연대가 중국인명류에 남아 있지 않아 혼란을 주고 있다. 이 책에서는 만민영의 기록을 참고하여 시대를 배열하였으며 향후 더 많은 사료와 문헌 비교를 통해 연대추정에 더 확고한 증명이 필요한 것으로 사료된다.

셋째, 조선 서운관(관상감)에서 명과학 관료들을 임용하고 취재하는 과목으로 사용되었고 규장각과 장서각에 현재까지 사료로 남아있는 두 권의 명리학 책, 『원천강오성삼명지남』과 『자평삼명통변연원』에 대한 논쟁이 있다. 『원천강』이 중국 당대 인명류에 기록된 사람과 그의 저술이 맞는가라는 것과 『자평연원』이 『연해자평』의 원본에 해당하는 '연원'과 '연해' 중 한 권에 해당하는 그 책이 맞는가라는 것이다. 이런 논쟁이 발생한 이유는 이 두 권의 책이 우연인지 필연인지 중국 여러 명리고전 중에 원본으로 남아 있지 않았기 때문이다. 한국의 전통을 강조하는 분들은 이를 더욱 강조하는 반면, 중국의 전통을 강조하는 분들은 무시해 버리는 등 의견이 확연히 양분되어 버렸다. 하지만 명리학 고전들은 한중일 동아시아 3국의 공통된 문화유산으로 인식하고 가까운 시일에 한중일 명리학자들의 공동연구를 통해 그 정확한 지위를 획득할 수 있게 되기를 바라며, 각각 서책들이 담고 있는 본연의 내용과 기록을 중심으로 인정하고 책 속에 담겨진 명리의 이치를 배우고 학습함에 사견 없이 집중하기를 희망한다.

넷째, 한국 현대 명리학사를 정리함에 있어 각고의 노력과 연구를 통해 지금의 한국 명리학계를 이끌어 온 수많은 한국의 명리학자들 중에서 이 책에 실어놓은 것은 일부분에 불과하다는 것을 말하고 싶다. 본 연구자가 모든 분들의 저서를 찾아 읽고 정리하는 데 노력이 아직 다 미치지 못한 점 너그러운 마음으로 이해해 주기를 바란다.

명리학사를 정리하는 과정은 수많은 명리학 서적들을 찾아 읽고 정리하는 일의 반복이었다. 대부분의 명리학 책들은 선학들의 이론을 존중하고 더 발전시켜 후학들이 학습하는 데 크고 작게 도움을 주기 위해 저술되어 왔다. 하지만 일부 저술들은 자신들 학파의 이론이 타의 추종을 불허하는 비법이라고 자찬하거나, 명리학을 술수학이라고 폄하하며 사주, 궁합, 작명, 관상 등을 돈벌이 수단으로 사용한다고 비난하는 이들도 있었다. 이들은 명리학의 전체를 보지 못하고 일부만을 보았기 때문이라고 생각하며 명리학의 유구한 역사적 흐름을 다시금 돌아보고 살펴보면 그들의 생각이 얼마나 편협한 것인지 알 수 있으리라고 본다. 또한 현대 한국의 자본주의 사회가 안고 있는 폐단을 가지고 명리학자들 전체에 비난을 돌리는 행태도 다시금 그들의 안목을 의심하지 않을 수 없다. 몇몇 과잉 처방을 하여 불필요한 약들까지 환자들에게 먹게 하는 의사가 있다고 해서 환자의 건강과 목숨을 지키는 것을 숭고한 직업의식으로 생각하는 의사들 전체를 비난할 수 없는 것처럼 말이다.

이 책을 읽고 누군가가 명리학의 유구한 역사에 살짝 감동받고 미신이라고 치부했던 선입관을 바꿀 수 있는 계기가 되었다면 나에겐 명리학사를 정리하며 보낸 많은 시간들이 전혀 아깝지 않을 것 같다. 이 책이 완성되는 순간까지 도움을 준 모든 분들께 고마움을 전한다.

2017년 12월(丁酉·壬子)

김기승·나혁진

■ 참고문헌

【원전】

『論語』
『孟子』
『詩經』
『書經』
『周易』
『易傳』
『老子』
『莊子』
『尙書』
『禮記』
許愼,『說問解字』
董仲舒,『春秋繁露』
左丘明,『春秋左氏傳』-『左傳』
司馬遷,『史記』
呂不韋,『呂氏春秋』
班固,『漢書』
班固,『白虎通義』
劉安,『淮南子』
劉恕,『劉恕外紀』
司馬光,『資治通鑑』-『通鑑』
司馬彪,『後漢書』
蕭吉,『五行大義』
蔡邕,『月令章句』
朱熹,『易學啓蒙』
王劭,『隋書』
李昉,『太平廣記』
袁天綱,『袁天綱五星三命指南』
徐大升,『子平三命通辯淵源』
『桓檀古記』
『三國史記』
『三國遺事』
『高麗史』

『經國大典』

『續大典』

『雜科榜目』

『朝鮮王朝實錄』

李齊賢, 『益齋亂藁』

徐居正, 『筆苑雜記』

徐居正, 『四佳文集』

李穡, 『牧隱集』

徐有防, 『協吉通義』

成周悳, 『書雲觀志』

【중국서적】

鬼谷子 原文, 李虛中 註釋, 『李虛中命書』, 台北: 新文豊出版社, 1987.
珞琭子 原文, 釋曇瑩 外 註釋, 『珞琭子賦註』, 台北: 新文豊出版社, 1987.
一行, 『看命一掌金』, 台北, 新文豊出版社: 1995.
徐升, 『淵海子平評註』, 台北: 武陵出版有限公司, 1996.
萬民英, 『三命通會』, 台北: 武陵出版有限公司, 1996.
張楠, 『標點命理正宗』, 台北: 武陵出版有限公司, 2001.
徐樂吾 註, 『窮通寶鑑(欄江網)』, 台北: 武陵出版有限公司, 1996.
陣之遴, 『滴天髓輯要』, 台北: 武陵出版社, 1999.
陳素庵 著, 韋千里 選輯, 『精選命理約言』, 香港: 香港上海印書館, 1987.
沈孝瞻 著, 徐樂吾 評註, 『子平眞詮評註』, 台北: 武陵出版有限公司, 1996.
任鐵樵 增註, 袁樹珊 撰輯, 『滴天髓闡微』, 台北: 武陵出版有限公司, 1997.
袁樹珊, 『命理探原』, 台北: 武陵出版有限公司, 1996.
徐樂吾, 『子平粹言』, 台北: 武陵出版社, 1986.
徐樂吾, 『古今名人命鑑』, 台北: 樂天書局, 1982.
韋千里, 『韋千里命學講義』, 台北: 武陵出版社, 1987.
水繞花堤館主, 『命學新義』, 台北: 育林出版社, 2011.
吳俊民, 『命理新論』, 台北: 個人出版, 2006.
陸致極, 『中國命理學史論』, 上海: 上海人民出版社, 2008.
『四庫全書術數類全集』, 中國: 迪志文化出版有限公司, 2001.
『古今圖書集成』, 台北: 聯合新聞網, 2004.

【단행본】

구중회, 『한국명리학의 역사적 연구』, 국학자료원, 2016.
김기승, 『명리직업상담론』, 도서출판 창해, 2009.

김기승, 『사주심리치료학』, 도서출판 창해, 2004.
김태곤 외 7인 共著, 『한국의 점복』, 민속원, 1995.
김혁제 외 1인 共著, 『당사주요람대전』, 明文堂, 1997.
만민영 原著, 박일우 譯, 『삼명통회』, 명문당, 1978.
박재완, 『명리사전』, 역문관, 1985.
박재완, 『명리요강』, 역문관, 1985.
박주현, 『왕초보 사주학(입문 · 연구 · 심리)』, 동학사, 1995.
백영관, 『사주정설』, 明文堂, 2000.
변만리, 『음양오행의 진리』, 자문각, 1993.
서승 原著, 심재열 譯, 『연해자평정해』, 명문당, 2002.
서자평 原著, 최국봉 譯, 『삼명통신』, 온북스, 2009.
성주덕 著, 이면우 외 2인 譯註, 『서운관지』, 소명출판, 2003.
신성곤, 윤혜영 共著, 『중국사』, 서해문집, 2004.
심재열, 『연해자평정해』, 명문당, 1988.
심효첨 原著, 박영창 譯, 『자평진전평주』, 달과별 출판사, 1999.
양성우, 정관운 共著, 『한국역학전서』, 호남문화사, 1971.
왕우신 原著, 이재석 譯, 『갑골학 통론』, 동문선, 2004.
유기천, 『점성학』, 고려원미디어. 1999.
이석영, 『사주첩경(권1~권6)』, 한국역학교육학원, 1996.
이성무, 『한국의 과거제도』, 집문당, 2000.
이현덕, 『하늘의 별자리 사람의 운명』, 동학사, 2003.
임철초 增註, 김동규 譯, 『사주비전 적천수』, 명문당, 1983.
장남 原著, 심재열 譯, 『명리정종정해』, 명문당, 1987.
전순동, 『중국역사산책』, 서경문화사, 2004.
조성우, 한중수 共著, 『역학대사전』, 명문당, 1994.
조용헌, 『사주명리학 이야기』, 생각의 나무, 2002.
진소암 原著, 임정환 譯, 『제대로 보는 명리약언』, 원제역학연구원, 2006.
차상원 譯註, 『서경』, 明文堂, 1993.
최봉수 講述, 『궁통보감정해』, 명문당, 1987.
한국주역학회, 『주역과 한국역학』, 1996.
한중수, 『운명학 사전』, 동반인, 1995.

【논문】

구현식, 「협길통의의 명리,풍수 원리 연구」, 공주대학교대학원, 박사, 2013.
김경한, 「주역과 사상학에 관한 연구」, 경산대학교대학원, 석사, 2000.
김규봉, 「서양점성학의 12사인과 사주명리학의 12지지와의 비교연구」, 국제문화대학원, 석사, 2010.
김만태, 「간지기년의 형성과정과 세수 역원 문제」, 정신문화연구 38-3호, 2015.

김만태, 「조선 전기 이전 사주명리의 유입 과정에 대한 고찰」, 한국문화 52호, 2010.
김만태, 「조선조 명과학 시취서 서자평에 관한 연구」, 장서각 28집, 2012.
김인규, 「원천강오성삼명지남의 명리이론 연구」, 공주대학교대학원, 석사, 2014.
김행자, 「명리학의 신살적용에 대한 연구」, 공주대학교대학원, 석사, 2015.
김효중, 「자평삼명통변연원의 격국이론 연구」, 경기대학교문화예술대학원, 석사, 2014.
김훈, 「서자평의 명통부에 대한 사주학 연구」, 국제문화대학원, 석사, 2007.
문종란, 「낙록자부주의 명리관 연구」, 원광대학교대학원, 박사, 2014.
문지은, 「고대 중국인의 우주관과 28수의 정립」, 충북대학교대학원, 석사, 2010.
박나현, 「명리약언의 현대적 해석에 관한 연구」, 경기대학교예술대학원, 석사, 2016.
박헌구, 「적천수천미의 중화사상 연구」, 원광대학교대학원, 박사, 2013.
서금석, 「고려시대 역법과 역일 연구」, 전남대학교대학원, 박사, 2016.
서금석, 「고려시대 자평 사주학의 유입에 관한 연구」, 전남대학교대학원, 석사, 2013.
송지나, 「자평진전에 나타난 인간의 명과 자유의지의 문제」, 대전대학교대학원, 석사, 2011.
송지성, 「명리정종 연구」, 공주대학교대학원, 박사, 2014.
신경수, 「당.송대 명리적 삼재론과 주체관점 연구」, 원광대학교동양학대학원, 석사, 2003.
신혜연, 「12지지의 명리적 수용과 전개에 관한 연구」, 원광대학교동양학대학원, 석사, 2012.
심규철, 「명리학의 연원과 이론체계에 관한 연구」, 한국정신문화연구원, 박사, 2003.
연제진, 「사주명리학 주요 이론 논점에 관한 한일간 비교 연구」, 국제문화대학원, 석사, 2010.
윤정리, 「옥조신응진경주에 대한 연구」, 경기대학교국제문화대학원, 석사, 2005.
이영무, 「12신살에 관한 연구: 명리학을 중심으로」, 원광대학교동양학대학원, 석사, 2011.
이영환, 「임철초의 명리사상과 종격론 연구」, 동방대학원, 박사, 2010.
이영환, 「자평진전의 격국연구: 내팔격 중심으로」, 동방대학원, 석사, 2007.
이용준, 「사주학의 역사와 격국용목신론의 변천과정 연구」, 경기대학교국제문화대학원, 석사, 2004.
장신지, 「子平學之理論研究」, 台北: 국립정치대학 박사학위 논문, 2002.
장영미, 「자평진전의 형충회합론에 관한 연구」, 대구한의대학교대학원, 석사, 2014.
정대붕, 「명리학에서 월지중심의 간명법과 격국운용에 관한 연구」, 공주대학교대학원, 박사, 2013.
정연미, 「서자평 낙록자삼명소식부주의 명리학사적 연구」, 원광대학교동양학대학원, 석사, 2003.
정연석, 「명리학의 격국론 연구: 변격을 중심으로」, 원광대학교동양학대학원, 석사, 2016.
정하용, 「괘기역학과 명리학의 원류에 관한 연구」, 공주대학교대학원, 박사, 2013.
정하용, 「육십갑자의 연원에 관한 연구」, 공주대학교대학원, 석사, 2010.
정호철, 「격국의 성패에 관한 연구」, 공주대학교대학원, 석사, 2015.
조규문, 「십간십이지의 명리적 이해」, 원광대학교대학원, 석사, 2001.
조규문, 「천강 원수성의 명리사상에 관한 연구」, 대전대학교대학원, 박사, 2009.
최영숙, 「이허중명서의 명리학적 특성에 관한 연구」, 공주대학교대학원, 석사, 2013.
최한주, 「십신 개념의 연원과 성격: 연해자평을 중심으로」, 원광대학교대학원, 박사, 2015.
황원철, 「명리학의 격국론 연구: 정격을 중심으로」, 원광대학교동양학대학원, 석사, 2009.

■ 찾아보기

【도서명】

『간명일장금』 163

『경국대전』 280

『고고집』 263

『고금도서집성』 137, 222

『고금명인명감』 258

『고려사』 271

『구당서』 161

『궁통보감』 232, 258

『귀곡자유문』 127

『낙록자부』 132

『낙록자부주』 134

『낙록자삼명소식부주』 136, 204

『난강망』 36, 232

『노자』 40

『논어』 97

『대당삼장법사서역기』 176

『도이율사경』 177

『명리사전』 305

『명리신론』 328

『명리약언』 236, 263

『명리요강』 305

『명리정종』 227

『명리직업상담론』 362

『명리탐원』 253

『명통부』 135, 197

『명학강의』 263

『명학신의』 325

『목은집』 277

『백호통의』 44, 177

『사가문집』 287

『사고전서』 127, 139

『사기』 72, 93, 106

『사기열전』 42

『사주명리학이야기』 360

『사주심리치료학』 362

『사주정설』 321

『사주첩경』 310

『사주추명십간비해』 339

『사주추명학』 336, 337

『삼국사기』 266, 270

『삼국유사』 266, 270

『삼명기담적천수』 218, 352

『삼명연원』 200, 211

『삼명통신』 365

『삼명통회』 92, 132, 143, 199, 221

『상서』 44, 97

『서경』 66, 106, 186

『선불가진수어록』 315

『설문해자』 38

『성명결고록』 153

『소식부』 133

『속대전』 281

『수서』 127

『술수총서』 163

『시경』 39, 106, 186

『신당서』 160, 177

『신봉통고』 227

『십익전』 115

『아부태산전집』 335

『알마게스트』 64

『여씨춘추』 42, 96, 177

『역전』 40
『역학계몽』 98
『연원』 210
『연해』 210
『연해자평』 92, 209
『영락대전』 142, 167
『예기』 48,
『오행대의』 96, 145
『오행총괄』 287
『옥조신응진경』 137
『옥조정진경』 139
『왕초보사주학』 357
『운명학사전』 356
『원천강오성삼명지남』 167
『월령장구』 96
『유서외기』 94
『응천가』 200, 280
『음양오행의 진리』 354
『이허중명서』 127, 143
『익재난고』 276
『자평삼명연원주』 211
『자평삼명통변연원』 168, 282
『자평수언』 258
『자평진전』 240
『자평진전평주』 243
『장서』 139
『장자』 40
『적천수』 81, 217
『적천수보주』 258
『적천수집요』 218
『적천수징의』 246, 258
『적천수천미』 245, 352
『정진론』 200

『조선왕조실록』 278
『조화원약』 232
『조화원약평주』 258
『주역』 39, 81, 105, 114
『중국명리학사론』 161
『진서』 139
『창려문집』 130
『천리명고』 263
『추자』 42
『추자시종』 42
『춘추번로』 43, 177
『춘추좌씨전』 40, 94
『태평광기』 127
『테트라비블로스』 65
『통감』 95
『팔자심리추명학』 331
『팔자제요』 263
『필원잡기』 277
『한국역학전서』 343
『한서』 40
『협길통의』 292
『환단고기』 72
『회남자』 73, 177
『후한서』 96

【단어색인】

12궁 182
12사인 184
28수 182, 266

《ㄱ》

간명일장금 163
강태공 80
개두설 228
격국론 212, 242, 297,
고구려 266
고목승 337
공자 67, 114
곽박 137
관로 159
관상감 279
구궁 81, 161
구령삼정주 319
구중회 367
권보 276
귀곡자 127
귀인 143
기문둔갑 81, 152
기후 32
김기승 362
김동규 351

《ㄴ》

낙록자 132
낙서 99, 105

납음오행 125, 145
녹명학 125

《ㄷ》

달마대사 163
달마일장금 163
당사주 162
대요 92
대우 105
동정설 228
동중서 43, 48

《ㄹ》

록마 143

《ㅁ》

만민영 132, 221
명과학 278
무령왕릉 268
무용총 266

《ㅂ》

바벨탑 53
바빌로니아인 54
박상충 274
박영창 359
박용성 373
박일우 348
박재완 305

박재현 315
박주현 357
반자단 325
백영관 321
백제 267
변만리 354
병약설 228
복희 44, 97
북극성 182
불교 163, 172
불수장결도 164

《ㅅ》

삼명 125
삼명학 125
삼식 145
삼원 125, 182
상수역 145, 159
상수역파 145
서거이 199
서거정 277
서대승 200, 209
서락오 258
서승 204, 209
서운관 276, 279
서유방 293
서자평 137, 197
석담영 132
선천팔괘 97
성리학 186
성명가 162
성평회해 152

송조육현 188
수메르인 53, 176
수요화제관주 325
시령설 48
신라 163, 268
신살 150
심규철 361
심재열 347
심효첨 240
십간십이지 91
십이신살 150

《ㅇ》

아부태산 335
알렉산드리아 60
양성우 343
양원석 372
억부 205, 238, 250
여재 160
여춘태 233
역법 66
오대십국 186, 197
오덕종시설 46, 85
오성취루 72
오성학 150, 178, 228
오윤부 271
오자술 183
오준민 328
오행상생설 42, 47
오행상승 42
왕정광 132
우왕 98, 105, 274

우탁 272
원가력 70, 267
원수산 245, 253
원천강 41, 161, 167
위천리 237, 263
유기 81, 217
유백온 81, 246
육십갑자 70
육임신과 152
육치극 161
음양과 280, 341
음양동생동사설 250
음양론 50, 139
음양종시 42
이동 132
이방원 278
이색 277
이석영 310
이순풍 161
이제현 276
이허중 127
일진 68, 130
일행선사 161
임정환 364
임철초 245

《ㅈ》

자미두수 152, 181
자평명리학 197
장남 203, 227
장량 80
장신지 211, 237

장요문 340
재이설 49, 87
점성학 80, 152, 176, 180
정관운 343
정조 279, 284, 292
정창근 372
제갈량 81
조용헌 360
종격 251
좌등육룡 339
주자 186
주희 186
지구라트 55
진소암 218, 236
진지린 236

《ㅊ》

천간지지 91, 149
천동설 64
천을귀인 144, 151
천인감응설 85, 87
천인상응 35, 150
천인합일 150, 177
천황 92
최국봉 365
최봉수 350
추연 41, 85
칠정사여 180
칠정사여성반 180

《ㅋ》

칼데안 79

《ㅌ》

태을신수 152
토덕설 51
투파 340

《ㅍ》

프톨레마이오스 60, 63

《ㅎ》

하건충 331
하도 97
한국역리학회 343
한국역술인협회 341
한중수 356
형원주인 219
호곤탁 241
황제 92
후천팔괘 109
휴상재이 48

명리학의 시작과 변화 그리고 현재와 미래

명리학사
命理學史

초판 1쇄 발행 2017년 12월 17일

지은이 김기승 · 나혁진
펴낸이 방성열
펴낸곳 다산글방

출판등록 제313-2003-00328호
주소 서울특별시 마포구 동교로 36
전화 02) 338-3630
팩스 02) 338-3690
E-mail dasangulbangl@paran.com

© 김기승 · 나혁진, 2017, Printed in Korea

이 책은 저작권법에 따라 보호받는 저작물이므로 무단전재와 무단복제를 금하며,
이 책 내용의 일부 또는 전부를 이용하려면 반드시 저작권자와 다산글방의 서면동의를 받아야 합니다.

ISBN 979-11-6078-056-7 03150

이 도서의 국립중앙도서관 출판예정도서목록(CIP)은 서지정보유통지원시스템 홈페이지(http://seoji.nl.go.kr)와 국가자료공동목록시스템(http://www.nl.go.kr/kolisnet)에서 이용하실 수 있습니다. (CIP제어번호 : CIP2017032578)

잘못 만들어진 책은 구입하신 서점에서 교환해 드립니다.
책값은 뒤표지에 표시되어 있습니다.